실무능력 향상

엑셀 & 파워포인트 2013

Microsoft Office 2013: Excel & Powerpoint

| 이시진 지음 |

도서출판 그린

PREFACE

과거 컴퓨터의 등장은 실제 물리적으로 존재하는 자료를 전산화시키는 계기가 되었으며, 전산화된 자료를 정보로 가공시키는 것이 하나의 중요한 작업으로 인식되었다. 이후 인터넷을 통해 정보는 전세계로 빠르게 공유되었으며 정보 전달의 혁신으로 이어졌다. PC와 실시간 온라인 서비스는 개인이 전산화, 정보화, 정보 전달을 할 수 있는 환경을 만들어 주었으며, 이러한 작업을 효과적으로 수행할 수 있는 다양한 소프트웨어가 개발되어 사용되고 있다. 그 중 가장 오랜 기간 사용하고 있는 마이크로소프트의 오피스 제품들은 높은 안정성과 다양한 기능을 통해 현재까지도 가장 대중적으로 널리 사용되고 있다. 특히 엑셀은 데이터 관리 분야에서 광범위하게 사용되고 있으며 파워포인트는 정보 전달 분야에서 효과적으로 사용되고 있다.

마이크로소프트 오피스는 최근 2013 버전이 출시된 후, 많은 업데이트를 통해 안정화되어 있다. 오피스 2013에는 사무 작업을 위한 다양한 소프트웨어 패키지가 포함되어 있지만 본 교재에서는 그중에서 가장 대중적으로 다양한 분야에서 활용 가능한 엑셀과 파워포인트에 대해서 소개한다.

엑셀은 스프레드시트 형식의 데이터 관리 소프트웨어의 형식을 그대로 따르고 있으며, 강력한 함수를 제공해서 어떠한 데이터라도 손쉽게 관리 및 가공할 수 있다. 엑셀 2013은 기존 버전에 다양한 기본 서식, 빠른 데이터 분석 도구, 편리한 데이터 입력 도구, 개선된 필터링 기능, 새롭게 추가된 함수 등이 개선되었다.

파워포인트는 각 페이지로 구분되는 슬라이드에 다양한 콘텐츠를 삽입해서 정보를 효과적으로 전달할 수 있는 도구이다. 파워포인트 2013은 다양한 템플릿, 강력해진 발표자 지원 기능, 온라인 프레젠테이션, 효과적인 개체 관리 기능 등이 추가 및 개선되었다. 또한 엑셀과 파워포인트를 포함한 모든 오피스 소프트웨어는 원드라이브(마이크로소프트에서 제공하는 클라우드 스토리지 서비스)를 통해 통합되어 관리할 수 있으며, 공유 기능을 통해 온라인 상에서 자료 공유과 협업이 가능하다.

본 교재는 엑셀과 파워포인트를 중심으로 기초부터 실무까지 폭 넓은 학습범위를 가지고 있다. 각 장의 앞부분에서는 기초를 빠르고 쉽게 익힐 수 있으며, 뒷부분에서는 실습을 통해 실무에서 활용 가능한 내용을 학습할 수 있다. 1장에서는 마이크로소프트 오피스 2013를 간략히 소개하고 있으며, 2장에서는 파워포인트를 중심으로 프레젠테이션의 개요와 이해, 파워포인트의 기능, 파워포인트를 통해 따라하는 실습 순서로 구성되었다. 3장에서는 엑셀을 중심으로 엑셀 기능 소개, 함수의 이해, 차트 활용, 다양한 엑셀 실습 예제 순서로 작성되었다. 4장에서는 네이버 N드라이브를 통한 오피스 작업 및 활용 방안과 실습 예제로 작성되었다.

본 교재는 독자들이 엑셀과 파워포인트에 대한 기초이해부터 실무 활용까지 폭넓게 학습하는 것을 목표로 하고 있으며, 이를 바탕으로 실무에서 접할 수 있는 다양한 상황에서 응용 및 활용할 수 있는 단계까지 업무 능력을 끌어 올릴 수 있기를 기대한다.

CONTENTS

제 1 부

오피스 작업 환경 구축

제1장

오피스 2013

1.1 오피스 2013 개요

마이크로소프트 오피스 2013은 마이크로소프트 오피스 2010의 차기 버전이다. 오피스 2013은 메트로 UI의 적용, 오피스 365기능 강화가 적용되었다. 그리고 이 버전부터 윈도우 XP와 윈도우 비스타의 지원이 종료되었다. 윈도 RT용 마이크로소프트 오피스 2013은 x86과 x86-64 버전과 다르게 윈도 RT의 일부로 포함되어 출시되고 있다.

다양한 플랫폼

클라우드 정책을 통해 언제, 어디서든지 제작, 수정이 가능하다. 또한 모바일 오피스를 통해 다양한 모바일 기기(스마트폰, 태블릿 PC 등)에서 동일한 작업을 수행할 수 있다. 또한 원드라이브(OneDrive)와의 완벽한 연동으로 사용자의 제작물을 언제, 어디서나 안전하고 빠르게 접근할 수 있는 편리함을 제공한다.

차세대 디자인

메트로 디자인을 적용하여 다른 도구와 차별화할 수 있는 심플하고 세련된 결과물을 보장한다. 또한 다양한 도형, 클립아트, 표, 차트를 제공하여 사용자가 최적의 결과물을 제작할 수 있는 기반을 제공한다.

효율적인 협업

기본적으로 원드라이브와 쉐어포인트에 실시간 연결되어 있으며, 작업 결과물이 온라인으로 저장된다. 저장된 작업 결과물은 사용자의 공유 설정에 따라 다른 사용자들에게 보기 및 편집권한이 주어지며 동시에 하나의 프로젝트를 효율적으로 관리할 수 있다. 또한 실시간으로 하나의 작업 내에서 동시 접근이 가능하며 누가 어떤 작업을 했는지 확인할 수 있다.

시스템 요구 사항

개별 마이크로소프트 오피스 2013 응용 프로그램은 다음 사항을 요구하며, 일부 제품은 저만의 개별적인 요구 사항을 포함할 수 있다.

항목	요구 사항
CPU	1GHz 클럭 속도, IA-32, x64 아키텍처(SSE2 지원)
RAM	IA-32 에디션: 1GB(IA-32) x64 에디션: 2GB RAM
저장 공간	3.0GB의 여유 디스크 공간
모니터	1024x576 화소 이상
그래픽 카드	DirectX 10 호환
운영체제	Windows 8.1, 8, 7 / Windows Server 2012 R2, 2012, 2008 R2
소프트웨어	.Net Framework 3.5, 4.0, 4.5

1.2 스프레드시트와 엑셀

스프레드시트(Spreadsheet) 또는 표 계산은 경리, 회계 등의 계산을 위해 사용되는 표 형식의 계산 용지나, 계산 용지를 컴퓨터에서 사용할 수 있게 구현한 표 계산 프로그램을 의미한다. ※ 출처: 위키백과, '스프레드시트'

초기 기업에서 빠른 연산을 처리하기 위해 메인프레임의 터미널 연결을 통해 사용했으며, 당시 연산을 위해 여러 프로그래밍 언어를 사용했다. 1979년 댄 브릭클린(Dan Bricklin)이 애플 2에서 동작하는 최초의 스프레드시트 프로그램 '비지칼크(VisiCalc)'를 개발하여 PC를 통해 일반 사용자가 널리 이용할 수 있게 되었다. 이후 스프레드시트는 기업 내에서 보편적인 사무보조 프로그램의 정석이 되었으며, 현재까지도 조직 내 업무의 중요한 부분을 차지하고 있다. 엑셀(Excel)은 이러한 스프레드시트의 형식을 유지하는 마이크로소프트의 오피스 제품이며, 가장 대중적이b고 널리 사용되고 있는 프로그램이다.

1.3 프레젠테이션과 파워포인트

프레젠테이션(Presentation) 또는 시청각설명회(視聽覺說明會)는 듣는 이에게 정보, 기획, 안건을 제시하고 설명하는 행위를 가리킨다. 즉 시청각 자료를 활용한 발표라고 할 수 있다. 간단히 발표라고도 하며, PT로 줄여서 말하기도 한다. **※ 출처: 위키백과, '프레젠테이션'**

프레젠테이션의 단어적 의미는 무엇인가를 상대방에게 설명, 발표한다는 뜻이다. 일반적으로 기업 또는 조직에서 설명이 필요한 어떠한 주제를 발표 형식으로 보여줄 때 사용한다. 이때 프레젠테이션의 이해를 돕기 위해 사용하는 것이 프레젠테이션 도구들인데 마이크로소프트(Microsoft)의 파워포인트(Powerpoint), 애플(Apple)의 키노트(Keynote) 등이 대중적으로 사용된다. 프레젠테이션은 '슬라이드 쇼(Slide Show)'라고도 불리는데, 대부분의 프레젠테이션 도구가 슬라이드의 연속된 형식으로 제작되기 때문이다. 최근에는 이러한 슬라이드 쇼 형식에서 벗어나, 동적 이동을 중심으로 제작되는 프레지(Prezi) 같은 도구가 등장하고 있다.

제 2 장

마이크로소프트 원드라이브 연결

1.1 클라우드 스토리지 서비스

클라우드 스토리지 서비스는 인터넷 네트워크 기반의 데이터 저장 기능을 제공하는 것을 말한다. 쉽게 말해 인터넷을 통해서 사용할 수 있는 하드디스크 드라이브(HDD)다. 우리 주변에서 흔히 들을 수 있는 아이클라우드(iCloud), N드라이브, 유클라우드가 모두 클라우드 스토리지 서비스의 일종이다. 대부분 웹브라우저 또는 전용 애플리케이션 클라우드 스토리지에 접속해서 사용할 수 있으며, 저장할 수 있는 파일 형식은 특별한 경우(대용량 등)가 아닌 이상 제한이 없다. 또한 스마트폰이 대중적으로 사용되면서 스마트폰, 태블릿 PC 전용 애플리케이션을 통해 모바일 기기에서도 접근 및 관리가 가능하다.

국내에서는 KT 유클라우드, SK T클라우드, LG U+박스, Naver N드라이브, 다음카카오(DaumKakao) 다음클라우드 등의 서비스가 이용 가능하다. 각 서비스는 제공되는 용량과 서비스 형태가 조금씩 다르며, 오디오 및 비디오 스트리밍 서비스, 개인정보 동기화 서비스 등 각 회사마다 특징적인 기능을 제공한다. 해외 클라우드 스토리지 서비스는 국내 서비스와 다르게 사무적인 효율성에 중점을 두고 있다. Google의 구글드라이브(GoogleDrive), Dropbox의 드롭박스(Dropbox), 마이크로소프트의 원드라이브는 클라우드 스토리지 내에서 문서 편집 기능까지 제공한다. 이 중 원드라이브는 클라우드 스토리지 서비스의 하나로 마이크로소프트 윈도우 라이브 서비스 중 하나이며, 오피스 2013 버전부터 오피스와 완전 연동을 지원한다. 웹브라우저를 통해 원드라이브를 접속하면 오피스 웹 애플리케이션을 통해서 모바일로 접근할 경우 모바일 애플리케이션을 통해 언제, 어디서나 열람 및 편집이 가능하다.

1.2 계정 생성 및 오피스 연동

마이크로소프트 원드라이브의 계정을 생성한 후, 오피스 2013과 연동해 본다.

계정 생성

마이크로소프트의 계정을 생성하기 위해 웹브라우저에서 'onedrive.com' 주소를 입력하여 접속한다. 접속 후 이미 마이크로소프트의 계정이 있다면 아이디, 패스워드를 입력 후 원드라이브로 바로 접속하면 된다. 만약 마이크로소프트의 계정이 없거나 새로 만들길 원한다면 우측 하단의 '지금 등록'을 선택해서 계정 생성 페이지로 이동한다.

STEP 1 새로운 계정 생성

몇 가지 정보를 입력하면 새로운 계정을 생성할 수 있는데, 사용자 계정으로 이용할 이메일 주소는 새로운 마이크로소프트의 이메일을 생성할 수도 있으며 기존에 사용자가 주로 사용하는 메일을 사용할 수도 있다. 모든 정보를 정상적으로 입력한 후 계정이 생성되면 본인의 원드라이브에 접속해 보자. 원드라이브에 접속하면 본인의 클라우드 스토리지 공간을 확인할 수 있으며, 현재 폴더 및 파일 상태를 윈도우

탐색기와 동일한 구조로 확인할 수 있다.

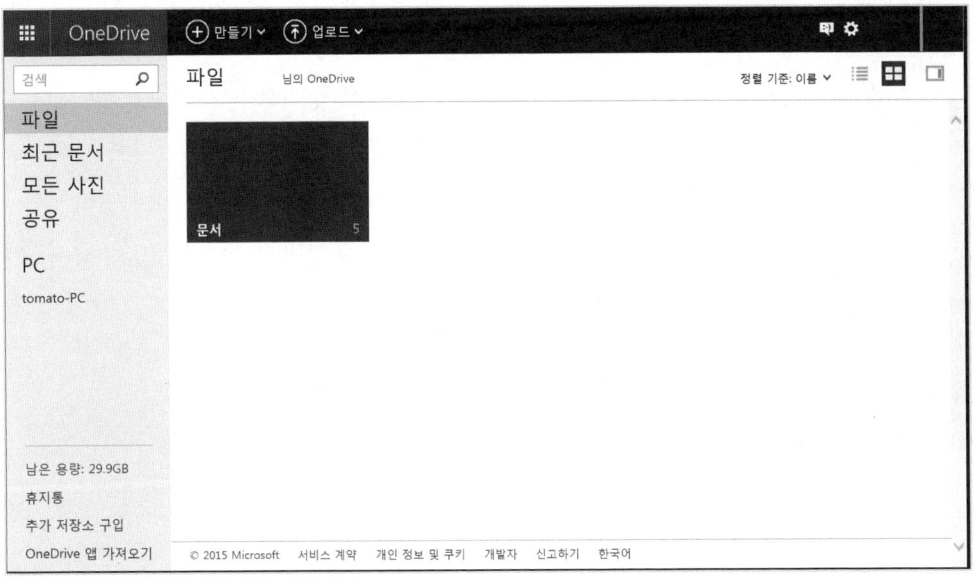

STEP 2 오피스에 연동

생성한 계정을 오피스에 연동하기 위해서 오피스 제품군 중 하나를 실행한 후, 우측 상단의 '로그인'을 선택한 후, 우선 생성한 계정(이메일 주소)를 입력한다. 그리고 다음 페이지에서 패스워드를 입력하면 오피스에 로그인 되면서 원드라이브와 연동된다.

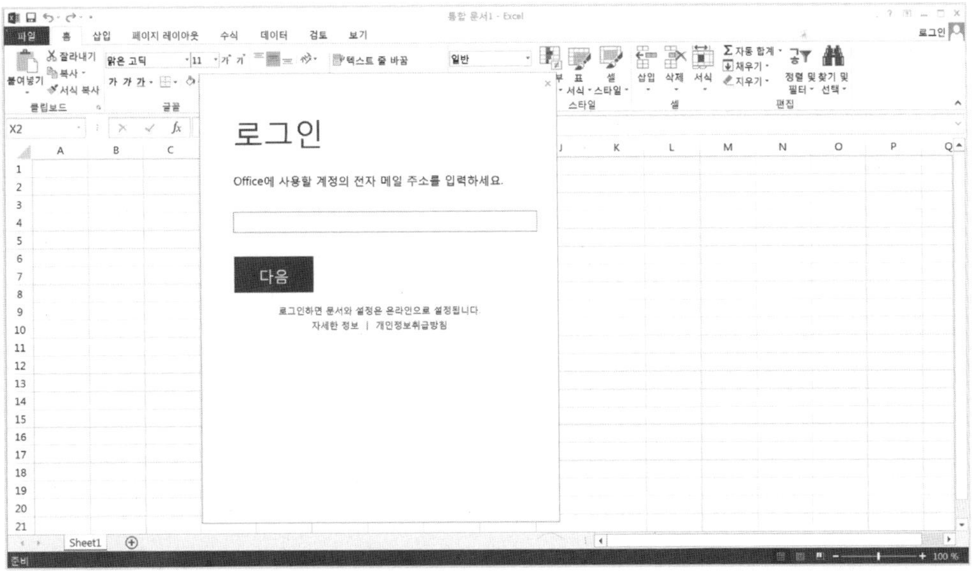

파일 저장 및 불러오기

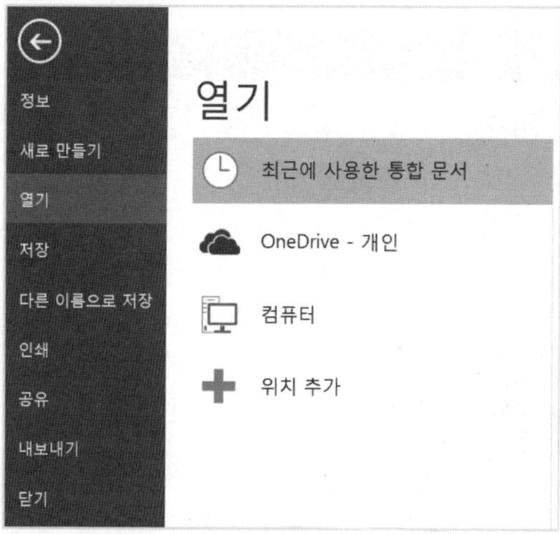

원드라이브와 연동된 오피스는 작업한 오피스 파일을 본인의 컴퓨터 또는 원드라이브에서 불러오거나 저장할 수 있다. 원드라이브를 선택할 시 나타나는 폴더는 본인의 클라우드 스토리지 웹페이지에서 봤던 구조와 동일하기 때문에 이를 참고해서 이용하면 된다.

제 2 부

파워포인트

제1장

프레젠테이션 개요

1.1 프레젠테이션이란?

프레젠테이션은 특정 정보를 발표하는 행위로 생각할 수 있다. 과거에는 주로 조직 내 또는 대외적으로 정보를 전달하거나 사업을 위한 제안 행위에 사용되었다. 현재 프레젠테이션은 다양한 분야에서 사용되고 있으며, 특히 상품 발표, 강연, 정보 공유 등에서 활발히 사용되고 있다.

시청각 자료

현대의 프레젠테이션을 좀 더 자세히 살펴보면 '발표'라는 행위를 통해 다수의 사람들과 커뮤니케이션을 하는 행위로 볼 수 있는데, 이때 시청각 자료가 포함되어 커뮤니케이션이 더 효율적으로 이루어지도록 도와준다. 시청각 자료는 사람의 특성상, 보는 것에 민감하고 정보 습득이 효과적인 것을 활용하는 것으로 음성만으로 정보를 전달하는 것을 시청각 자료를 통해 극대화시킨다. 시청각 자료는 과거 대자보와 같이 전지에 마커로 작성한 종이 자료부터 OHP와 같은 필름, 디지털 데이터를 출력하는 프로젝터로 발전해 왔다. 근래에는 프레젠테이션 시청각 자료를 컴퓨터에서 디지털 데이터를 프로젝터로 출력하는 형식을 사용한다. 최근에 디지털 TV가 대중화되면서 대형 디지털 TV를 프레젠테이션 장비로 활용하고 있는 추세이다.

정보란?

정보의 의미를 다시 확인해 보면 "어떤 의미를 가지고 있는 가공된 자료"로 볼 수 있는데 수많은 자료를 정제 및 가공해서 의미 있는 형태로 만든 것이다. 따라서 프레젠테이션에 사용되는 정보 역시 프레젠테이션 주제와 관련된 자료를 가공하는 행위가 필요하다. 프레젠테이션은 제약된 시간 내에 수많은 정보를 전달해야 하기 때문에 가공 행위가 필요하며, 이러한 가공 행위는 자료의 수집, 요약 등의 행위를 포함한다. 특히 자료 수집 및 요약은 생산할 정보의 질을 결정하기 때문에 프레젠테이션을 준비하는데 가장 중요한 작업 중 하나이다. 프레젠테이션에 처음 입문하는 사람들이 가장 크게 오해하는 것 중 하나가 "프레젠테이션을 잘 하려면 파워포인트를 잘해야 한다"는 것인데, 실제로 프레젠테이션의 결과를 결정하는 주요 요인은 파워포인트 제작 스킬보다 정보를 요약하는 스킬이다. 프레젠테이션의 핵심은 정보를 효과적으로 전달하는 행위라는 것을 항상 기억해야 한다.

청중의 요구사항

프레젠테이션에 개입되는 사람은 크게 발표자와 청중으로 나눌 수 있으며, 발표자는 정보를 제공하고 청중은 정보를 받는 쪽이다. 일반적으로 프레젠테이션은 주제가 정해지고 발표자는 주제에 맞는 정보를 준비하고 청중은 원하는 정보를 얻기 위해 참여한다. 따라서 발표자는 청중이 얻고자 하는 정보를 제공하고 프레젠테이션을 준비해야 한다. 만약 이것이 충족되지 않았을 때 프레젠테이션은 실패하게 된다. 결과적으로 프레젠테이션을 준비하는 발표자는 청중의 요구사항을 파악하는 것이 매우 중요하며, 동일한 주제라도 청중의 상태(연령, 직업군, 관심사, 성별 등)에 따라 얻고자 하는 주제를 정확히 파악하는 것을 가장 우선시해야 한다.

1.2 프레젠테이션 프로세스

프레젠테이션 과정은 크게 1. 기획, 2. 제작, 3. 발표의 순서로 진행되며, 각 단계는 세부 작업으로 나눠진다. 각 단계 별로 해야할 일들과 세부 작업들을 살펴본다.

프레젠테이션 기획

프레젠테이션 기획은 프레젠테이션 주제와 흐름을 명확히 잡아주는 단계로써 주제 해석의 시점을 정하고, 프레젠테이션에 참석할 대상을 파악해서 발표 방향을 결정한다. 그 다음 결정된 방향으로 진행될 스토리를 구성해서 프레젠테이션 흐름을 만든다. 마지막으로 주제와 흐름에 맞는 각 슬라이드 구성을 완료하고 다음 단계로 넘어간다.

STEP 1 주제 선정

프레젠테이션의 주제는 하나의 키워드나 한 문장으로 정의하기 어렵다. 왜냐하면 동일한 주제라도 주제를 해석하는 시점, 진행 흐름, 대상에 따라 다르게 해석될 수 있기 때문이다. 예를 들어, "꿈을 설계하는 방법"이란 주제를 가지고 프레젠테이션을 한다고 가정했을 때, 꿈을 설계하는 방법에 대해서 추상적으로 접근할 수도 있고 실제 방법론에 대해서 접근할 수도 있다. 추상적인 접근일 경우 "꿈과 현실의 격차 줄이기", "현실을 받아들이기" 등이 소주제로 고려될 수 있고, 방법론적 접근일 경우 "시간을 효율적으로 활용하는 방법", "단계별 계획 세우기" 등이 소주제가 될 수 있다.

하나의 주제를 바라볼 수 있는 다양한 시점

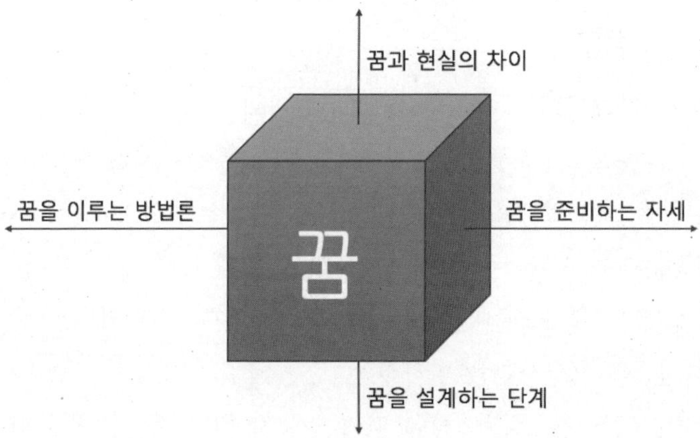

진행 흐름의 경우도 같은 맥락으로 주제에 대한 결론이 동일하더라도 각기 다른 방향으로 돌아서 결론에 도달할 수 있다. 대상의 경우에도 위 주제를 중학생을 대상으로 발표할 때와 직장인 대상으로 발표할 때는 사용하는 단어부터 흐름, 결론까지 달라질 수 있다. 따라서 주제를 어떻게 해석해야 하는지가 기획의 첫 번째 단계가 된다. 항상 주의할 점은 자의적으로 해석하면 안되며 앞서 언급한 요인들을 고려해서 잘 해석해야 한다.

결론에 도달하기 위한 다양한 방법이 존재

STEP 2 대상 파악

앞선 단계에서 언급했지만 프레젠테이션에 참여하는 대상은 프레젠테이션 자체에 많은 영향을 준다. 프레젠테이션 대상을 세부적으로 구분할 수 있는 요소로는 성별, 나이, 직업, 국가, 그룹의 성향, 경험의 유무 등 다양한 요인들이 있다. 성별의 경우 남성과 여성의 기본적인 성향 차이, 성별간 문화 차이 등이 구분될 수 있는 요인이 될 수 있다. 나이의 경우는 매우 큰 차이가 날 수 있는데 나이에 따라 살아온 시대로 인한 문화, 가치관, 환경 등이 매우 달라질 수 있기 때문이다. 또한 각 연령대에 따라 직업군이 다를 수 있으며, 사용하는 언어 또한 다를 수 있다. 특히 국내의 경우 급격한 발전에 따른 세대간 격차가 매우 크기 때문에 앞서 언급한 요인들이 모두 해당될 수 있다. 직업의 경우 나이로 인해 발생하는 구분 요인 하위에 속하는 세부적인 구분 요인이다. 직업에 따른 생활 패턴 및 가치관의 변화, 문제를 해석하는 방법 및 관점의 차이 등을 요인으로 고려해 볼 수 있다. 특히 조직 내 프레젠테이션일 경우 직업군에 따른 이해의 차이가 많이 벌어질 수 있다. 국가의 경우 각 나라별로 문화의 차이가 가장 큰 요인이 될 수 있으며, 그룹의 성향은 대상이 특정 그룹 또는 모임, 차별화된 주제에 대한 대상일 경우 해당 그룹의 성향 자체가 하나의 특징으로 구별될 수 있다. 경험의 유무는 경험을 통해 이해할 수 있거나 얻을 수 있는 지식이 서로 다를 수 있기 때문에 고려되야할 사항에 포함한다. 예를 들어, "자동차 정기점검의 중요성"에 대한 주제에 대해서 운전 경험이 있는 대상과 없는 대상이 받아들이는 내용이 차이가 날 수밖에 없다. 자동차에 대한 지식이 있을 경우 자세한 기술적 설명을 포함할 수 있지만, 운전 경험이 없는 대상에게는 어렵고 지루한 정보가 될 뿐이다.

대상을 파악하기 위한 다양한 분류와 교집합

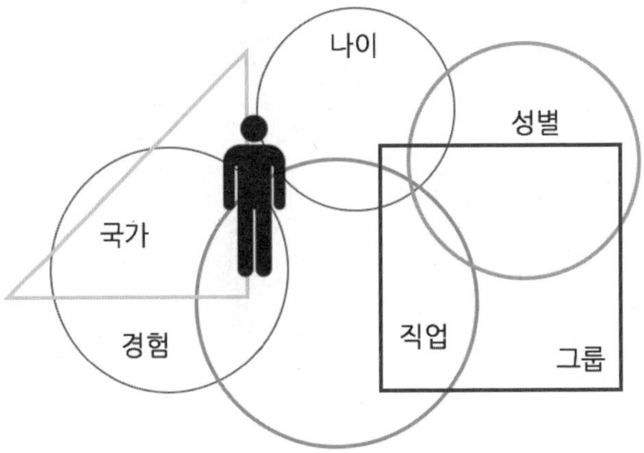

STEP 3 스토리 구성

프레젠테이션의 스토리는 전체적인 흐름을 나타내는 것으로 발표의 흐름을 결정하고 슬라이드 구성의 기초가 된다. 앞서 언급한 것과 같이 동일한 주제를 가지고 있더라도 결론을 도출하기까지의 과정이 다를 수 있다. 따라서 스토리를 구성할 때 발표를 어떤 순서로 할 것인지를 고려해서 작성해야 한다. 스토리 구성은 글 쓰기와 동일하게 우선 기승전결 형식의 큰 흐름을 결정한 후, 각 단계별로 세부적인 스토리를 결정한다. 프레젠테이션 역시 커뮤니케이션의 하나이기 때문에 주제 언급, 배경 설명, 원인, 결과 순서로 대략적인 형식을 따르게 된다. 스토리 구성을 한편의 문서를 작성한다는 생각으로 접근한다면 좀 더 수월하게 구성할 수 있다.

STEP 4 슬라이드 구성

스토리가 결정되었으면 다음으로 발표 시 실제로 출력될 슬라이드를 구성한다. 슬라이드를 구성할 때 가장 중요한 부분은 '요약'이다. 요약에 대해서 더 자세히 설명한다면 주제를 결정하고 대상에 맞는 스토리를 구성한 후, 영화의 한 컷과 유사하게 전체 스토리를 각 장면별로 구분하는 것으로 비유할 수 있다. 각 장면을 요약해서 키워드, 도식, 그림 등으로 결정짓는 것이 최종 슬라이드 구성의 결과물이다. 결과적으로 상당히 축약된 형태로 요약되며 요약의 정도는 프레젠테이션 대상 또는 환경(제약 시간, 인원 등), 발표 형식을 고려해서 결정하는 것이 좋다. 그러나 슬라이드는 프레젠테이션의 일부분이며 발표자의 대사를 보조하는 자료라는 점을 간과해선 안된다. 따라서 한 장의 슬라이드에 발표자가 설명하는 내용보다 더 자세하게 작성하는 것은 피하는 것이 좋으며, 요약 또는 보조 자료의 형식을 지향하는 것이 좋다.

어떤 자료를 어떻게 삽입할 것인가?

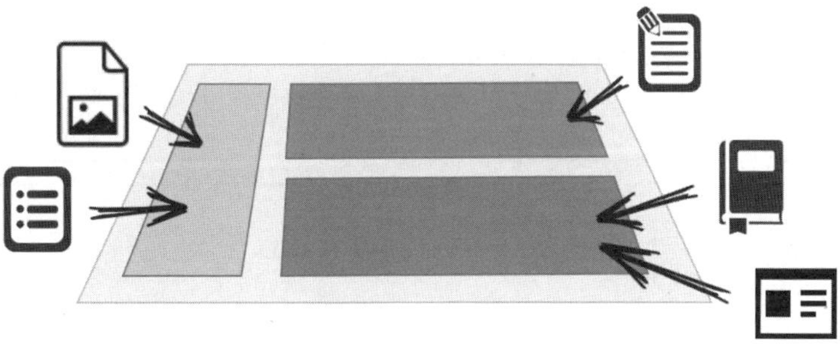

슬라이드 제작

앞서 완료된 기획 결과물을 기반으로 해서 실제 슬라이드 제작을 시작한다. 슬라이드 제작은 크게 자료 수집, 레이아웃 구성, 슬라이드 제작의 순서로 진행할 수 있으며, 상황에 따라 자료 수집과 레이아웃 구성의 순서가 바뀌거나 다시 수행될 수 있다.

STEP 1 자료 수집

슬라이드 제작을 위한 첫 번째 작업은 자료 수집이다. 자료 수집은 대부분의 경우 프레젠테이션 주제를 부연 설명하거나 증명할 수 있는 데이터, 이해를 도울 수 있는 이미지/동영상 자료 등을 인터넷, 책, 논문 등을 통해 수집한다. 수집할 자료는 슬라이드 구성 단계에서 결정한 각 슬라이드별 내용을 기준으로 한다.

슬라이드라는 제한된 사각형 영역에 어떤 내용을 어떤 형식(텍스트, 이미지 등)으로 어떻게 배치할 것인지가 핵심이다. 따라서 텍스트 자료는 '얼만큼 요약할 것인가?'에 따라서 슬라이드 영역을 얼만큼 차지할지 결정된다. 일반적으로 서술어가 들어간 형식일 경우 가로로 긴 텍스트 박스 형태로 삽입할 수 있으며, 키워드 형식일 경우 세로로 긴 텍스트 박스 또는 개별적으로 적절한 위치를 정해줄 수 있다.

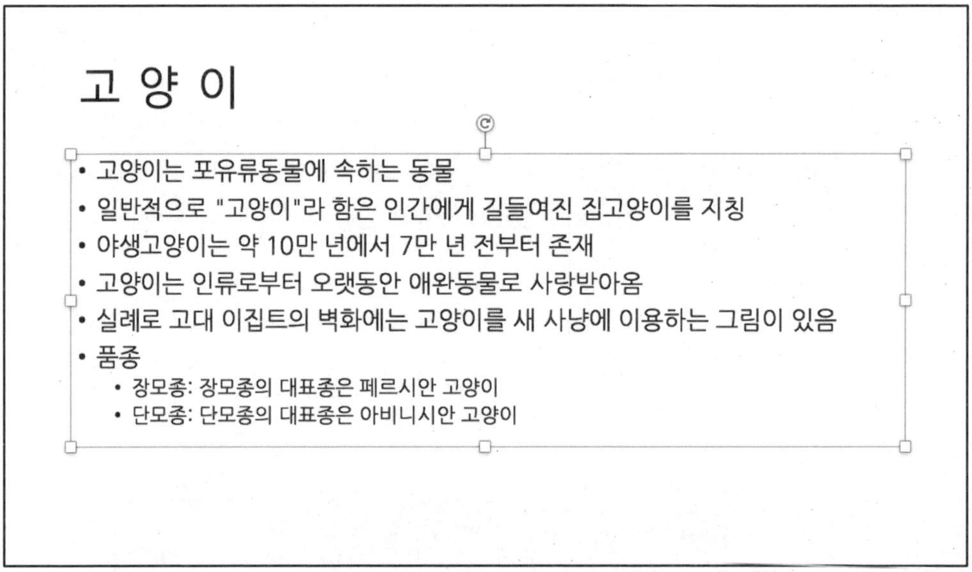

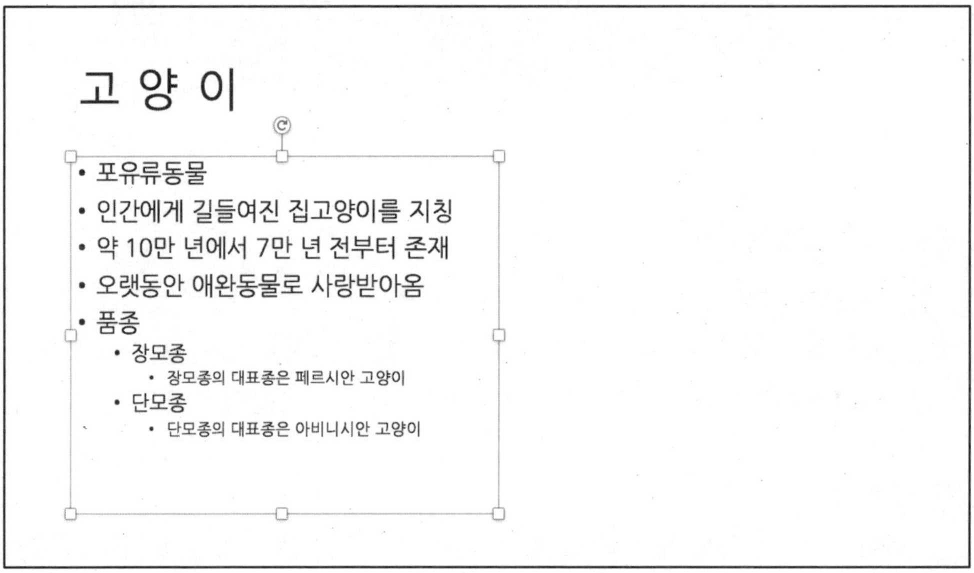

이미지 자료의 경우 '크기'를 조절해야 하며, 특히 '세로로 긴 이미지인지?' 또는 '가로로 긴 이미지인지?'에 따라 슬라이드 내 배치가 달라진다. 동일한 의미를 전달할 수 있는 이미지더라도 배치할 수 있는 제약에 따라 선택적으로 사용할 수 있기 때문에 자료를 수집할 때 고려해야 할 사항이다.

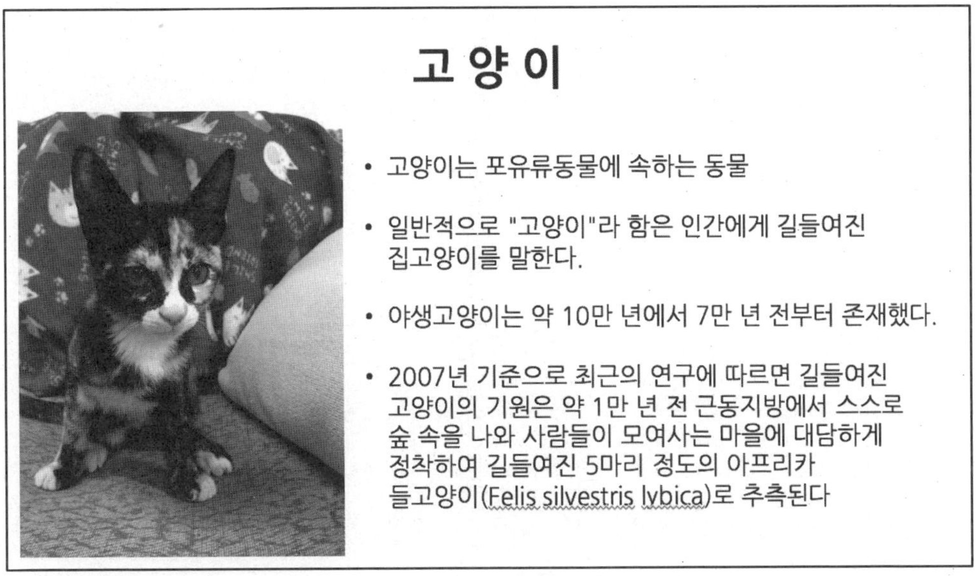

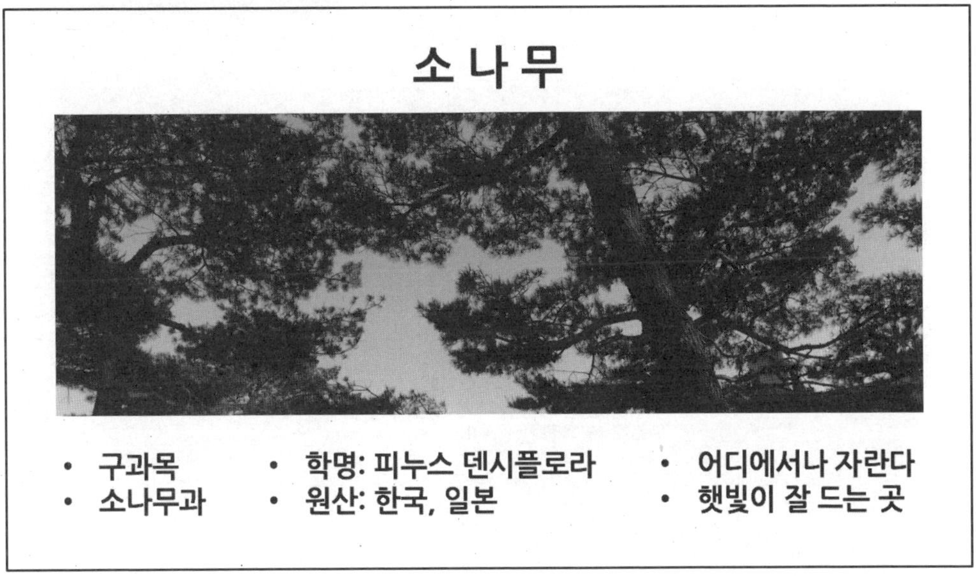

STEP 2 레이아웃 구성

자료 수집 단계에서 언급한 것과 같이 슬라이드 영역을 어떻게 구분하고 텍스트 박스, 이미지 등을 어떻게 배치할 것인지가 레이아웃 구성의 핵심이다. 대부분의 콘텐츠가 사각형 형태이기 때문에 슬라이드에 배치할 경우, 블록을 맞추는 것과 유사하게 고려할 수 있다. 그러나 단순히 빈자리에 알맞은 콘텐츠를 배치하는 것이 아니라 콘텐츠 간의 연관성, 크기 등을 고려해서 효과적인 배치를 해야 한다. 따라서 콘텐츠를 기준으로 끼워넣기보다는 콘텐츠의 크기와 형태를 고려해서 슬라이드 영역을 구분한 후, 배치하는 것이 효과적이다. 다음 그림은 슬라이드의 레이아웃 구성 예시를 보여주고 있다. 예를 들어, 1번 레이아웃은 가로로 긴 이미지를 상단에 배치하고 이미지를 설명하는 텍스트 박스를 잘게 분리해서 3부분으로 배치한 것이다. 따라서 텍스트 박스는 서술형식의 문장보다는 키워드 형식의 단어로 요약되어야 한다. 2번 레이아웃의 경우 세로로 긴 이미지를 사용하고 우측에 충분한 텍스트 영역을 배치해서 텍스트로 충분한 설명이 가능하도록 구성한 것이다.

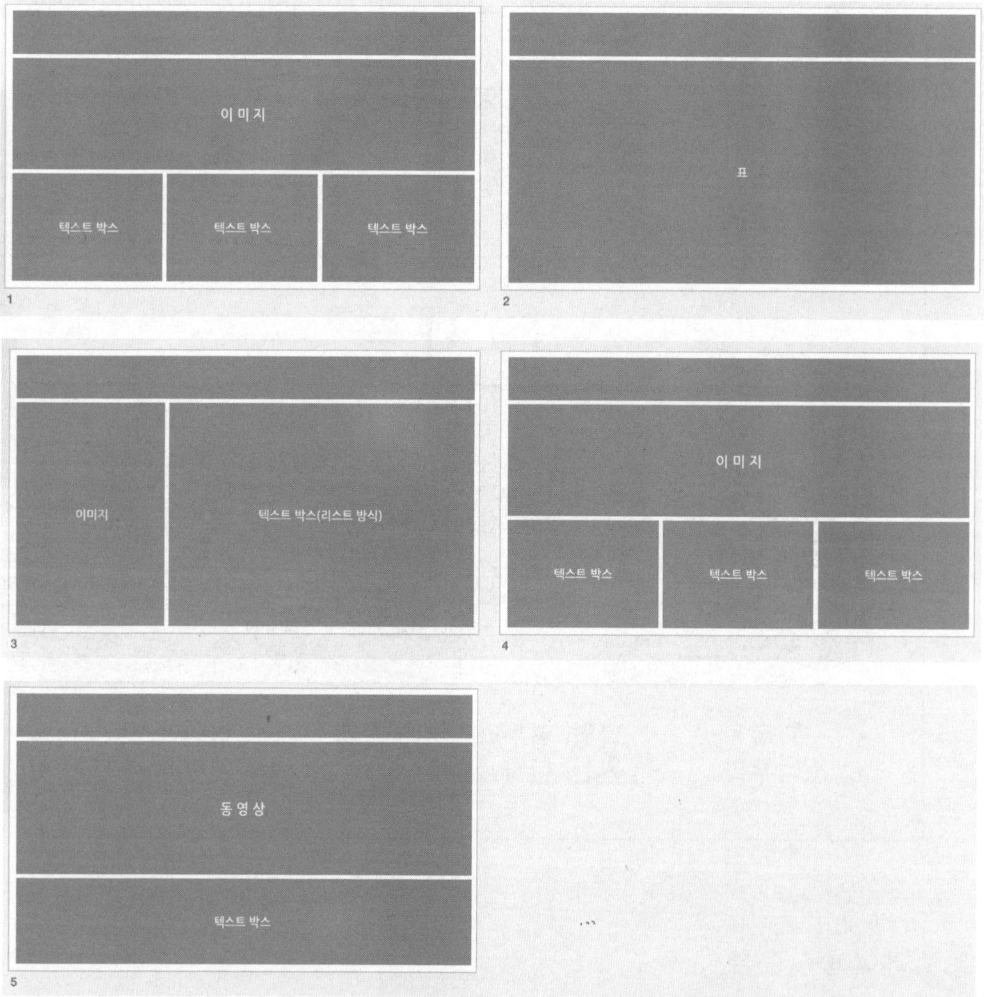

STEP 3 슬라이드 제작

레이아웃 구성이 끝났다면 이제 슬라이드를 제작할 준비가 완료된 것이다. 파워포인트를 실행해서 앞 단계에서 준비한 것을 실제 화면으로 만들어내면 된다. 기획과 자료 수집, 슬라이드 구성이 잘 진행되었다면, 슬라이드 제작은 수월하게 진행될 것이다. 실제 프레젠테이션 준비 과정에서 긴 시간을 필요로 하는 단계는 자료 수집과 요약 부분이기 때문에 슬라이드 제작 단계 자체는 많은 시간을 필요로 하지 않는다. 물론 파워포인트 제작 스킬이 일정한 단계까지 올라갔을 경우를 말하는 것이다. 파워포인트를 통해 슬라이드를 제작하는 과정은 단순 반복 작업이다. 구성한 대로 수집한 자료를 배치하고 위치를 조정하며 콘텐츠의 속성을 수정하는 작업의 연속이다. 그러나 멋진 디자인과 세련된 레이아웃을 원한다면 디자인적인 능력이 다소 요구된다. 결론적으로 슬라이드 제작은 파워포인트를 다루는 숙련도가 높을수록 빠르게 진행할 수 있으며, 효율적인 제작 순서와 단축키 사용, 콘텐츠 재활용 등이 파워포인트 숙련도 향상에 많은 도움을 준다.

● 발표

발표는 최종적으로 청중들과 커뮤니케이션이 발생하는 프레젠테이션의 마지막 단계이다. 기획 단계에서 결정했던 주제와 스토리를 중심으로 발표를 이끌어 나가며, 제작한 슬라이드를 최대한 활용해서 청중의 이해를 돕는다. 좋은 발표를 위해 많은 준비가 필요하지만 가장 중요한건 긴장하지 않고 준비한 내용을 명확하고 강렬하게 전달하는 것이다. 대부분의 좋지 않은 프레젠테이션은 발표자의 과도한 긴장에 원인이 있다. 발표자의 긴장으로 내용 전달이 명확하지 않거나 자주 발표의 흐름이 끊기면서 청중이 산만해지게 된다. 특히 많은 사람들 앞에서 발표하는 것이 부담스럽다면 긴장을 없애기 위한 많은 노력이 필요하다. 아무리 좋은 슬라이드를 제작하고 준비를 완료했다고 하더라도 발표를 망친다면 프레젠테이션 자체가 실패한 것이기 때문에 발표자의 심리 상태는 프레젠테이션 성공에 매우 중요한 영향을 준다.

발표를 할 때는 발표자의 시선, 행동, 언행 하나하나가 청중에게 영향을 주기 때문에 불필요한 행동을 줄이는 것이 중요하며 자신만의 진행 방법을 만들어 놓는 것이 좋다. 또한 흐름이 끊기거나 문제가 발생했을 경우에 대한 대비책을 한두개 쯤 준비해 두는 것도 좋다. 실시간으로 진행되는 발표는 매 순간순간 어떤 일이 발생할지 알 수 없으며 이렇게 다양한 상황에 대한 모든 대비책을 강구할 수는 없다. 따라서 여러 용도로 사용할 수 있는 대비책을 준비해 두면 어떠한 상황에서도 당황하지 않고 발표 흐름을 이어갈 수 있을 것이다.

1.3 프레젠테이션 핵심 포인트

프레젠테이션을 진행할 때 발표자 혼자서 수많은 상황에 대해 대처해야 하고 흐름을 잘 이끌어 가야 한다. 따라서 작은 실수나 행동이라도 흐름에 큰 영향을 줄 수 있다.

프레젠테이션에서 꼭 해야 할 것들은 앞선 단계들을 충실히 진행하고 준비하는 것이다. 그러나 프레젠테이션의 실패는 사소하거나, 한순간의 잘못된 행동에 기인할 수 있기 때문에 하지 말아야 할 것에 대해서 살펴보도록 한다.

하지 말아야 할 것

청중과의 커뮤니케이션은 일대일 커뮤니케이션과 다른 점이 있기 때문에 많이 까다롭다. 일대일 커뮤니케이션은 작용에 대한 반작용이 바로 발생하지만 청중과의 커뮤니케이션은 작용에 대한 반작용이 일어나지 않을 수도 있고, 매우 다양하게 나타날 수도 있기 때문에 청중으로부터 하나의 반응을 이끌어내기가 상당히 어렵다. 따라서 청중의 주의를 분산시키거나 흐름을 끊는 행위는 프레젠테이션에 악영향을 준다. 또한 프레젠테이션 흐름이 주제에서 벗어날 경우 잠깐은 괜찮을지 모르지만 장시간 지속되면 청중의 집중력을 떨어뜨리는 요인이 된다. 이것은 발표자의 진행 외에 슬라이드 자료의 어수선함, 보기 힘든 슬라이드 내용 등이 포함될 수 있다. 따라서 다음과 같은 행위는 피해야할 것들이다.

청중과 소통하지 않고 일방적으로 진행

청중의 반응에 따라 발표의 흐름을 조절해야 한다. 그렇지 않고 발표자의 페이스대로 진행될 경우 청중은 지치거나 지루해할 수 있다.

주제와 상관없는 내용

주위를 환기시키기 위해 잠깐 주제에서 벗어난 내용은 좋은 효과를 발휘할 수 있으나 길게 끌고간다면 청중도 발표자도 본 주제로 되돌아오기 힘들다.

청중의 질문에 대답을 못하고 지연

청중의 질문에 대답을 하지 못하는 것은 발표자의 준비가 부족한 것으로 인식된다. 따라서 주제에 해당하는 예상 질문에 대한 답변을 사전에 준비해야 하며, 주제와 벗어난 질문에 대해서는 유연하게 마무리할 수 있어야 한다. 만약 그렇지 못하고 시간이 지연된다면 발표자의 신뢰도가 떨어지고 청중의 답답함이 증가할 뿐이다.

긴 발표 시간

사람의 집중 가능한 시간은 그리 길지 못하며 사람 간에 편차가 존재한다. 따라서 스토리를 작성할 때 전체 발표시간에 대한 기준이 있어야 하며, 부득이하게 길어질 경우 청중의 집중도를 끌어올릴 수 있는 방안이 함께 준비되어야 한다.

산만한 발표자 행동

발표자의 산만한 행동은 청중도 산만하게 만들 수 있다. 청중을 바라보지 않는다든지 불필요한 행동을 반복적으로 하는 경우가 이에 해당한다.

불완전한 슬라이드

수치 자료의 오류, 정리되지 않은 슬라이드, 근거 자료 부족 등은 프레젠테이션 자체에 대한 신뢰도를 떨어뜨리는 요인이며, 완성도가 낮은 슬라이드 구성은 청중의 자료 이해도 및 집중도를 떨어뜨린다.

제2장

프레젠테이션 시작과 기능

1.1 파워포인트 시작과 종료

이번 세션에서는 파워포인트를 시작하는 새 프레젠테이션 만드는 방법과 저장하는 방법에 대해서 학습한다. 또한 작성한 프레젠테이션을 인쇄하는 방법과 옵션들에 대해서 살펴본다.

● 새 프레젠테이션 만들기

새로운 프레젠테이션을 생성하기 위해서는 파워포인트 2013을 실행한 후, 첫 번째 창에서 [최근에 사용한 항목]에서 최근 문서를 불러오거나 우측의 기본 테마 중에서 하나를 선택하면 새로운 프레젠테이션을 생성할 수 있다.

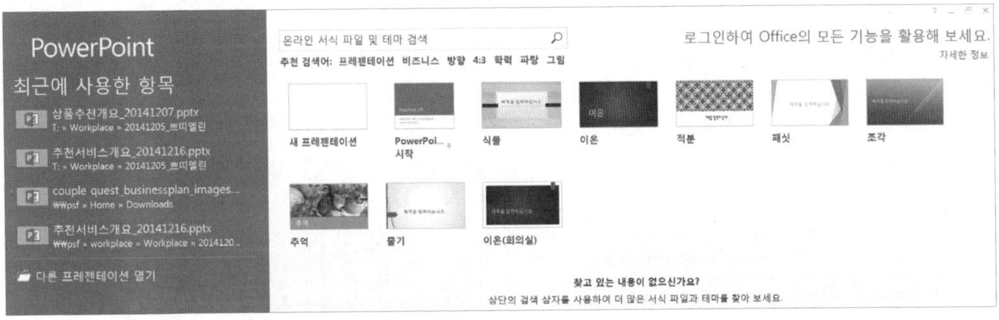

정상적으로 선택했다면 다음과 같은 기본 작업 환경이 나타난다.

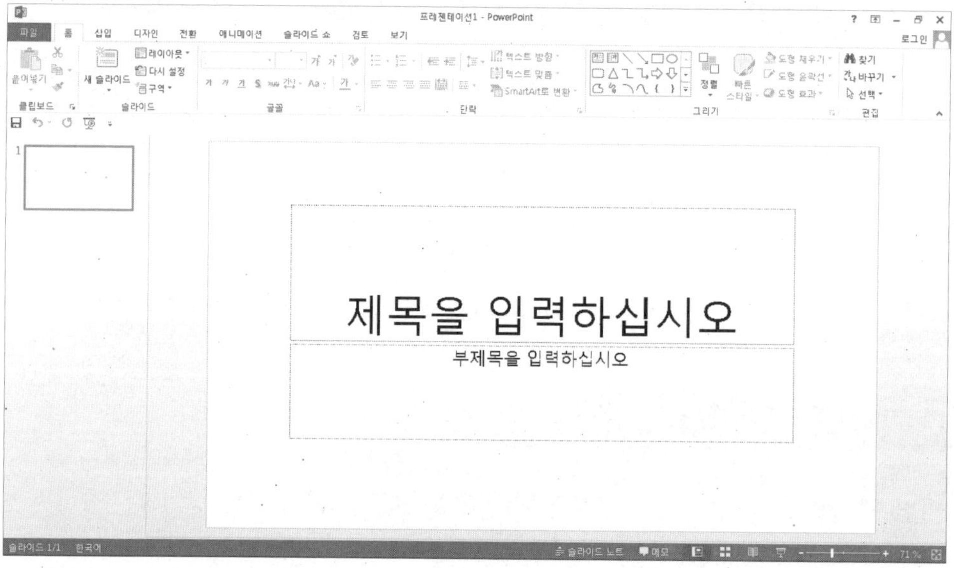

만약 이 상태에서 새로운 프레젠테이션을 생성하고 싶다면 [파일] - [새로 만들기] 탭으로 이동하면 된다. 여기서 원하는 테마를 선택하면 새로운 프레젠테이션을 생성할 수 있다.

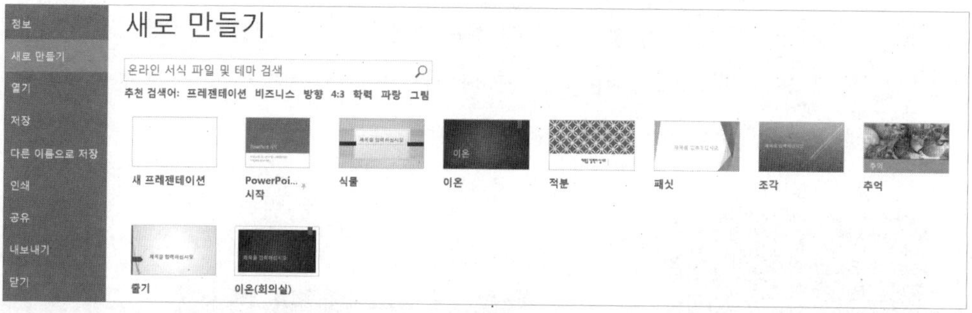

더 다양한 테마를 찾고 싶으면 [온라인 서식 파일 및 테마 검색]에서 원하는 키워드를 통해 마이크로소프트 온라인에서 검색할 수 있다. 예를 들어 다음과 같이 '파랑' 이라는 키워드로 검색했을 경우, 결과 테마와 범주가 화면에 나타난다.

프레젠테이션 저장하기

문서를 저장하기 위해서 [파일] – [저장] 또는 [파일] – [다른 이름으로 저장]을 클릭하면 기본적으로 세 가지 선택 사항이 나온다. [OneDrive]는 사용자가 연결한 원드라이브의 경로에 저장하는 것이며, [컴퓨터]는 현재 작업 중인 컴퓨터의 저장 장소에 저장하게 된다. [위치 추가]는 이외의 저장 경로를 미리 추가해 놓는 것으로 주로 사용하는 경로를 지정해 놓으면 편리하다.

[저장]과 [다른 이름으로 저장]은 현재 작업 중인 파일에 덮어씌울 것인지 새로운 파일을 생성하여 저장할 것인지의 차이이다. 문서를 저장할 때는 다양한 파일 형식으로 저장할 수 있는데 기본 형식으로 저장할 것을 권장하며, PDF, 이미지 형식 등으로 저장을 원할 경우 다음의 경로 창에서 파일 형식을 선택하면 된다.

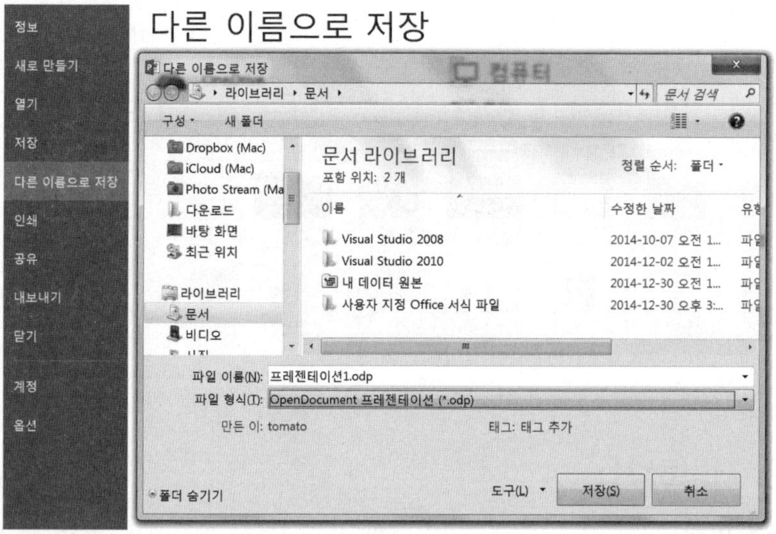

파워포인트 작업을 하게 되면 가끔 장기간 작업 및 대용량 이미지 사용 등의 사유로 프로그램이 다운될 가능성이 있다. 그렇게 되면 노력한 결과물이 사라지게 되는 상황이 발생할 수 있으므로 항상 프레젠테이션 제작 작업 초기에 문서를 저장한 후, 지속적으로 [파일] – [저장]을 통해 저장함으로써 최대한 최근의 작업 결과물을 잃어버리지 않도록 하는 것이 바람직하다.

● 슬라이드 인쇄하기

제작한 프레젠테이션을 인쇄하기 위해서는 [파일] – [인쇄]로 이동하여 알맞은 옵션을 지정한 후, [인쇄] 버튼을 클릭하면 된다.

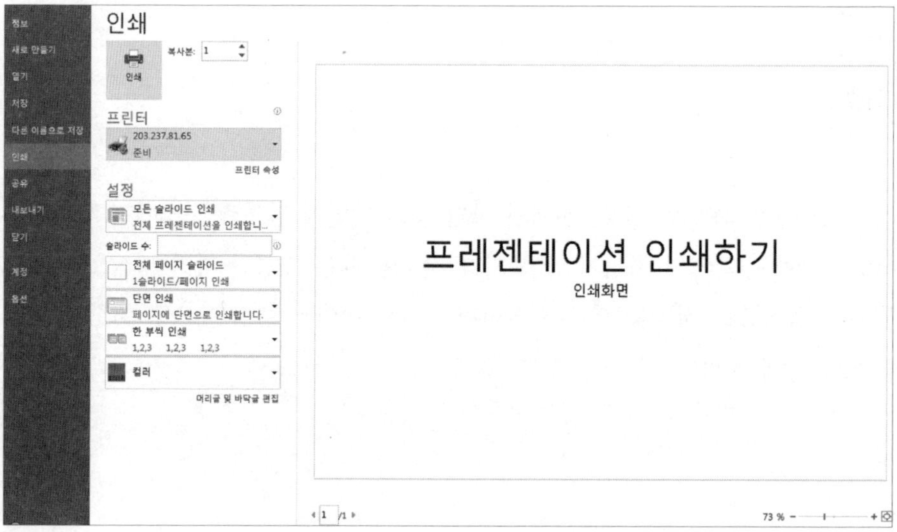

인쇄 설정은 5가지를 지정할 수 있는데 인쇄 범위, 인쇄 모양, 단면/양면 설정, 한 부씩 인쇄, 색상 설정 등이 있다.

STEP 1 인쇄 범위

인쇄할 슬라이드의 범위를 지정하는 것으로 모든 슬라이드 인쇄가 기본으로 설정되어 있다. 그 외 선택 영역, 현재 슬라이드 인쇄 등이 가능하다.

STEP 2 인쇄 모양

출력할 모양을 설정하는 것으로 기본 슬라이드 인쇄, 유인물 인쇄, 개요 중에서 선택할 수 있으며, 유인물 선택 시, 한 페이지에 인쇄할 슬라이드 수를 지정할 수 있다.

STEP 3 단면/양면 설정

인쇄 시 용지 한 장의 단면만을 사용할지, 양면 모두를 사용할지에 대해서 설정하는 것이다.

STEP 4 한 부씩 인쇄

전체 슬라이드를 인쇄할 시 여러 부를 출력할 경우가 있다. 이럴 경우 슬라이드 1을 10장, 슬라이드 2를 10장 ... 이렇게 출력하여 사용자가 수작업으로 순서를 맞춰야 하는 수고가 발생한다. 그래서 한 부씩 인쇄를 선택하면 자동적으로 프레젠테이션이 한 부씩 출력되어 사용자의 수고를 덜어준다.

STEP 5 색상 설정

색상 설정은 간단히 컬러, 회색조, 흑백 중에서 선택할 수 있으며, 사용자의 프린터에 따라 컬러를 선택하거나 일반적인 흑백 프린터에서는 회색조를 선택해서 출력하면 된다.

1.2 메뉴 둘러보기

파워포인트는 기본적으로 상단에 메뉴바, 좌측에 슬라이드 썸네일, 우측에 슬라이드 작업 환경이 위치한다. 메뉴바는 탭 형식으로 구분되어 있으며, 주로 [홈], [삽입] 탭을 사용하게 된다.

● 메뉴바

메뉴바 최상단에는 빠른 실행 아이콘이 위치하고 있으며, 설정을 통해 추가할 수 있다.

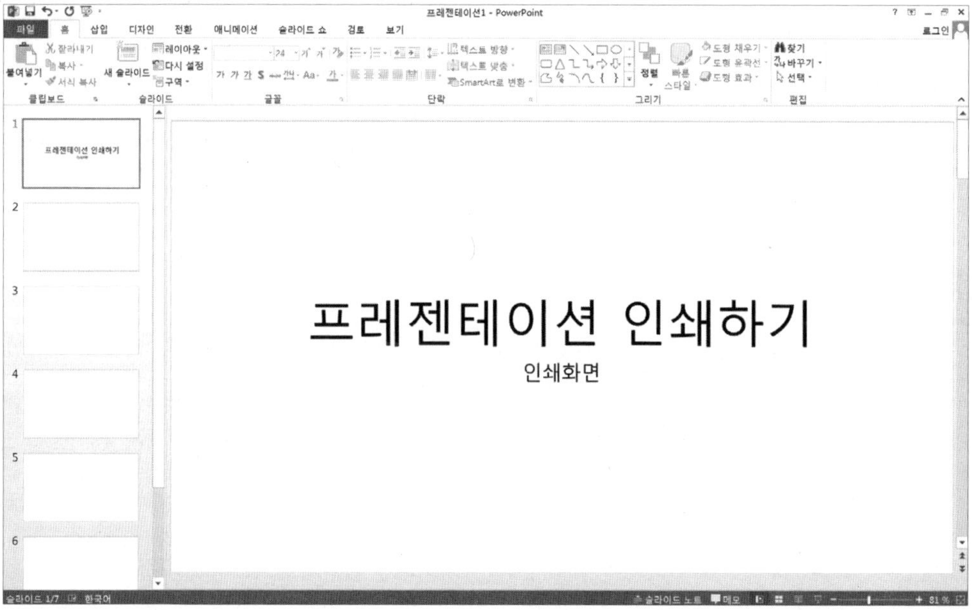

● 홈

홈 탭은 작업 시 주로 사용하는 기능들을 모아놨으며, 기본 설정(폰트, 레이아웃 등) 기능을 가지고 있다.

삽입

삽입 탭은 슬라이드에 넣을 수 있는 모든 것들이 모여 있다. 새로운 슬라이드 삽입, 표, 차트, 도형, 그림 등이 있으며 슬라이드 번호, 머릿글/바닥글 등의 삽입 옵션도 있다.

디자인

디자인 탭은 프레젠테이션의 테마를 설정할 수 있다. 이미 테마를 적용한 상태이더라도 디자인 탭에서 다른 테마를 적용할 수 있으며, 슬라이드 크기와 배경 서식을 설정할 수 있다.

전환

전환 탭은 슬라이드 전환 시 적용할 수 있는 애니메이션 효과를 설정할 수 있다. 시각적 효과 및 사운드 효과, 전환 속도 등을 설정할 수 있으며, [모두 적용]을 통해 모든 슬라이드 전환에 일괄 적용할 수도 있다.

애니메이션

애니메이션 탭은 슬라이드에 삽입한 개체에 대한 애니메이션 효과를 적용하는 메뉴다. 애니메이션 효과는 다양하고 복합적인 설정이 가능하기 때문에 생성할 수 있는 경우의 수가 많으며 시간 설정을 통해 애니메이션 활성 타이밍을 지정할 수도 있다.

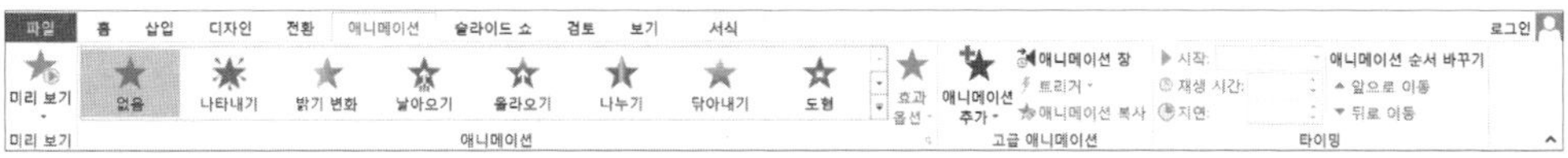

슬라이드 쇼

슬라이드 쇼는 완성된 프레젠테이션을 실제로 출력할 때 사용하는 메뉴다. 슬라이드 쇼를 시작할 경우 기본적으로 전체 화면으로 출력되며 마우스 클릭 또는 키보드 입력을 통해 슬라이드를 전환할 수 있다. 그 외에도 프레젠테이션 연습을 위한 기능도 제공한다.

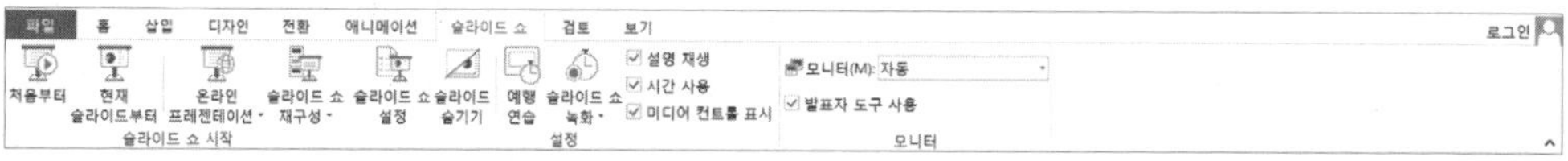

검토

검토의 경우 언어 교정에 중점적인 기능이며 메모 기능을 사용하여 사용자가 기억해야 하는 중요 메모를 붙여놓거나 공동 작업을 할 때 다른 작업자에게 메시지 형식으로 남길 수도 있다. 실제 프레젠테이션 시에는 이러한 메모가 출력되지는 않는다.

보기

작업 환경의 전체적인 흐름이나 디자인 작업을 할 때 유용한 기능을 제공하는데 [기본] 형식의 레이아웃이 작업을 위해 가장 편리하다. 그 외 눈금자, 눈금선 등의 사용자 편의 옵션이 설정 가능하며, 테마를 제작, 수정할 수 있는 [슬라이드 마스터] 기능이 있다.

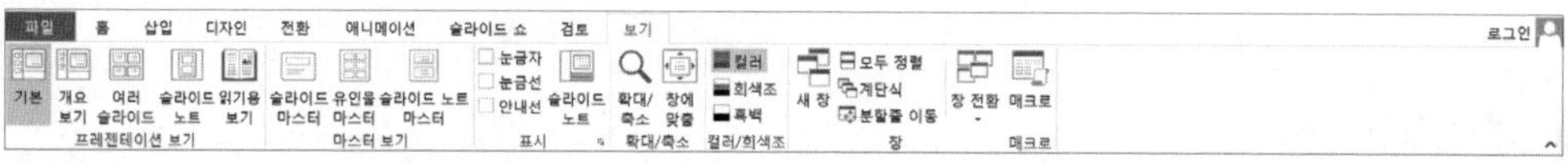

1.3 슬라이드 다루기

파워포인트에서 한 화면을 슬라이드라고 하며, 슬라이드는 프레젠테이션의 최소 단위이다. 이러한 슬라이드가 프레젠테이션 시 한 단락, 한 챕터와 같은 전환 단위로 인지할 수 있고, 슬라이드를 제작할 때부터 이러한 프레젠테이션의 흐름이 설정되어 있어야 한다.

● 슬라이드 생성

새 프레젠테이션을 생성하면 첫 번째 슬라이드와 함께 시작하는데 이 슬라이드는 다양한 레이아웃 중 '제목 슬라이드'에 해당한다.

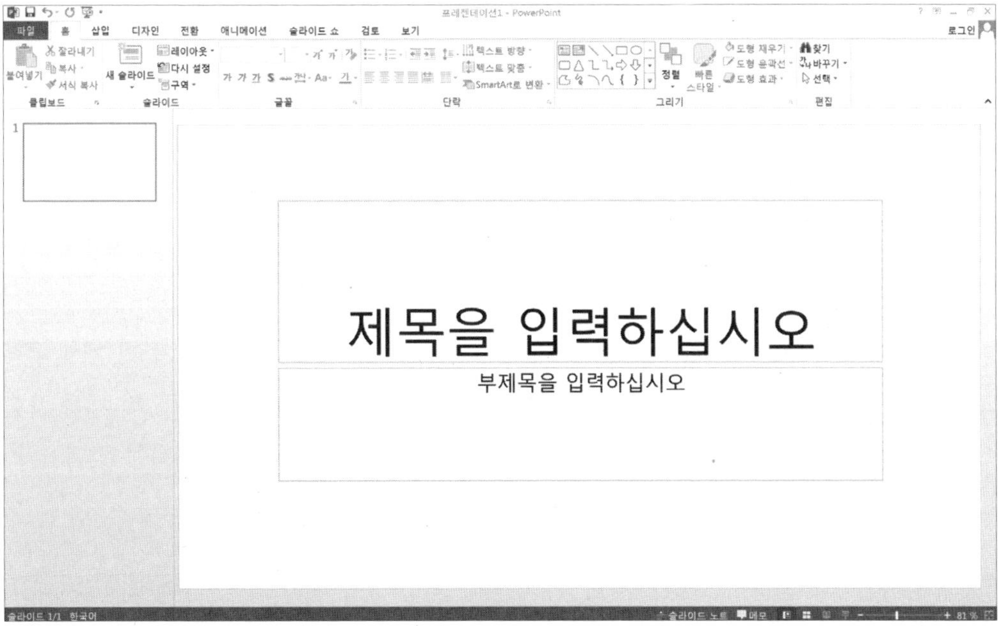

새로운 슬라이드를 추가하기 위해서 [홈] - [새 슬라이드]의 화살표를 클릭하면 기본 레이아웃이 나타난다. 기본 슬라이드는 테마 하나당 11가지가 있으며 [보기] - [슬라이드 마스터]를 통해서 새로운 레이아웃을 추가/삭제할 수 있다.

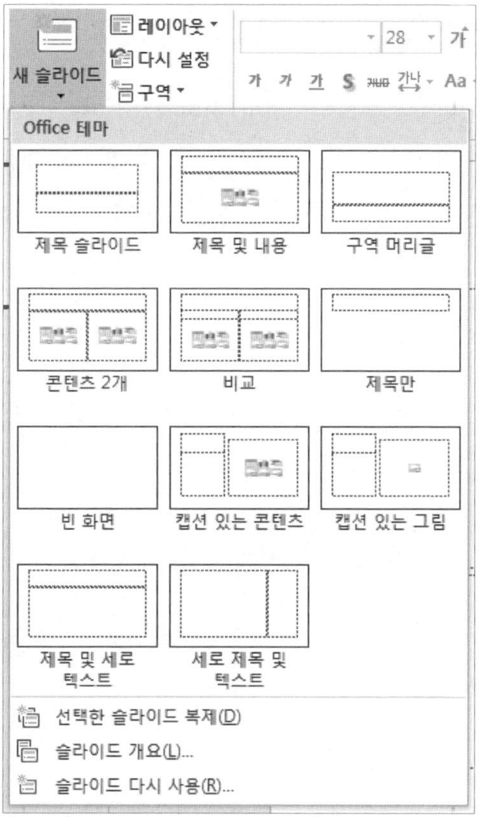

"슬라이드 레이아웃에는 슬라이드에 표시되는 모든 내용의 서식, 위치 및 개체 틀이 들어 있으며, 개체 틀은 레이아웃에서 텍스트(본문 텍스트, 글머리 기호 목록 및 제목 포함), 표, 차트, SmartArt, 동영상, 소리, 그림 및 클립아트와 같은 내용을 유지하는 컨테이너" 이다.

※ 마이크로소프트 오피스 서포트, http://support.office.com

● 슬라이드 복사

슬라이드 복사는 윈도우 탐색기에서 파일 복사와 동일하다. 복사를 원하는 슬라이드에 [마우스 우클릭] – [복사]를 한 후, 원하는 위치에 [붙여넣기]를 하면 된다.

● 슬라이드 이동

슬라이드 이동 역시 파일 이동과 유사하다. 이동을 원하는 슬라이드를 [마우스 좌클릭]한 상태에서 목적지로 드래그 한 후, 클릭을 풀면 이동이 완료된다.

● 슬라이드 삭제

슬라이드 삭제 역시 삭제를 원하는 슬라이드에 [마우스 우클릭] – [삭제]를 클릭하면 된다. 또는 키보드에서 Delete(Delete) 키 또는 ←(Back Space) 키를 눌러서 삭제할 수 있다.

● 레이아웃 바꾸기

이미 생성한 슬라이드의 레이아웃을 변경할 때는 변경을 원하는 슬라이드에 [마우스 우클릭] – [레이아웃] 클릭 후, 변경하고자 하는 레이아웃을 클릭하면 된다. 또는 [홈] – [레이아웃]을 통해 동일하게 변경할 수도 있다.

1.4 도형 다루기

도형은 도식화, 이미지 꾸미기, 텍스트 박스 등 다양하게 활용할 수 있다. 파워포인트에서는 다양한 도형을 제공하고 있으며, 세부적인 속성을 설정해서 새로운 도형을 만들 수도 있다.

● 도형 생성

도형은 삽입하는 개체 중 주로 내용의 도식화 또는 개체를 꾸미는데 사용한다. 도형을 그리기 위해서는 [홈] - [그리기] 그룹에서 바로 선택할 수 있고, [삽입] - [도형]에서 선택할 수도 있다. 도형의 종류에는 선, 사각형, 기본 도형, 블록 화살표, 수식 도형, 순서도, 별 및 현수막, 설명선, 실행 단추가 있다. 원하는 도형을 선택한 후, [마우스 좌클릭 드래그]를 통해서 도형을 그릴 수 있다.

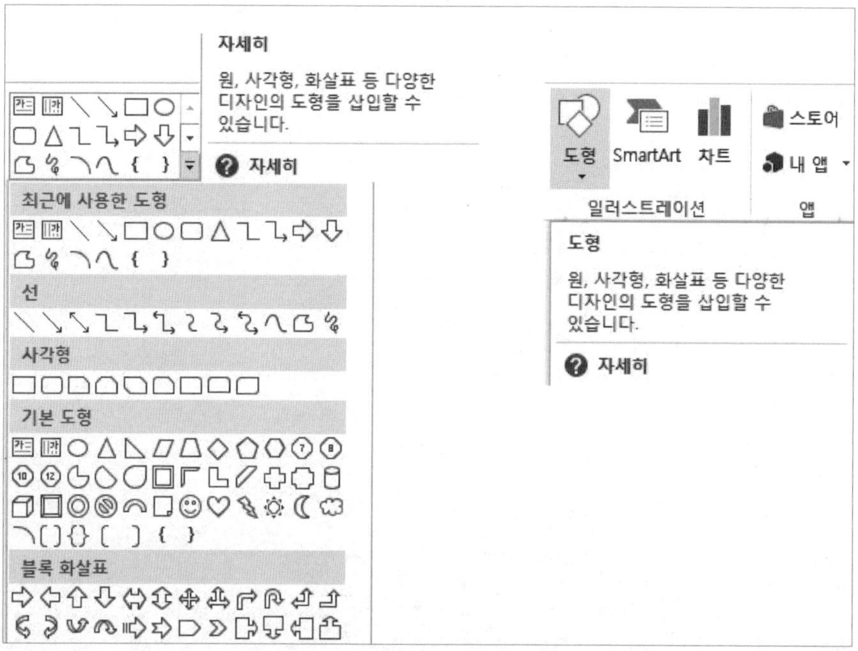

● 도형 서식

파워포인트에서 모든 개체는 기본적으로 3가지 서식을 설정할 수 있는데 서식을 설정하기 위해서 해당 개체를 선택하면 각 개체에 해당하는 메뉴 탭이 생성된다. 메뉴 탭은 개체에 따라 하나 이상이 생성될 수 있으며, 개체 선택을 해제하면 메뉴 탭은 사라진다. 서식은 채우기, 윤곽선, 효과 세 가지로 되어 있으며, 채우기는 도형의 내부에 색을 채우는 것이고 윤곽선은 도형의 테두리를 입히는 것이다. 효과는 그림자, 입체 효과, 반사, 네온 등의 특수 효과를 부여한다.

오피스 2013부터 인터페이스가 약간 바뀌었는데 개체를 선택하면 작업 환경 우측에 개체 서식 메뉴가 출력된다. 도형의 경우 채우기 및 선, 효과, 크기 및 속성으로 구분되어 있으며, 도형에 기본적으로 텍스트가 삽입 가능하기 때문에 도형 옵션 외에 텍스트 옵션이 설정 가능하다.

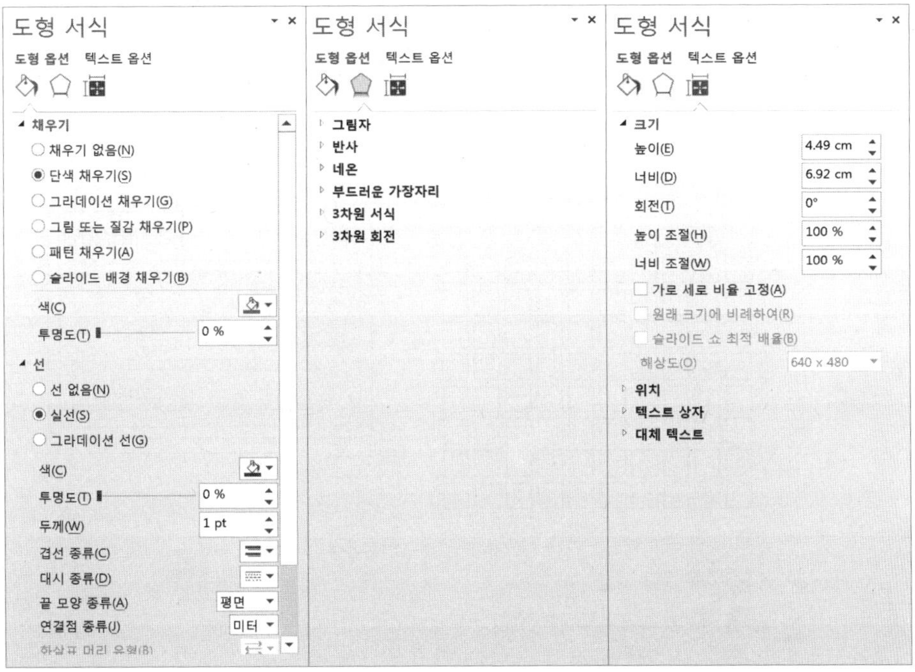

STEP 1 채우기 및 선

채우기는 도형 내부에 색을 채우는 것으로 어떤 색상을 어떻게 채울지를 설정하게 된다. 단색, 그라데이션, 그림 또는 질감, 패턴, 슬라이드 배경 채우기가 선택 가능하며 각각에 대한 옵션이 바로 아래 나타난다. 선의 경우 선의 종류와 색상을 선택하면 된다. 선의 종류는 겹선, 대시, 끝 모양을 설정할 수 있으며, 그라데이션을 선택하여 선에 그라데이션 색상을 지정할 수도 있다.

1.5 표 다루기

파워포인트에서 표는 엑셀과 같이 데이터 값을 표현할 수 있는 방법이다. 표 생성 후 디자인과 레이아웃을 설정해서 다양한 모양으로 꾸며줄 수 있다.

● 표 생성

표는 기본적으로 열/행 격자 모양으로 되어 있기 때문에 표 생성 시, 열과 행의 개수만 지정하면 쉽게 생성할 수 있다. [삽입] – [표]를 클릭하면 격자무늬 메뉴가 나타나는데 마우스를 이동시켜 원하는 열/행 개수를 맞춰서 [클릭]하면 바로 표가 생성된다. 또는 [삽입] – [표] – [표 삽입]을 클릭하여 열과 행의 개수를 직접 숫자로 입력해서 완성할 수도 있다.

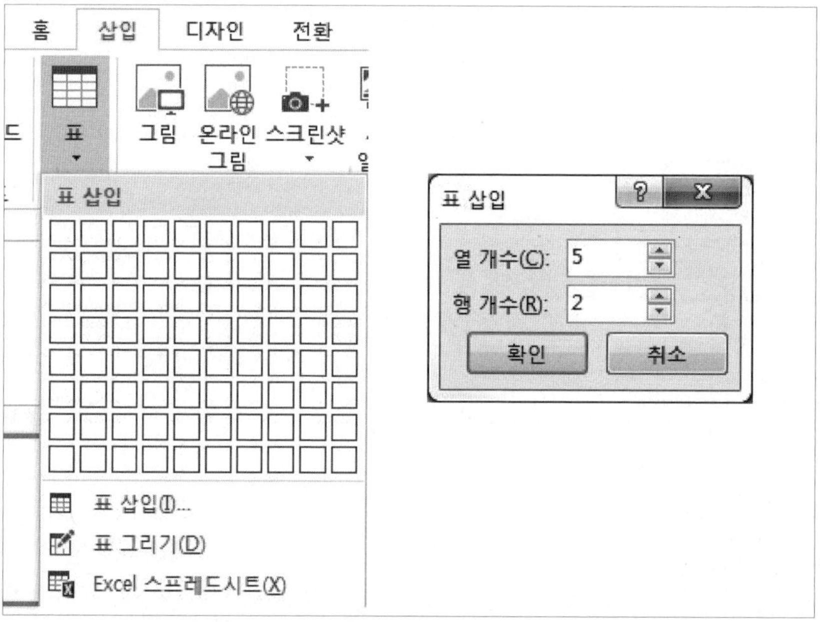

STEP 1 표 디자인

생성된 표를 선택하게 되면 메뉴 탭에 두 가지 메뉴가 새로 생성된다. 첫 번째로 디자인 탭은 표의 디자인 부분을 설정할 수 있으며, 표의 스타일이 대부분 설정이 된다. [디자인] – [표 스타일 옵션] 그룹은 표의 첫 번째 행이나 열에 디자인 차원의 포인트를 주거나 시각적 구분을 위해 줄무늬 열과 같은 옵션을 지정할 수 있다. [디자인] – [표 스타일] 그룹은 표 디자인의 샘플을 제공하고 있으며, 원하는 샘플을 선택할 경우 바로 적용된다. 세부적인 설정을 하고 싶다면 원하는 셀을 [마우스 드래그]를 통해 범위를 지정한 후, [디자인] – [표 스타일] 그룹의 음영, 테두리, 효과를 설정하면 된다.

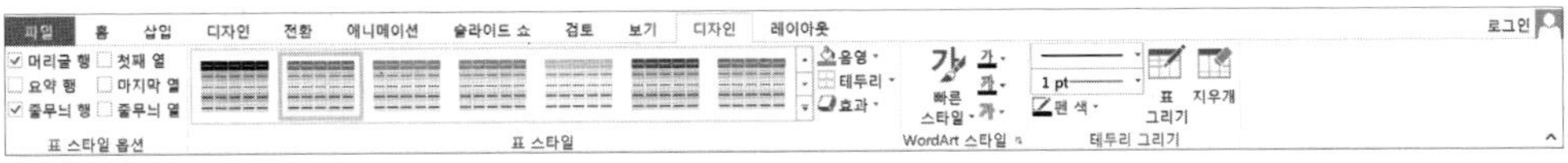

STEP 2 표 레이아웃

레이아웃 탭은 표를 나타내는 부분에 대한 설정, 열/행 삽입, 삭제, 병합, 분할 설정, 내부 정렬 및 크기 조절이 가능하다. 대부분 원하는 셀을 [마우스 드래그]를 통해 범위를 지정한 후, 설정을 선택하면 적용되는 방식이다. 예를 들어 셀 병합 시, 병합을 하려고 하는 셀을 두 개 이상 범위를 지정한 후, [레이아웃] – [셀 병합]을 선택하면 된다.

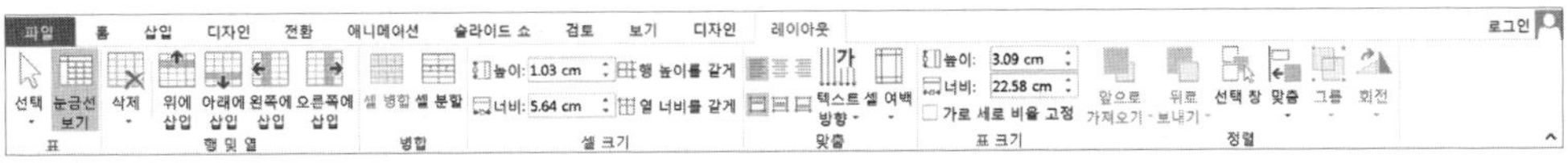

1.6 차트 다루기

차트는 엑셀을 통해 입력된 데이터를 그래프 형식으로 표현하는 기능이다. 파워포인트에서는 일반적으로 사용할 수 있는 모든 형식의 차트를 제공하고 있으며, 다양한 상황 및 테마에 맞는 차트를 생성할 수 있다.

● 차트 생성

차트는 가공된 수치 데이터를 그래프 형태로 표현하는 것이다. 따라서 차트는 수치 데이터가 엑셀 형태로 저장되어 있거나 데이터를 생성해 주어야 한다. 차트를 생성하는 방법은 크게 두 가지로 나눌 수 있는데 첫 번째는 파워포인트에서 차트를 생성하는 것이고, 두 번째는 엑셀에서 차트를 만들어 복사해 오는 것이다.

전자의 경우 [삽입] - [차트]를 클릭하면 차트 종류를 선택하는 창이 나타나게 되고 원하는 형태를 선택하면 자동적으로 엑셀이 실행되어 데이터를 입력받을 수 있는 상태로 전환된다.

Microsoft PowerPoint의 차트

	A	B	C	D	E	F	G	H	I
1		계열 1	계열 2	계열 3					
2	항목 1	4.3	2.4	2					
3	항목 2	2.5	4.4	2					
4	항목 3	3.5	1.8	3					
5	항목 4	4.5	2.8	5					
6									

입력 상태에서 엑셀과 동일한 사용법을 통해 데이터를 입력하면 실시간으로 생성된 차트에 반영되며, 데이터 입력이 끝난 후에 창을 닫으면 차트 생성이 완료된다. 차후 데이터를 편집한다면 [디자인] - [편집] - [데이터 편집]을 클릭하면 동일한 과정을 통해 수정할 수 있다.

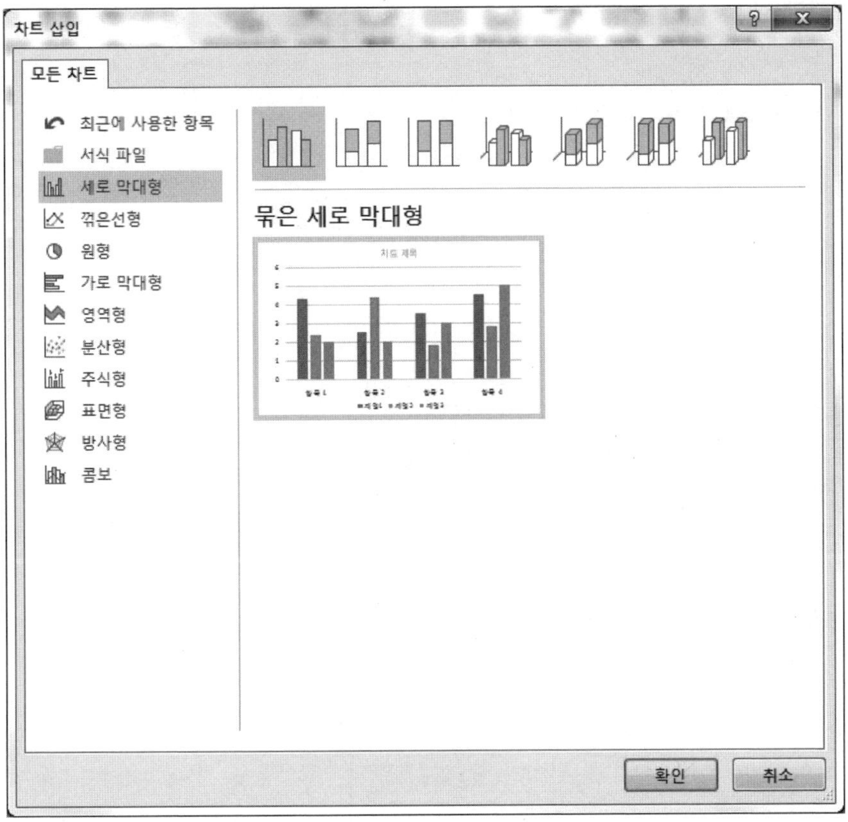

후자의 경우 엑셀 자체가 데이터 공간으로 되어 있기 때문에 데이터를 셀에 입력한 후, [마우스 드래그]를 통해 범위를 지정하고 차트 생성을 하게 되면 바로 차트가 생성된다. 이를 파워포인트로 복사/붙여넣기를 하면 동일한 결과를 얻을 수 있다.

차트의 종류는 세로 막대형, 꺾은 선형, 원형, 가로 막대형, 영역형 등 10가지 카테고리가 존재하며, 데이터의 형태에 따라 알맞은 차트 형태를 선택하면 된다. 예를 들어 전체에 대한 비율을 나타내는 데이터의 경우 막대형 보다는 원형 차트가 효과적이다.

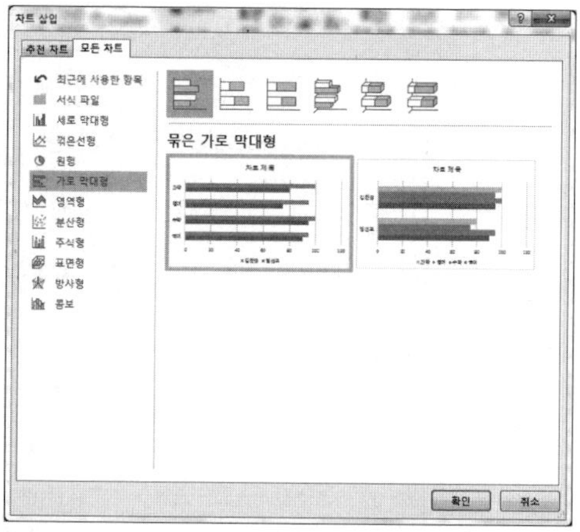

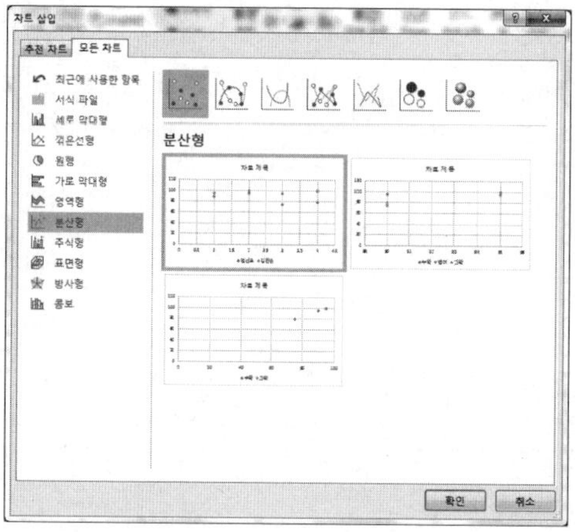

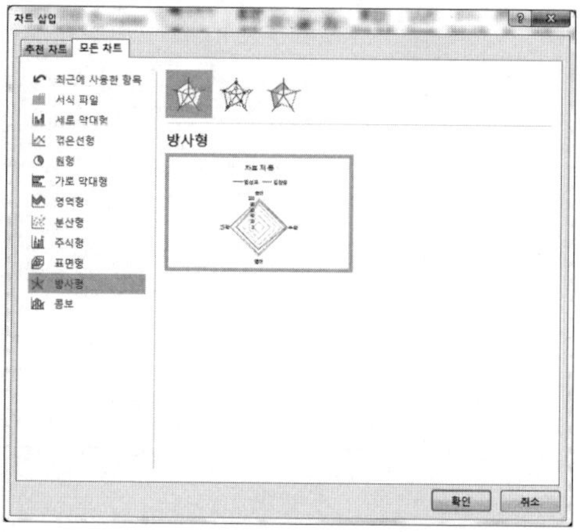

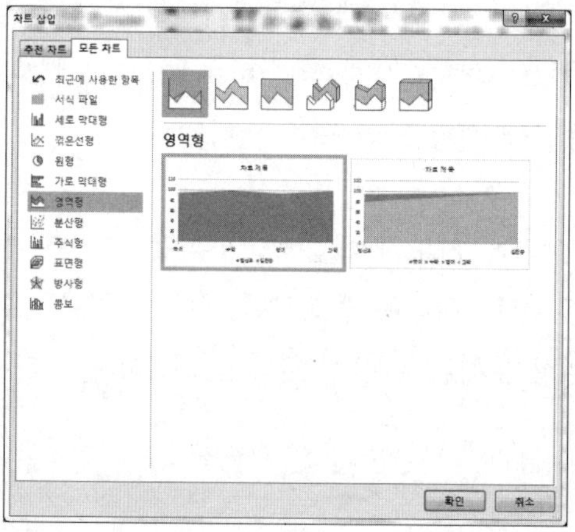

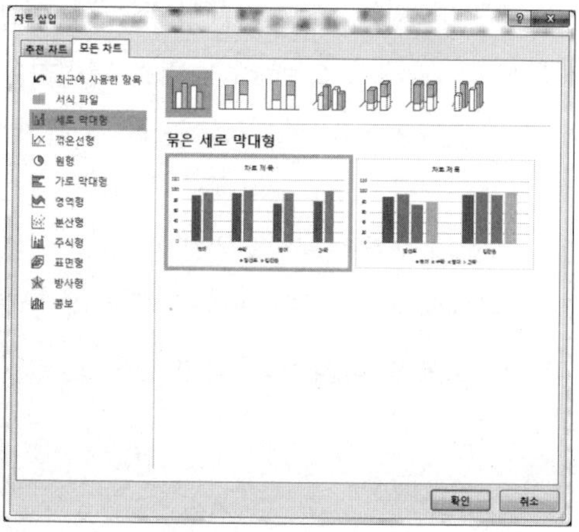

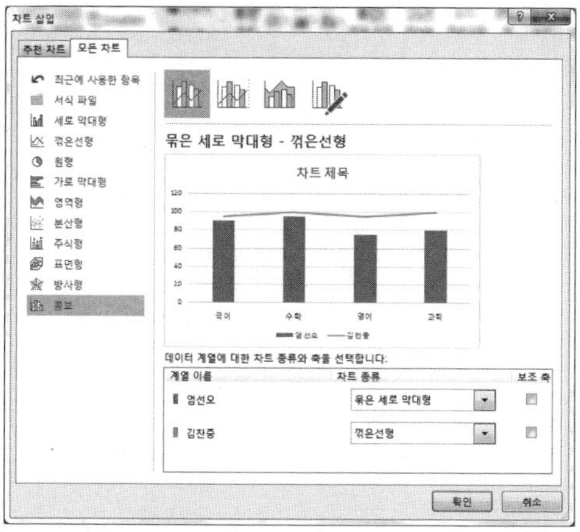

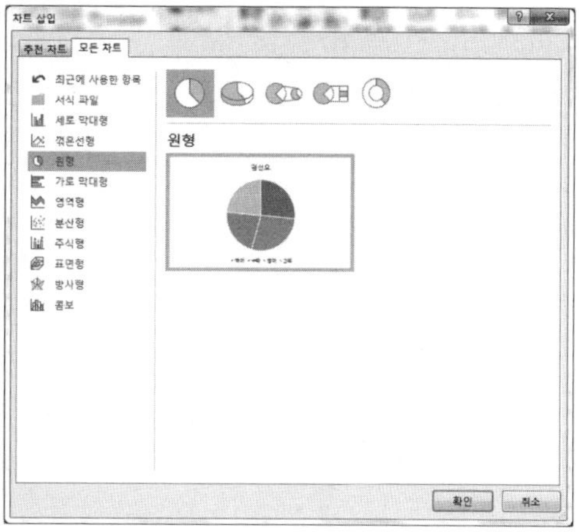

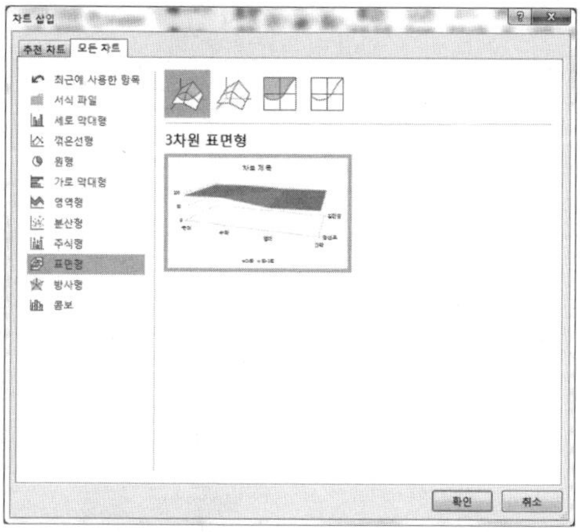

STEP 1 차트 디자인

생성한 차트를 선택하면 메뉴 탭에 두 가지 메뉴가 생성된다. 첫 번째로 [디자인] 탭은 차트의 표현 방법에 대한 설정이 있으며 차트 레이아웃, 스타일, 데이터를 설정할 수 있다.

[차트 레이아웃 그룹]에는 차트 내에 표시할 수 있는 요소에 대한 설정인데 축 제목, 데이터 레이블, 눈금선 등 표시를 도와주는 출력물이 대부분이다. 각 항목은 각 메뉴에 마우스를 클릭하지 않고 마우스 포인터를 갖다 대기만 하면 어떤 내용이 추가되는지 예시를 확인할 수 있다.

[차트 스타일 그룹]은 차트의 디자인 부분에 대한 설정으로 색상 설정을 통해 표현을 달리할 수 있으며, 다양한 예시를 제시하여 특별한 설정을 하지 않고도 선택해서 사용할 수 있다.

[데이터 그룹]은 차트 생성 시 입력한 데이터의 수정이 주요 설정이며, 데이터 선택, 데이터 편집이 가능하다.

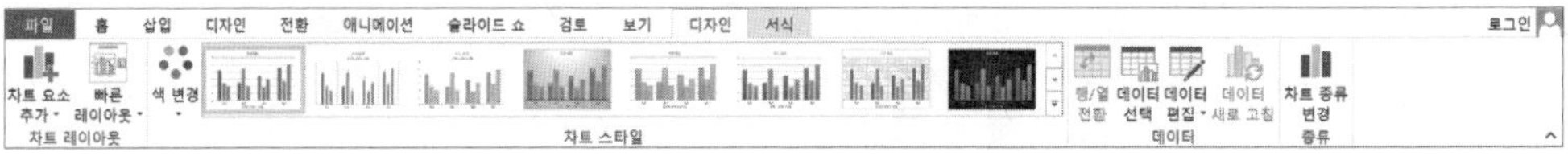

생성된 차트를 선택하면 차트 우측에 세 가지 옵션 버튼이 활성화 된다.  버튼은 차트 요소 추가/삭제 설정을 할 수 있으며 [디자인] - [차트 레이아웃 그룹]의 설정 옵션과 동일하다.  버튼은 디자인 변경 옵션으로 [디자인] - [차트 스타일 그룹]의 설정과 동일하다.  버튼은 [디자인] - [데이터 선택] 설정과 동일하며, 계열과 범주를 지정할 수 있다.

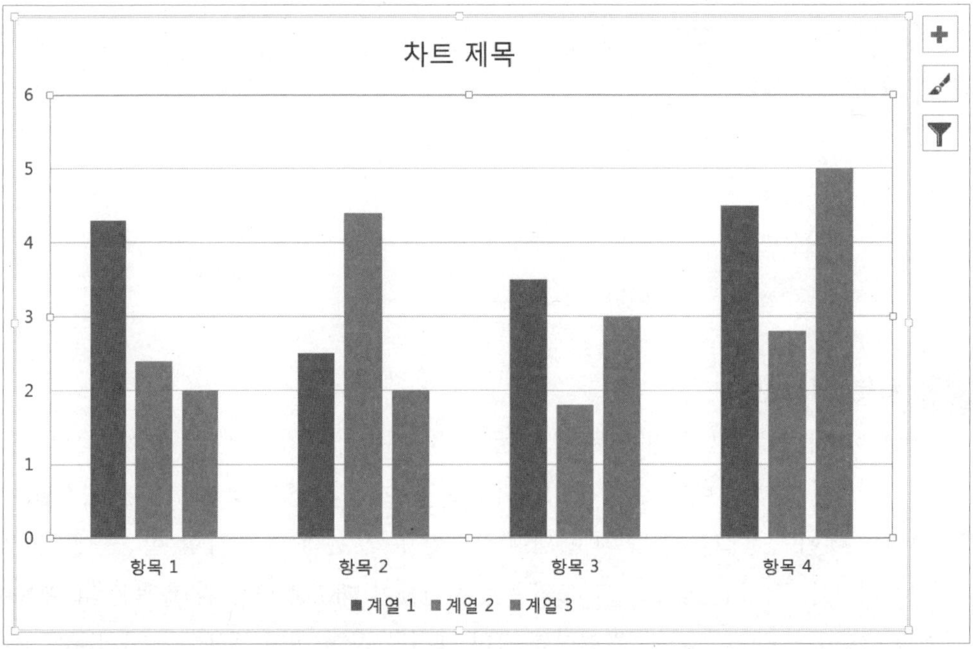

1.7 스마트아트 다루기

스마트아트는 다양한 도식화를 제공하는 기능으로 상황에 맞는 도식을 선택해서 빠르게 적용할 수 있다. 생성된 스마트아트는 수정이 용이해서 도식을 제작하는데 매우 효율적이다.

● 스마트아트(SmartArt) 생성

스마트아트는 텍스트로 정리되어 있는 내용을 도식화할 때 사용하는 것으로 규격화된 도형의 집합이다. 도식화는 텍스트 형식보다 의미전달이 빠르고 효과적이기 때문에 프레젠테이션에서 많이 사용하는 기법이며, 스마트아트는 이를 빠르고 편리하게 제작하는 것을 도와준다. [삽입] – [SmartArt]를 클릭하면 SmartArt 그래픽 선택 창이 나타난다. 스마트아트는 목록, 프로세스, 주기, 계층 구조형 등 8가지 카테고리가 존재한다.

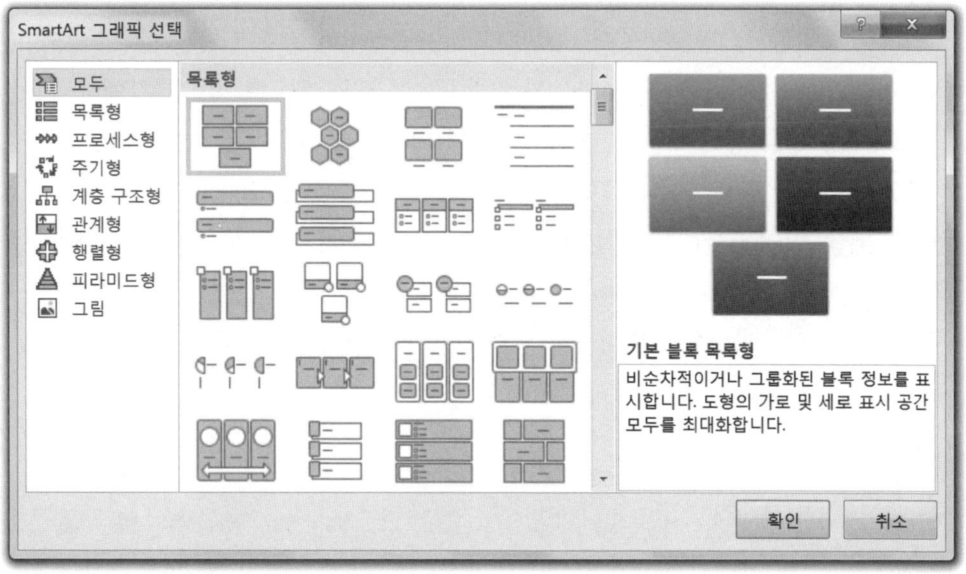

원하는 형태를 클릭하면 바로 생성되어 텍스트 입력 상태로 넘어간다. 스마트아트 역시 도형의 연속이기 때문에 도형 내부에 텍스트를 입력할 수 있다. 원하는 위치에 텍스트를 입력하면 스마트아트 생성이 완료된다. 스마트아트는 도식화가 목적이기 때문에 텍스트 입력 상태에서 좌측 입력 창에 텍스트를 입력하면 도식 부분에 자동으로 텍스트가 채워지며, [엔터]를 통해 도형의 추가/삭제가 가능하다.

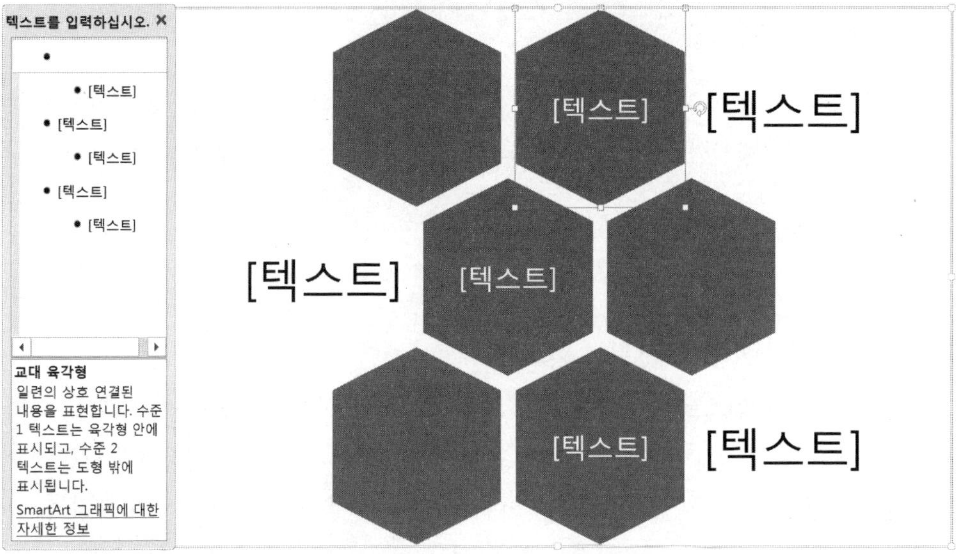

스마트아트의 [디자인] 탭은 [그래픽 만들기], [레이아웃], [SmartArt 스타일], [원래대로] 그룹으로 구분되어 있으며, 각각은 스마트아트의 디자인 설정에 관한 것이다. [디자인] – [그래픽 만들기] 그룹은 도식 내 도형의 추가, 글머리 기호 추가를 할 수 있으며, 텍스트의 수준 올리기/내리기가 설정 가능하다. 그러나 텍스트 입력 창에서 [Tab] 또는 [Shift]+[Tab]을 통해 수준 올리기/내리기가 가능하기 때문에 꼭 메뉴 상에서 마우스 클릭을 통해 설정할 필요는 없다. [디자인] – [레이아웃] 그룹은 도식의 형태를 변경할 수 있다. [디자인] – [SmartArt 스타일] 그룹은 도형들의 채우기, 윤곽선, 효과가 적용된 예시가 제공되며 [서식] 탭에서 더 상세히 수정 가능하다. 마지막으로 [원래대로] 그룹은 스마트아트를 텍스트 또는 도형으로 변형하는 설정 [변환]이 있으며, [그래픽 원래대로]를 통해 다시 스마트아트로 돌려놓을 수 있다.

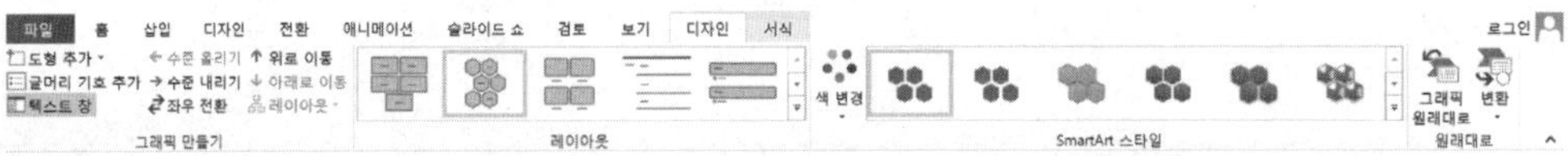

1.8 WordArt 스타일

워드아트(WordArt) 스타일은 슬라이드에 삽입되는 텍스트를 꾸며주는 기능으로 윤곽선, 채우기, 효과를 통해 다양한 텍스트를 제작해 본다.

WordArt 스타일 서식

WordArt 스타일은 텍스트 속성을 통해 설정한 결과를 말한다. 텍스트 속성은 윤곽선, 채우기, 효과로 구분할 수 있으며, 이 세 가지 속성을 통해 다양한 결과를 도출할 수 있다. 텍스트는 가독성이 가장 중요하기 때문에 텍스트 속성을 설정할 때는 텍스트를 화려하게 꾸미기보다 텍스트가 배치될 위치에서 가독성이 확보되야 한다.

텍스트 속성을 살펴보면 윤곽선은 텍스트를 둘러싸는 테두리 부분의 속성을 나타낸다. 선 형태로 출력되기 때문에 윤곽석의 종류, 색상 등을 설정할 수 있다. 채우기는 텍스트 내부를 채우는 것을 나타내며, 색상, 질감, 그림 등으로 채울 수 있다. 효과는 그림자, 네온 등 도형과 동일한 효과를 텍스트에 적용할 수 있다.

어두운 배경에 어울리는 WordArt 설정하기

슬라이드를 제작할 때는 텍스트가 삽입되는 부분은 크게 밝은 배경, 어두운 배경으로 나누어 볼 수 있다. 좀 더 세부적으로 나눠보면 텍스트가 삽입되는 위치의 배경 색상에 따라 알맞은 텍스트 속성을 설정해야 한다. 이번 실습에서는 검정색 도형 위에 텍스트를 삽입하는 경우에 효과적인 텍스트 속성 설정에 대해서 학습한다.

STEP 1 텍스트 채우기와 윤곽선 설정하기

다음 그림은 검은색 그라데이션으로 채워진 모서리 둥근 사각형을 배경으로 텍스트를 삽입한 것이다. 일반적으로 보색을 사용하는 것이 가장 부각되기 쉽기 때문에 흰색으로 텍스트를 삽입했다. 텍스트 채우기는 [그리기 도구] - [텍스트 채우기] - [테마 색]에서 색상을 선택하면 적용할 수 있다. 좌측 그림은 텍스트만 삽입한 것이고 우측 그림은 삽입한 텍스트에 윤곽선을 적용한 것이다. 윤곽선은 [그리기 도구] - [텍스트 윤곽선]에서 [테마 색]을 흰색으로 설정했고 [두께]를 1포인트로 설정했다. 텍스트는 두께가 굵을수록 색상을 채울 수 있는 영역이 넓어지기 때문에 가독성이 높아진다.

STEP 2 텍스트 효과 적용하기

다음 그림은 텍스트 효과를 적용한 것으로 좌측 그림은 반사 효과를 적용했으며, 우측 그림은 네온 효과를 적용했다. 반사 효과는 텍스트 하단에 수면에 비친듯한 텍스트 반사 이미지를 출력한다. 반사 효과는 [그리기 도구] - [텍스트 효과] - [반사]에서 적용할 수 있으며, 반사 효과는 선명도와 거리에 따라 예시가 제공된다. [반사 옵션]을 선택하면 세부 설정이 가능한데 투명도, 크기, 흐리게, 간격이 설정 가능하다. 네온 효과는 텍스트 주변에 네온사인과 같이 지정한 색상을 뿌옇게 번지게 칠해 준다. [그리기 도구] - [텍스트 효과] - [네온]에서 선택할 수 있으며, 기본 샘플로 6가지 색상을 제공하고 있다. [다른 네온색]을 선택해서 색상을 지정할 수 있으며, [네온 옵션]으로 세부 설정이 가능하다.

어두운 배경에 텍스트를 삽입할 때는 흰색을 선택하는 것이 일반적이면서 가장 효과적이다. 흰색은 빛을 가장 많이 반사하기 때문에 눈에 잘 인식되고 텍스트로 사용하기에 알맞다. 그러나 과도한 효과와 두꺼운 윤곽선은 가독성을 떨어뜨리기 때문에 최대한 심플한 설정이 요구된다.

밝은 배경에 어울리는 WordArt 설정하기

밝은 배경에 텍스트를 삽입할 때는 다양한 색상을 활용할 수 있다. 이번 실습에서는 다양한 배경 색상에 텍스트를 삽입해서 여러 가지 색상 및 효과를 적용해 본다.

STEP 1 흰색 바탕에 텍스트 삽입 및 글꼴 선택

우선 텍스트는 글꼴을 선택할 수 있기 때문에 글꼴 자체도 하나의 선택 옵션으로 고려할 수 있다. 다음 그림은 같은 단어에 4가지 글꼴을 적용한 예를 보여주고 있다. 같은 텍스트라도 글꼴에 따라 매우 다르게 보이기 때문에 텍스트 옵션을 설정하기 전에 적절한 글꼴을 선택하는 것이 최우선 과제이다. 일반적으로 제목, 키워드 등에는 굵은 글꼴을 사용하고, 본문 등에는 다소 얇은 글꼴을 사용한다.

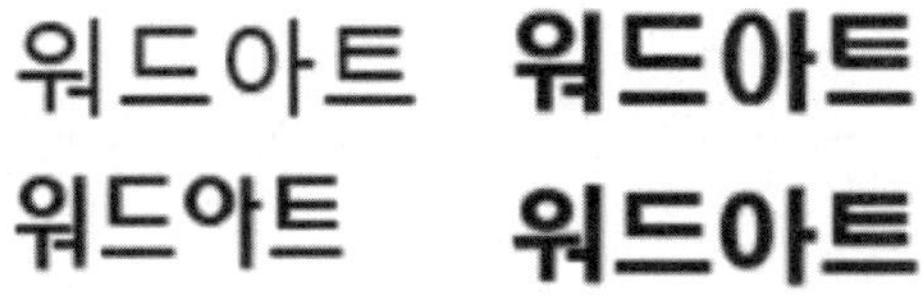

텍스트 채우기

텍스트 채우기는 [그리기 도구] - [텍스트 채우기]에서 색상을 선택해도 되고 [홈] - [글꼴 색]에서 선택해도 된다.

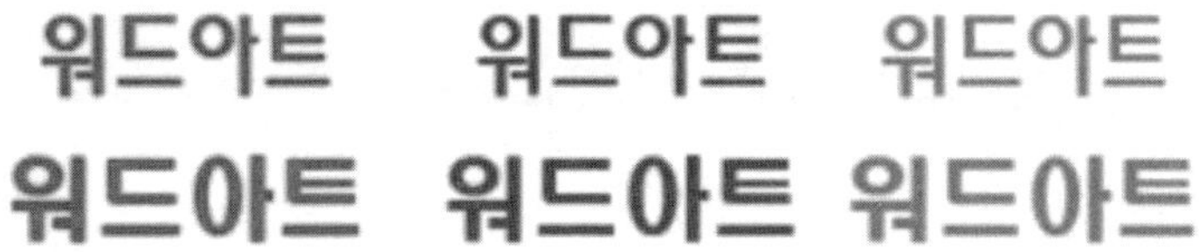

만약 위 그림과 같이 배경이 흰색일 경우 명도가 높은 색이면 모두 선명하게 보이기 때문에 원하는 색상을 손쉽게 활용할 수 있다.

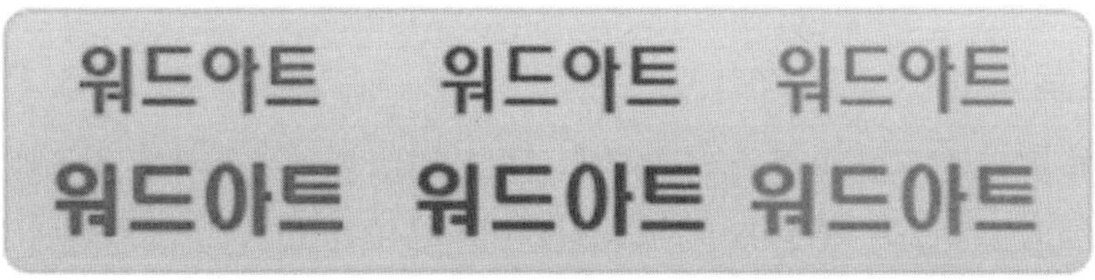

위와 같이 황금색을 배경으로 했을 때, 파란색의 경우 배경색와 잘 어울리지 않으며, 초록색의 경우에도 가독성이 다소 떨어진다.

위 그림은 배경으로 밝은 파란색이 적용되어 있으며, 황금색 배경에 비해서 가독성은 높으나 초록색 텍스트의 경우 여전히 가독성이 다소 떨어진다.

STEP 3 텍스트 윤곽선

텍스트 윤곽선은 텍스트를 부각시킬 수도 있지만 그 반대의 경우도 발생할 수 있다. 다음 그림은 각 텍스트에 윤곽선을 적용한 것인데 첫 번째 그림은 각 채우기 색상과 유사한 색상으로 윤곽선을 적용했고 두 번째 그림은 짙은 회색으로 윤곽선을 적용했다. 텍스트 채우기 색상과 배경 색상에 따라 윤곽선의 색상을 고려해야 하며, 실제 실습을 해보면서 가독성이 높은 색상 조합을 생각해 본다.

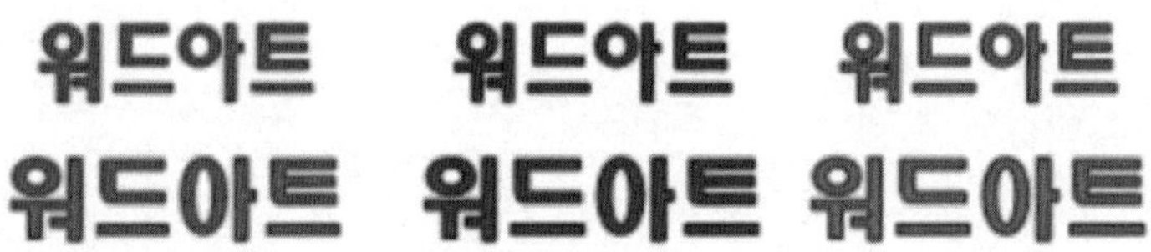

STEP 4 텍스트 효과

텍스트 효과는 도형 효과와 동일하게 그림자, 반사 등의 효과를 적용할 수 있다. 그러나 과도한 효과는 텍스트 특성 상 가독성을 떨어뜨릴 수 있기 때문에 상황에 알맞은 간단한 효과만 적용하는 것이 좋다. [그리기 도구] – [텍스트 효과]에서 적용할 수 있는 목록을 확인할 수 있으며, 다음 그림은 입체 효과를 적용한 것이다. 그림을 보면 적용하기 전보다 눈에 띌수는 있지만 효과적인 방법은 아닌 것을 알 수 있다. 사용자에 따라 다를 수 있지만 추천하는 효과는 그림자, 네온 효과 정도가 적절하다.

1.9 투명도 효과 활용

투명도 효과는 지정한 개체의 색상에 투명도를 적용해서 뒤에 배치된 개체가 보이도록 적용되는 효과로 도형과 도형, 도형과 텍스트 간에 다양한 효과를 나타낼 수 있다.

● 투명도 활용하기

투명도는 개체 중 텍스트와 도형에 대해서 적용이 가능하다. 이번 실습에서는 이미지 위에 도형을 삽입한 후, 투명 효과를 적용해서 텍스트와 이미지를 모두 부각시킬 수 있는 방법에 대해서 알아본다.

투명 효과 사용해서 슬라이드 꾸미기

이번 실습은 이미지 위에 도형을 삽입한 후, 도형에 투명도 효과를 적용해서 텍스트의 가독성을 확보하면서 이미지를 가리지 않게 꾸미는 슬라이드를 제작해 본다.

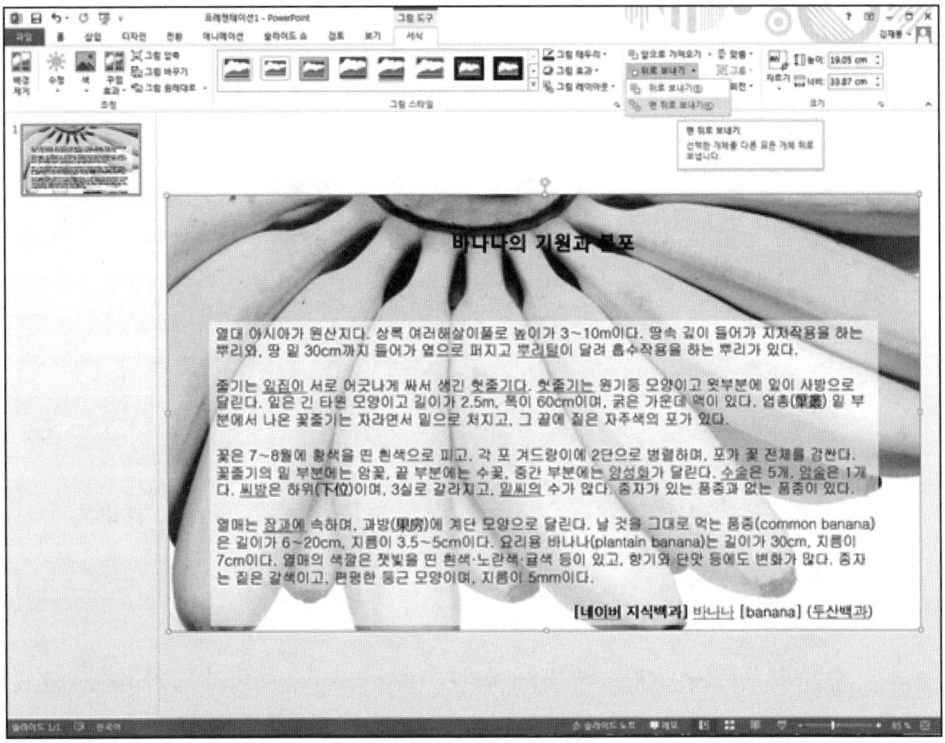

STEP 1 이미지와 도형, 텍스트 박스 삽입

제작할 슬라이드는 바나나를 설명하는 주제로 바나나 이미지 위에 바나나를 설명하는 텍스트 박스를 위치시킨다. 그러나 이미지 위에 텍스트를 그대로 배치하는 것은 텍스트의 가독성을 떨어뜨리기 때문에 일반적으로 이미지와 텍스트 사이에 도형을 삽입해서 텍스트 영역을 확보한다. 따라서 바나나 이미지, 직사각형, 텍스트 박스 순서로 슬라이드에 삽입한다. 각 개체 배치는 다음 그림을 참조한다.

STEP 2 도형에 투명 효과 적용하기

현재 바나나 이미지 위에 많은 부분을 도형이 차지하고 있기 때문에 바나나 이미지가 잘려버린듯한 느낌이 강하다. 그러므로 도형에 투명 효과를 적용해서 바나나 이미지가 주는 느낌을 잘 살릴 수 있도록 해본다. 우선 텍스트가 검정색으로 되어 있기 때문에 도형을 흰색으로 설정한 후, 투명도를 조절한다. 도형을 마우스 우클릭해서 [도형 서식]을 선택한 후 세부 설정 메뉴를 연다. [채우기] - [단색 채우기] - [색]에서 흰색을 선택하여 적용한 후, [투명도]를 30%로 조정한다. 그 다음 [선] - [선 없음]을 선택해서 윤곽선을 삭제한다.

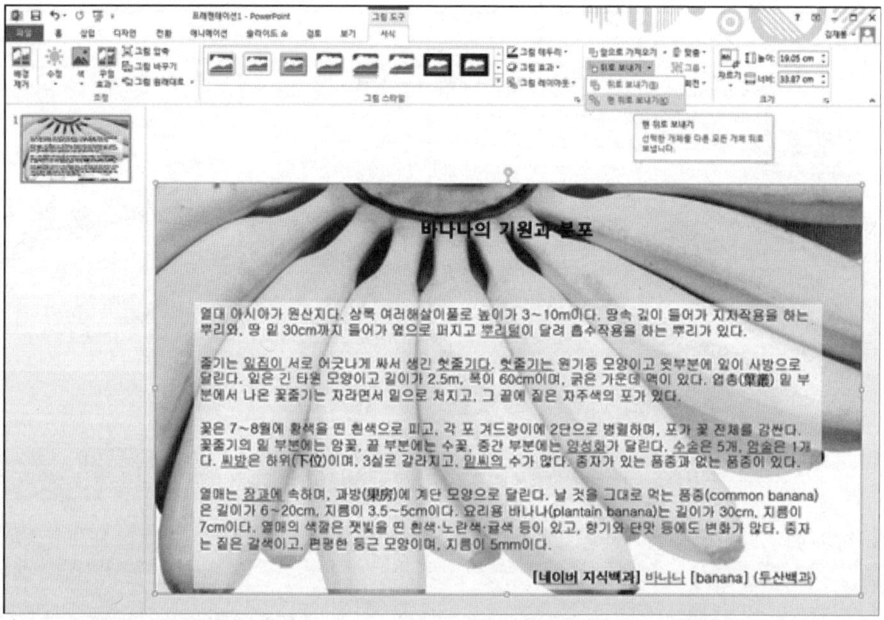

결과를 확인해보면 도형 뒤로 배경 이미지가 살짝 드러나 이미지가 가려진 느낌은 거의 없어지고 텍스트의 가독성은 유지된다. 만약 가독성을 더 높이고자 할 경우 투명도를 낮추거나 텍스트에 [굵게] 효과 등을 적용하는 것이 좋다. 그러나 투명도를 너무 낮추게 되면 이미지가 잘 안보이게 되므로 투명도를 적절히 조절하는 것이 중요하다.

1.10 그림 효과 활용

그림 효과는 그림의 선명도, 밝기, 채도 등을 간단히 조정할 수 있으며, 꾸밈 효과와 자르기 기능을 통해 간편히 편집이 가능하게 도와준다. 이미지 가공을 손쉽게 도와주는 그림 효과에 대하여 알아보자.

● 그림 편집하기

파워포인트에서는 간단한 그림 편집 기능을 제공한다. 특히 자르기 기능은 이미지 편집 툴을 통해 작업해야 하는 간단하지만 번거로운 작업인데 파워포인트에서는 기본 기능으로 제공하고 있다. 그 외 그림 압축하기, 바꾸기, 되돌리기 기능을 제공한다. 이번 실습에서 그림 편집 기능을 활용해서 다양하게 그림을 편집해 본다.

STEP 1 그림 압축하기

그림 압축하기는 프레젠테이션에서 그림이 차지하는 용량을 줄이기 위해 사용한다. 먼저 압축할 그림을 선택한 후, [그림 도구] - [서식] - [그림 압축]을 선택하면 그림 압축 설정 창이 나타난다. 설정 옵션은 크게 [압축 옵션]과 [대상 출력]으로 나누어져 있으며, [압축 옵션]은 현재 선택한 그림에만 적용할 것인지와 자르기를 통해 숨겨진 부분을 삭제할 것인지를 선택할 수 있다. [대상 출력]은 해상도를 조절할 수 있는데 기본적으로 현재 프레젠테이션에서 사용하는 해상도를 적용한다. 옵션을 선택한 후 [확인] 버튼을 선택하면 압축이 완료된다.

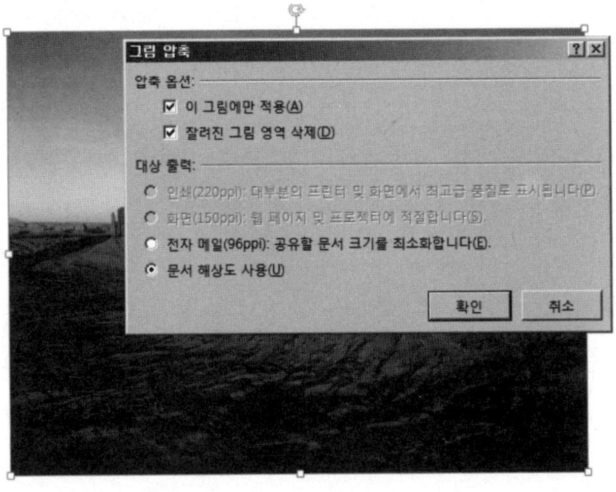

STEP 2 그림 바꾸기

그림 바꾸기는 단순하게 현재 선택한 그림을 다른 그림으로 바꾸는 기능을 제공한다. 새로운 그림을 삽입해서 기존 그림을 삭제하는 것과 다른 점은 현재 선택된 그림에 적용된 설정을 그대로 상속받기 때문에 설정을 그대로 유지하면서 그림만 교체할 수 있어 작업 효율을 높일 수 있다. 적용 방법은 교체할 그림을 먼저 선택한 후, [그림 도구] – [서식] – [그림 바꾸기]를 선택해서 교체할 그림을 찾아 선택하면 바로 교체가 완료된다.

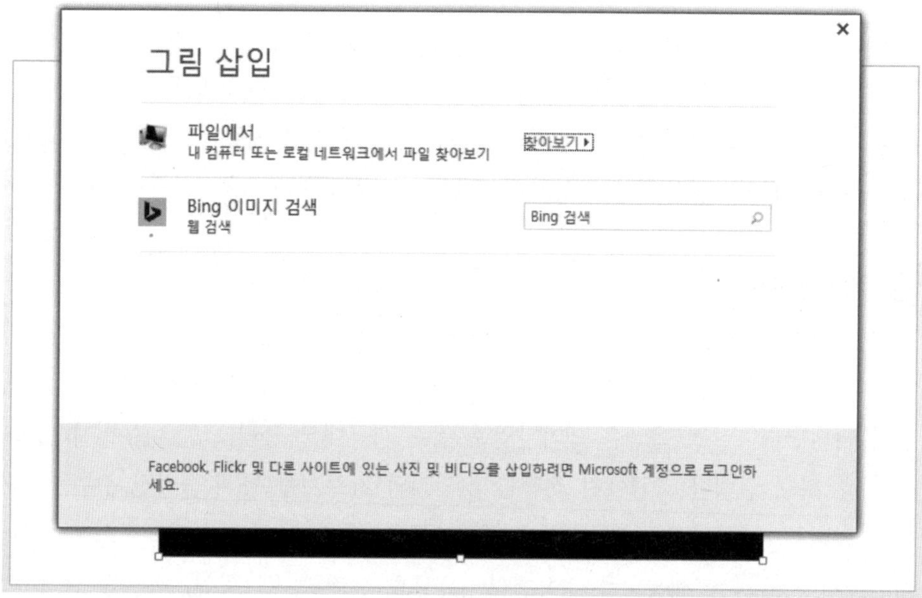

STEP 3 그림 원래대로 되돌리기

그림 원래대로 되돌리기는 그림을 처음 삽입한 상태로 되돌려주는 기능이다. 그림을 꾸미다 보면 다양한 설정을 적용하게 되고 크기를 조정하고 잘라낼 수도 있다. 이런 설정을 처음 상태로 한 번에 되돌려주는 것이 그림 원래대로 되돌리기 기능이다. [그림 도구] – [서식] – [그림 원래대로]를 선택해서 적용할 수 있는데 원래대로 되돌릴 때 적용된 설정만 되돌리거나 크기까지 되돌릴 것인지 선택할 수 있다.

STEP 4 그림 자르기

그림 자르기는 슬라이드에 삽입한 그림의 필요없는 부분을 잘라내는 것으로 이미지 편집 툴을 사용해서 할 수 있는 작업이다. 파워포인트에서는 이런 잘라내기 기능을 기본으로 제공해 줌으로써 작업 효율을 높일 수 있도록 도와준다. 자르기를 적용할 그림을 먼저 선택한 후, [그림 도구] – [서식] – [자르기]를 선택하면 선택한 그림의 8방향에 검은색 커서가 생성된다. 이 상태에서 검은색 커서를 이동시키면 잘라낼 부분이 회색조로 표시되고 살릴 부분은 원래 색상으로 남아 있게 된다. 이렇게 커서를 이동시켜 잘라낼 부분을 설정한 후, 그림의 바깥부분을 클릭하면 회색조 부분은 삭제된다.

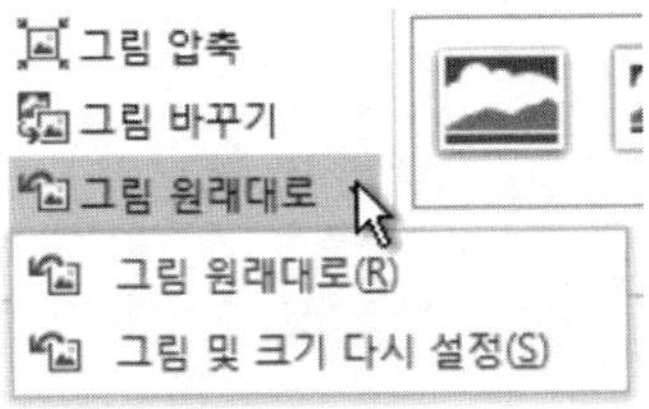

그림 자르기는 도형에 맞춰 잘라낼 수도 있는데 [그림 도구] – [서식] – [자르기] – [도형에 맞춰 자르기]를 선택하면 도형 목록이 출력되며, 이 중 원하는 도형을 선택하면 자동으로 선택한 도형 형태로 잘라낼 수 있다. [도형에 맞춰 자르기]를 한 뒤에 일반 자르기를 통해 더 잘라낼 수도 있다.

그림을 가로/세로 비율을 고정해서 잘라내고 싶다면 [그림 도구] – [서식] – [자르기] – [가로 세로 비율]을 선택해서 원하는 비율을 선택하면 자동으로 비율에 맞는 커서 위치를 잡아주며, 그림 바깥쪽을 클릭하면 잘라내기가 완성된다.

● 그림 효과 적용하기

그림 효과는 그림의 선명도, 밝기 등의 그림 속성을 조정하거나 꾸밈 효과를 적용해서 그림의 분위기를 변환할 수 있는 기능이다. 이번 실습에서는 앞선 실습에서 편집한 그림에 다양한 효과를 적용해 본다.

STEP 1 선명도 및 밝기/대비 조절하기

선명도 및 밝기/대비 조절은 이미지 편집 툴에서 세밀한 조작을 통해 수정이 가능한 부분이지만 파워포인트에서는 간단히 수치 조절이나 빠른 선택을 통해 편집이 가능하다. [그림 도구] – [서식] – [수정]을 선택하면 선명도와 밝기/대비를 빠르게 적용할 수 있는 미리보기가 목록으로 출력된다.

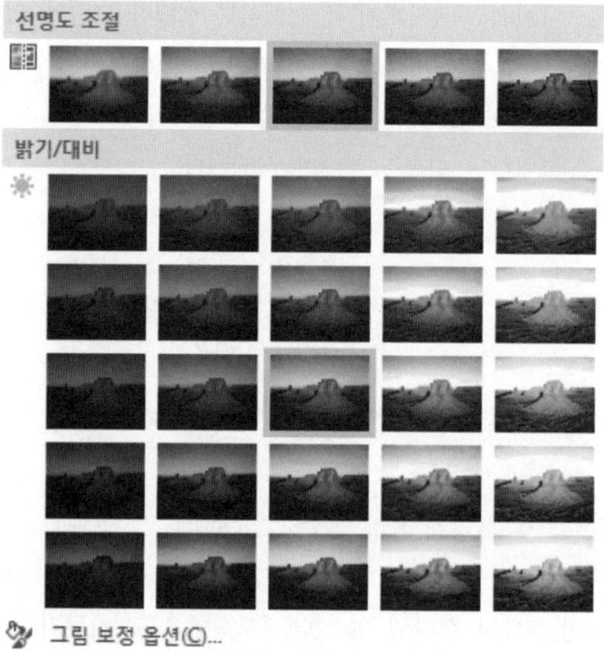

선명도는 25% 단위로 선택할 수 있으며, 밝기/대비는 20% 단위로 혼합 적용되어 있는 것 중에서 선택할 수 있다. 각 미리보기 이미지에 마우스 커서를 올려놓으면 실제 이미지가 수정되서 적용된 상태를 확인해 볼 수 있으며, 클릭을 하게 되면 적용이 완료된다. 더욱 세밀한 설정을 원한다면 [그림 보정 옵션]을 선택해서 설정 값을 1% 단위로 설정할 수도 있다.

STEP 2 채도 및 색조 조절 및 다시 칠하기

채도 및 색조 조절 역시 이미지 편집 툴에서 사용할 수 있는 기능을 손쉽게 적용할 수 있는 기능이다. [그림 도구] - [서식] - [색]을 선택하면 채도와 색조, 다시 칠하기에 대한 미리보기가 목록으로 출력된다.

채도는 현재 상태가 100% 기준으로 하위로는 33% 단위로 선택 가능하며, 상위로는 100% 단위로 선택 가능하다.

색조의 경우 600K 단위로 상/하위 선택이 가능하다.

다시 칠하기는 그림의 전체적 색상 톤을 변경하는 것으로 다양한 색상의 미리보기를 제공하며, [기타 변형] 옵션을 통해 사용자 정의 색상이 지정 가능하다.

더욱 세밀한 설정을 원한다면 [그림 도구] - [서식] - [색] - [그림 색 옵션]을 통해 설정 가능하다.

STEP 3 그림 꾸밈 효과 적용

그림 꾸밈 효과는 이미지 편집 툴의 필터와 유사한 효과를 제공하는 기능이다. [그림 도구] - [서식] - [꾸밈 효과]를 선택하면 미리보기 목록이 출력된다. 미리보기 목록을 살펴보면 연필, 네온, 모자이크 효과 등 총 22개 효과를 확인할 수 있다. 먼저 원하는 효과를 적용하기 전에 마우스 포인터를 미리보기 그림에 올려 실제 이미지가 적용된 결과를 확인한 후에 적용할 미리보기 그림을 선택하면 바로 적용이 완료된다.

그림 효과를 사용해서 슬라이드 제작하기

이번 실습에서는 그림 효과를 사용해서 슬라이드를 새롭게 꾸며본다. 너무 화려한 그림을 사용하면 슬라이드의 시선을 분산시키거나 내용을 전달하는데 어려움이 발생할 수 있다. 그러나 그림 효과를 적절히 사용한다면 화려한 그림을 사용하면서도 이런 문제를 피할 수 있다.

STEP 1 그림 삽입 및 자르기

이번 실습에서 제작할 슬라이드의 주제는 '연간 라면 소비량'으로 라면 그림을 배경으로 삽입한다. 다음 단계에서 라면 부분을 강조할 것이므로 다음 그림과 같이 라면 외 부분이 있는 그림을 선택한다. 슬라이드 전체에 맞춰 그림 크기를 조절하고 비율이 맞지 않는 경우에는 그림 자르기를 활용한다.

그림 삽입과 위치 지정이 완료되었다면 그림을 그대로 [Ctrl] + c, [Ctrl] + v를 통해 복사본을 생성한다.

복사된 그림의 위치를 원본과 동일하게 이동시킨 후, [그림 도구] – [서식] – [자르기]를 선택해서 중앙의 라면을 제외한 부분을 다음 그림과 같이 잘라낸다. 그 다음 [그림 도구] – [서식] – [그림 스타일]의 미리보기 목록 중, [부드러운 가장자리 타원]을 선택한다. 실제 그림에는 아무것도 적용되지 않은 것처럼 보이지만 원본 위에 위치한 복사본 그림은 라면 부분만 원형으로 남아있으며 원본과 겹쳐있기 때문에 변화된 결과를 확인하기 어려울 뿐이다.

STEP 2 그림 효과 적용

앞서 생성한 복사본 그림은 그대로 두고 뒤에 위치한 원본 이미지를 선택한 후, [그림 도구] - [서식] - [꾸밈 효과]에서 적절한 효과를 선택해서 하나씩 적용해 본다. 예제에서는 [열십자 에칭]을 적용한다.

먼저 [그림 도구] - [서식] - [수정]에서 선명도를 25% 증가시키고, [그림 도구] - [서식] - [색]에서 채도를 300% 증가시켰다. 선명도, 밝기/대비, 채도, 색조 효과는 그림의 종류와 색상, 분위기 등에 따라 자유롭게 적용해 볼 수 있다. 그림 효과를 적용하면 중앙의 라면은 유지되면서 주변만 변화되어 슬라이드 중앙에 위치한 라면에 사람들의 시선을 집중시킬 수 있다.

STEP 3 텍스트 삽입 및 마무리

텍스트는 다음 그림과 같이 모서리 둥근 사각형을 삽입한 후, 도형 내부에 텍스트를 입력한다. 도형 윤곽선은 두께 3포인트, 채우기는 검은색으로 채운 후, 투명도 40%를 적용한다. 텍스트 색상은 흰색으로 설정해서 텍스트가 잘 보이도록 조절해 본다. 마지막으로 제목을 삽입해서 슬라이드 제작을 마무리한다.

1.11 그라데이션 활용

그라데이션 효과는 부드러운 색상 변화를 나타낼 수 있으며, 투명도 조절을 통해서 그림 겹치기 등의 다양한 효과를 적용할 수 있다.

그라데이션 활용하기

그라데이션은 사용하기에 따라 아주 넓은 범위로 활용할 수 있다. 단순히 도형을 보기좋게 만드는 것 뿐만 아니라 텍스트를 눈에 띄게 도와줄 수도 있으며, 새로운 이미지를 만들 수도 있다. 다음 실습을 통해 기본적인 활용법에 대해서 익혀보자.

그라데이션 도형을 사용해 슬라이드 꾸미기

이번 실습에서는 배경에 이미지를 배치한 후, 그 위에 텍스트를 올려 슬라이드를 제작한다. 그러나 배경 이미지가 너무 밝아 텍스트의 가독성이 확보되지 않았다. 따라서 이미지와 텍스트 사이에 도형을 이용해서 텍스트를 쉽게 읽을 수 있게 한다.

STEP 1 이미지에 꾸밈 효과 적용

현재 삽입한 이미지가 선명한 상태로 초점이 잘 맞춰져 있기 때문에 슬라이드의 중심이 텍스트에서 이미지로 시선이 분산될 수 있다. 따라서 이미지의 초점을 살짝 흐리게 해서 슬라이드에 대한 시선을 텍스트에 집중되게 해야 한다. 삽입한 그림을 선택한 후, [그림 도구] – [서식] – [꾸밈 효과]를 클릭해서 제공되는 꾸밈 효과 중 적절한 것을 선택해서 효과를 적용해 본다. 추천하는 효과는 [표식], [페인트 스트로크], [파스텔 부드럽게] 기능이다.

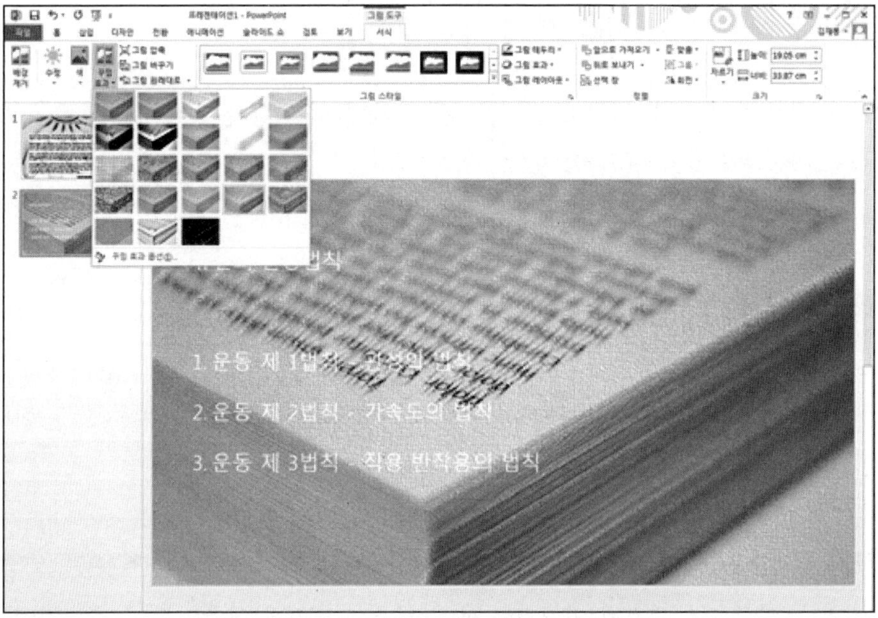

STEP 2 도형 삽입

배경 이미지의 설정이 끝난 후, [삽입] - [직사각형]을 선택해서 이미지 위에 도형을 4/5 정도 가려지도록 삽입한다. 그 다음 도형을 우클릭해서 [도형 서식]을 선택해서 [채우기] 메뉴에서 [그라데이션 채우기]를 선택한다.

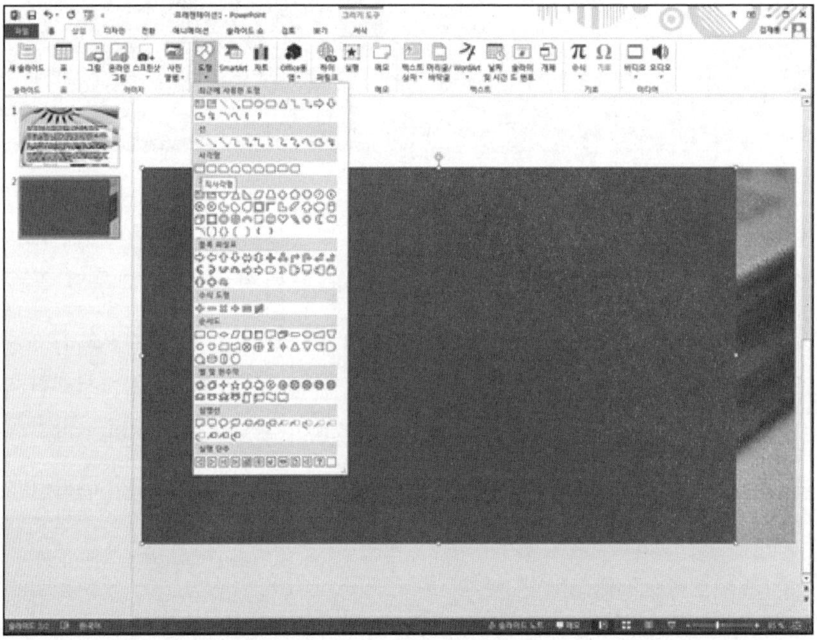

STEP 3 그라데이션 효과 적용

그라데이션 세부 설정 메뉴에서 [방향]을 선택해서 [선형 오른쪽]을 선택해서 그라데이션 방향이 가로로 적용되게 한다. 그라데이션 방향은 총 8방향 중에서 하나를 선택할 수 있다.

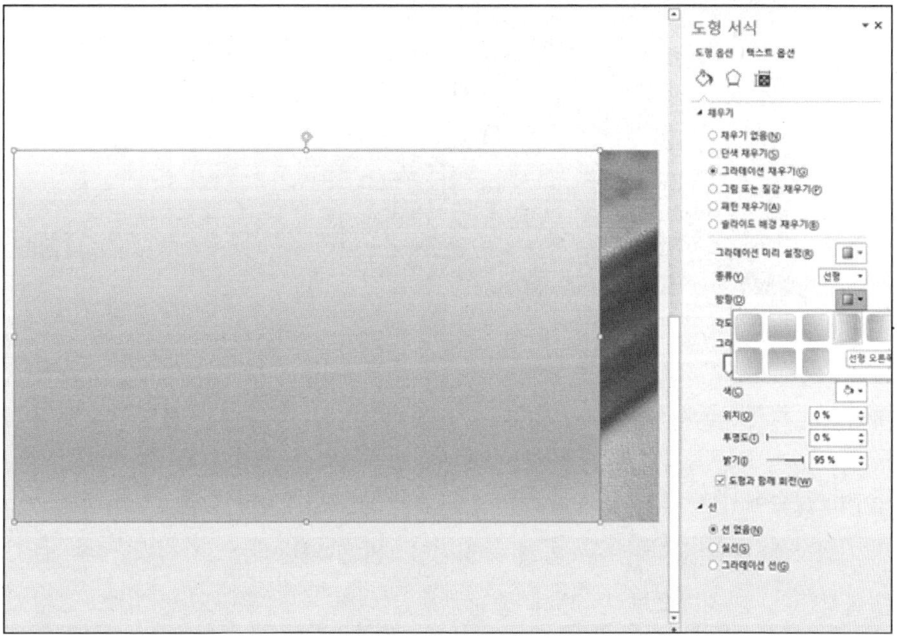

그 다음 [그라데이션 중지점]을 설정해야 하는데 [그라데이션 중지점]은 [+] 아이콘을 클릭해서 추가하거나 [-] 아이콘을 클릭해서 삭제할 수 있다. 중지점이 많을 경우 다양한 색상을 사용할 수 있으나 색상 변화가 너무 여러 번 발생하면 보기에 불편할 수도 있기 때문에 3~4개 정도가 적절하다. 중지점 설정은 설정할 중지점을 선택한 후, [색]을 클릭해서 색상을 선택하고 [위치]를 지정하는 것이 기본 설정이다. [위치]는 지정한 색의 변화 지점을 조정하는 것으로 [그라데이션 중지점]에서 마우스 드래그를 통해 조정하거나 [위치]에서 수치로 지정할 수도 있다.

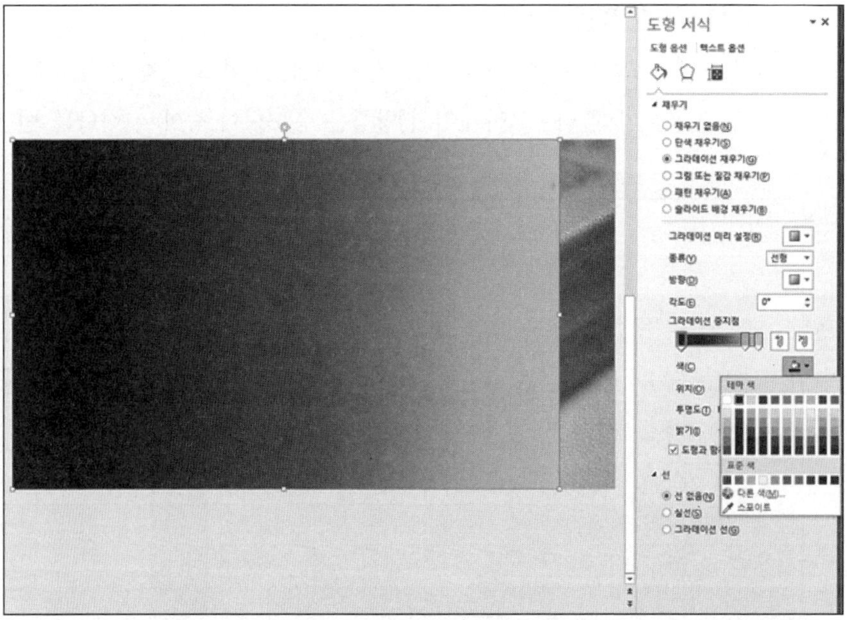

이번 실습에서는 중지점을 2개만 사용한다. 첫 번째 중지점을 [검정색]으로 선택한 후, [위치]를 50%로 설정한다. 두 번째 중지점을 [밝은 파란색]으로 선택한 후, [위치]를 100%로 설정한다. 마지막으로 두 번째 중지점을 선택한 후, [투명도]를 100%, [밝기]를 55%로 설정해 본다. [투명도]는 색상의 투명도를 나타내는 것으로 그라데이션 효과를 그대로 적용받기 때문에 색상 변화와 동시에 투명도 역시 부드럽게 변화하게 된다.

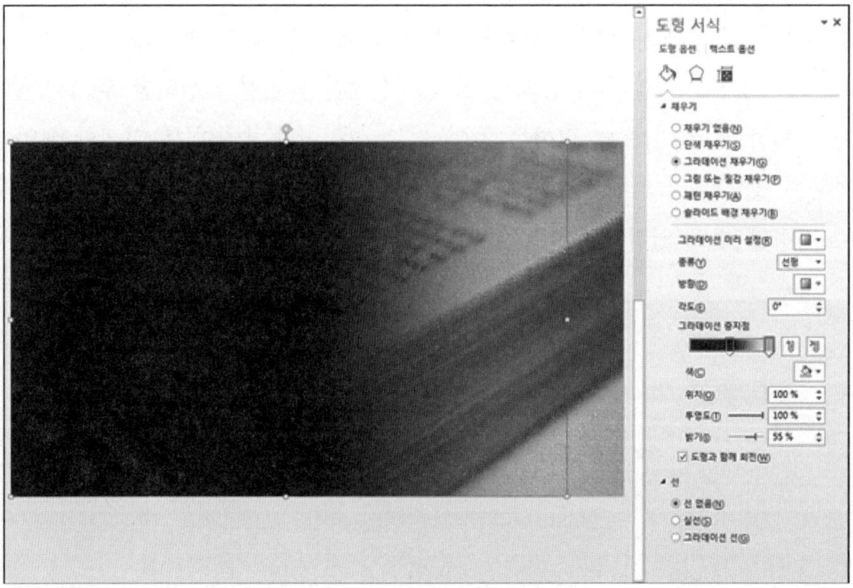

STEP 4 순서 정렬

현재 도형을 마지막으로 삽입했기 때문에 도형, 텍스트, 이미지 순서로 정렬되어 있다. 따라서 텍스트를 도형 위로 정렬해야 하는데 도형에 가려진 텍스트 박스를 선택하는 것이 불편하다. 따라서 도형과 이미지를 [Shift] 키를 이용해 복수 선택한 후, [마우스 우클릭] – [맨 뒤로 보내기]를 선택해서 도형과 이미지의 순서는 그대로 유지하면서 슬라이드의 가장 뒤로 함께 이동시킨다. 결과적으로 선택하지 않았던 텍스트 박스는 그대로 있지만 도형과 이미지만 뒤로 이동하면서 텍스트가 가장 앞으로 나오게 된다.

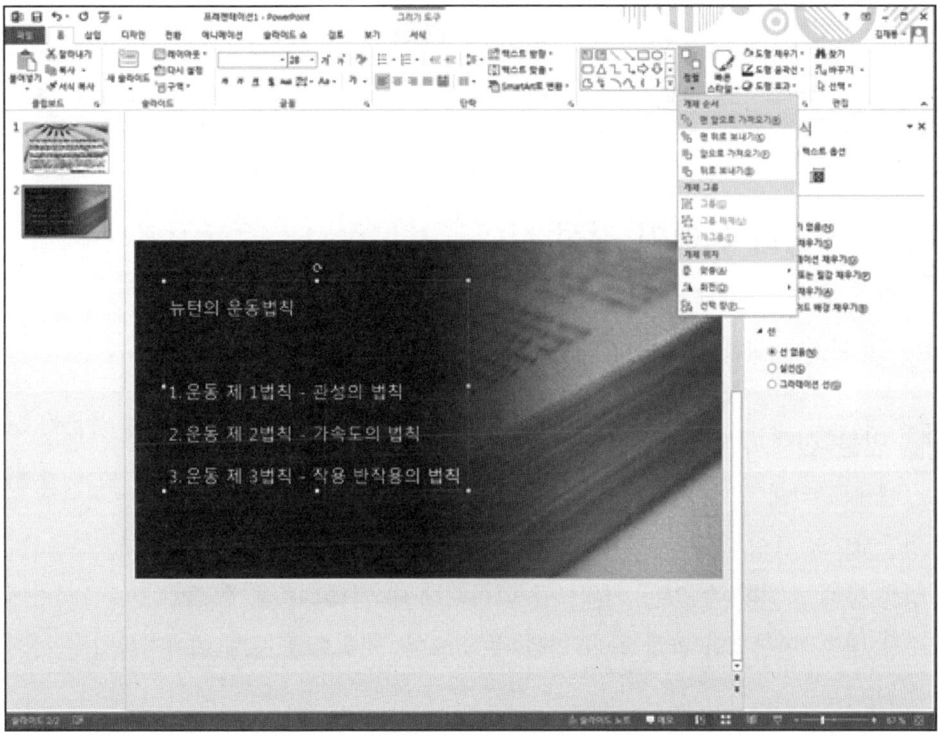

제 3 장

파워포인트 실습하기

1.1 인물 소개 프레젠테이션

이번 실습에서는 특정 인물을 소개하는 프레젠테이션을 제작해 본다. 첫 번째 실습이므로 프레젠테이션 제작의 기획부터 슬라이드 제작까지 단계별로 상세히 살펴보도록 한다.

● 주제 선정과 이야기 구성

첫 번째 실습에서는 인물을 소개하는 프레젠테이션을 제작해 본다. 특정 인물을 지정하여 그 인물에 대한 소개를 주제로 단계별 실습을 진행한다.

STEP 1 인물 선택과 주요 키워드

예제를 위해 '스티븐 제라드'를 실습 주인공으로 선택한다. 제라드는 현재도 활동 중인 잉글랜드의 유명 축구선수이며, 인터넷에서 손쉽게 자료를 모을 수 있다. 축구선수라는 직업을 통해 소개할 수 있는 키워드를 고려해 보면 경력, 전성기, 클럽 활동, 국가대표 활동, 수상 내역, 인상적인 활약 등이 있을 수 있으며, 키워드를 통해 이야기를 간단히 구성해 볼 수 있다.

STEP 2 이야기 구성

키워드를 통해 이야기를 구성하는 것은 프레젠테이션 흐름을 결정하는 첫 단계 작업이다. 이야기의 시작은 제라드의 인적사항과 경력을 간단하게 요약한 개요로 시작하여 청중들이 인물에 대한 전체적 형태를 잡을 수 있게 한다. 이후 클럽과 국가대표 경력을 구분하여 주요 경력을 설명한 후 통계 기록을 통해 제라드의 전체적인 기록을 뒤돌아본다. 그 다음 수상 경력을 간단히 소개한 후, 제라드가 활약했던 인상적인 장면을 살펴본다. 마지막으로 간단히 전체 내용을 정리한 후 프레젠테이션을 마무리한다. 이야기를 구성할 내용은 위키백과에 정리되어 있는 '스티븐 제라드'의 검색 결과 내용을 기반으로 작성한다.

● 이야기 요약하기

간단히 구성한 이야기에서 제목을 뽑아내어 뼈대를 세운 후, 요약된 내용을 통해 살을 입히듯이 작업을 진행한다.

STEP 1 제목 뽑아내기

이야기 구성 단계에서 설정한대로 1장에서는 제라드에 대한 개요를 설명하는데 제라드가 누구인지에 대한 첫 단계이므로 제라드의 기본 정보에 대해서 보여준다. 기본 정보로 주로 활동했던 포지션, 주요 활동 경력 및 우승 경력에 대해서 소개한다. 2장에서는 주요 활동인 클럽 경력에 대한 소개로 연도별로 정리하여 순차적으로 설명할 수 있게 한다. 각 연도별에는 해당년도의 주요 이슈를 중심으로 살을 붙인다. 3장에서는 데뷔 후 모든 경기의 간단한 기록을 표 형식으로 나타내며, 클럽과 국가대표를 구분지어 보여준다. 4장은 수상 경력을 보여주되 주요 수상 내역만을 골라내 표현한다. 5장에서는 제라드의 베스트 활약이 포함된 동영상을 중심으로 슬라이드를 구성하며 베스트 3개를 뽑아서 슬라이드 3장으로 표현한다. 각 장의 제목과 내용 요약을 정리해 보면 다음과 같다.

1장. 스티븐 제라드
- 주요 포지션
- 활동 경력
- 우승 경력

2장. 클럽 경력
- 1990년 후반
- 2000년 초중반
- 2000년 후반
- 2010년 부터 현재

3장. 경기 기록
- 클럽, 국가대표 기록

4장. 수상 경력
- 수상 경력 목록

5장. 제라드 명장면

STEP 2 내용 요약하기

인터넷에 산재되어 있는 수많은 정보를 수집하고 정리하려면 많은 노력과 시간이 필요하다. 따라서 이미 정보가 정리되어 있는 웹사이트를 통해 최대한 시간을 단축시킨다. 제라드는 유명인이기 때문에 포털 사이트, 정보 사이트 등에 많은 정보가 정리되어 있으며, 그 중 '위키백과'의 내용을 참조하여 내용을 작성한다. 위키백과는 사용자들이 정보를 만들어가는 백과사전으로 상당히 완성도 높은 정보를 제공하고 있다. 위키백과의 내용을 기반으로 앞서 뽑아낸 제목에 따라 내용을 요약한다.

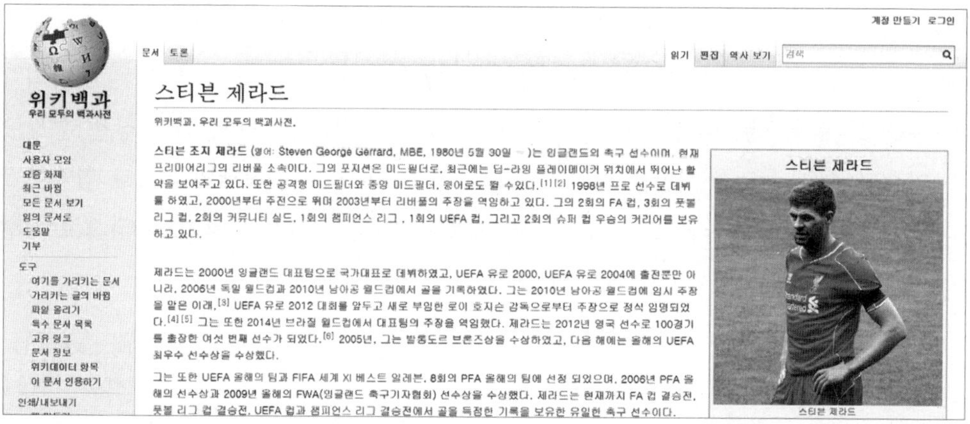

다음 내용은 위키백과에서 제공하는 제라드의 개요에 해당하는 부분이다. 이 문단을 요약하여 슬라이드 첫 번째 장에 들어갈 수 있는 짧은 개조식 문장으로 변형해야 한다.

> 스티븐 조지 제라드 (영어: Steven George Gerrard, MBE, 1980년 5월 30일 ~)는 잉글랜드의 축구 선수이며, 현재 프리미어리그의 리버풀 소속이다. 그의 포지션은 미드필더로, 최근에는 딥-라잉 플레이메이커 위치에서 뛰어난 활약을 보여주고 있다. 또한 공격형 미드필더와 중앙 미드필더, 윙어로도 뛸 수있다.[1][2] 1998년 프로 선수로 데뷔를 하였고, 2000년부터 주전으로 뛰며 2003년부터 리버풀의 주장을 역임하고 있다. 그의 2회의 FA 컵, 3회의 풋볼 리그 컵, 2회의 커뮤니티 실드, 1회의 챔피언스 리그 , 1회의 UEFA 컵, 그리고 2회의 슈퍼 컵 우승의 커리어를 보유하고 있다.

첫 번째 단락을 살펴보면 제라드의 이름, 배경, 역할, 경력 등에 대해서 간략히 설명하고 있다. 요약을 쉽게 하기 위해서는 문장에서 주요 키워드를 추출한 후 문장을 재구성하면 된다. 첫 번째 문장을 요약하기 위해 키워드를 뽑아낸다면 "잉글랜드 축구선수, 프리미어리그 리버풀 소속"이다. 2, 3번째 문장은 연관성이 있는데 "공격, 중앙 미드필더, 윙어, 딥-라잉 플레이메이커"를 키워드로 뽑을 수 있다. 그 다음은 "1998년 프로선수 데뷔, 2000년부터 주전, 2003년부터 리버풀 주장, 2회 FA컵, 3회 리그컵, 2회 커뮤니티 실드, 1회 챔피언스 리그, 1회 UEFA컵, 2회 슈퍼컵 우승"을 주요 키워드로 꼽을 수 있다. 이 키워드를 잘 엮어 내어 요약된 문장으로 만든다면 다음과 같이 4개 문장으로 만들 수 있다.

- 소속(잉글랜드 국가대표, 프리미어리그 리버풀)
- 포지션(공격/중앙 미드필더 및 딥-라잉 플레이메이커)
- 활동(1998년 프로데뷔, 2003년 리버풀 주장 역임)
- 우승 경력(2회 FA컵, 3회 리그컵, 2회 커뮤니티 실드, 1회 챔피언스리그, 1회 UEFA컵, 2회 슈퍼컵)

"리버풀 유소년팀"에서 뛰던 제라드는 리버풀과 1997년 11월 5일 프로 계약을 맺고, 성인팀에서 뛰게 되었다. 1군에 합류한 이후 놀라운 퍼포먼스를 보여준 제라드는 어린 나이에도 불구하고 팀의 핵심 멤버로 자리를 잡았다. 1998년 11월 셀타 비고와의 UEFA컵 경기에서 데뷔한 제라드는 얼마 뒤인 1997년 11월 29일 블랙번 로버스에 교체 출전하면서 프리미어리그 데뷔전을 치렀다.

그 후 2000-2001 시즌에는 팀의 3관왕(리그컵, FA컵, UEFA컵)에 큰 공헌을 하며 PFA 올해의 신인선수상에 선정된다. 지난 2003-2004 시즌에는 팀의 주장이었던 사미 히피아로부터 주장 완장을 이어받아, 만 23세의 젊은 나이에 리버풀의 주장이 되었다.

제라드는 2004-2005 시즌 리버풀의 챔피언스리그 우승에 크게 공헌했다. 조별리그 마지막 경기인 올림피아코스와의 시합에서 2골차 이상으로 승리해야 했던 리버풀의 시합이 끝나갈 무렵 2-1로 이기고 있었지만 팀의 목표인 '2골 차 승리'는 힘들어 보였고, 따라서 팀의 16강 진출도 물거품이 되는 것처럼 보였다. 그러나 종료 5분을 남기고 터진 제라드의 대단한 중거리 슛은 팀을 3-1 승리로 이끌었고, 이 시합을 발판으로 삼아 리버풀은 레버쿠젠, 유벤투스, 첼시, AC 밀란을 차례로 꺾고, 2004-2005 시즌 UEFA 챔피언스 리그 우승하였다. 밀란과의 챔피언스리그 결승전에서 팀이 전반전에만 3-0으로 뒤지고 있었지만 후반전에 2골을 넣은지 6분만에 동점을 만드는 기염을 토했다. 이는 축구 역사상 최고의 경기로 기록되고 있다.

2007-2008 시즌에는 여느 공격수 못지 않은 득점력으로 미드필더 역할 뿐 아니라 강한 공격력 역시 인정 받았다. 이후 2008-2009 시즌에는 UEFA 챔피언스리그 PSV와의 조별예선에서 3-1 승리를 거둘때 자신의 리버풀에서의 100번째 골을 터트렸으며 2위로 마친 프리미어리

그에서도 31경기 출장 16골이라는 기록을 세웠다.

또한 2009-2010 시즌 블랙번 로버스 FC와의 프리미어리그 15라운드에서 자신의 리버풀에서의 188번째의 출장기록을 세웠다.

이후 제라드는 2011-2012 시즌 26R경기 머지사이드 더비라 불리는 에버턴 FC와의 경기에서 선발출전 함으로써 그는 프리미어리그 단일 팀 통산 400경기 출장이라는 대기록을 세웠다. 이는 라이언 긱스과 개리 네빌, 폴 스콜스라는 몇몇 선수와 또 다른 위대한 선수인 제이미 캐러거에 이어 5번째 기록이다. 그는 이 경기에서 해트트릭을 기록하면서 팀의 3-0 대승을 이끌었다. 2013년 10월 잉글랜드 프리미어 리그 8라운드 뉴캐슬 전에서 100번째 골을 기록하였다.

다음은 클럽 경력을 요약해 보도록 한다. 위 단락을 보면 연도별로 정리 가능하게 되어있는 것을 볼 수 있는데, [연도 - 경력] 형식으로 요약해 본다. 요약한 내용은 다음과 같이 1997년부터 2014년까지의 연도별 목록 형식으로 정리할 수 있다.

1997.11	프로 계약
1998.11	셀타 비고와의 UEFA컵 경기에서 데뷔
2007.11	블랙번 로버스에 교체 출전하면서 프리미어리그 데뷔
2000-2001	팀의 3관왕(리그컵, FA컵, UEFA컵)에 큰 공헌을 하며 PFA 올해의 신인선수상에 선정
2003-2004	팀의 주장이었던 사미 히피아로부터 주장 완장을 이어받아, 만 23세의 젊은 나이에 리버풀의 주장이 됨
2004-2005	리버풀의 챔피언스리그 우승에 크게 공헌 - 조별리그 마지막 경기인 올림피아코스와의 시합 - 밀란과의 챔피언스리그 결승전 “이스탄불의 기적”
2007-2008	공격형 미드필드로써의 역할
2008-2009	UEFA 챔피언스리그 PSV와의 조별예선에서 3-1 승리를 거둘때 자신의 리버풀에서의 100번째 골
2009-2010	블랙번 로버스 FC와의 프리미어리그 15라운드에서 자신의 리버풀에서의 188번째의 출장기록
2011-2012	에버턴 FC과의 경기에서 선발 출전함으로써 그는 프리미어리그 단일 팀 통산 400경기 출장 기록
2013-2014	잉글랜드 프리미어리그 100번째 골 기록

클럽	시즌	리그		FA 컵		리그 컵		UEFA(유럽)		기타		합계	
		출장	득점	출장	득점	출장	득점	출장	득점	출장	득점	출장	득점
리버풀FC	프리미어리그 1998-1999	16	0	0	0	0	0	1	0	-	-	17	0
	프리미어리그 1999-2000	29	1	2	0	0	0	-	-	-	-	31	1
	프리미어리그 2000-2001	33	7	4	1	4	0	9	2	-	-	50	10
	프리미어리그 2001-2002	33	3	0	2	0	0	15	1	-	-	48	6
	프리미어리그 2002-03	34	5	0	2	6	2	11	0	1	0	51	9
	프리미어리그 2003-04	35	4	0	3	2	0	8	2	-	-	45	6
	프리미어리그 2004-05	30	7	0	0	3	2	10	4	-	-	43	13
	프리미어리그 2005-06	32	10	6	4	1	1	12	7	2	1	53	23
	프리미어리그 2006-07	36	7	1	0	1	1	12	3	1	0	51	11
	프리미어리그 2007-08	34	11	3	3	2	1	13	6	-	-	52	21
	프리미어리그 2008-09	31	16	3	1	0	0	10	7	-	-	44	24
	프리미어리그 2009-10	33	9	2	1	1	0	13	2	-	-	49	12
	프리미어리그 2010-11	35	4	1	0	4	2	2	4	-	-	24	8
	프리미어리그 2011-12	26	5	6	2	4	2	-	-	-	-	28	9
	프리미어리그 2012-13	34	4	3	1	2	0	8	1	-	-	39	14
	프리미어리그 2013-14	36	9	1	0	1	0	-	-	-	-	46	10
총 계		507	102	32	20	31	11	124	39	1	0	0	

경기 기록의 경우 위와 같이 표로 정리되어 있는데 연도수가 많고 분류도 많기 때문에 차트로 표현하기 어려운 상황이다. 또한 글로 설명하는 것은 더욱 보기 힘들어질 가능성이 높기 때문에 표를 그대로 사용하되 차후 몇 가지 효과를 사용하여 조정하도록 한다.

수상 내역의 경우 클럽팀 소속 수상 내역과 개인 수상 내역이 있는데 개인 수상 내역은 내용이 많기 때문에 주요 수상 내역을 골라내야 하며 클럽팀 소속 수상 내역은 특별한 요약 없이 사용할 수 있을 정도의 분량이다. 그러므로 클럽팀 소속 수상 내역은 그대로 사용하되 개인 수상 내역은 2~3가지만 선별한 후 나머지 수상 내역을 발표자가 설명하도록 한다. 요약한 내용은 다음과 같다.

- 클럽팀 소속 수상 내역

- FA컵 우승 : 2000-01, 2005-06
- 풋볼 리그컵 우승 3회 : 2000-01, 2002-03, 2011-2012
- 커뮤니티 실드 우승 2회 : 2001, 2006

- UEFA 챔피언스리그 우승 1회 : 2004-05
- UEFA 챔피언스리그 준우승 1회 : 2006-07
- UEFA컵 우승 1회 : 2000-01
- UEFA 슈퍼컵 우승 2회 : 2001, 2005

- 개인 수상 내역
- FA컵 결승전 최우수 선수(Final Man of the Match) 선정 2006
- UEFA 챔피언스리그 MVP 2004-05
- 발롱도르 : 3위 2005

마지막으로 제라드 명장면은 3가지 콘텐츠를 선정하여 3위부터 2, 1위 순으로 슬라이드를 구성한다. 이를 위해 인터넷에서 검색을 통해 가장 인상적인 활약을 한 3가지 장면을 선택한다. 또한 선택한 3가지 장면의 주요 활약상을 동영상으로 첨부하기 위해 동영상 콘텐츠를 같이 검색 및 수집한다. 검색을 통해 선택한 명장면은 다음과 같으며 첨부할 동영상은 유투브(YouTube)를 통해 링크 주소를 따로 수집해 놓는다.

명장면 베스트3 : 2006 FA컵 결승전에서 결승골
명장면 베스트2 : 2004-2005 챔피언스리그 올림피아코스와 조별리그 골
명장면 베스트1 : 2004-2005 챔피언스리그 결승전 추격골

레이아웃

레이아웃에서는 슬라이드 마스터 기능을 통해 간단한 테마를 제작해 보고 각 슬라이드별 레이아웃 구성을 5가지 작성해 본다.

STEP 3 테마 제작하기

테마를 제작 및 수정하기 위해서는 [보기] - [슬라이드 마스터]를 선택하여 슬라이드 마스터 작업 환경으로 전환한다. 우리가 제작할 슬라이드는 1, 2번에 있는 제목 슬라이드와 본문 슬라이드이다.

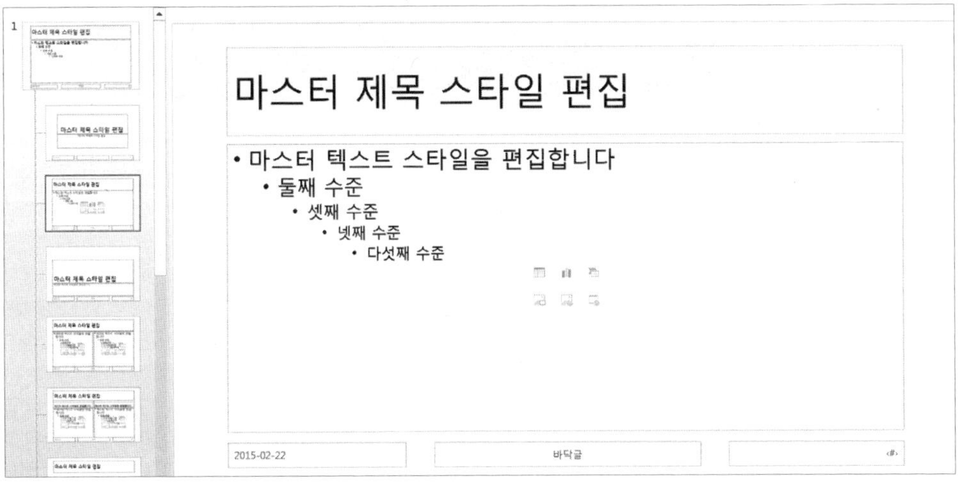

작업할 내용은 제목 슬라이드의 제목을 부각시키기 위해 사각형 도형을 이용한다. [삽입] – [도형]으로 가서 [직사각형]을 선택해서 다음 그림과 같이 제목 슬라이드에는 중앙에, 본문 슬라이드에는 상단에 위치시킨다. 그 다음에 도형에 [마우스 우클릭] – [맨 뒤로 보내기]를 선택하여 텍스트 박스가 가리지 않게 한다.

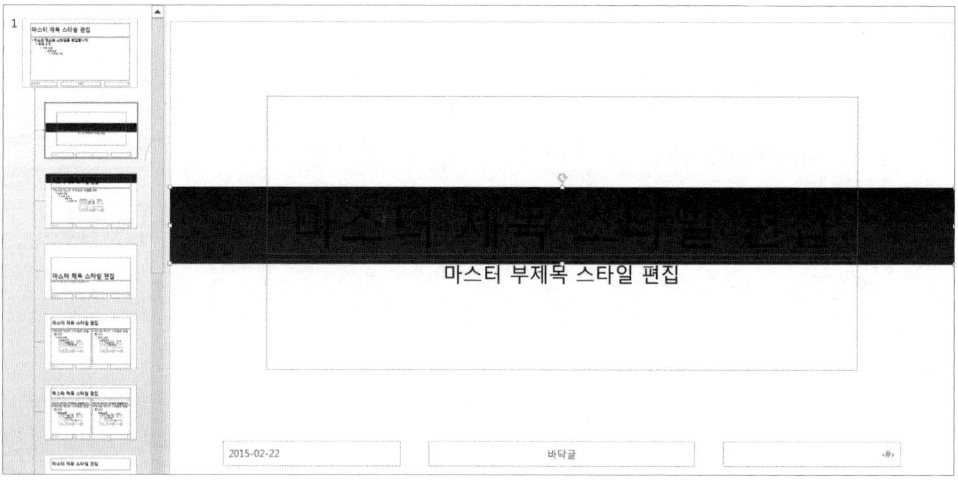

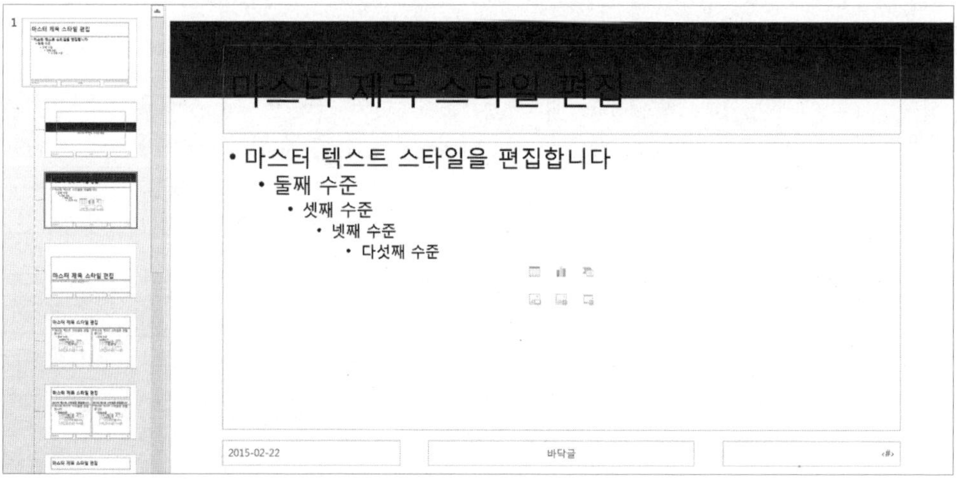

도형의 색상은 다음 그림의 설정과 같이 [그라데이션 채우기]를 이용하여 꾸며준다. [종류]는 선형, [방향]은 상단에서 하단으로, [색]은 3개 그라데이션 포인트를 잘 조절하여 약간의 밝기 조정만해서 그라데이션이 조금만 적용되도록 한다.

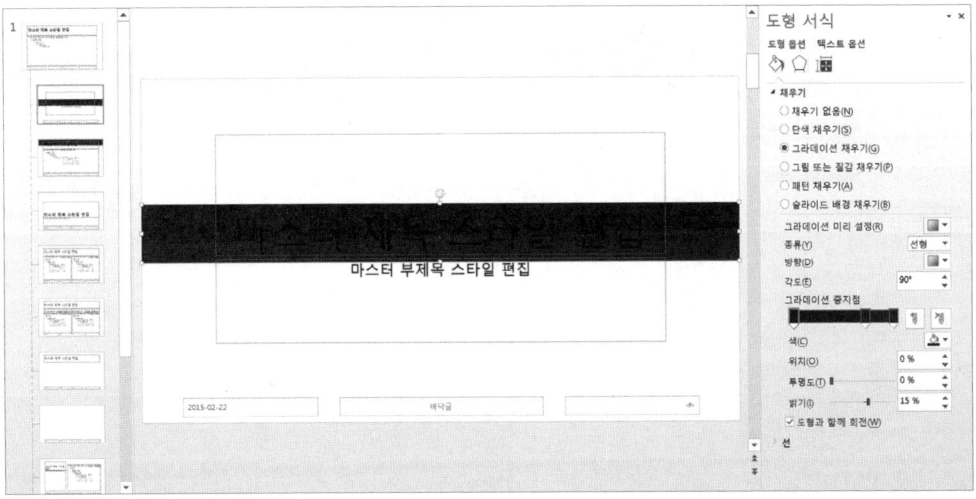

마지막으로 제목 텍스트 박스의 속성을 설정하고 글꼴을 수정한다. 텍스트 박스 영역이 직사각형의 영역 밖까지 넘어가 있으므로 직사각형 안에 포함되도록 크기와 위치를 수정한다. 그 다음 글꼴을 수정하는데 파워포인트는 글꼴이 기본적으로 [맑은 고딕]으로 되어 있기 때문에 좀 더 굵고 눈에 띄는 [HY헤드라인M]으로 글꼴을 수정한다. 글꼴의 속성은 [채우기] 흰색, [윤곽선] 없음, [효과] – [네온 효과 / 흰색 / 크기 2pt / 투명도 60%]로 설정하여 다음과 같이 보이도록 한다. 네온 효과는 크기를 3pt 이상일 때 뿌옇게 번지는 효과를 얻을 수 있지만, 글꼴에 적용할 경우 오히려 악영향을 미치기 때문에 2pt 이하로 설정하여 눈번짐을 없애면서 글꼴이 부각되게 할 수 있다. 모든 설정은 제목 슬라이드와 본문 슬라이드 모두에 적용한다.

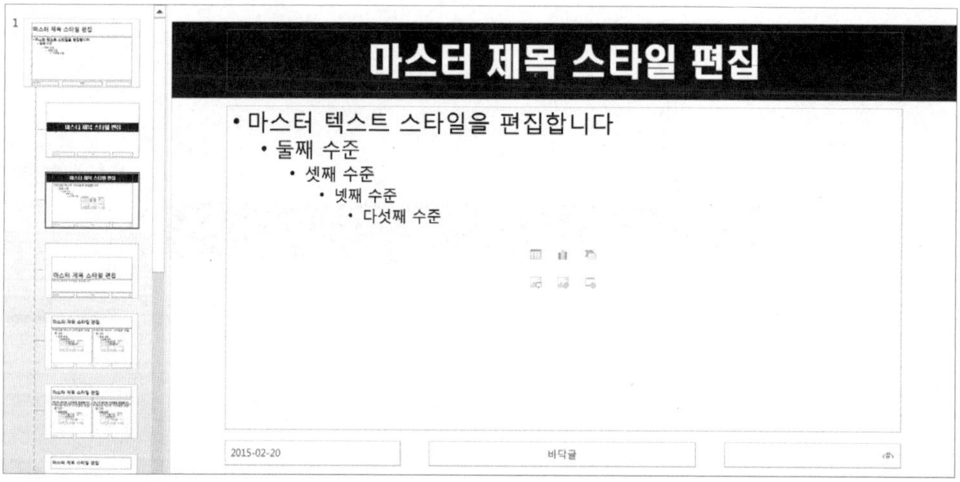

모든 작업이 마무리된 후 [슬라이드 마스터] – [마스터 보기 닫기]를 선택하여 반드시 원래 작업 환경으로 돌아와야 한다.

STEP 4 슬라이드별 레이아웃 구성

슬라이드별 레이아웃은 세부 내용을 채워 넣기 전에 최종 작업으로 각 슬라이드마다 콘텐츠를 어떻게 배치시킬지 위치와 영역을 설정하는 작업이다. 이번 실습은 1~4장까지 텍스트 박스와 이미지만을 사용하기 때문에 간단히 레이아웃을 설정할 수 있다. 레이아웃은 우선 요약한 내용을 기반으로 고려해야 하며, 요약한 내용을 대체할 이미지, 도식이 있다면 각 콘텐츠에 맞는 레이아웃을 설정하면 된다. 만약 그렇지 않고 텍스트 박스를 사용해야 한다면 텍스트의 내용이 어떤 형식인지, 가로/세로 영역 등을 고려하여 레이아웃을 설정한다.

첫 번째 본문 슬라이드의 요약된 내용은 간단한 단어의 집합 4개로 구분되어 있다. 이를 4개 영역으로 구분하여 넣기엔 너무 영역 구분이 많아지고 이미지를 넣기가 어렵기 때문에 텍스트 박스의 배치를 조절해서 3개 영역에 배치한 후, 인물 소개 첫 페이지이기 때문에 큰 이미지를 중앙에 삽입한다. 두 번째 슬라이드는 클럽 경력을 출력하는데 세부 내용이 가로로 길어지기 때문에 슬라이드의 2/3 정도 영역이 필요하다. 따라서 슬라이드 영역 배분을 1:2 정도로 구분하여 우측에 텍스트 박스를, 좌측에 세로 이미지를 배치한다. 세 번째 슬라이드는 전체 영역을 표로 채우기 때문에 별다른 구성이 필요하지 않다. 네 번째 슬라이드는 수상 내역을 출력하는데 내용이 많지 않고 연도별 구성은 이미 사용했기 때문에 가운데 정렬을 통해 집중도를 높일 수 있는 레이아웃을 사용한다. 마지막 장은 동영상과 텍스트 박스로 구성되어 있기 때문에 동영상에 집중할 수 있는 레이아웃을 사용해야 한다. 따라서 중앙 부분을 동영상 영역으로 사용하고 하단에 부연설명을 할 수 있는 텍스트 박스 영역을 할당한다.

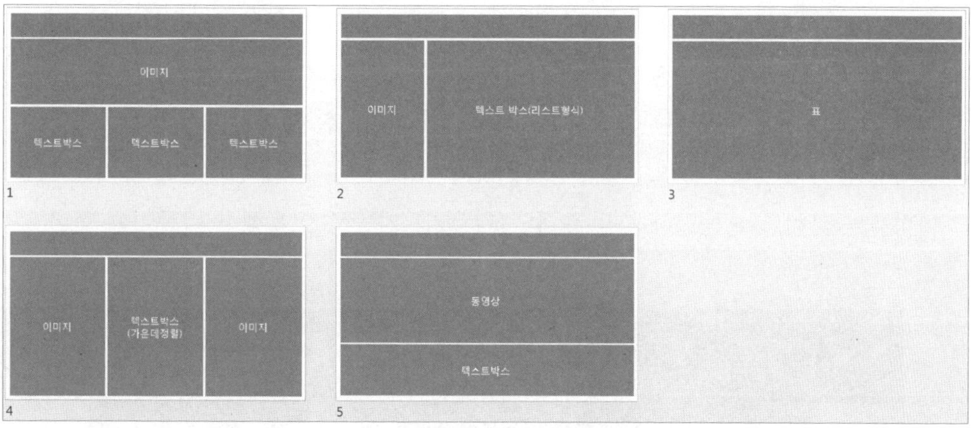

세부 내용 작성

앞에서 준비한 내용을 종합해서 세부 내용을 슬라이드 별로 작성한다.

STEP 1 제목 슬라이드

제목 슬라이드는 슬라이드 마스터를 통해 제작해 놓은 제목 슬라이드 레이아웃을 이용하여 간단히 제목 텍스트를 입력해서 완료할 수 있다. 슬라이드 마스터에서 도형을 이용한 배경 이미지 작업과 글꼴 설정이 완료되어 있기 때문에 자동으로 생성되는 제목 텍스트 박스 부분에 제목을 입력하면 쉽게 제목 슬라이드를 완성할 수 있다.

STEP 2 개요 슬라이드

개요 슬라이드는 앞서 설계했던 레이아웃을 이용하여 제목을 입력한 후 이미지와 텍스트를 배치한다. 그러나 이미지의 크기와 비율이 맞지 않아 영역 구분이 어려운 상태이며 텍스트 박스 역시 정리가 되지 않은 모습을 보여준다. 크기가 큰 콘텐츠부터 위치를 지정하는 것이 편하기 때문에 이미지를 우선 조정하도록 한다. 현재 이미지는 좌우에 여백이 있으며 이미지 높이가 높아 텍스트 박스 영역을 침범하고 있다. 따라서 비율을 유지한 상태로 좌우 너비를 슬라이드와 동일하게 맞춘 후, [자르기] 기능을 이용해서 다듬어야 한다.

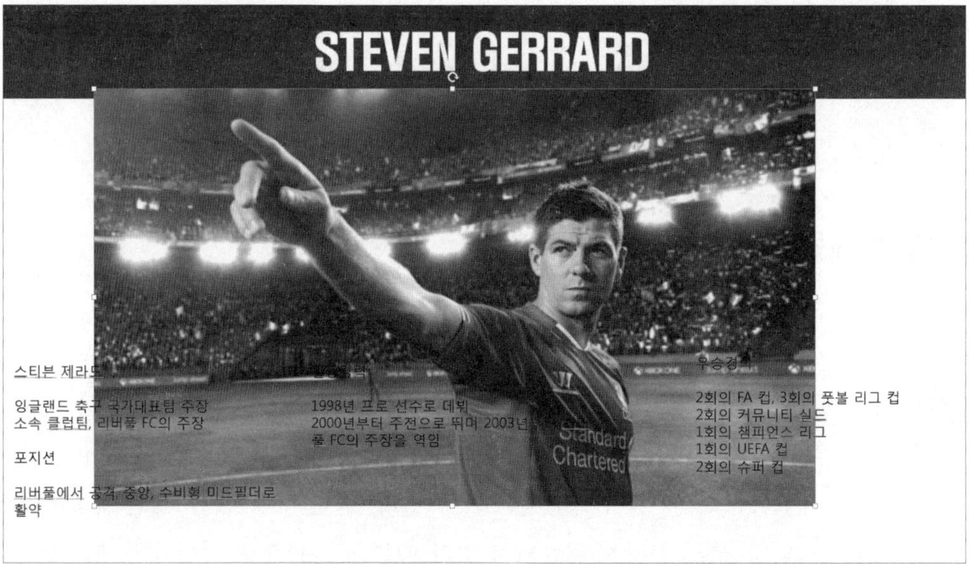

이미지를 선택한 후, [서식] - [자르기]를 선택하여 이미지를 잘라낼 때 이미지가 나타나야 하는 부분을 미리 고려해서 이미지의 위치를 이동시킨 후, 자르기 상태로 들어가 나타날 영역까지 상하/좌우 표식을 이동시켜 원하는 대로 위치시킨다. 이후 이미지 영역 밖을 클릭하거나 [ESC] 키를 눌러 완료한다.

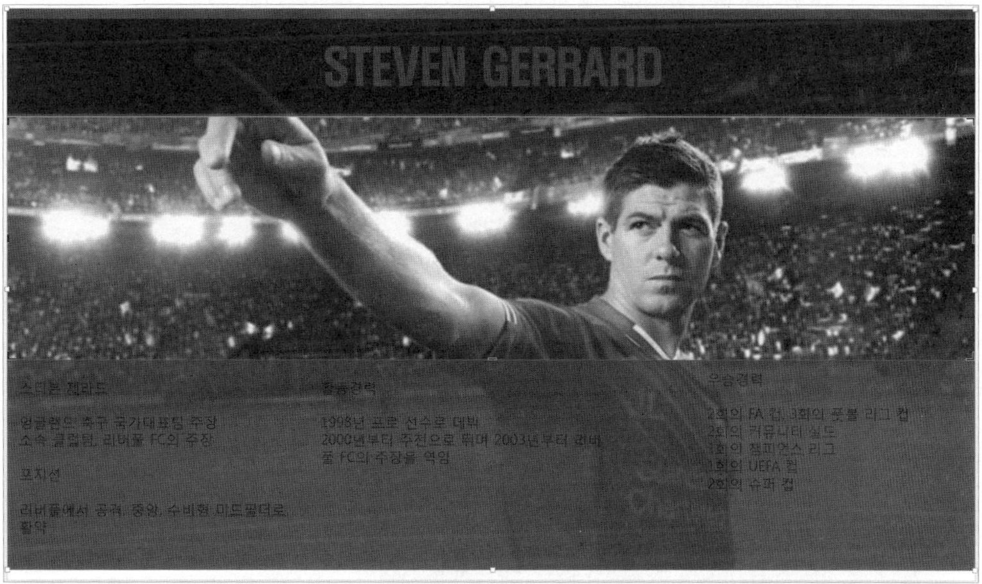

마지막으로 텍스트 박스 안의 텍스트를 정렬 기능을 이용해서 보기 좋게 정리한 후, 소제목에 해당되는 텍스트만을 글꼴 [크기]와 [굵게] 기능을 사용하여 본문과 구별될 정도로 조정한다. 이후 [삽입] - [도형] - [선]을 이용하여 텍스트 박스 사이에 구분선을 넣어 영역이 더 확연히 구별되도록 만든다.

STEP 3 클럽 경력 슬라이드

클럽 경력은 연도별로 정리되어 있고 본문 부분이 가로로 길어지기 때문에 제목을 입력한 후, 좌측 1부분에 이미지를, 우측 2부분에 텍스트 박스를 배치한다. 그러나 사용하려는 이미지가 가로 이미지이기 때문에 이미지 편집이 불가피하다. 또한 텍스트 박스의 내용이 너무 길고 글꼴의 크기가 작아지기 때문에 보기 힘들어진다.

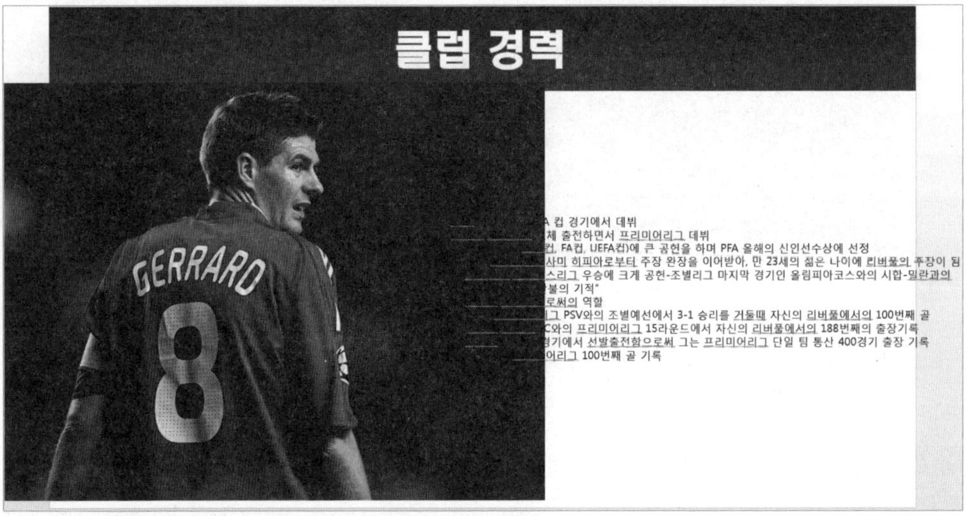

우선 이미지를 배치하기 위해 나타낼 위치를 잡고 [자르기]를 통해 나머지 부분을 잘라낸다. 이후 텍스트 박스의 내용을 적절하게 정리한다.

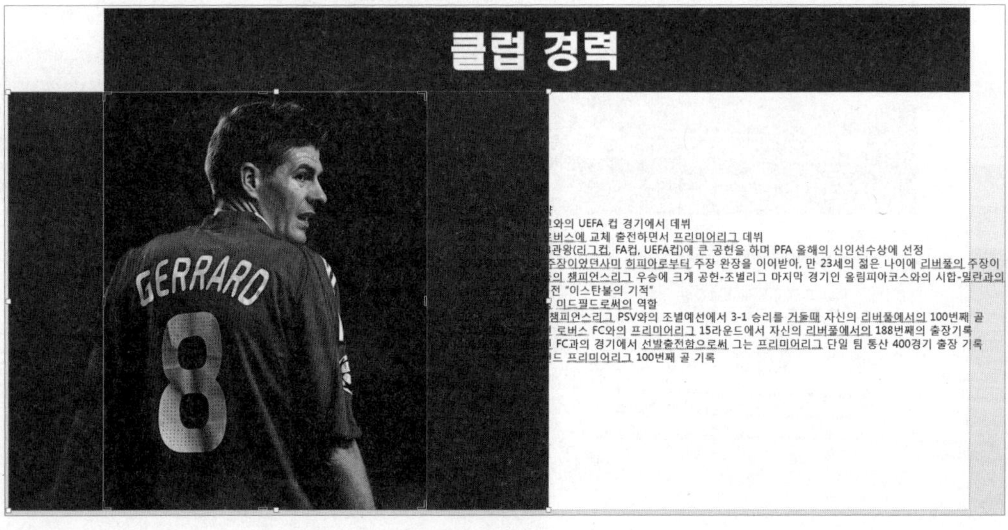

텍스트 박스 안의 본문 글꼴크기를 지장이 없을 정도로 조절한 후, 슬라이드 영역을 넘어간 텍스트를 정리해 준다.

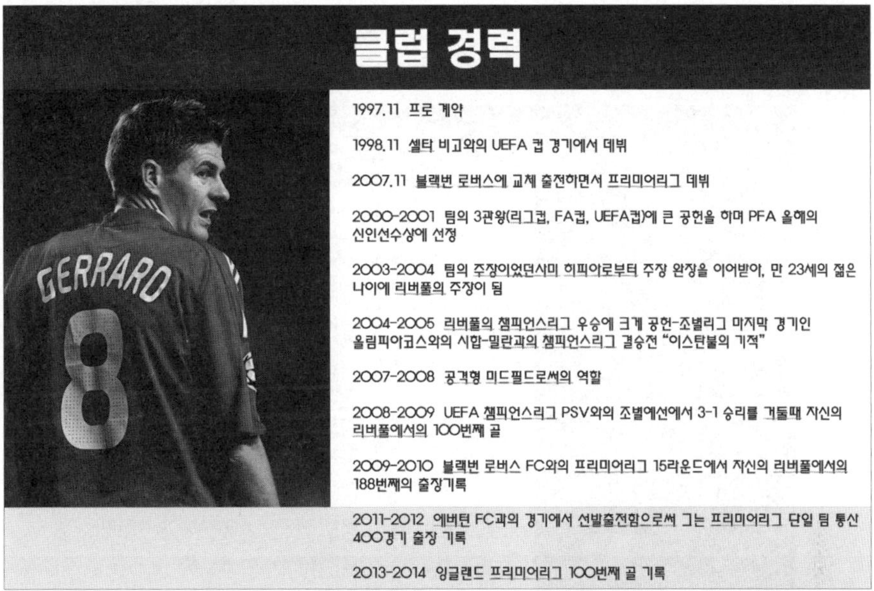

그러나 텍스트를 담기엔 영역이 부족하기 때문에 먼저 이미지 부분을 더 잘라내어 텍스트 영역을 확보한다. 이후 본문 부분을 정렬하여 보기 좋게 텍스트를 정리한다. 다음 그림에서는 연도 부분을 따로 떼어내어 우측 정렬을, 내용 부분을 좌측으로 정렬하여 행과 열을 정리한다.

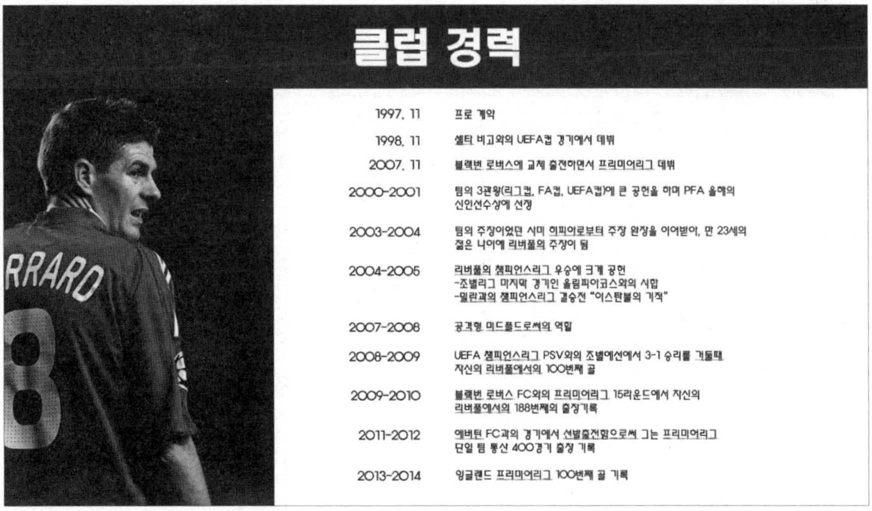

그러나 이대로 두기엔 연도와 내용이 바로 연결되지도 않았고, 연도를 구분하는 구분선도 없기 때문에 바로 읽는데 주의력이 떨어진다. 따라서 연도와 내용사이에 선과 원형 도형을 이용하여 다음과 같이 간단한 도식을 넣어 마무리한다. 세로로 그은 선 위에 작은 원형 도형을 연도별로 배치시켜 연도별 구분 및 연도와 내용간의 연결을 자연스럽게 표현해 본다.

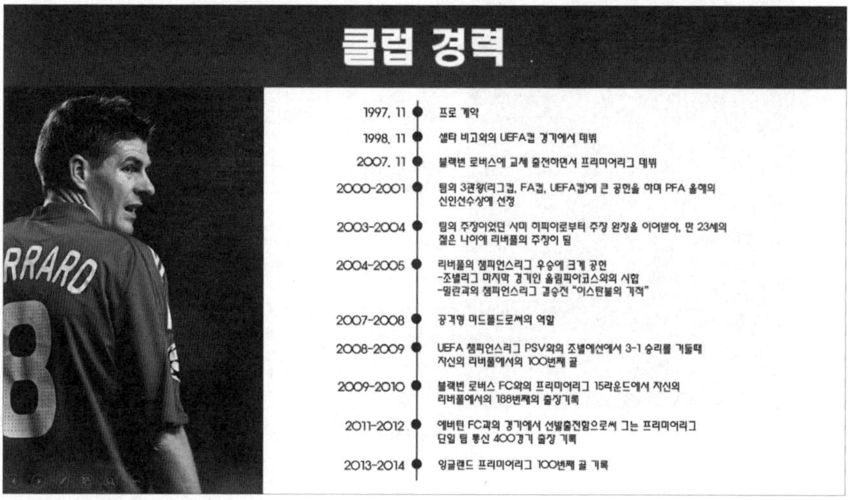

STEP 4 클럽, 국가대표 기록 슬라이드

이번 슬라이드는 내용 부분에 표만 배치하며 다른 콘텐츠는 없다. 우선 제목을 입력한 후, 표를 생성해서 위키백과에 있는 내용을 그대로 옮겨 넣는다. 글꼴 크기는 적절히 조절하여 표에 사이가 벌어지지 않도록 하며, 셀 병합 및 분할을 사용해서 동일하게 제작한다.

클럽, 국가대표 기록

클럽	시즌	리그		FA 컵		리그 컵		UEFA(유럽)		기타		합계	
		출장	득점	출장	득점	출장	득점	출장	득점	출장	득점	출장	득점
리버풀FC	프리미어리그 1998-1999	16	0	0	0	0	0	1	0	-	-	17	0
	프리미어리그 1999-2000	29	1	2	0	0	0	-	-	-	-	31	1
	프리미어리그 2000-2001	33	7	4	1	4	0	9	2	-	-	50	10
	프리미어리그 2001-2002	33	3	0	2	0	0	15	1	-	-	48	6
	프리미어리그 2002-03	34	5	0	2	6	2	11	0	1	0	51	9
	프리미어리그 2003-04	35	4	0	3	2	0	8	2	-	-	45	6
	프리미어리그 2004-05	30	7	0	0	3	2	10	4	-	-	43	13
	프리미어리그 2005-06	32	10	6	4	1	1	12	7	2	1	53	23
	프리미어리그 2006-07	36	7	1	0	1	1	12	3	1	0	51	11
	프리미어리그 2007-08	34	11	3	3	2	1	13	6	-	-	52	21
	프리미어리그 2008-09	31	16	3	1	0	0	10	7	-	-	44	24
	프리미어리그 2009-10	33	9	2	1	1	0	13	2	-	-	49	12
	프리미어리그 2010-11	35	4	1	0	4	2	2	4	-	-	24	8
	프리미어리그 2011-12	26	5	6	2	4	2	-	-	-	-	28	9
	프리미어리그 2012-13	34	4	3	1	2	0	8	1	-	-	39	14
	프리미어리그 2013-14	36	9	1	0	1	0	-	-	-	-	46	10
총 계		507	102	32	20	31	11	124	39	4	1	671	177

국가대표		
년도	출장	득점
2000	2	0
2001	6	1
2002	5	1
2003	8	1
2004	10	2
2005	8	1
2006	13	4
2007	11	2
2008	7	2
2009	7	2
2010	12	3
2011	0	0
2012	11	0
2013	8	2
2014	6	0
Total	507	102

그 다음 표 테두리 색을 설정하고 카테고리 부분의 셀에 채우기를 실행하여 구분되어 보이게 설정한다. 그러나 이 상태로는 숫자만 빽빽하게 나열되어 있을 뿐 구별이 어렵고, 읽기가 쉽지 않다. 그러므로 중요 부분만 표시하여 눈에 띄게 해줌으로써 산만하지 않으면서 더 집중할 수 있도록 한다.

클럽	시즌	리그		FA 컵		리그 컵		UEFA(유럽)		기타		합계	
		출장	득점	출장	득점	출장	득점	출장	득점	출장	득점	출장	득점
리버풀FC	프리미어리그 1998-1999	16	0	0	0	0	0	1	0	-	-	17	0
	프리미어리그 1999-2000	29	1	2	0	0	0	-	-	-	-	31	1
	프리미어리그 2000-2001	33	7	4	1	4	0	9	2	-	-	50	10
	프리미어리그 2001-2002	33	3	0	2	0	0	15	1	-	-	48	6
	프리미어리그 2002-03	34	5	0	2	6	2	11	0	1	0	51	9
	프리미어리그 2003-04	35	4	0	3	2	0	8	2	-	-	45	6
	프리미어리그 2004-05	30	7	0	0	3	2	10	4	-	-	43	13
	프리미어리그 2005-06	32	10	6	4	1	1	12	7	2	1	53	23
	프리미어리그 2006-07	36	7	1	0	1	1	12	3	1	0	51	11
	프리미어리그 2007-08	34	11	3	3	2	1	13	6	-	-	52	21
	프리미어리그 2008-09	31	16	3	1	0	0	10	7	-	-	44	24
	프리미어리그 2009-10	33	9	2	1	1	0	13	2	-	-	49	12
	프리미어리그 2010-11	35	4	1	0	4	2	2	4	-	-	24	8
	프리미어리그 2011-12	26	5	6	2	4	2	-	-	-	-	28	9
	프리미어리그 2012-13	34	4	3	1	2	0	8	1	-	-	39	14
	프리미어리그 2013-14	36	9	1	0	1	0	-	-	-	-	46	10
총 계		507	102	32	20	31	11	124	39	4	1	671	177

국가대표		
년도	출장	득점
2000	2	0
2001	6	1
2002	5	1
2003	8	1
2004	10	2
2005	8	1
2006	13	4
2007	11	2
2008	7	2
2009	7	2
2010	12	3
2011	0	0
2012	11	0
2013	8	2
2014	6	0
Total	507	102

다음 그림은 중요 부분을 골라 셀 채우기와 테두리를 이용하여 하이라이트를 준다. 초록색으로 채우기를 한 셀은 제라드의 최대 득점을 나타낸 것이며, 주황색 테두리는 전성기 부분을 표시한 것이다. 이러한 간단한 설정을 통해서 발표자는 청중에게 집중된 슬라이드를 기반으로 중요 부분을 더욱 강조해서 설명할 수 있다.

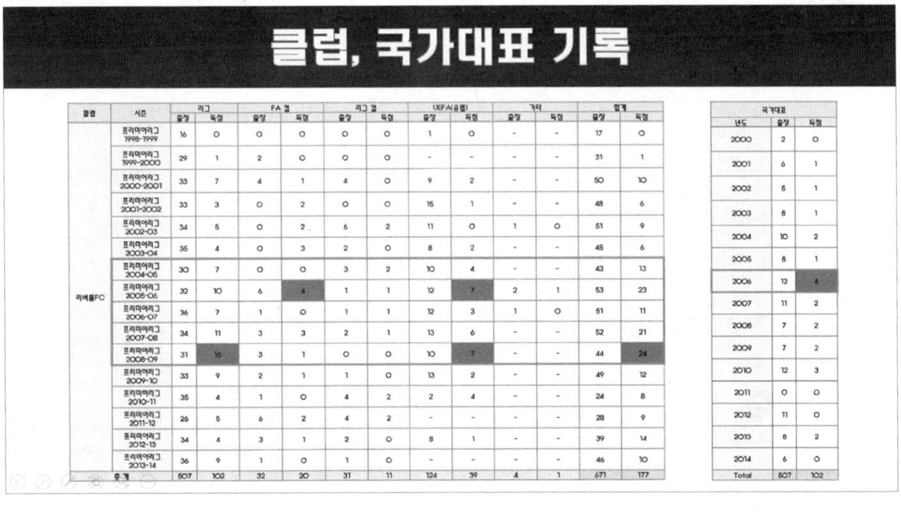

클럽	시즌	리그		FA 컵		리그 컵		UEFA(유럽)		기타		합계	
		출장	득점	출장	득점	출장	득점	출장	득점	출장	득점	출장	득점
리버풀FC	프리미어리그 1998-1999	16	0	0	0	0	0	1	0	-	-	17	0
	프리미어리그 1999-2000	29	1	2	0	0	0	-	-	-	-	31	1
	프리미어리그 2000-2001	33	7	4	1	4	0	9	2	-	-	50	10
	프리미어리그 2001-2002	33	3	0	2	0	0	15	1	-	-	48	6
	프리미어리그 2002-03	34	5	0	2	6	2	11	0	1	0	51	9
	프리미어리그 2003-04	35	4	0	3	2	0	8	2	-	-	45	6
	프리미어리그 2004-05	30	7	0	0	3	2	10	4	-	-	43	13
	프리미어리그 2005-06	32	10	6	4	1	1	12	7	2	1	53	23
	프리미어리그 2006-07	36	7	1	0	1	1	12	3	1	0	51	11
	프리미어리그 2007-08	34	11	3	3	2	1	13	6	-	-	52	21
	프리미어리그 2008-09	31	16	3	1	0	0	10	7	-	-	44	24
	프리미어리그 2009-10	33	9	2	1	1	0	13	2	-	-	49	12
	프리미어리그 2010-11	35	4	1	0	4	2	2	4	-	-	24	8
	프리미어리그 2011-12	26	5	6	2	4	2	-	-	-	-	28	9
	프리미어리그 2012-13	34	4	3	1	2	0	8	1	-	-	39	14
	프리미어리그 2013-14	36	9	1	0	1	0	-	-	-	-	46	10
총 계		507	102	32	20	31	11	124	39	4	1	671	177

국가대표		
년도	출장	득점
2000	2	0
2001	6	1
2002	5	1
2003	8	1
2004	10	2
2005	8	1
2006	13	4
2007	11	2
2008	7	2
2009	7	2
2010	12	3
2011	0	0
2012	11	0
2013	8	2
2014	6	0
Total	507	102

STEP 5 수상 내역 슬라이드

수상 내역은 앞서 요약한 내용을 그대로 삽입하되 내용이 적기 때문에 좌우에 이미지를 배치하여 여백이 너무 많이 보이지 않게 한다. 또한 중앙 정렬을 이용하여 모든 시선이 중앙에 집중되는 것을 거슬리지 않게 조절할 수 있다. 첫 번째 본문 슬라이드와 동일하게 작업하면 쉽게 완성할 수 있을 것이다.

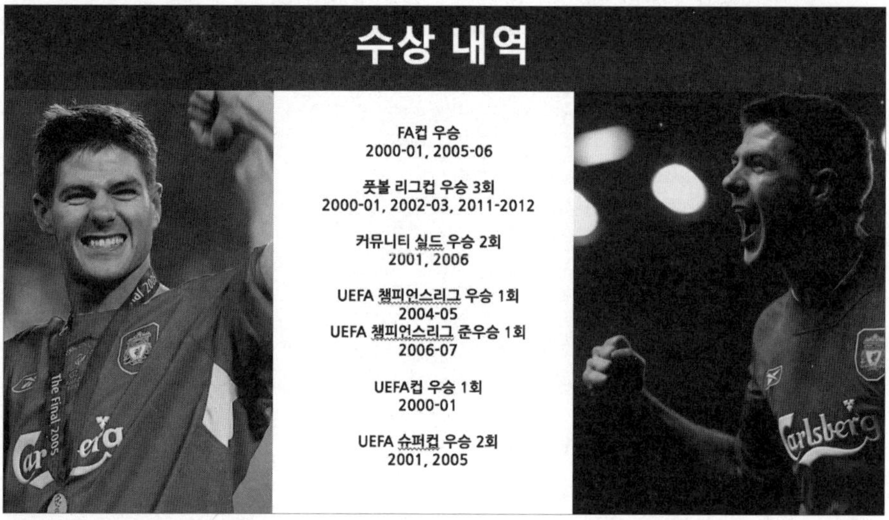

STEP 6 명장면 슬라이드

명장면 슬라이드는 동일한 레이아웃의 슬라이드를 3장 제작하여 내용만 수정하면 된다. 동영상 삽입은 [삽입] – [비디오] – [온라인 비디오] 또는 [내 PC의 비디오]를 선택하면 된다. 대부분 유투브에서 영상을 찾을 수 있기 때문에 [온라인 비디오]를 사용하면 손쉽게 삽입할 수 있으며, 슬라이드에 직사각형 형태의 동영상 콘텐츠가 삽입된다. 동영상 콘텐츠는 도형과 같이 크기와 위치를 조절할 수 있으므로 원하는 위치에 크기를 조절해서 배치할 수 있다.

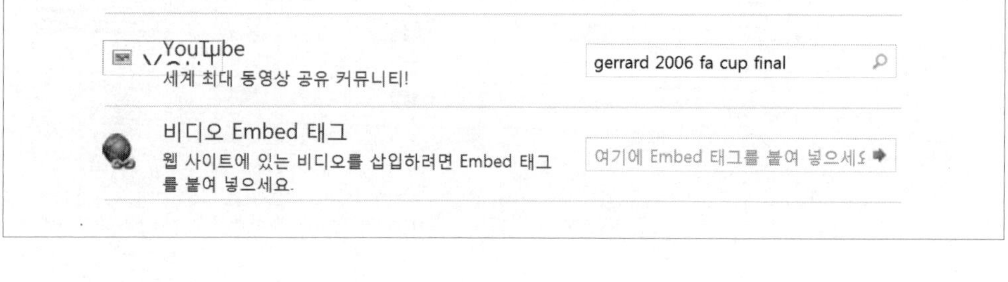

유투브(YouTube)의 동영상을 삽입할 때는 유투브 검색에서 동영상을 검색하여 선택하거나 유투브 웹사이트에서 동영상을 선택한 후, [공유]를 선택해서 나오는 짧은 주소를 복사해서 붙여 넣어도 된다.

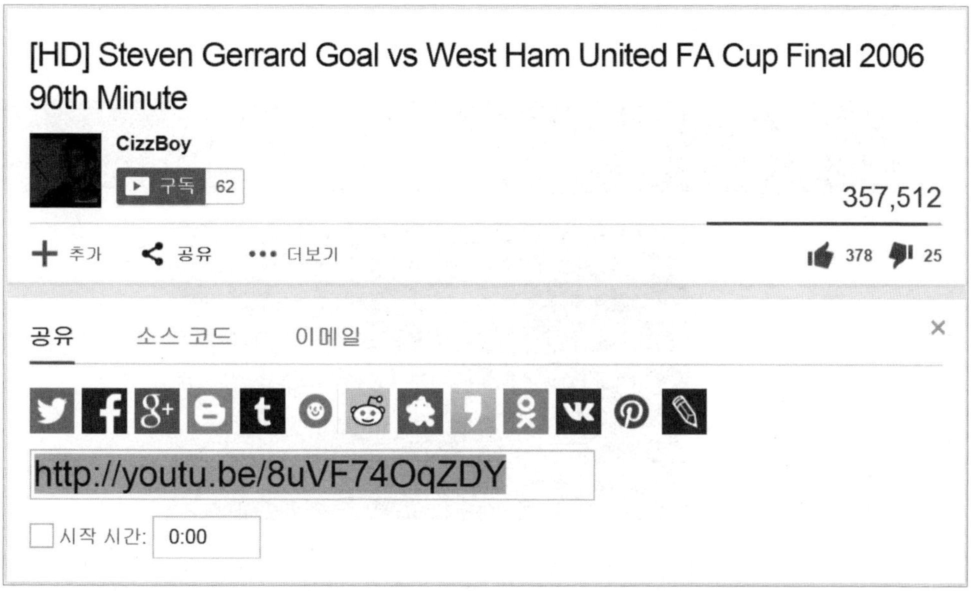

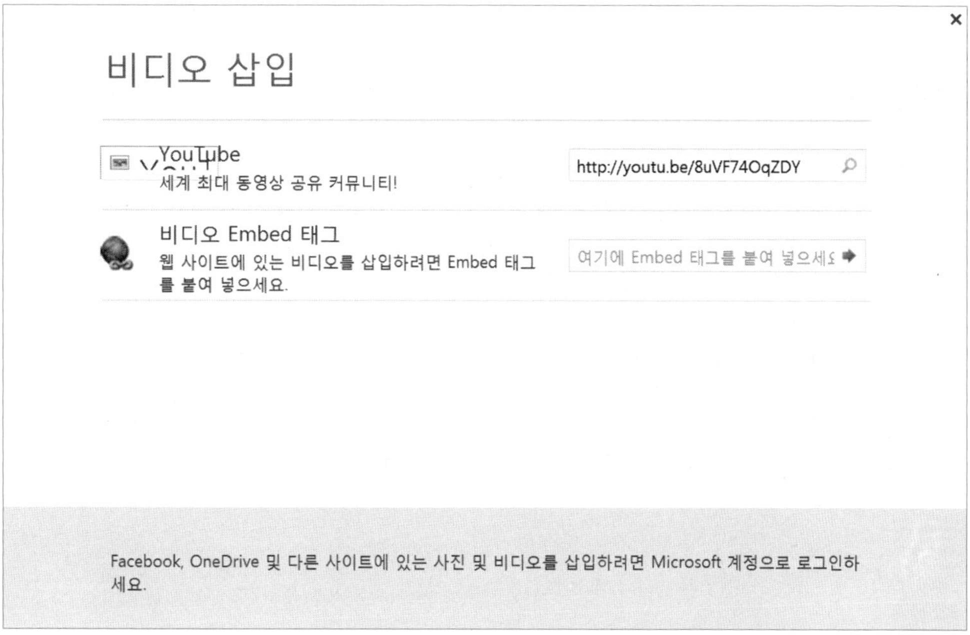

또는 Embed 태그나 Object 태그로 되어있는 비디오 태그 코드를 붙여 넣어 삽입할 수도 있다. 종종 Embed 코드를 삽입할 수 없거나 다른 코드를 삽입하라는 오류 메시지가 발생할 수도 있다. 이런 경우에는 유투브 Embed code 생성기를 통해 새로운 코드를 생성해서 삽입하면 해결할 수 있다. 구글 검색에서 "youtube embed code generator"로 검색하면 여러 웹사이트가 검색되는데 이중 하나를 선택해서 사용하면 된다.

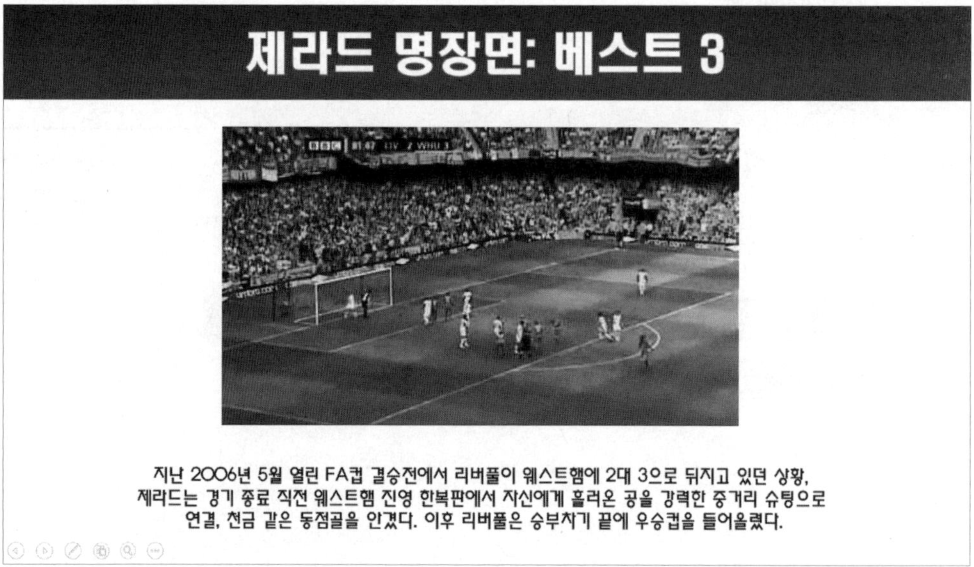

● 마무리

첫 번째 실습에서는 특정 인물에 대해 소개하는 프레젠테이션을 제작해 보았다. 인물 소개는 기본적인 설명 방식이 있기 때문에 자료를 조사하는데 어려움이 없으며 서적과 인터넷을 활용하면 양질의 정보를 수집할 수 있다. 이러한 정보를 잘 정리한 후, 요약하여 알맞은 레이아웃에 효과적으로 배치하는 것이 파워포인트를 제작하는 과정이다. 일련의 과정을 충실히 수행하였다면 전체 내용을 읽고 분석해서 요약하는 과정을 거치기 때문에 프레젠테이션을 준비하는데 큰 어려움이 없을 것이다. 따라서 모든 과정이 중요하며 많은 노력을 통해 프레젠테이션의 완성도를 높일 수 있도록 철저히 준비해야 한다.

1.2 통계자료 요약 프레젠테이션

이번 실습은 데이터 형태로 제공되는 통계자료를 요약해서 프레젠테이션으로 제작하는 방법에 대해서 실습한다. 통계자료를 효과적으로 표현하기 위해서 차트와 문장 요약에 대해서 중점적으로 학습한다.

● 주제 선정과 이야기 구성

이번 실습에서는 수치 데이터로 정형화되어 있는 엑셀을 기반으로 정리, 요약된 통계 데이터를 표현하는 프레젠테이션을 작성해 본다.

STEP 1 주제 선정과 데이터 다운로드

엑셀 데이터는 통계청에서 제공하는 인구 동향에 대한 통계자료이며, 국가통계포털(KOSIS: Korean Statistical Information Service)에 접속하여 [국내통계] – [주제별통계] – [인구,가구]에서 조회 및 다운로드 할 수 있다.

실습에서 사용할 통계 데이터는 다음과 같다.

월, 연간 인구 동향 / 항목(출생, 사망, 혼인, 이혼) / 2009년부터 2013년까지

다음 그림은 각 통계자료의 위치를 보여주고 있으니 참고하기 바란다.

인구 동향 통계는 [인구, 가구] - [인구동향조사] - [월, 연간 인구동향]에서 2009년에서 2013년까지 연간 데이터를 선택하여 엑셀 형식으로 다운로드하면 된다.

2 이야기 구성

통계청의 데이터를 통해서 2009년부터 2013년까지 전국의 출생/사망에 대한 변화 추이와 지역별 차이 및 전국 출생/사망 비율에 대해서 분석한다. 프레젠테이션 전체적으로 차트를 중심으로 진행하며 지역별 통계로 시작해서 전체 통계로 흐름을 이어간다. 큰 흐름은 지역별 출생/사망 통계, 연도별 전체 출생/사망 통계, 지역별 출생/사망 비율 순으로 이야기를 구성한다.

이야기 요약하기

1 제목 뽑아내기

전체적으로 국내 인구 동향에 관한 내용 중 출생/사망에 초점이 맞춰져 있기 때문에 프레젠테이션 제목을 '국내 인구 동향: 출생/사망'으로 정한다. 이번 실습에서 다루는 데이터는 인구 동향 중 지역별/연도별 출생/사망에 관한 것이며, 지역별 통계, 연도별 통계, 전체 비율 3가지로 구분해서 프레젠테이션을 구성한다. 1장은 지역별 출생/사망 통계, 2장은 지역별 출생/사망 추이, 3장은 연도별 전체 출생/사망 추이, 4장은 전국 출생/사망 비율, 마지막으로 5장에서 결론으로 마무리한다. 각 장의 세부 내용은 다음과 같으며 이후 작업에서 세부 내용이 변경될 수 있으나 제목으로 정해진 테두리 안에서 조정되도록 해야 한다.

1장. 지역별 출생/사망 통계(2009–2013)

  – 지역별 출생/사망 통계

2장. 지역별 출생/사망 추이(2009~2013)

- 상위 3개 지역의 출생/사망 통계
- 연도별 변화 추이

3장. 연도별 전체 출생/사망 추이(2009~2013)

- 연도별 전체 출생/사망 통계 및 변화 추이

4장. 전국 출생/사망 비율(2013)

- 전국 출생/사망 비율

5장. 결론

STEP 2 내용 요약하기

이번 실습은 요약할 본문이 엑셀로 되어 있는 수치 데이터이기 때문에 내용 요약보다 내용 생성에 가깝다. 따라서 엑셀 데이터를 보고 슬라이드에 삽입할 내용을 작성해야 한다. 그러나 엑셀 데이터만 보고 내용을 작성하기에는 분석, 정리가 어렵다. 따라서 데이터의 흐름을 알아볼 수 있게 차트를 생성한 후, 차트를 통해 내용을 작성한다. 오피스 2013에서는 차트를 생성하면 차트 우측에 필터와 차트 요소가 옵션으로 설정가능하기 때문에 하나의 차트를 만든 후, 설정값을 조절하여 여러 가지 형식으로 출력물을 만들어 낼 수 있다.

1장에서 사용할 지역별 출생/사망 통계 차트를 생성하기 위해서 모든 데이터 영역을 선택한 후, 세로 막대형 차트를 생성한다. 생성한 차트를 선택한 후, 차트 필터에서 [계열] - [2009]년만 체크한 후, [범주]에서 모든 지역의 출생/사망에 체크하여 필터 설정을 완료한다. 이 차트는 모든 지역의 2009년 출생/사망 데이터를 표현하고 있다.

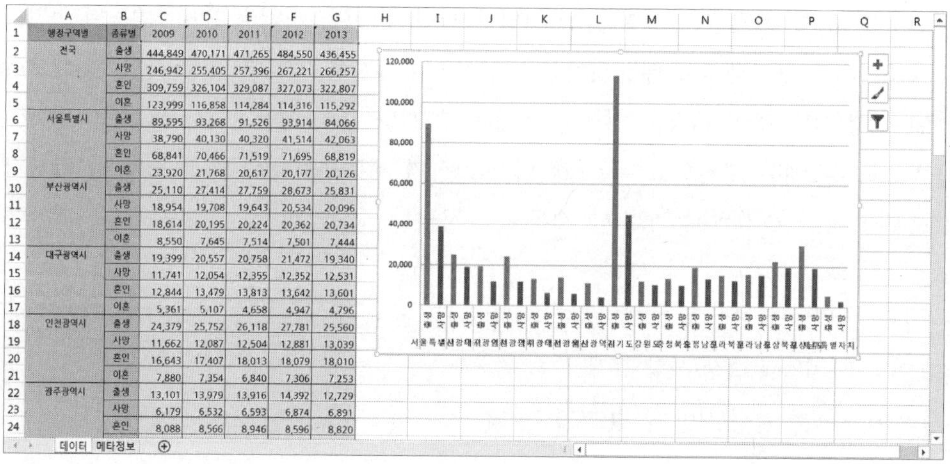

행정구역별	종류별	2009	2010	2011	2012	2013
전국	출생	444,849	470,171	471,265	484,550	436,455
	사망	246,942	255,405	257,396	267,221	266,257
	혼인	309,759	326,104	329,087	327,073	322,807
	이혼	123,999	116,858	114,284	114,316	115,292
서울특별시	출생	89,595	93,268	91,526	93,914	84,066
	사망	38,790	40,130	40,320	41,514	42,063
	혼인	68,841	70,466	71,519	71,695	68,819
	이혼	23,920	21,768	20,617	20,177	20,126
부산광역시	출생	25,110	27,414	27,759	28,673	25,831
	사망	18,954	19,708	19,643	20,534	20,096
	혼인	18,614	20,195	20,224	20,362	20,734
	이혼	8,550	7,645	7,514	7,501	7,444
대구광역시	출생	19,399	20,557	20,758	21,472	19,340
	사망	11,741	12,054	12,355	12,352	12,531
	혼인	12,844	13,479	13,813	13,642	13,601
	이혼	5,361	5,107	4,658	4,947	4,796
인천광역시	출생	24,379	25,752	26,118	27,781	25,560
	사망	11,662	12,087	12,504	12,881	13,039
	혼인	16,643	17,407	18,013	18,079	18,010
	이혼	7,880	7,354	6,840	7,306	7,253
광주광역시	출생	13,101	13,979	13,916	14,392	12,729
	사망	6,179	6,532	6,593	6,874	6,891
	혼인	8,088	8,566	8,946	8,596	8,820

같은 방식으로 차트를 생성한 후, 차트 필터에 2013년을 체크하여 모든 지역의 2013년 출생/사망을 나타내는 설정을 완료한다. 완성된 2개의 차트는 전체 지역의 출생/사망 수치를 나타내고 있으므로 슬라이드에 별다른 내용을 추가하기보다는 차트만 출력한 후, 차트에 대한 설명을 통해 진행하도록 한다.

2장에서 사용할 상위 3개 지역에 대한 2009년에서 2013년까지의 출생/사망 추이 차트를 생성한다. 이 장에서 상위 3개 지역의 5년간 출생 수치변화 흐름과 사망 수치변화 흐름 및 지역간 차이를 비교한다. 생성할 차트는 5년간 변화 흐름을 나타내기 때문에 꺾은 선형 차트로 생성해서 연결된 데이터의 수치 변화를 표현한다. 생성 방법은 동일하게 하되 가로축이 지역으로 되어있기 때문에 연도로 변경해 주어야 한다. 차트 필터에서 각 지역(경기도, 서울, 경상남도)의 출생/사망을 체크하고 모든 연도를 체크한 후, [차트 도구] 그룹의 [디자인] – [데이터 선택] – [행/열 전환]을 이용하여 행과 열 기준값이 서로 바뀌게 설정한다. 최종적으로 세로축은 인구수, 가로축은 연도로 설정되며, 연도별 인구수 변화가 꺾은 선형 차트로 표현된다.

2장에서 상위 3개 지역이 어디이고 각 지역의 연도별 인구수 변화 추이에 대한 것을 설명한다. 수치값에 기반하여 내용을 요약하면 다음과 같다.

- 출생/사망 인구수가 가장 많은 지역은 경기도, 서울, 경상남도
- 경기도의 출생 인구는 2009년부터 4년간 지속적으로 증가하다가 2013년에 12만명 가량 감소
- 경기도의 사망 인구는 지속적으로 증가
- 서울의 출생 인구는 매년 증가와 감소를 반복 중이고 2013년에 9만명 감소
- 서울의 사망 인구는 경기도와 같이 지속적으로 증가
- 경상남도는 경기도, 서울에 비해 절반 이하의 인구수 변화를 나타냄
- 출생 대비 사망 인구는 경기도와 서울의 경우 0.4에 가깝지만, 경상남도는 0.6 이상을 나타냄
- 경기도, 서울은 높은 출산과 출생 대비 사망 인구가 적은편
- 경상남도의 경우 출생 인구 변화가 거의 없으나, 전체적으로 출생 대비 사망 인구가 많은편

3장에서는 연도별 전체 출생/사망 추이를 나타낸다. 따라서 2장과 동일하게 꺾은 선형 차트를 생성한 후, 차트 필터에서 전국 출생, 전국 사망, 모든 연도를 선택한다. 만약 차트를 새로 생성했다면 2장에서 했던 행/열 전환을 사용해서 세로축과 가로축 기준값을 교환해 줘야 한다.

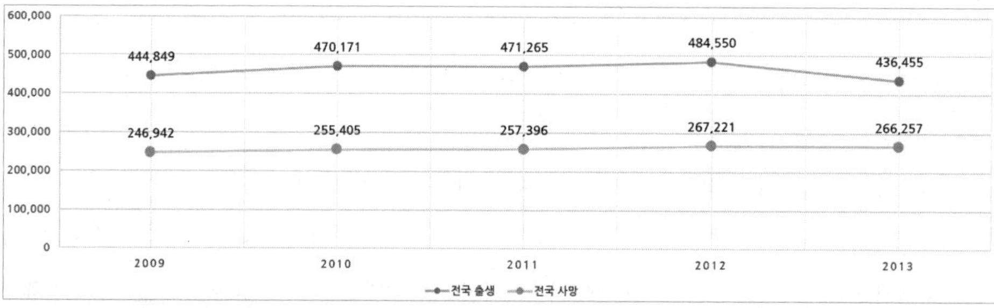

3장에서 설명할 내용은 전국 기준 2009년부터 2013년까지 출생과 사망 인구수 변화 추이이다. 차트를 보면서 내용을 요약하면 다음과 같다.

- 2009년부터 2013년까지 출생 평균은 45만명에 가까움
- 출생 인구는 지속적인 증가 추세였지만 2013년에 급격히 감소
- 출생 인구에 비해 사망 인구는 지속적인 증가 추세지만 그 폭이 크지 않음
- 2013년에 출생 인구가 급격히 줄어든 것에 비해 사망 인구 변화 폭은 크지 않음
- 2013년에 대략 20만명의 인구수 감소가 발생

4장은 지역별 출생/사망 인구의 비율을 나타낸다. 비율을 나타내기 때문에 원형 차트를 생성하여 크기를 비교해 볼 수 있도록 한다. 원형 차트는 전체가 100%인 것을 기준으로 하기 때문에 모든 지역의 데이터 레이블을 인구수로 표시하는 것보다 백분율로 표시하는 것이 좋다.

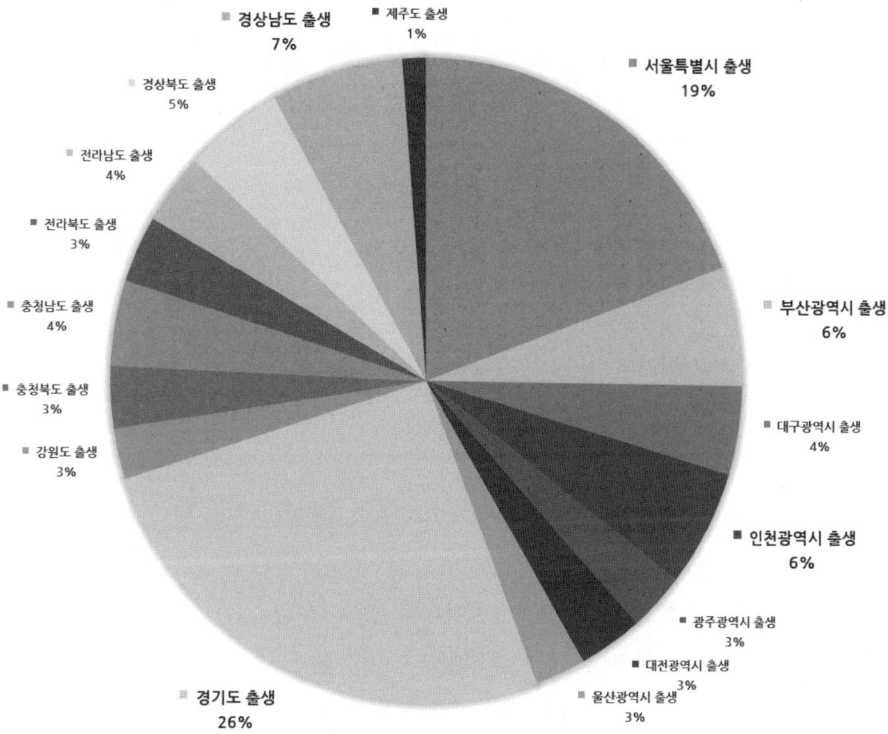
경상남도 출생
7%
제주도 출생
1%
서울특별시 출생
19%
경상북도 출생
5%
전라남도 출생
4%
전라북도 출생
3%
충청남도 출생
4%
부산광역시 출생
6%
충청북도 출생
3%
대구광역시 출생
4%
강원도 출생
3%
인천광역시 출생
6%
광주광역시 출생
3%
대전광역시 출생
3%
경기도 출생
26%
울산광역시 출생
3%

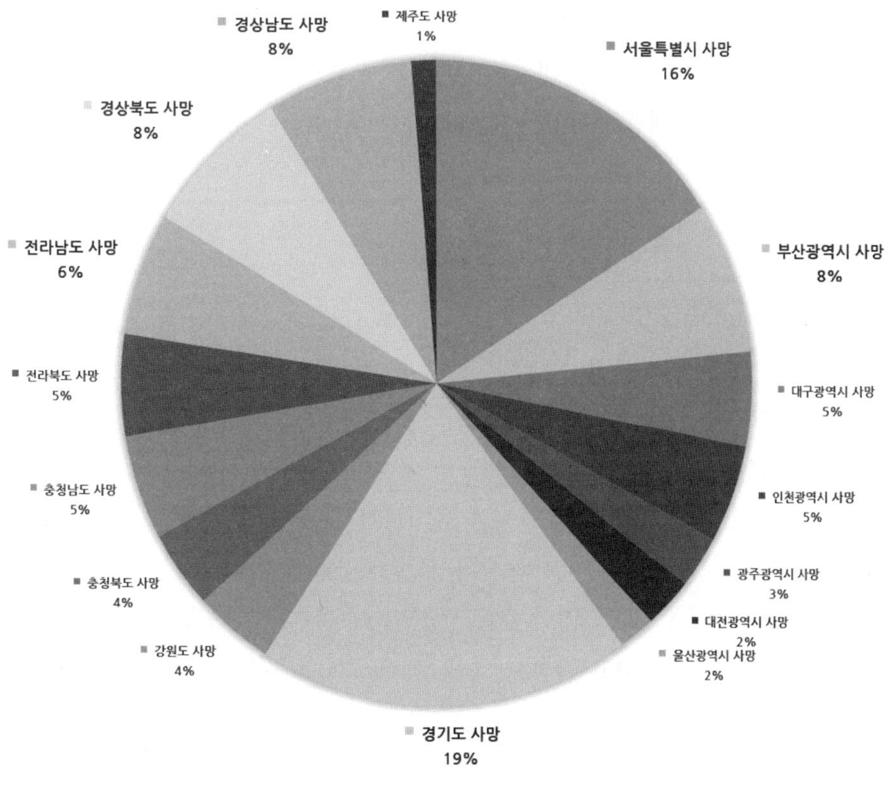
경상남도 사망
8%
제주도 사망
1%
서울특별시 사망
16%
경상북도 사망
8%
전라남도 사망
6%
부산광역시 사망
8%
전라북도 사망
5%
대구광역시 사망
5%
충청남도 사망
5%
인천광역시 사망
5%
충청북도 사망
4%
광주광역시 사망
3%
대전광역시 사망
2%
강원도 사망
4%
울산광역시 사망
2%
경기도 사망
19%

4장에서 설명할 내용은 전체 중에서 어느 지역의 비율이 높은지, 출생과 사망 인구 비율 차이는 어떤지에 대한 것이다. 생성된 차트를 보고 내용을 요약하면 다음과 같다.

- 2013년도 출생 인구 상위 지역은 경기도, 서울, 경상남도, 부산 및 인천
- 출생 인구는 경기도와 서울이 전체의 45%를 차지
- 경상남도, 부산, 인천은 경기도, 서울과 많은 차이를 보임
- 2013년도 사망 인구 상위 지역은 경기도, 서울, 경상북도, 경상남도, 부산
- 사망 인구는 경기도와 서울이 전체의 35%를 차지하여 출생과 10%의 차이를 보임
- 경상북도와 전라남도는 출생 비율에 비해 사망 비율이 높은 편

5장은 결론 부분으로 1~4장 내용을 정리한 후, 요약한다는 생각으로 접근하면 된다.

- 2009년부터 출생/사망 인구는 지속적으로 증가 추세
- 2013년에 출생 인구가 급격히 감소했으나 사망 인구 변화는 미비함
- 경기도와 서울이 전체 출생 인구의 45%를 차지하나 사망 인구는 35%를 차지하여 인구 증가의 주축을 담당
- 대조적으로 경상북도와 전라남도는 출생보다 사망 비율이 높아 인구 감소 조짐을 보임
- 수도권 주변 개발이 활발히 이루어지고 있으나 수도권 인구밀도 감소는 미비함
- 지방 인구 감소에 대한 대책이 필요하며, 특히 경상북도와 전라남도에 대한 집중적인 관리가 필요함

레이아웃

STEP 1 테마 제작하기

이번 실습에서는 차트 중심의 슬라이드를 구성하기 때문에 배경, 색상에 대한 설정은 크게 필요하지 않다. 최대한 깔끔한 느낌을 유지하기 위해서 흰 배경을 유지하고 별다른 이미지나 도형을 삽입하지 않는다. 제목 슬라이드는 글꼴만 수정하여 '나눔고딕 ExtraBold'를 설정하고 소제목 텍스트 박스 역시 같은 글꼴로 설정한다. 제목과 소제목을 구별하기 위해 글꼴의 크기를 차이나게 하고 글꼴 색상을 회색으로 설정한다.

제목 및 내용 슬라이드는 글꼴을 본문에 '나눔고딕', 제목에 '나눔고딕 ExtraBold'로 설정한 후, 본문 부분을 넓게 사용하기 위해 제목 텍스트 박스의 위치를 올리고 본문 텍스트 박스의 크기를 넓혀준다. 그 다음 제목 텍스트 박스 바로 밑에 회색 선을 생성하여 제목을 부각시켜 준다.

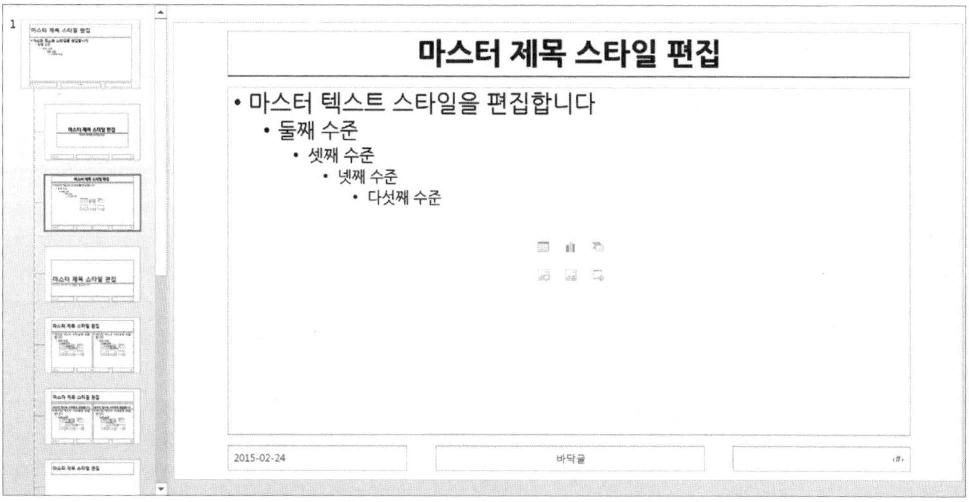

STEP 2 슬라이드별 레이아웃 구성

슬라이드 레이아웃은 총 3가지 종류로 정리할 수 있다. 대부분 차트가 삽입되기 때문에 차트가 어디에 배치되는지가 중요하며, 그 외 공간에 텍스트 박스를 배치하여 레이아웃 구성을 완료한다. 본문 전체에 차트가 들어가는 첫 번째 레이아웃은 상단의 제목 영역을 제외한 부분을 모두 사용한다. 두 번째 레이아웃은 차트영역 하단에 텍스트 박스를 배치하고, 세 번째 레이아웃은 차트 우측에 텍스트 박스를 배치한다. 이미지를 삽입하지 않으므로 콘텐츠의 비율을 딱히 고려할 필요가 없으나 차트 종류에 따라 가로 또는 세로 영역 배치가 필요한 경우가 있으니 주의한다.

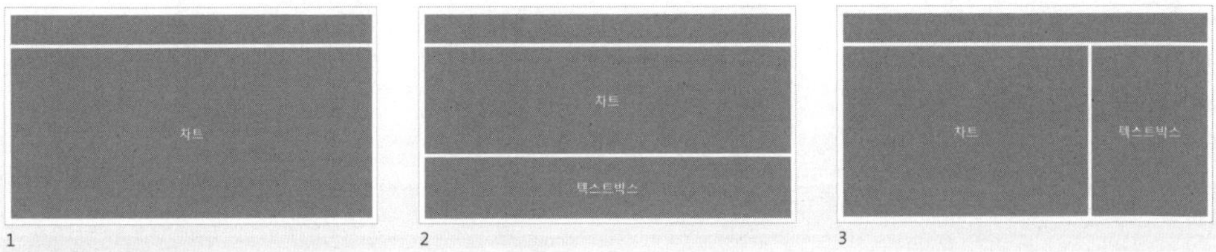

● 세부 내용 작성

세부 내용 작성은 앞서 생성한 차트와 요약한 내용을 그대로 삽입한 후, 약간의 보정 작업을 통해 쉽게 마무리할 수 있다.

STEP 1 제목 슬라이드

제목 슬라이드는 슬라이드 마스터에서 미리 설정해 놓은 상태 그대로 새 슬라이드를 생성하여 제목과 소제목을 입력하면 된다.

STEP 2 지역별 출생/사망 통계

첫 번째 본문 슬라이드는 제목 외에 차트를 본문 영역 전체로 지정하여 삽입한다. 차트는 2009년도 지역별 출생/사망 통계 데이터를 기반으로 해서 생성한다.

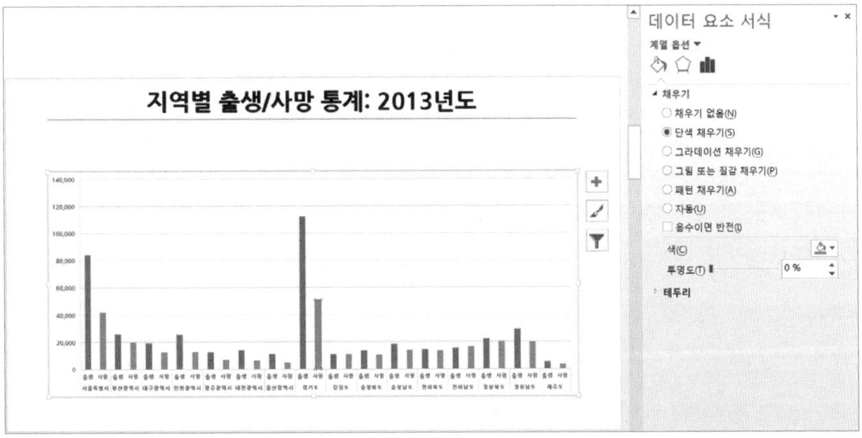

세로 막대형 차트로 생성하며, 기본적으로 단일 색상이나 연관 색상으로 되어있는 부분을 출생/사망 막대가 다른 색으로 표현되도록 [데이터 요소 서식] – [채우기] 옵션을 사용하여 설정한다. 세로 막대의 폭이 좁기 때문에 데이터 레이블을 삽입하기 어려운 부분을 대체하기 위해 [차트 도구] – [디자인] – [차트 요소 추가] – [데이터 표] – [범례 표지 포함]을 선택하여 차트 하단에 데이터 표를 삽입한다. 데이터 표를 삽입하면 100명 단위로 절삭된 데이터 값이 출력되기 때문에 자리가 좁아서 데이터 레이블을 사용할 수 없는 단점을 보완할 수 있다.

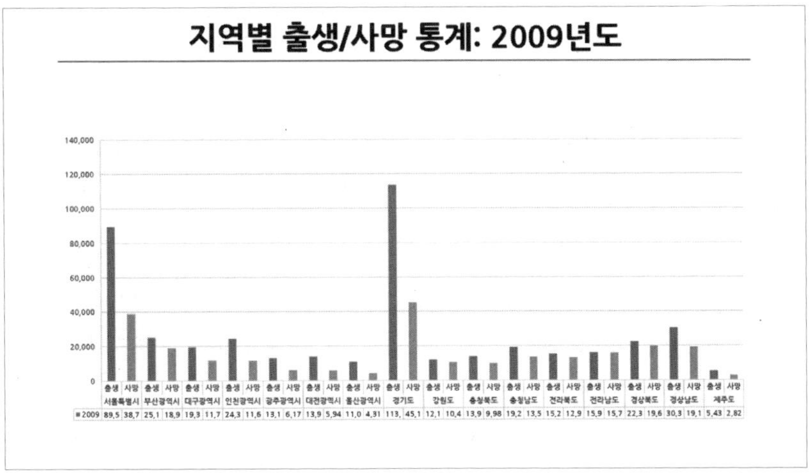

같은 방식으로 2013년 지역별 출생/사망 통계 차트를 삽입하여 다음 슬라이드를 생성한다.

STEP 3 지역별 출생/사망 추이

지역별 출생/사망 추이는 앞선 이야기 구성에서 상위 3개 지역을 선택하여 연도별 출생/사망 추이를 표현하기로 했다. 따라서 표식이 있는 꺽은 선형 차트로 표현해 주는 것이 효과적인데 경기도, 서울, 경상남도 순서로 배치한다. 레이아웃은 제목, 차트, 텍스트 박스로 배치하는 세로 3단형으로 한다. 처음 생성하면 꺽은 선형의 선과 표식이 자동으로 설정되어 있기 때문에 표식을 선택하여 [데이터 계열 서식]에서 선과 표식에 대한 설정을 해준다. 선은 선색과 굵기를 설정하면 되고 표식은 표식의 모양, 크기, 채우기 색상 등을 설정하면 완료된다.

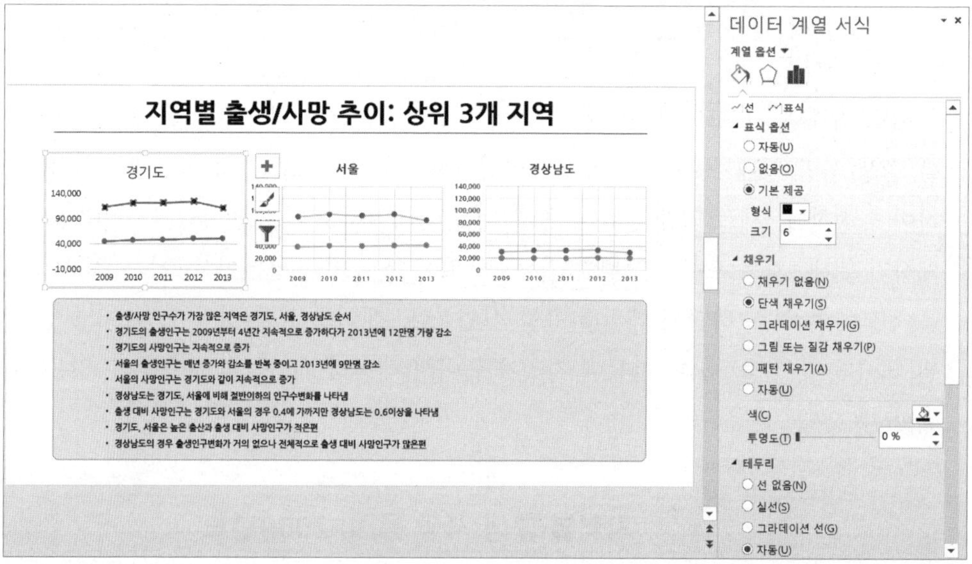

꺽은 선형의 모양 설정을 마무리한 다음 데이터 레이블을 삽입해서 각 표식 위쪽에 위치하도록 한다. 경상남도의 경우 출생과 사망의 꺽은 선이 위/아래로 너무 가까이 위치하기 때문에 사망의 데이터 레이블이 출생의 꺽은 선에 겹치게 되어 수치를 읽을 수가 없다. 따라서 경상남도의 사망부분 데이터 레이블만 표식의 하단으로 설정해서 데이터 값이 겹쳐 보이지 않도록 한다. 또한 데이터 레이블 숫자의 글꼴을 2pt 크게, 색상을 검은색으로 설정하여 가로/세로축 기준값보다 부각되도록 설정한다. 마지막으로 요약한 내용을 하단 텍스트 박스에 삽입한 후, 글머리 기호와 줄 간격을 조절해서 가독성을 확보해 준다.

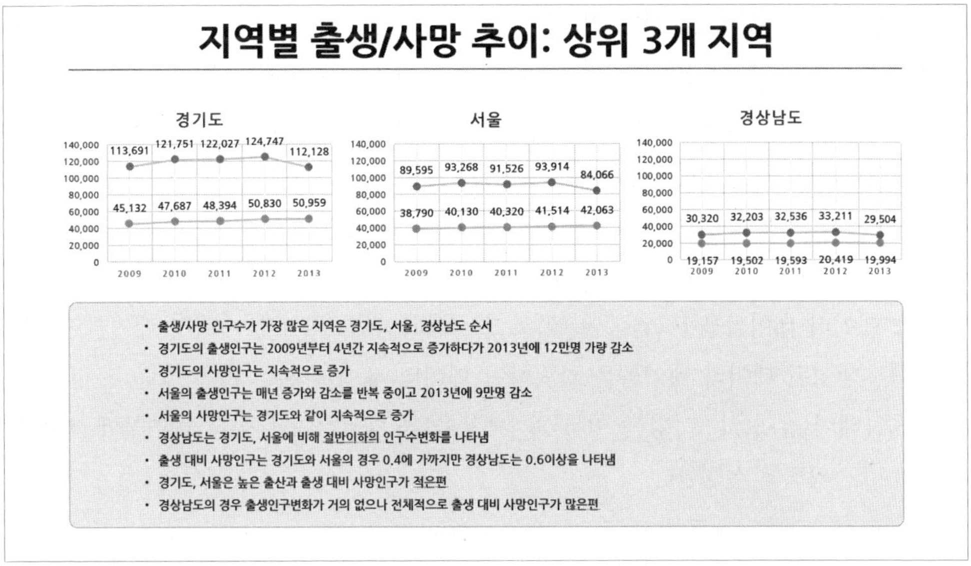

연도별 전체 출생/사망 추이

연도별 전체 추이는 바로 앞 슬라이드 '지역별 출생/사망 추이' 슬라이드와 동일한 레이아웃과 차트 설정을 적용하면 쉽게 완성할 수 있다. 이전 슬라이드 차트와의 차이점은 차트 필터 옵션에서 계열 선택을 전체 출생/전체 사망을 선택하는 것뿐이다. 차트가 완성된 후, 하단에 텍스트 박스를 삽입하고 요약된 내용을 삽입해서 슬라이드를 완성한다.

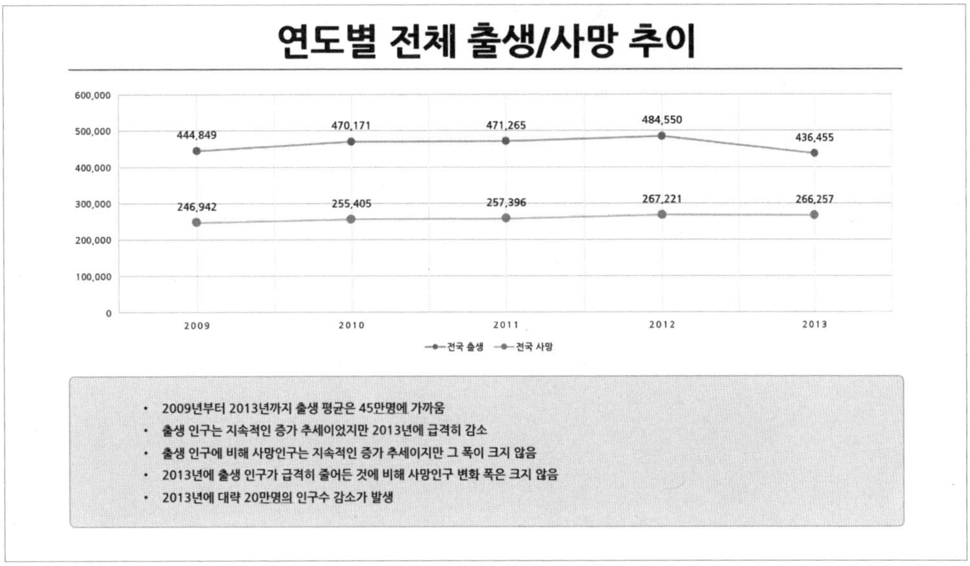

STEP 5 2013년 전국 출생/사망 비율

2013년 전국 출생/사망 비율은 전체에 대한 비율을 나타내는 것이기 때문에 출생과 사망을 하나의 원형 차트에 포함시킬 순 없다. 따라서 2개의 슬라이드로 분리해서 제작하지만 차트의 데이터 값만 다를 뿐 거의 동일하기 때문에 첫 번째 슬라이드를 제작한 후, 슬라이드를 복사해서 2번째 슬라이드를 수정하는 것이 작업의 효율을 높일 수 있다. 원형 차트를 생성한 후, [차트 필터] - [범주]에서 모든 지역의 출생만을 체크하여 차트를 완성한다. 그 다음 데이터 레이블을 [바깥쪽 끝에]로 설정해서 원형 외각에 데이터 레이블이 표시되도록 한 후, 생성된 데이터 레이블을 클릭하여 데이터 레이블 서식 옵션 창을 활성화시킨다. 옵션 중 [레이블 내용] - [항목 이름]과 [백분율]을 체크하여 데이터 레이블에 지역명과 백분율이 표시되도록 설정한다.

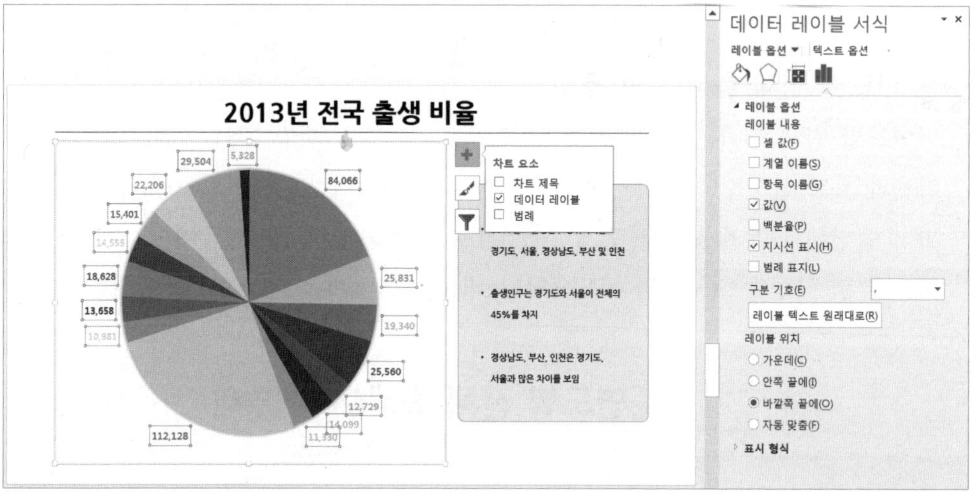

마지막으로 데이터 레이블 글꼴 크기와 색상을 설정하여 가시성을 확보하고 차트 우측에 요약된 내용을 텍스트 박스로 삽입해서 완료한다.

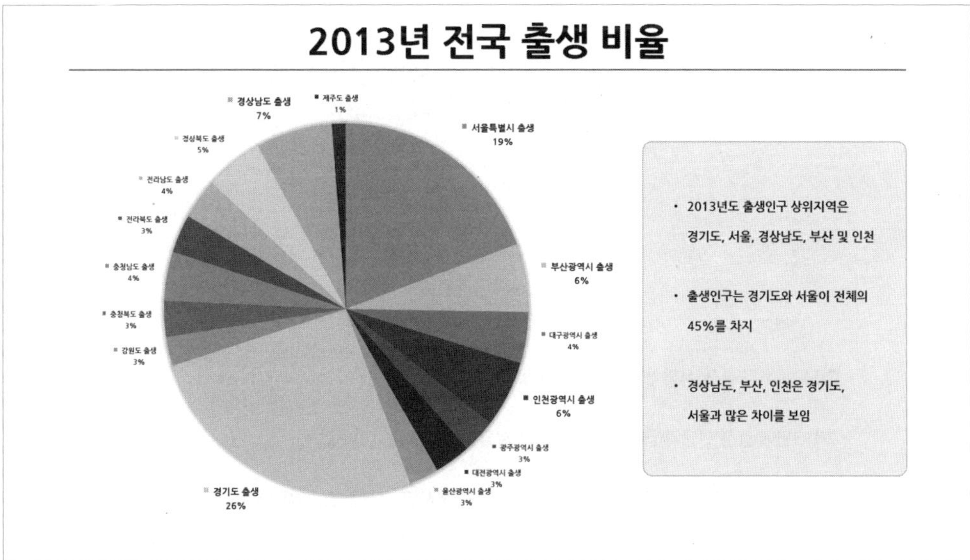

완성된 슬라이드를 그대로 복사해서 2번째 슬라이드를 생성한 후, 슬라이드 제목과 텍스트 박스의 요약된 내용을 교체한다. 마지막으로 차트 필터를 통해 모든 지역의 출생 체크를 해제하고 사망을 체크해서 차트를 완성시킨다.

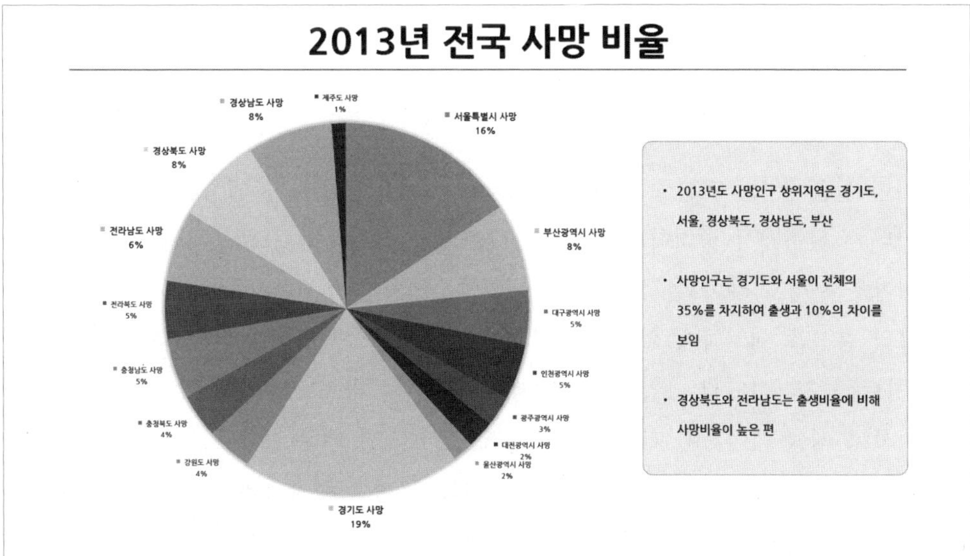

STEP 6 결론

결론 슬라이드는 텍스트 박스에 요약된 정보를 삽입한 후, 글꼴을 알맞게 조절하여 완성한다.

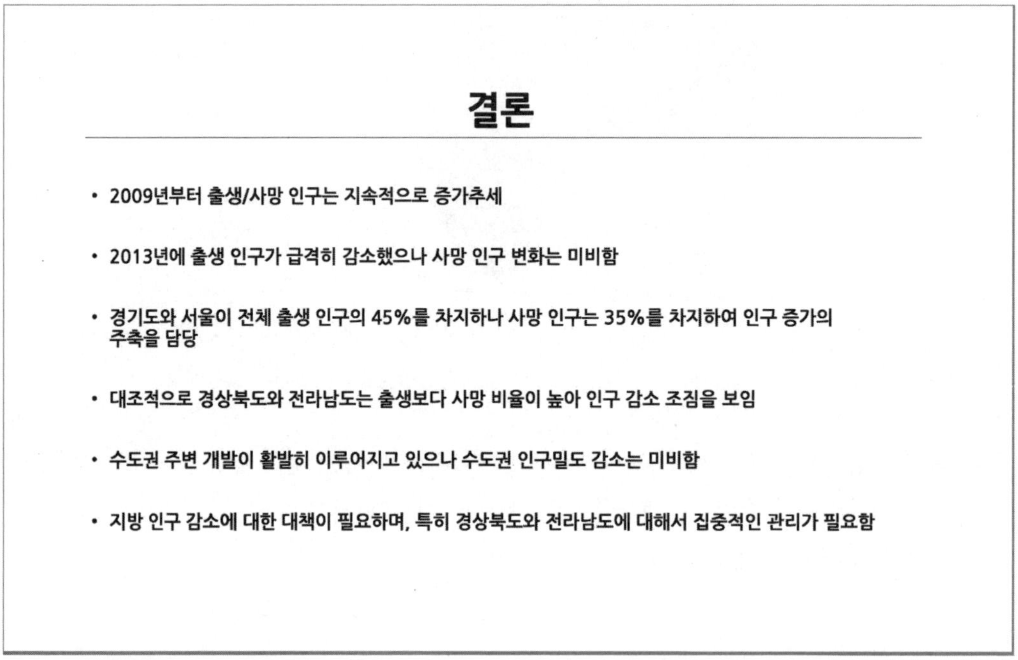

마무리

이번 실습에서는 엑셀로 정리된 데이터를 기반으로 차트를 생성한 후, 차트 필터를 통해 데이터를 선택해서 출력하고, 이를 슬라이드에 삽입하여 프레젠테이션을 제작해 보았다. 레이아웃 구성과 테마 설정 등의 작업은 단순했지만 엑셀 데이터를 통해 차트를 생성하고 차트의 옵션을 세밀하게 설정하는 작업이 다소 어렵게 느껴질 수 있다. 그러나 완성도 높은 차트를 슬라이드에 삽입하면서 프레젠테이션의 완성도를 높일 수 있으며, 많은 프레젠테이션이 엑셀 데이터에 기반하여 제작 및 발표되기 때문에 차트 다루기는 꼭 익혀두어야 할 기능이다. 이를 통해 단순히 이미지와 텍스트만으로 제작하는 프레젠테이션 외에 기업 간 프레젠테이션에 주로 사용되는 수치 데이터에 기반한 프레젠테이션 제작 방법을 익힐 수 있다.

1.3 상품 소개 및 비교 프레젠테이션

이번 실습에서는 특정 상품을 소개 및 비교하는 프레젠테이션을 제작해 본다. 상품을 소개하기 위해 상품의 특징을 요약하고 효과적으로 표현하는 방법에 대해서 살펴보며, 각 상품들을 비교하는 슬라이드를 제작한다.

● 주제 선정과 이야기 구성

STEP 1 주제 선정

이번 실습에서는 상품을 주제로 프레젠테이션을 제작하는데, 특정 상품군을 선정하여 상품군 소개와 상품들 간의 차이점 등을 설명한다. '클라우드 스토리지 서비스'를 본 실습의 상품군으로 설정하고 클라우드 스토리지 서비스에 대한 개념과 기존 스토리지 방식과의 차이점 및 장점, 그리고 서비스되는 상품의 특징에 대해서도 소개한다.

STEP 2 이야기 구성

이야기 구성 순서는 클라우드 스토리지에 대한 소개를 시작으로 기존 저장장치들과의 차이점에 대해서 설명한다. 그 다음 클라우드 스토리지의 장점을 요약해서 설명한 후, 클라우드 스토리지의 장점 중 하나인 웹 오피스에 대해서 소개한다. 마지막으로 최근 주로 사용되는 클라우드 스토리지 서비스들의 특징을 국내와 국외로 나누어 소개한다. 이야기 구성 순서를 정리해 보면 다음과 같다.

- 클라우드 스토리지 소개
- 기존 저장장치들과 클라우드 스토리지의 차이점
- 클라우드 스토리지의 장점
- 웹 오피스 소개
- 클라우드 스토리지 서비스 소개

이야기 요약하기

STEP 1 제목 뽑아내기

이야기 구성 단계에서 명확한 흐름을 정리했기 때문에 정리된 내용 기반으로 제목을 뽑아낸다. 클라우드 스토리지가 최근 서비스되기 시작했기 때문에 일반인들에게 생소할 수도 있다. 따라서 1장에서는 클라우드 스토리지가 무엇인지에 대해서 설명할 것이다. 2장에서는 데이터 저장 서비스와 물리적 저장장치를 사용하는 기존의 저장 서비스와의 차이점에 대해서 살펴보고, 3장에서는 클라우드 스토리지 만의 장점을 요약해서 설명한다. 4장에서는 클라우드 스토리지의 장점 중 하나인 웹 오피스에 대해서 소개를 한 후, 5장에서 서비스되고 있는 클라우드 스토리지들의 특징과 차이점을 표 형식으로 요약해서 보여준다. 이를 정리해서 각 장의 제목을 뽑아보면 다음과 같다.

1장. 클라우드 스토리지란?
- 클라우드 스토리지 소개

2장. 기존 저장장치와의 차이점
- 기존 저장장치 사양
- 클라우드 스토리지 사양

3장. 클라우드 스토리지의 장점
- 클라우드 스토리지만의 장점 3가지 이상 소개

4장. 웹 오피스
- 웹 오피스 소개
- 웹 오피스 서비스 및 특징 설명

5장. 클라우드 스토리지 서비스 비교
- 국내 클라우드 스토리지 서비스
- 국외 클라우드 스토리지 서비스

STEP 2 내용 요약하기

이번 실습은 장별로 내용이 명확히 분류되기 때문에 우선 장 단위로 내용을 요약해 본다.

'1장 클라우드 스토리지란?'에서는 클라우드 스토리지에 대한 쉬운 설명이 포함되어야 하는데 간략한 정의와 클라우드 스토리지의 서비스 구조에 대한 도식을 삽입한다. 앞서 설명했지만 도식은 어떤 내용을 이해시키는데 효과적이기 때문에 새로운 서비스 구조를 설명하는데 효과적인 방법이 될 수 있다. 클라우드 스토리지는 클라우드란 단어 그대로 하늘에 떠있는 구름과 같이 장소에 제한받지 않는 스토리지 서비스를 제공하는 것인데, 이를 모든 사람들이 이해할 수 있는 문장으로 만들어 본다. 이것은 대략 "클라우드 스토리지란 하늘에 떠있는 구름과 같이 언제, 어디서나 접근할 수 있는 저장장소를 생성하여 디바이스와 플랫폼에 관계없이 데이터를 관리할 수 있는 서비스"라고 정의할 수 있다. 이러한 정의의 이해를 돕기 위해 클라우드 스토리지 서비스가 동작하는 도식을 작성해서 첨부한다. 도식의 내용은 클라우드 스토리지와 동기화되는 PC와 노트북, 스마트폰, 태블릿 PC의 모습으로 나타내며, 시간/장소, 장치/플랫폼에 제한받지 않는다는 것을 표현해 준다.

'2장 기존 저장장치와의 차이점'에서는 기존 저장장치, 플로피 디스크, 하드 디스크, 광디스크(CD, DVD 등), USB 메모리에 대한 간략한 개요를 작성한다. 각 저장매체에 대한 저장 용량, 접근 방식, 발생 비용을 설명한 후, 클라우드 스토리지의 저장 용량, 접근 방식, 발생 비용을 설명하여 기존 저장장치들과 클라우드 스토리지의 차이점을 비교할 수 있게 한다. 같은 항목들에 대해 여러 상품을 비교하는 것이기 때문에 표 또는 도식을 사용해서 표현하면 더 효과적이다. 내용을 정리하면 다음 표와 같다.

분류	기존 저장장치				클라우드
저장매체	플로피디스크	하드디스크	광디스크	USB 메모리	클라우드 스토리지
저장 용량	약 1MB	테라 바이트급	5GB 이내	500GB 이내	제한 없음
접근 방식	디스크 드라이버	IDE, SATA	디스크 드라이버	USB 커넥터	온라인 접속
비용	단종	약 10만원	약 1,000원	약 2만원	부분 유료

'3장 클라우드 스토리지의 장점'에서는 클라우드 스토리지의 장점을 요약해서 설명한다. 클라우드 스토리지의 장점은 온라인 네트워크에 접속할 수 있다면 장소에 상관없이 서비스를 이용할 수 있다는 것과 대부분 기본 용량 사용에 대해 무료 제공을 하기 때문에 비용 지불에 대한 부담이 없다는 것이다. 또한 다양한 디바이스(PC, 스마트폰, 태블릿 PC 등)에서 동일한 서비스를 이용할 수 있으며, 동기화 기능을 제공하기 때문에 어떤 디바이스에서 접속하더라도 동일한 데이터 상태를 유지할 수 있다는 점이다. 이 장점들을 정리하면 '장소제한이 없음', '구매 부담이 적음', '플랫폼 제한이 없음', '동기화 기능을 제공'으로 요약할 수

있다. 요약된 4가지 장점을 기준으로 문장을 완성한다.

- 장소제한이 없음, 온라인 네트워크에 접속할 수 있다면 장소에 상관없이 접속 가능
- 구매 부담이 적음, 작은 용량을 무료로 사용할 수 있고 추가 용량이 필요할 때 구매할 수 있음
- 플랫폼 제한이 없음, 다양한 디바이스에서 동일한 저장공간에 접속할 수 있음
- 동기화 기능을 제공, 디바이스간 동기화 기능을 제공해서 항상 동일한 데이터 상태를 유지

'4장 웹 오피스'에서는 클라우드 스토리지의 강점 중 하나인 웹 오피스에 대해서 설명한다. 웹 오피스 역시 최근에 서비스를 시작했기 때문에 일반인들에게 생소할 수 있다. 따라서 1장과 같이 간략한 정의와 웹 오피스를 제공하는 클라우드 스토리지 서비스 소개와 함께 웹 오피스의 특징에 대해서 설명한다. 웹 오피스는 이름 그대로 웹상에서 사용 가능한 오피스를 서비스하는 것으로 "웹 오피스는 인터넷 웹 브라우저 상에서 작업할 수 있는 오피스 환경을 제공하는 서비스"와 같이 정의할 수 있다. 웹 오피스를 제공하는 대표적인 클라우드 스토리지 서비스는 드롭박스, 구글드라이브, 마이크로소프트 원드라이드, 네이버 NDrive가 있다. 마지막으로 웹 오피스의 특징은 클라우드 스토리지와 유사하게 인터넷에 접속할 수 있으면 어디서든 사용할 수 있으며, 디바이스와 플랫폼에 제한받지 않는다는 것이다. 또한 클라우드 스토리지와 연동되기 때문에 인터넷상에서 오피스 작업과 데이터 저장을 완료할 수 있다. 웹 오피스의 특징에 대해서 정리해 보면 다음과 같다.

- 인터넷이 접속되는 환경 어디에서나 오피스 작업이 가능함
- 플랫폼, 디바이스에 관계없이 동일한 작업이 가능함
- 클라우드 스토리지와 완전 연동되어 온라인 상에서 모든 오피스 작업이 가능함

'5장 클라우드 스토리지 서비스 비교'에서는 크게 국내/국외 서비스로 분류해서 설명하며, 각 서비스들의 특징에 대해서 기술한다. 이번 장에서 사용할 내용은 인터넷 검색을 통해 자료를 수집할 수 있으나, Bloter.Net 뉴스그룹에서 정리한 "클라우드 스토리지, 어디까지 써 봤니" 기사를 참조하면 정보수집 시간을 절약할 수 있다. 기사에는 총 15가지 서비스가 소개되어 있는데 그 중 주로 사용되는 국내 5가지, 국외 4가지 서비스를 선택해서 표로 작성해 본다. 국내 서비스는 유클라우드, T클라우드, U+박스, N드라이브, 다음클라우드를 사용했고 국외 서비스는 구글드라이브, 드롭박스, 스카이드라이브, 아이클라우드를 사용했다. 세부 내용은 기사 내부에 제공되는 표를 그대로 참조했다.

레이아웃

STEP 1 테마 제작하기

이번 실습은 IT관련 상품이 주제이므로 테마 제작 시, 테크놀로지에 관련된 이미지와 파란색 계통의 색상을 테마 색으로 설정한다. 제목 슬라이드와 제목 및 내용 슬라이드만 사용할 것이기 때문에 2개의 레이아웃만을 제작한다. 우선 배경에 사용할 이미지를 인터넷에서 검색하여 저장한다. 이미지 저장이 자유롭고 검색 결과가 우수하기 때문에 구글을 통해 “tech background image” 키워드를 통해 이미지를 검색한다. 검색된 이미지 중 알맞은 이미지를 선택해서 저장한 후, 두 가지 레이아웃의 배경 이미지로 설정한다.

그 다음 제목과 소제목 글꼴 ‘나눔고딕 ExtraBold’로, 색상을 흰색으로 설정한다. 마지막으로 제목을 부각시키기 위해서 직사각형을 생성하여 제목과 배경 이미지 사이에 배치한다. 직사각형은 [선 없음]으로 설정하고 [단색 채우기]로 검은색을 설정한 후, [투명도]를 50% 적용해 배경 이미지가 비쳐 보이게 한다. 도형에 투명도를 적용하는 이유는 투명도를 적용하지 않은 도형을 사용했을 경우에 배경 이미지가 단절되 보이기 때문에 답답한 느낌을 줄 수 있기 때문이다. 또한 어두운 분위기이기 때문에 검은색 반투명 도형을 사용해서 세련된 느낌을 표현할 수 있다.

제목 슬라이드와 동일한 방식으로 제목 및 내용 슬라이드도 제작하면 되는데 차이점은 반투명 직사각형 도형을 제목, 본문, 바닥글 3부분에 배치하는 것이다. 본문의 경우 글꼴의 크기와 굵기가 상대적으로 작고 가늘기 때문에 직사각형의 투명도를 낮춰 텍스트가 잘 보이도록 조절하는 것도 좋다. 제목 글꼴은 '나눔고딕 ExtraBold', 본문 글꼴은 '나눔고딕', 바닥글 글꼴 역시 '나눔고딕'으로 설정한 후, 색상을 모두 흰색으로 설정한다. 본문의 텍스트가 가늘게 느껴진다면 [굵게] 옵션을 적용해서 텍스트의 가시성을 확보할 수 있다.

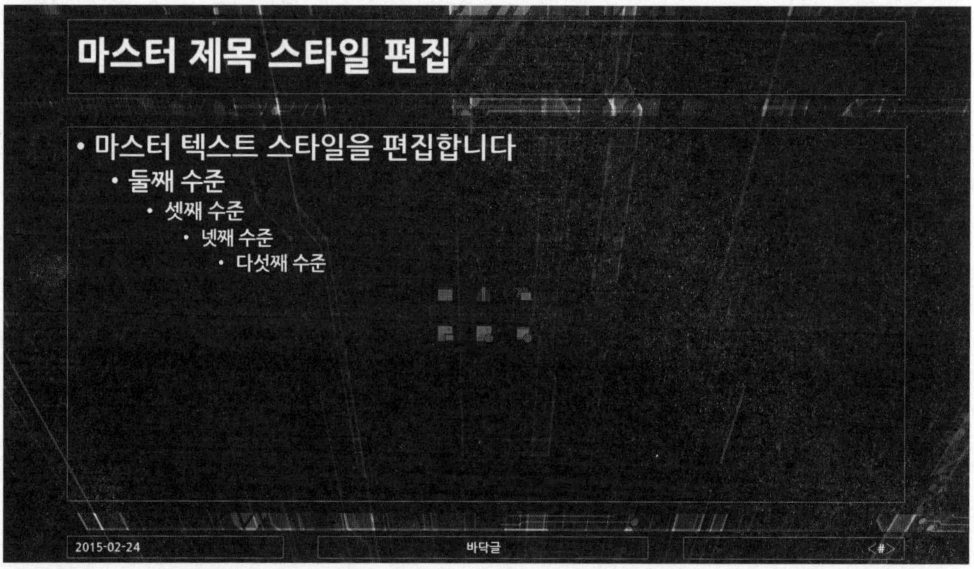

STEP 2 슬라이드별 레이아웃 구성

테마 제작 시 제목 및 본문 슬라이드에 삽입한 반투명 직사각형의 위치를 기준으로 레이아웃을 구성한다. 기본적으로 세로 상중하 3단 구조로 구성하며, 중앙 부분에 본문을 위치시킨다.

위 구조를 기반으로 슬라이드별 레이아웃을 설정하면 다음과 같다. 제목과 바닥글 부분은 변경되지 않으며, 본문 부분 내부에 구성을 각각 다르게 한다. 목차 슬라이드는 텍스트 박스를 사용해서 작업하며, 1장은 클라우드 스토리지의 정의를 출력하는 텍스트 박스를 상단에 도식을 하단에 배치한다. 정의나 주요 문구의 경우 바로 눈에 띄고 시선을 집중시키는 것이 중요하기 때문에 특별한 제약이 없으면 중앙에 배치한다. 2장은 기존 저장장치와의 차이점을 표와 유사한 도식으로 제작해서 삽입하기 때문에 본문 영역을 모두 사용한다. 3장은 클라우드 스토리지의 장점을 텍스트 박스를 사용해서 제작한다. 4장은 웹 오피스의 정의, 서비스 소개 도식, 특징이 삽입되기 때문에 3단으로 나눠 배치하며, 5장에서는 본문 영역 전체에 걸쳐 표를 삽입해서 슬라이드를 작성해 본다.

세부 내용 작성

STEP 1 제목 슬라이드

테마 제작에서 레이아웃 설정이 완료되어 있기 때문에 제목을 입력해서 완료한다.

STEP 2 목차 슬라이드

목차 슬라이드는 본문 텍스트 박스에 제목 뽑아내기 단계에서 추출한 장 제목을 순서대로 입력하여 목차를 완성한다. 목차를 입력한 후, [홈] – [단락] 그룹 – [번호 매기기]를 선택해서 장 번호와 동일하게 번호가 매겨지도록 한다.

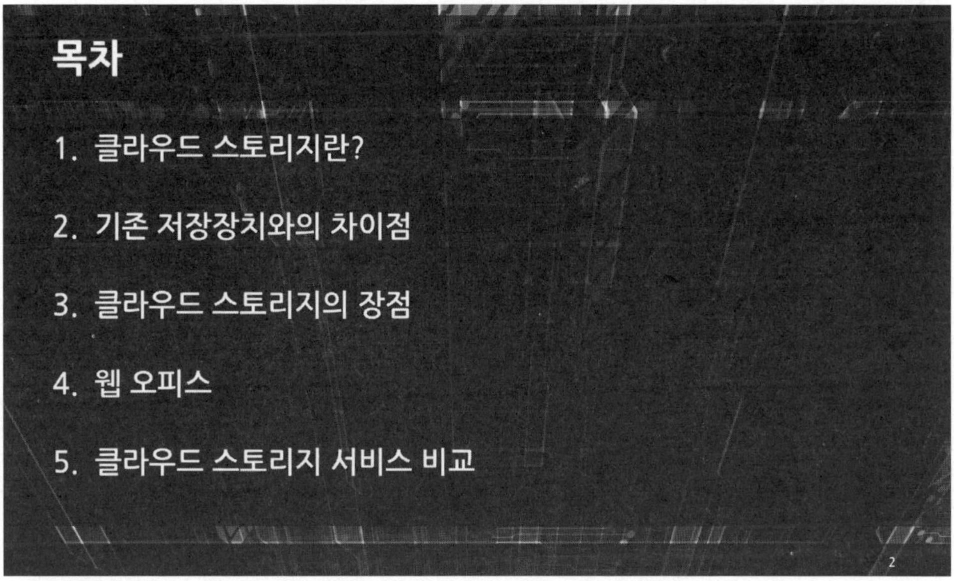

STEP 3 1장 클라우드 스토리지란?

1장에서는 앞서 요약한 클라우드 스토리지의 소개를 텍스트 박스로 입력한다. 텍스트 박스는 중앙에 배치하고 큰따옴표로 묶어 줌으로써 중요 문장인 것을 표시한다. 본문 하단에는 앞서 정리한 "클라우드 스토리지와 동기화되는 PC와 노트북, 스마트폰, 태블릿 PC의 모습을 나타내며, 시간/장소, 장치/플랫폼에 제한받지 않는 것을 표현"을 도식으로 나타내 본다. 클라우드 스토리지 서비스 구조는 인터넷에서 쉽게 찾을 수 있으며, 이를 참조해서 도식화한다.

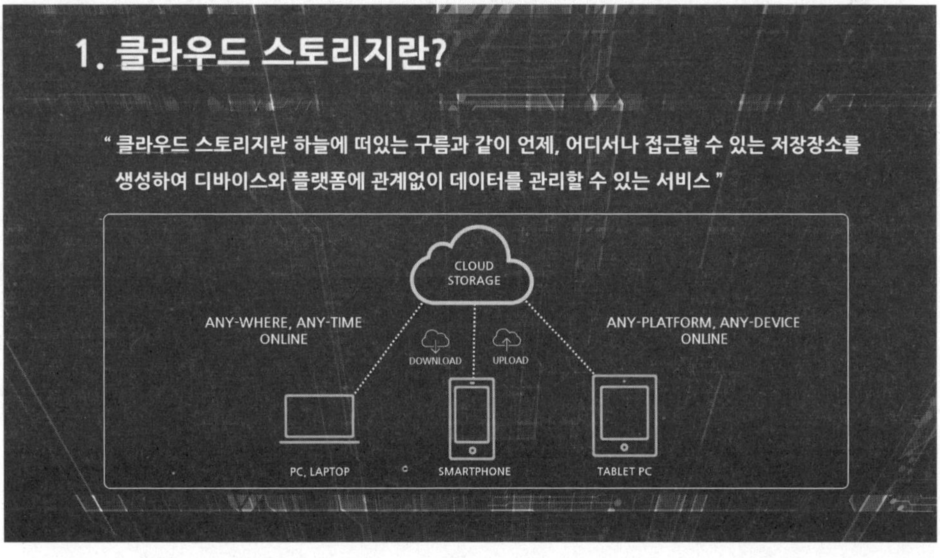

STEP 4 2장 기존 저장장치와의 차이점

2장은 앞서 표로 요약한 내용을 표와 유사한 구조로 도식화한다. 표는 제작하기 편리하지만 다소 딱딱한 느낌을 주기 때문에, 꾸미기가 어려운 단점이 있다. 그러므로 표의 내용을 그대로 적용하되 표현 구조를 살짝 변형하도록 한다. 분류 카테고리를 중앙에 놓고 좌우로 구분해서 기존 저장장치와 클라우드 스토리지를 배치하고 좌우로 대칭시켜 서로 비교 대상이라는 의미를 부여한다. 좌측에 기존 저장장치들은 4가지 저장장치에 대한 내용을 각각 중앙 정렬하여 표를 사용한 것과 같이 정렬된 느낌을 제공한다. 우측의 클라우드 스토리지 역시 중앙 정렬하여 정돈된 느낌을 준다. 각 항목의 내용은 표에 요약한 내용을 똑같이 작성한다. 저장매체 항목은 텍스트가 아닌 아이콘을 사용해서 텍스트만으로 작성할 때 발생하는 답답함을 해소시킨다. 각 아이콘은 앞서 언급했던 iconfinder.net에서 검색을 통해 알맞은 것을 찾아 적용할 수 있다.

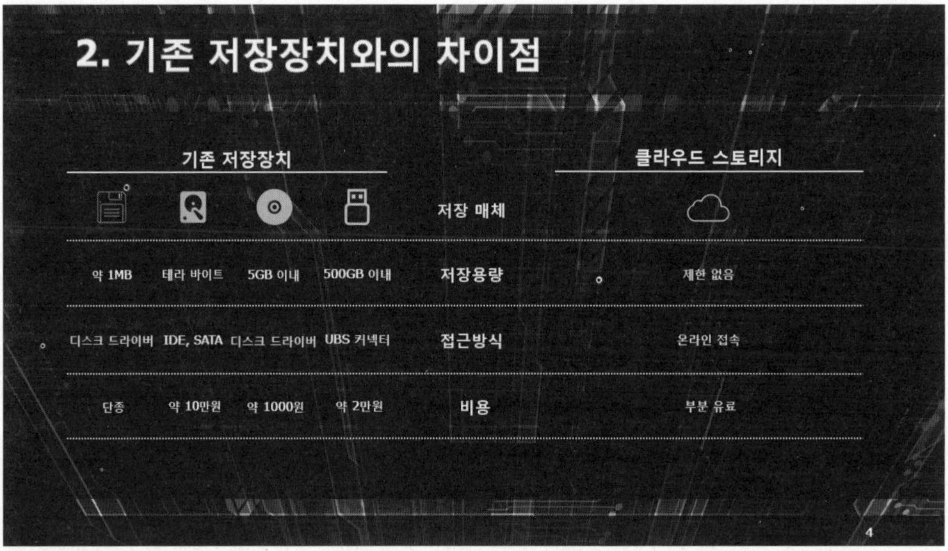

STEP 5 3장 클라우드 스토리지의 장점

클라우드 스토리지의 장점은 내용 요약하기에서 만들어 놓은 요약문을 그대로 사용한다. 4개의 문장으로 되어 있으며, 각 문장을 박스로 묶어 각 문장이 모두 집중될 수 있도록 한다. 또한 박스 내에서도 주요 문장의 글꼴을 크게, 굵게 하여 슬라이드에서 바로 인식할 수 있게 했다. 주요 문장을 읽은 후, 부연 설명을 읽을 수 있도록 읽는 순서를 유도하기 위해서 글꼴 설정을 한 것이다.

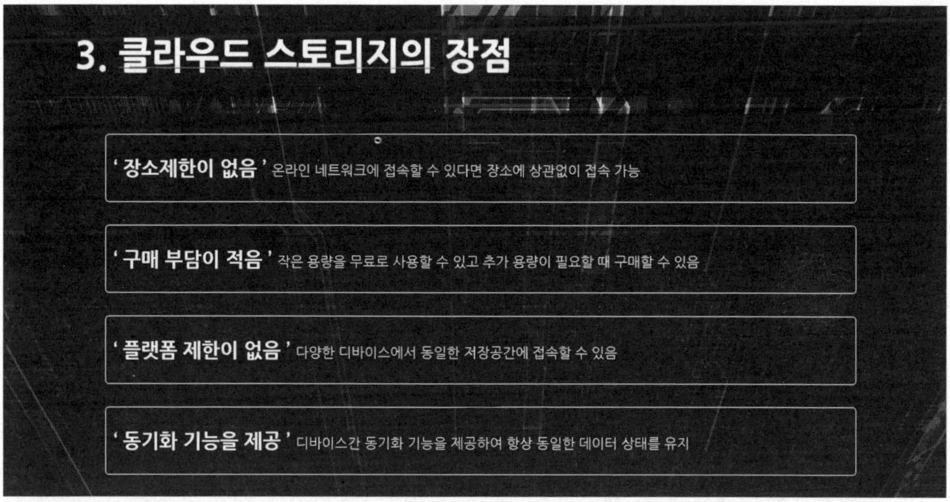

STEP 6 4장 웹 오피스

4장에서는 본문에 3가지 내용을 삽입해야 하는데 첫 번째는 텍스트 박스로 웹 오피스에 대한 정의 내용을 삽입한다. 앞서 요약한 문장은 줄 넘김 없이 한 줄로 삽입할 수 있다. 두 번째는 웹 오피스를 제공하는 대표 서비스 목록인데 텍스트 박스로 삽입하면 전체적으로 텍스트 박스만 3개가 배치되어 슬라이드 내용에 집중하기 어려울 뿐만 아니라 지루해지기 쉽기 때문에 도식을 이용해서 해결한다. 웹 오피스를 제공하는 서비스 명칭만 삽입하기 때문에 각 서비스 로고를 이용해서 단순하지만 쉽게 인식할 수 있도록 한다. 도식 부분의 도형은 [모서리 둥근 사각형:흰색] 〉 [모서리 둥근 사각형:검은색] 〉 [텍스트 박스] 순으로 배치하여 사각형 내에 제목 부분을 부각시킨다. 마지막으로 본문 하단에 텍스트 박스를 사용해서 웹 오피스에 대한 특징을 삽입한다. 각 문장 앞에 글머리 기호를 삽입해서 각 문장을 구분해 준다.

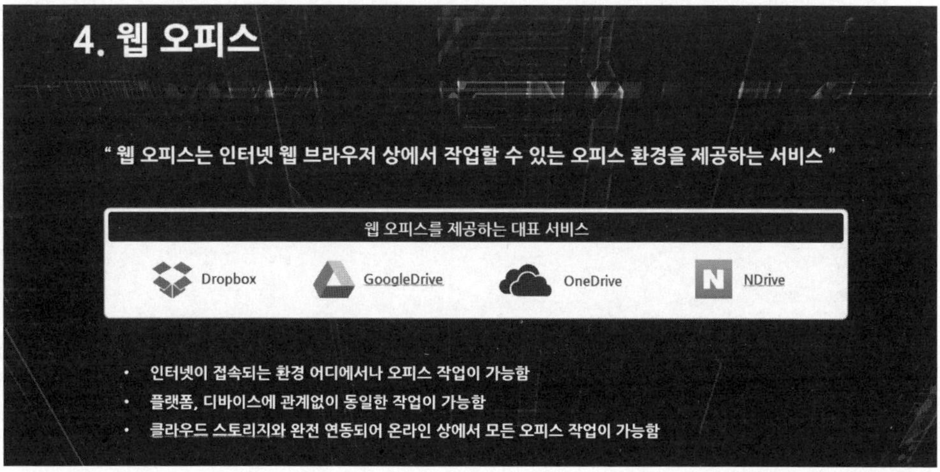

STEP 7 5장 클라우드 스토리지 서비스 비교

마지막 5장에서는 클라우드 스토리지 서비스를 표 형식으로 제작하여 각 항목을 서로 비교할 수 있도록 구성한다. 삽입할 내용은 앞서 설명한 기사를 참조해서 동일하게 입력한다. 그리고 국내와 국외로 슬라이드를 나눠 국내 서비스 5가지, 국외 서비스 4가지를 입력한다. 그 다음엔 참조한 문서의 출처를 표 아래에 삽입해서 정보의 소스를 표시한다. 모든 텍스트 입력이 완료된 후, 표 내부 테두리를 점선으로 수정하고, 1행의 카테고리 부분만 실선으로 설정함으로써 카테고리와 내부의 구분선을 다르게 나타낸다.

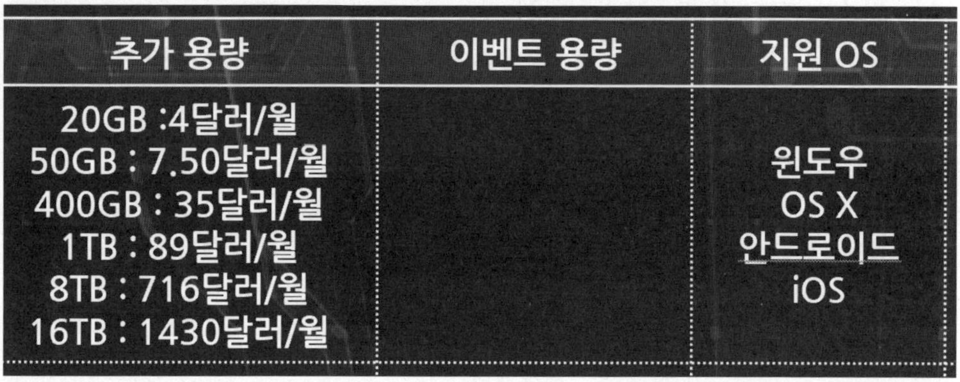

역시 하나의 표를 완전히 완성한 후, 슬라이드를 복사한 다음, 2번째 표의 내용만 수정하는 것이 작업 속도를 높일 수 있다.

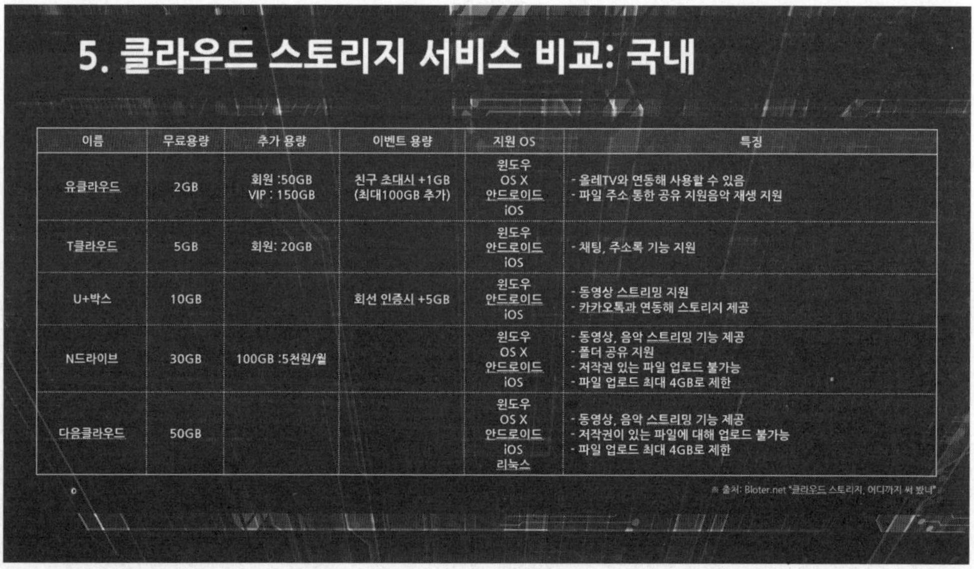

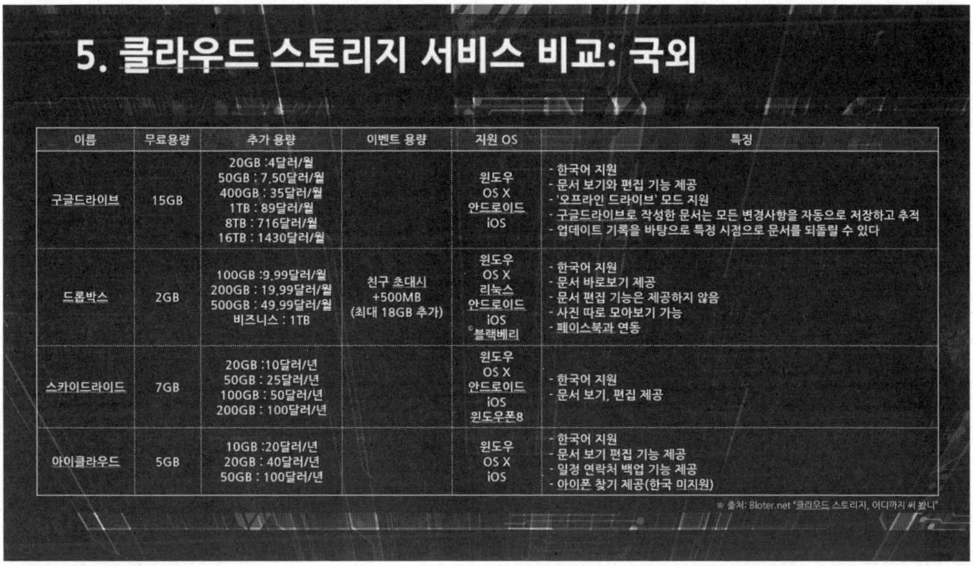

5. 클라우드 스토리지 서비스 비교: 국외

이름	무료용량	추가 용량	이벤트 용량	지원 OS	특징
구글드라이브	15GB	20GB :4달러/월 50GB : 7.50달러/월 400GB : 35달러/월 1TB : 89달러/월 8TB : 716달러/월 16TB : 1430달러/월		윈도우 OS X 안드로이드 iOS	- 한국어 지원 - 문서 보기와 편집 기능 제공 - '오프라인 드라이브' 모드 지원 - 구글드라이브로 작성한 문서는 모든 변경사항을 자동으로 저장하고 추적 - 업데이트 기록을 바탕으로 특정 시점으로 문서를 되돌릴 수 있다
드롭박스	2GB	100GB :9.99달러/월 200GB : 19.99달러/월 500GB : 49.99달러/월 비즈니스 : 1TB	친구 초대시 +500MB (최대 18GB 추가)	윈도우 OS X 리눅스 안드로이드 iOS 블랙베리	- 한국어 지원 - 문서 바로보기 제공 - 문서 편집 기능은 제공하지 않음 - 사진 따로 모아보기 가능 - 페이스북과 연동
스카이드라이드	7GB	20GB :10달러/년 50GB : 25달러/년 100GB : 50달러/년 200GB : 100달러/년		윈도우 OS X 안드로이드 iOS 윈도우폰8	- 한국어 지원 - 문서 보기, 편집 제공
아이클라우드	5GB	10GB :20달러/년 20GB : 40달러/년 50GB : 100달러/년		윈도우 OS X iOS	- 한국어 지원 - 문서 보기 편집 기능 제공 - 일정 연락처 백업 기능 제공 - 아이폰 찾기 제공(한국 미지원)

※ 출처: Bloter.net "클라우드 스토리지, 어디까지 써 봤니"

STEP 8 슬라이드 번호 삽입

바닥글 영역에 슬라이드 번호를 삽입하기 위해서는 [삽입] – [슬라이드 번호] – [슬라이드 번호(N)]를 체크한 후 [모두 적용]을 선택하면 모든 슬라이드에 일괄적으로 적용된다. 제목 슬라이드에는 대부분 슬라이드 번호를 삽입하지 않기 때문에 [제목 슬라이드에는 표시 안 함]을 꼭 체크해줘야 한다.

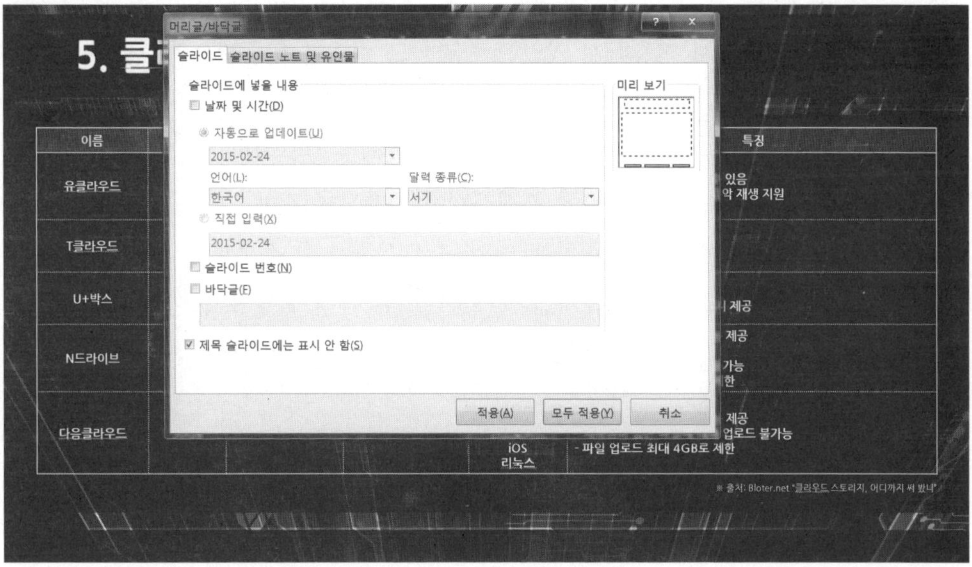

STEP 9 슬라이드 전환 애니메이션 적용

슬라이드 쇼를 시작하면 슬라이드를 넘길 때 마다 애니메이션 효과를 적용할 수 있다. [전환] 탭으로 이동하면 다양한 슬라이드 전환 애니메이션을 제공하고 있는데 먼저 원하는 전환 애니메이션을 선택한 후, [모두 적용]을 선택하면 모든 슬라이드에 대해서 한꺼번에 적용할 수 있다. 메뉴 우측에 있는 소리, 기간 등을 설정함으로써 전환 애니메이션에 대한 세부 설정이 가능하다.

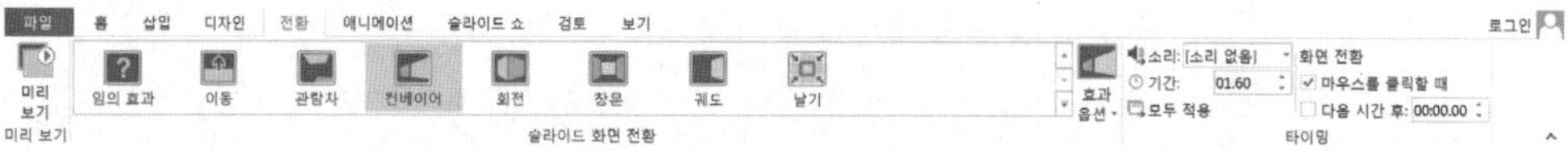

마무리

이번 실습에서는 상품 소개 및 비교를 주제로 프레젠테이션을 제작해 보았다. 상품을 주제로 하게 되면 상품의 속성 또는 특성에 따라 프레젠테이션 테마가 달라지고 프레젠테이션의 분위기가 달라진다. 따라서 테마 설정부터 많은 고민과 자료 수집 및 정보 검색이 필요하다. 그러므로 상품의 특성을 잘 파악하는 것이 매우 중요하고 프레젠테이션 기획 시 사전 조사가 필요하다. 그러나 대부분 본문에 객관적 사실을 나타내기 때문에 자료조사 시, 정보를 구하기가 어렵지 않은 편이다. 그에 반해 테마 설정에 대해서는 많이 신경을 써야 되며, 각 슬라이드를 작성할 때 포인트가 될 부분을 잘 설정해서 내용을 작성해야만 한다. 그 밖에 이전 실습에서 적용하지 않았던 슬라이드 번호를 삽입했으며, 슬라이드 전환 애니메이션을 적용해 보았다. 그다지 어렵지 않기 때문에 쉽게 따라할 수 있는 기능이다. 이번 실습의 중요한 부분은 정리/요약된 내용을 도식화하는 부분이다. 도식화는 많은 자료 조사와 구조의 이해가 필요하기 때문에 프레젠테이션 제작 이전에 많은 공부가 필요하다. 그러나 이런 텍스트를 그림으로 변형하는 작업을 자주 연습해 봄으로써 자신의 스킬로 만드는 것이 중요하며, 도식화에 익숙해지면 프레젠테이션 제작과 발표가 한결 수월해질 것이다.

제 4 장

프레젠테이션 준비

1.1 프레젠테이션 준비하기

프레젠테이션을 위한 자료 제작이 완료된 후에는 실제 프레젠테이션을 위한 준비가 필요하다. 파워포인트에서 제공하는 프레젠테이션을 도와주는 기능에 대해서 살펴본다.

프레젠테이션 연습

파워포인트에서는 예행 연습과 슬라이드 쇼 녹화하기 기능을 지원한다. 예행 연습은 자신이 연습한 시간과 음성 등을 기록하여 자동으로 넘어가는 슬라이드 쇼 시간을 설정하는 기능이고, 슬라이드 쇼 녹화하기는 슬라이드 쇼를 진행하는 동안 재생할 오디오 설명, 레이저 포인터 동작, 슬라이드 및 애니메이션 시간을 레코딩하는 기능이다. 예행 연습은 처음 슬라이드부터 진행되지만 슬라이드 쇼 녹화하기는 처음 슬라이드부터 또는 현재 슬라이드부터도 녹화가 가능하다. 파워포인트 이전 버전에서의 설명 녹화 기능이 개선된 것이다.

예행 연습 및 슬라이드 쇼 녹화하기

[슬라이드 쇼] 탭은 사용자가 직접 슬라이드 쇼의 여러 가지 설정을 통해서 제어 가능하게 해준다. 시작을 설정하고 슬라이드 간 시간 설정도 가능하며, 특히 온라인 프레젠테이션은 다른 사람이 웹 브라우저에서 사용자의 슬라이드 쇼를 시청하고 콘텐츠를 다운로드 할 수 있어 이를 이용해서 더 강력한 슬라이드 쇼의 설정이 가능하다.

- **처음부터** : 첫째 슬라이드에서 슬라이드 쇼를 시작한다.
- **현재 슬라이드부터** : 현재 슬라이드에서 슬라이드 쇼를 시작한다.
- **온라인 프레젠테이션** : 웹 브라우저에서 사용자의 슬라이드 쇼를 볼 수 있는 온라인 무료 서비스다.
- **슬라이드 쇼 재구성** : 사용자 지정 슬라이드 쇼를 만들거나 재생하여 프레젠테이션을 효과적으로 구성한다.

- **슬라이드 쇼 설정 :** 키오스크 모드와 같은 슬라이드 쇼에 대한 고급 옵션을 설정한다.
- **슬라이드 숨기기 :** 프레젠테이션 중에 현재 슬라이드를 표시하지 않도록 숨긴다.
- **예행 연습 :** 각 슬라이드에서 소요되는 시간이 기록되며, 원하는 타이밍을 맞춘 다음에 자동으로 슬라이드 쇼를 실행할 수 있다.
- **슬라이드 쇼 녹화 :** 슬라이드 쇼 동안 재생할 오디오 설명, 레이저 포인터 동작, 슬라이드 및 애니메이션 시간을 녹화한다.
- **발표자 도구 사용 :** 시간 및 발표자 노트가 포함된 특수한 발표자 보기를 보면서 다른 모니터에서 전체 화면 슬라이드 쇼를 재생할 수 있도록 설정한다.
- 모니터가 한 대밖에 없는 경우 [Alt]+[F5]를 통해 발표자 도구를 사용해 볼 수 있다.

[슬라이드 쇼]의 명령을 사용하면 주어진 발표 시간에 맞춰 슬라이드 순서를 변경하거나 숨기기를 할 수 있고, 예행 연습을 통해 시간을 체크할 수도 있다. [슬라이드 쇼]의 여러 명령을 활용해서 프레젠테이션을 준비하는 과정에 대해서 알아본다.

예행 연습 탭을 이용하여 프레젠테이션 소요 시간 설정하기

예행 연습으로 슬라이드 쇼를 시작한 후 각 슬라이드에서 소요되는 시간을 설정해 보자.

STEP 1 녹화 시작하기

예행 연습을 시작하려면 [슬라이드 쇼] - [설정] - [예행 연습]을 선택한다. 슬라이드 쇼가 실행되면서 왼쪽 상단에 [녹화] 대화상자가 표시된다.

STEP 2 총 소요 시간 확인하기

슬라이드 쇼가 종료되면 총 소요 시간이 표시되고, 이 시간 설정을 사용할 것인지 여부를 묻는 대화상자가 표시된다. [예]를 클릭한다.

STEP 3 슬라이드별로 소요 시간 확인하기

[예]를 클릭하면 각 슬라이드의 하단에 설명에 소요된 시간이 자동 기록된다. 이 파일을 저장한 후에 슬라이드 쇼를 실행시키면, 설정된 시간이 지나면 자동으로 다음 슬라이드로 전환된다.

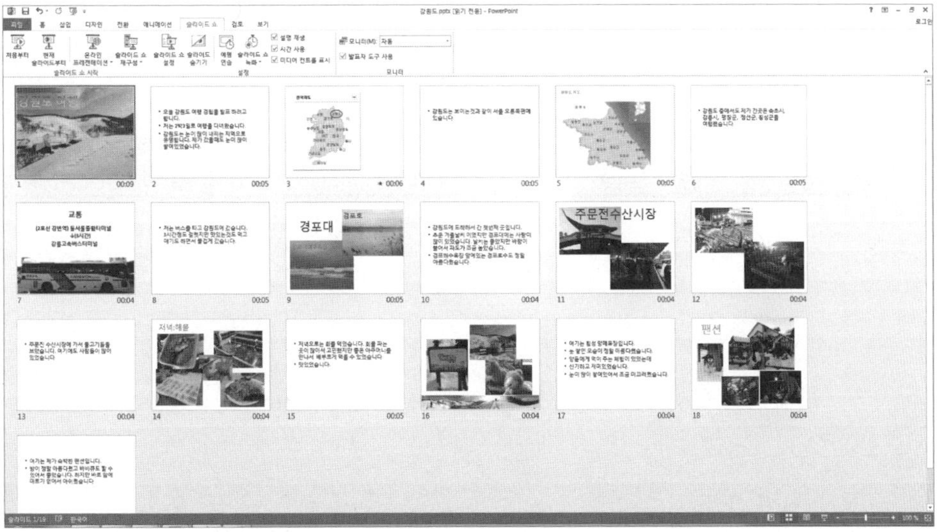

슬라이드 쇼 녹화하기

슬라이드 쇼 녹화는 슬라이드 쇼를 진행하는 동안 재생할 오디오 설명, 레이저 포인터 동작, 슬라이드 및 애니메이션 시간을 기록하는 기능이다. [처음부터 녹음 시작] 또는 [현재 슬라이드부터 녹음 시작]의 두 가지 옵션이 있다.

STEP 1 처음부터 녹음 시작 메뉴로 이동하기

슬라이드 쇼를 녹화하려면 [슬라이드 쇼] – [설정] – [슬라이드 쇼 녹화] – [처음부터 녹음 시작] 또는 [현재 슬라이드부터 녹음 시작]을 클릭하면 된다. 우선 [처음부터 녹음 시작]을 클릭한다.

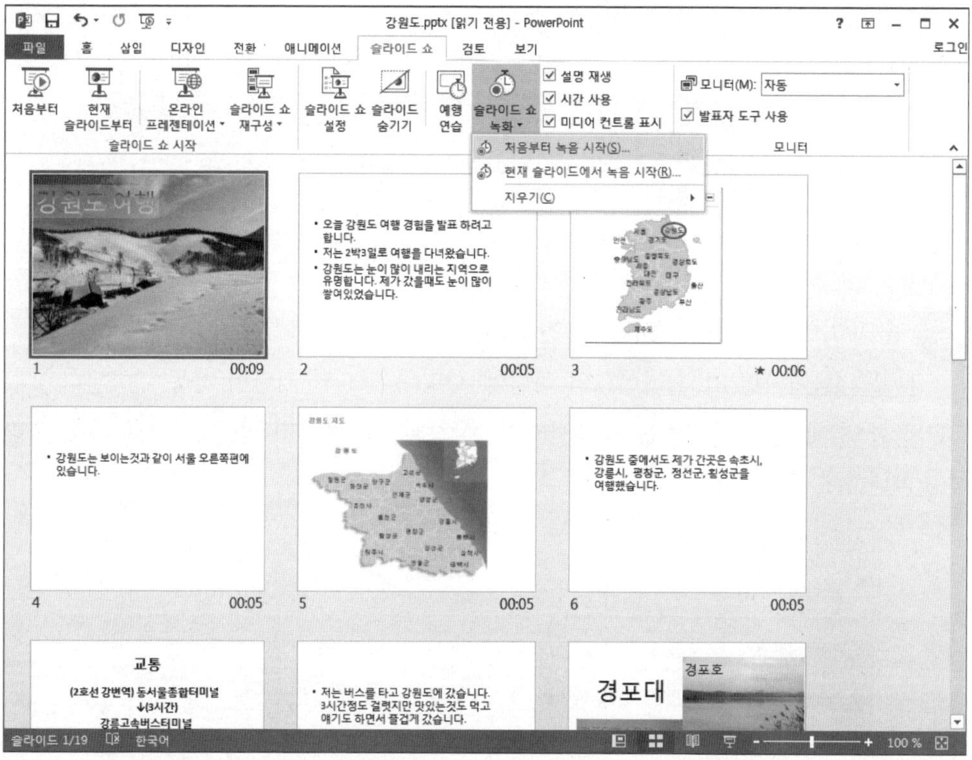

STEP 2 녹화 시작하기

[슬라이드 쇼 녹화] 대화상자가 나타나면 원하는 옵션을 선택하고 [녹화 시작]을 클릭한다.

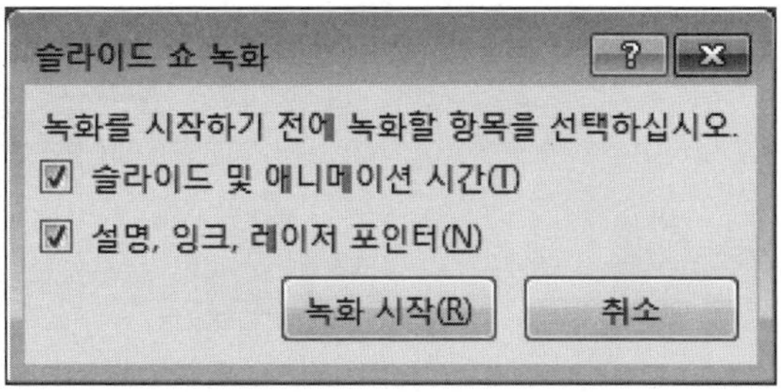

STEP 3 레이저 포인터의 움직임 녹화하기

슬라이드 쇼가 실행되면서 왼쪽 상단에 [녹화] 대화상자가 표시되고 녹화가 진행된다. 슬라이드 쇼 중 [Ctrl]을 누른 채 마우스 왼쪽 버튼을 누르고 있으면, 레이저 포인터가 화면에 표시된다. 이 레이저 포인터의 움직임도 모두 녹화된다.

STEP 4 소요 시간 확인하기

슬라이드 쇼가 완료되면 자동으로 각 슬라이드의 하단에 소요된 시간이 기록된다. 이 파일을 저장한 후에 슬라이드 쇼를 실행시키면 설정된 시간이 지나면 자동으로 다음 슬라이드로 전환된다.

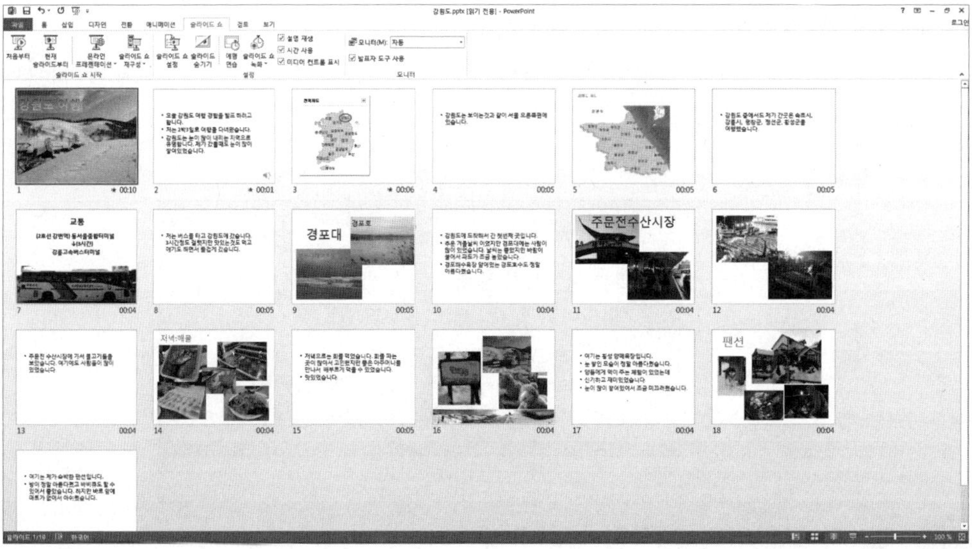

1.2 실전 프레젠테이션

실제 프레젠테이션을 진행할 때 사용할 수 있는 발표자 도구의 기능과 사용법에 대해서 살펴본다. 또한 클라우드 서비스 OneDrive를 이용한 파일 연동과 활용에 대해서도 실습해 본다.

발표자 도구

프레젠테이션을 진행할 때 발표자는 좋은 흐름을 유지하기 위해서 많은 준비와 다양한 상황에 대한 대비를 해야한다. 그러나 이러한 준비사항을 발표자의 머리 속에서만 감당하기엔 어렵기 때문에 발표자 도구를 통해 도움을 받을 수 있다. 발표자 도구는 프레젠테이션 진행에 도움이 되는 간단한 기능을 제공하지만 발표자에게는 많은 도움을 줄 수 있다.

STEP 1 화면 구성

발표자 도구를 사용했을 때 출력되는 화면은 다음 그림과 같다. 화면 상단에 '작업 표시줄 표시', '표시 설정', '슬라이드 쇼 마침'이 있으며, 중앙에 현재 출력되는 슬라이드가 표시되고 현재까지의 진행 시간 및 현재 시간, 5가지 도구 모음이 위치한다. 우측에는 다음 슬라이드와 슬라이드 노트가 표시된다.

STEP 2 각 기능 설명

- **작업 표시줄 표시:** 화면 하단에 윈도우 작업 표시줄을 표시할 수 있으며, 다시 한번 선택하면 사라진다.
- **표시 설정:** 발표자 도구와 슬라이드 쇼의 화면 위치를 변경할 수 있으며, 슬라이드 쇼를 양쪽 화면에 복제해서 동일한 화면으로 출력할 수 있다.
- **슬라이드 쇼 마침:** 슬라이드 쇼를 종료한다.
- **펜 및 레이저 포인터 도구:** 레이저 포인터, 펜, 형광펜을 활성화시키고 잉크색 설정 및 화살표 옵션 등의 기능을 제공한다.

- **모든 슬라이드 보기:** [여러 슬라이드] 설정과 동일하게 썸네일 형태로 모든 슬라이드를 표시한다.

- **슬라이드 확대:** 슬라이드의 일정 영역을 확대할 수 있다. 메뉴 선택 시 슬라이드 쇼 영역에 확대 가능한 영역이 표시된다.

- **슬라이드 쇼를 검정으로 설정/취소:** 현재 화면을 검은색으로 설정/해제할 수 있다.

- **슬라이드 쇼 옵션 더 보기:** 그 외 슬라이드 쇼 옵션을 사용할 수 있다.

프레젠테이션 공유하기

이제는 인터넷을 통해서 프레젠테이션을 공유할 수 있게 되었다. 과거에는 USB, 이메일, CD 등이 최선의 방법이었지만 온라인 연결을 통해서 실시간 공유가 가능하며 클라우드 서비스가 이를 최대한 효율적인 방향으로 지원하고 있다.

STEP 1 클라우드에 저장

프레젠테이션을 공유하는 첫 번째 방법으로 파일을 OneDrive를 통해 공유할 수 있다. OneDrive는 클라우드 서비스의 기능인 '공유하기'를 통해 프레젠테이션 파일을 OneDrive에 저장한 후, 파일을 지정한 사람들에게 공유 권한을 부여해서 원격 접속을 통해 프레젠테이션 파일을 열람할 수 있게 한다. [파일] - [공유] - [초대]를 선택해서 OneDrive에 파일을 저장한 후, 파일을 공유하면 완료된다.

STEP 2 전자 메일로 보내기

지속적으로 사용해 왔던 전자 메일 보내기 기능은 [파일] - [공유] - [전자 메일]을 선택해서 첨부 파일 형식이나 PDF, XPS 형식으로 전송한다.

STEP 3 온라인 프레젠테이션

온라인 프레젠테이션은 파워포인트 2010에서의 슬라이드쇼 브로드캐스트 기능의 명칭이 변경된 것인데, 이 온라인 프레젠테이션은 파워포인트나 별도의 소프트웨어가 따로 설치되어 있지 않아도 온라인으로 슬라이드 쇼를 공유할 수 있다.

온라인 프레젠테이션 이용하기

오피스 프리젠테이션 서비스를 이용하려면 먼저 서비스를 설정해야만 한다. [파일] - [공유] - [온라인 프레젠테이션] - [Office Presentation Service]를 선택한 후 [온라인 프레젠테이션]을 클릭해서 Mircrosoft 계정을 통해 로그인을 한다.

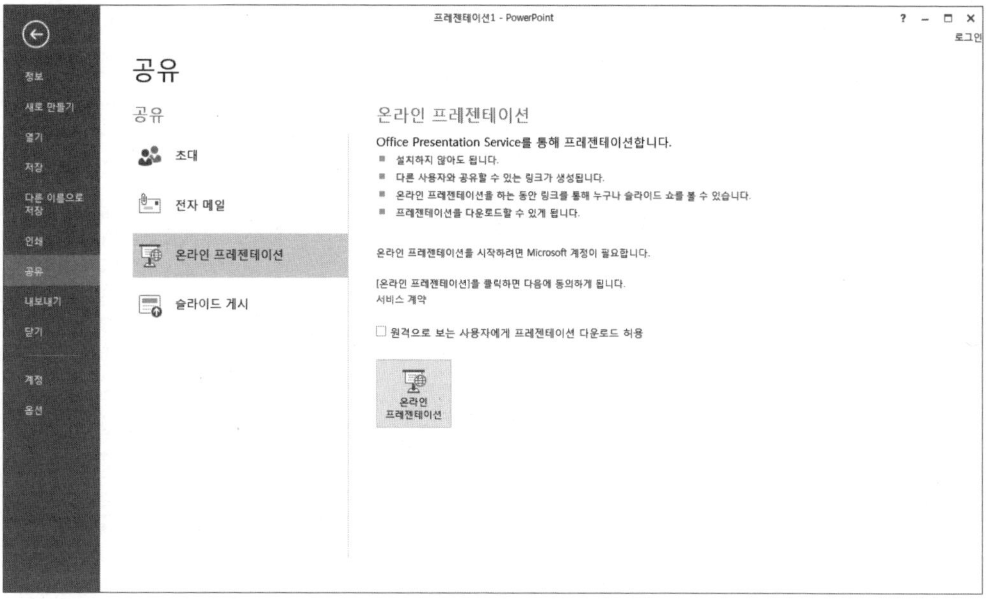

서비스를 준비하는 절차가 진행되고 준비가 완료되면 다른 사용자와 공유할 수 있는 링크가 제공되는데, 링크를 복사해서 메일을 전송하거나 SNS 등에 공유하고 [프레젠테이션 시작]을 클릭해서 온라인 프레젠테이션을 시작한다.

온라인 프레젠테이션이 시작되면 제공된 링크를 통해 인터넷 브라우저를 통해서 슬라이드 쇼 형태로 프레젠테이션을 볼 수 있는데, 왼쪽 상단의 [파일]의 [다른 이름으로 저장]을

통해서 파일을 저장할 수 있다. 그리고 프레젠테이션이 끝나면 [온라인 프레젠테이션] - [온라인 프레젠테이션 종료]를 클릭해서 프레젠테이션을 종료한다.

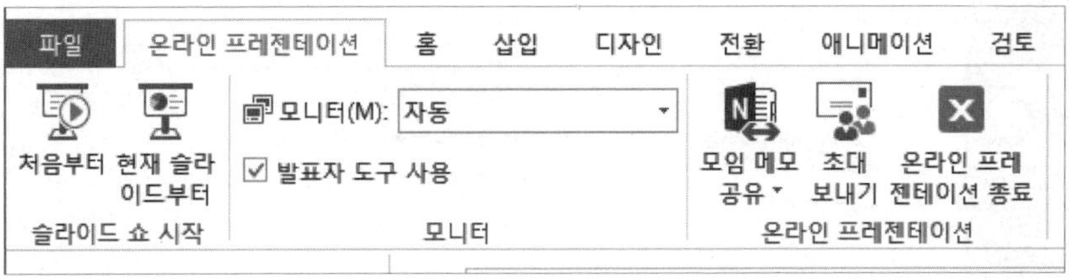

제 3 부

엑셀

제1장

엑셀 시작하기

1.1 엑셀 시작과 종료

엑셀 시작과 종료에서는 기존에 작성되어 있는 통합문서를 불러오는 방법과 새로운 통합문서를 작성하는 법, 저장 및 인쇄 방법에 대해서 살펴본다.

● 통합문서 불러오기

기존에 작업했던 엑셀 통합문서를 불러오기 위한 방법에 대해서 알아보자. 엑셀은 기본적으로 여러 개의 시트로 구성되어 있기 때문에 통합된 문서로 저장되며, 하나의 파일로 되어 있다.

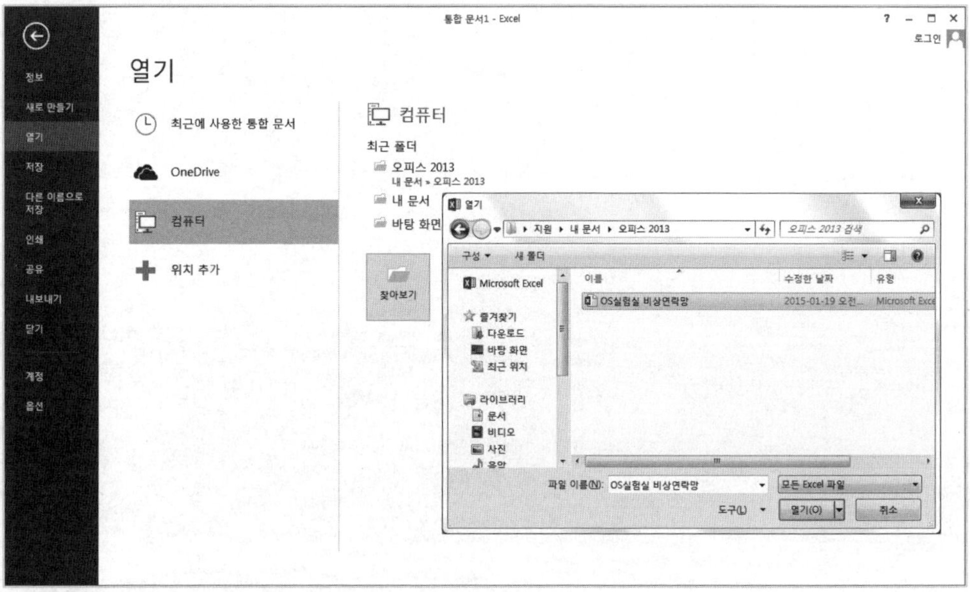

[파일] – [열기] – [컴퓨터] – [찾아보기]를 클릭하고, 원하는 파일을 선택한 후 [열기] 버튼을 클릭해서 파일을 불러온다(또는 파일 이름 더블클릭).

● 통합문서 저장하기

통합문서를 저장하는 방법은 불러오기와 유사하다. 저장을 원하는 엑셀 통합문서 창이 열린 상태에서 [파일] – [다른 이름으로 저장] – [컴퓨터] – [찾아보기]를 클릭하고, 원하는 위치와 파일 이름을 결정한 후 [저장] 버튼을 클릭한다. [다른 이름으로 저장]하기는 보통 새로운 통합문서를 저장하거나 현재 작업 중인 통합문서의 파일명과 다른 새로운 파일명으로 저장하고자 할 때 사용한다.

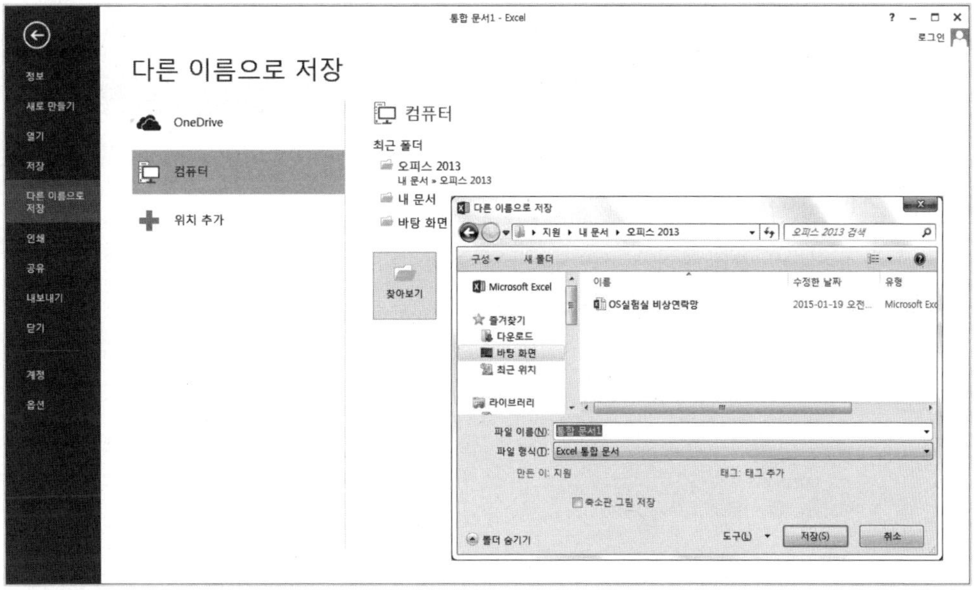

새로운 파일이나 파일명을 만드는 것이 아니라면 왼쪽 상단의 빠른 실행 도구 모음에서 [저장] 버튼을 누르면, 간단히 현재 파일명에 새로운 내용으로 갱신된다.

화면 배율 조정하기

우측 하단의 상태 표시줄에 있는 [-], [+] 버튼을 클릭하거나, 바를 좌우로 드래그해서 원하는 배율로 조정할 수 있다. 또한 고정된 비율로 조정하려면 [100%]를 클릭하여 확대/축소 배율을 선택하면 된다.

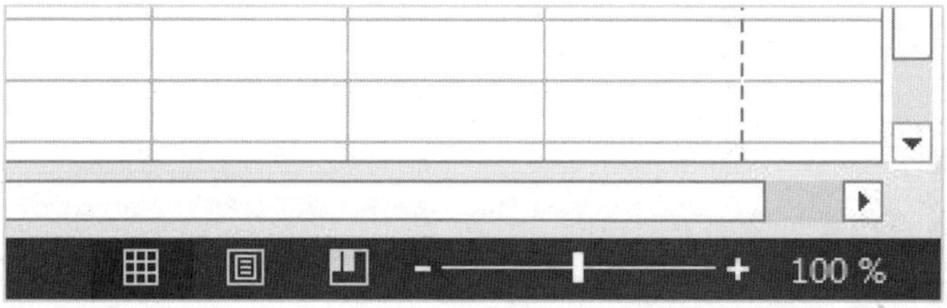

페이지 레이아웃 보기

상태 표시줄의 [페이지 레이아웃]을 클릭한다. 워크시트 화면이 인쇄 용지에 맞춰서 표시되고, 상태 표시줄에 페이지 번호가 표시된다.

1.2 통합 문서 인쇄

완성된 통합 문서를 인쇄물로 출력하는 기능과 인쇄옵션에 대해서 알아본다.

● 인쇄 옵션

엑셀의 문서는 워드나 파워포인트와 다르게 페이지 구분이 없기 때문에 인쇄할 때 적절한 설정이 필요하다. 엑셀은 시트 단위로 구분하지만 좌우 끝지점이 무한에 가깝기 때문에 인쇄 시 용지에 출력할 영역을 지정해 주는데, 다양한 인쇄 옵션을 통해 여러 가지 방법으로 인쇄가 가능하다. 인쇄 옵션은 인쇄 백스테이지를 열어 인쇄 미리보기를 이용해서 실제 프린터로 인쇄한 결과를 미리 확인할 수도 있으며, 옵션을 조정해서 실시간으로 미리보기를 통해 최종 출력물을 확인한 후 인쇄할 수 있다. 또한 엑셀 작업 화면에서는 정상적으로 보이더라도 프린터의 종류에 따라 인쇄를 하게 되면, 정상적으로 출력되지 않거나 문자가 잘려서 출력될 가능성도 있다. 따라서 인쇄하기 전에 미리보기를 통해 출력물을 확인한 후에 인쇄하는 것이 좋다. 인쇄 미리보기는 [파일] - [인쇄]를 선택해서 인쇄 옵션 화면으로 이동할 수 있으며, 우측에 미리보기 화면이 출력된다.

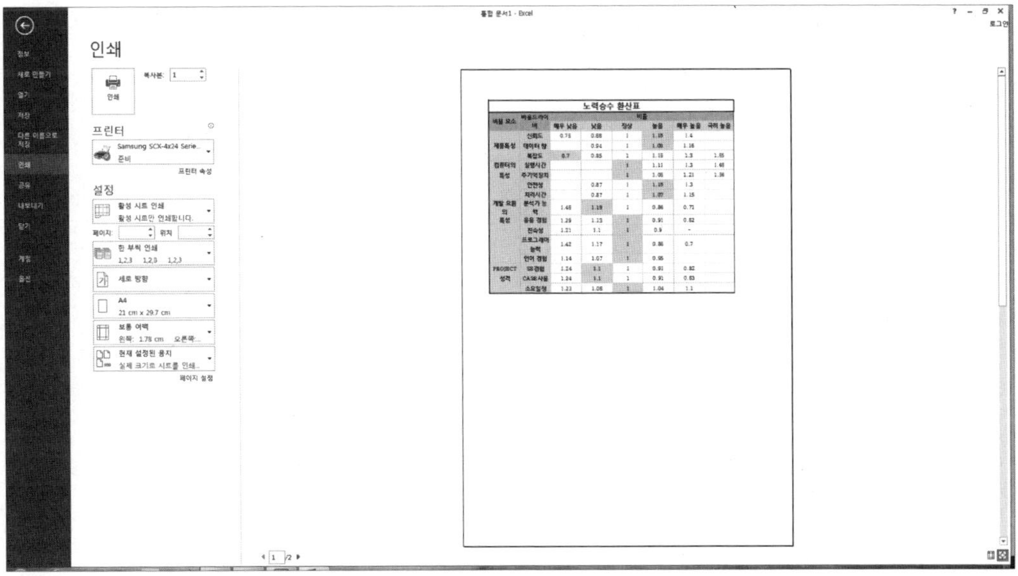

STEP 1 인쇄 범위

- **활성 시트 인쇄:** 현재 작업 중인 시트만 인쇄하는 옵션으로 대부분의 인쇄가 활성 시트 인쇄를 사용한다. 여러 시트를 동시에 활성 시트로 지정해서 인쇄하고 싶다면 [Ctrl] 키를 사용해서 복수 시트를 선택한 후, 활성 시트 인쇄를 실행하면 된다.
- **전체 통합 문서 인쇄:** 통합 문서에 포함되는 모든 시트를 인쇄한다.
- **선택 영역 인쇄:** 시트 내에 셀 범위를 선택한 후 인쇄 백스테이지로 접근했다면 선택한 셀 범위를 선택 영역으로 인식해서 선택된 영역만 인쇄할 수 있다.

STEP 2 한 부씩 인쇄

- **한 부씩 인쇄:** 인쇄물을 여러 부 인쇄할 때 한 부를 완전 인쇄한 후 다음 부를 인쇄해서 인쇄물이 한 부씩 정리되어 나오게 한다.
- **한 부씩 인쇄 안함:** 한 부씩 인쇄하지 않고 같은 페이지를 여러 부 인쇄한 후 다음 페이지를 인쇄하는 방식으로 인쇄한다.

STEP 3 인쇄 배율

인쇄 시 배율은 용지 내에 출력할 내용의 전체적 크기를 조절할 수 있다. 만약 인쇄를 했을 때 출력물이 우측으로 넘쳐 2장으로 인쇄되는 경우 용지보다 출력물이 크기 때문인데, 이럴 경우 내용의 인쇄 배율을 줄여 용지 한 장에 출력 가능하도록 조절할 수 있다. 그러나 전체적인 크기가 줄어들기 때문에 너무 많은 내용을 한 장으로 볼 수 있게 줄일 경우 글자가 작아져서 읽기 힘들어질 수도 있다는 점을 유의해야 한다.

(a) 현재 설정된 용지

노력승수 환산표

비용 요소	비용드라이버	비율					
		매우 낮음	낮음	정상	높음	매우 높음	극히 높음
제품특성	신뢰도	0.75	0.88	1	1.15	1.4	
	데이터 량		0.94	1	1.08	1.16	
	복잡도	0.7	0.85	1	1.15	1.3	1.65
컴퓨터의 특성	실행시간			1	1.11	1.3	1.66
	주기억장치			1	1.06	1.21	1.56
개발 요원의 특성	안전성		0.87	1	1.15	1.3	
	처리시간		0.87	1	1.07	1.15	
	분석가 능력	1.46	1.19	1	0.86	0.71	
	응용 경험	1.29	1.13	1	0.91	0.82	
	친숙성	1.21	1.1	1	0.9	-	
	프로그래머 능력	1.42	1.17	1	0.86	0.7	
	언어 경험	1.14	1.07	1	0.95		
PROJECT 성격	SE경험	1.24	1.1	1	0.91	0.82	
	CASE사용	1.24	1.1	1	0.91	0.83	
	소요일정	1.23	1.08	1	1.04	1.1	

개발 일정 및 인력

단계	작업내용	계획 일정		소요 기간	담당 인원	결과물
		시작	종료			
계 획	팀구성	03월 10일	03월 10일	1	팀원 전원	회의 결과물
	주제결정	03월 11일	03월 15일	5	팀원 전원	회의 결과물
	계발계획회의	03월 16일	03월 22일	7	팀원 전원	회의 결과물
	계획서 작성	03월 23일	03월 26일	4	팀원 전원	개발 계획서
요구 사항 분석	요구정의	03월 27일	03월 29일	3	팀원 전원	요구 기능 명세서
	분석명세서 작성	03월 30일	03월 30일	1	팀원 전원	요구 분석서
	분석명세서 검토 및 수정	03월 31일	04월 02일	3	김지원	요구 명세 결과물
설계	시스템 설계	04월 03일	04월 11일	9	김상수, 최한규	시스템 구조 설계서
	DB 설계	04월 12일	04월 17일	6	윤태식, 안주혜	DB 구조 설계 결과물
	모듈 설계	04월 12일	04월 18일	7	박한영	모듈 설계 결과물
	UI 설계	04월 12일	04월 18일	7	박성훈	UI 설계 결과물

(b) 한 페이지에 시트 맞추기

노력승수 환산표									
비용 요소	비용드라이버	비율						비용드라이버	선택비용
		매우 낮음	낮음	정상	높음	매우 높음	극히 높음		
제품특성	신뢰도	0.75	0.88	1	1.15	1.4		신뢰도	1.15
	데이터 량		0.94	1	1.08	1.16		데이터량	1.08
	복잡도	0.7	0.85	1	1.15	1.3	1.65	복잡도	0.7
컴퓨터의 특성	실행시간			1	1.11	1.3	1.66	실행시간	1
	주기억장치			1	1.06	1.21	1.56	주기억장치	1
	안전성		0.87	1	1.15	1.3		안정성	1.15
	처리시간		0.87	1	1.07	1.15		처리시간	1.07
개발 요원의 특성	분석가 능력	1.46	1.19	1	0.86	0.71		분석가	1.19
	응용 경력	1.29	1.13	1	0.91	0.82		경력	1
	친숙성	1.21	1.1	1	0.9	-		IT기술	1
	프로그래머 능력	1.42	1.17	1	0.86	0.7		프로그래머	1
	언어 경력	1.14	1.07	1	0.95			PL경력	1
PROJECT 성격	SE경력	1.24	1.1	1	0.91	0.82		SE원리	1.1
	CASE사용	1.24	1.1	1	0.91	0.83		CASE사용	1.1
	소요일정	1.23	1.08	1	1.04	1.1		소요일정	1

개발 일정 및 인력						
단계	작업내용	계획 일정		소요 기간	담당 인원	결과물
		시작	종료			
계 획	팀구성	03월 10일	03월 10일	1	팀원 전원	회의 결과물
	주제결정	03월 11일	03월 15일	5	팀원 전원	회의 결과물
	개발계획회의	03월 16일	03월 22일	7	팀원 전원	회의 결과물
	계획서 작성	03월 23일	03월 26일	4	팀원 전원	개발 계획서
요구 사항 분석	요구정의	03월 27일	03월 29일	3	팀원 전원	요구 기능 명세서
	분석명세서 작성	03월 30일	03월 30일	1	팀원 전원	요구 분석서
	분석명세서 검토 및 수정	03월 31일	04월 02일	3	김지원	요구 명세 결과물
설계	시스템 설계	04월 03일	04월 11일	9	김상수, 최한규	시스템 구조 설계서
	DB 설계	04월 12일	04월 17일	6	윤태식, 안주혜	DB 구조 설계 결과물
	모듈 설계	04월 12일	04월 18일	7	박한영	모듈 설계 결과물
	UI 설계	04월 12일	04월 18일	7	박성훈	UI 설계 결과물
	설계 검토 회의	04월 24일	04월 23일	5	팀원 전원	설계 결과물
구현	소스코딩	05월 01일	04월 30일	7	김상수, 최한규	어플리케이션
테스트	DB 테스트	05월 07일	05월 06일	6	김지원	테스트 결과 보고서
	APP 테스트	05월 13일	05월 12일	6	김지원	테스트 결과 보고서
	APP, DB 연동 테스	05월 20일	05월 19일	7	김지원	테스트 결과 보고서
	시현	05월 27일	05월 26일	7	박성훈	결과 보고서
유지보수	설치	05월 29일	05월 28일	2	윤태식	AppStore 등록
	버그수정	05월 29일	06월 02일	5	안주혜	버그수정된 어플리케이션
	인수인계	06월 03일	06월 03일	1	박한영	완성된 어플리케이션

(c) 한 페이지에 모든 열 맞추기

노력승수 환산표									
비용 요소	비용드라이버	비율						비용드라이버	선택비용
		매우 낮음	낮음	정상	높음	매우 높음	극히 높음		
제품특성	신뢰도	0.75	0.88	1	1.15	1.4		신뢰도	1.15
	데이터 량		0.94	1	1.08	1.16		데이터량	1.08
	복잡도	0.7	0.85	1	1.15	1.3	1.65	복잡도	0.7
컴퓨터의 특성	실행시간			1	1.11	1.3	1.66	실행시간	1
	주기억장치			1	1.06	1.21	1.56	주기억장치	1
	안전성		0.87	1	1.15	1.3		안정성	1.15
	처리시간		0.87	1	1.07	1.15		처리시간	1.07
개발 요원의 특성	분석가 능력	1.46	1.19	1	0.86	0.71		분석가	1.19
	응용 경험	1.29	1.13	1	0.91	0.82		경험	1
	친숙성	1.21	1.1	1	0.9	-		IT기술	1
	프로그래머 능력	1.42	1.17	1	0.86	0.7		프로그래머	1
	언어 경험	1.14	1.07	1	0.95			PL경험	1
PROJECT 성격	SE경험	1.24	1.1	1	0.91	0.82		SE원리	1.1
	CASE사용	1.24	1.1	1	0.91	0.83		CASE사용	1.1
	소요일정	1.23	1.08	1	1.04	1.1		소요일정	1

개발 일정 및 인력						
단계	작업내용	계획 일정		소요 기간	담당 인원	결과물
		시작	종료			
계 획	팀구성	03월 10일	03월 10일	1	팀원 전원	회의 결과물
	주제결정	03월 11일	03월 15일	5	팀원 전원	회의 결과물
	개발계획회의	03월 16일	03월 22일	7	팀원 전원	회의 결과물
	계획서 작성	03월 23일	03월 26일	4	팀원 전원	개발 계획서
요구 사항 분석	요구정의	03월 27일	03월 29일	3	팀원 전원	요구 기능 명세서
	분석명세서 작성	03월 30일	03월 30일	1	팀원 전원	요구 분석서
	분석명세서 검토 및 수정	03월 31일	04월 02일	3	김지원	요구 명세 결과물
설계	시스템 설계	04월 03일	04월 11일	9	김상수, 최한규	시스템 구조 설계서
	DB 설계	04월 12일	04월 17일	6	윤태식, 안주혜	DB 구조 설계 결과물
	모듈 설계	04월 12일	04월 18일	7	박한영	모듈 설계 결과물
	UI 설계	04월 12일	04월 18일	7	박성훈	UI 설계 결과물
	설계 검토 회의	04월 24일	04월 23일	5	팀원 전원	설계 결과물
구현	소스코딩	05월 01일	04월 30일	7	김상수, 최한규	어플리케이션
테스트	DB 테스트	05월 07일	05월 06일	6	김지원	테스트 결과 보고서
	APP 테스트	05월 13일	05월 12일	6	김지원	테스트 결과 보고서

(d) 한 페이지에 모든 행 맞추기

노력승수 환산표

비용 요소	비용드라이버	비율 매우 낮음	비율 낮음	비율 정상	비율 높음	비율 매우 높음	비율 극히 높음	비용드라이버	선택비용
제품특성	신뢰도	0.75	0.88	1	1.15	1.4		신뢰도	1.15
	데이터 량		0.94	1	1.08	1.16		데이터량	1.08
	복잡도	0.7	0.85	1	1.15	1.3	1.65	복잡도	0.7
컴퓨터의 특성	실행시간			1	1.11	1.3	1.66	실행시간	1
	주기억장치			1	1.06	1.21	1.56	주기억장치	1
	안전성		0.87	1	1.15	1.3		안정성	1.15
	처리시간		0.87	1	1.07	1.15		처리시간	1.07
개발 요원의 특성	분석가 능력	1.46	1.19	1	0.86	0.71		분석가	1.19
	응용 경험	1.29	1.13	1	0.91	0.82		경험	1
	친숙성	1.21	1.1	1	0.9	-		IT기술	1
	프로그래머 능력	1.42	1.17	1	0.86	0.7		프로그래머	1
	언어 경험	1.14	1.07	1	0.95			PL경험	1
PROJECT 성격	SE경험	1.24	1.1	1	0.91	0.82		SE원리	1.1
	CASE사용	1.24	1.1	1	0.91	0.83		CASE사용	1.1
	소요일정	1.23	1.08	1	1.04	1.1		소요일정	1

개발 일정 및 인력

단계	작업내용	계획 일정 시작	계획 일정 종료	소요 기간	담당 인원	결과물
계획	팀구성	03월 10일	03월 10일	1	팀원 전원	회의 결과물
	주제결정	03월 11일	03월 15일	5	팀원 전원	회의 결과물
	개발계획회의	03월 16일	03월 22일	7	팀원 전원	회의 결과물
	계획서 작성	03월 23일	03월 26일	4	팀원 전원	개발 계획서
요구 사항 분석	요구정의	03월 27일	03월 29일	3	팀원 전원	요구 기능 명세서
	분석명세서 작성	03월 30일	03월 30일	1	팀원 전원	요구 분석서
	분석명세서 검토 및 수정	03월 31일	04월 02일	3	김지원	요구 명세 결과물
설계	시스템 설계	04월 03일	04월 11일	9	김상수, 최한규	시스템 구조 설계서
	DB 설계	04월 12일	04월 17일	6	윤태식, 안주혜	DB 구조 설계 결과물
	모듈 설계	04월 12일	04월 18일	7	박한영	모듈 설계 결과물
	UI 설계	04월 12일	04월 18일	7	박성훈	UI 설계 결과물
	설계 검토 회의	04월 24일	04월 23일	5	팀원 전원	설계 결과물
구현	소스코딩	05월 01일	04월 30일	7	김상수, 최한규	어플리케이션
테스트	DB 테스트	05월 07일	05월 06일	6	김지원	테스트 결과 보고서
	APP 테스트	05월 13일	05월 12일	6	김지원	테스트 결과 보고서
	APP, DB 연동 테스	05월 20일	05월 19일	7	김지원	테스트 결과 보고서
	시현	05월 27일	05월 26일	7	박성훈	결과 보고서
유지보수	설치	05월 29일	05월 28일	2	윤태식	AppStore 등록
	버그수정	05월 29일	06월 02일	5	안주혜	버그수정된 어플리케이션
	인수인계	06월 03일	06월 03일	1	박한영	완성된 어플리케이션

STEP 4 페이지 설정

인쇄 페이지에 대한 설정은 [페이지 설정] 옵션을 통해 조절할 수 있다. 옵션 내에 [페이지 레이아웃] 탭에 접근해서 페이지 레이아웃 설정이 가능하다.

STEP 5 여백 표시

일반적으로 인쇄할 때 상하좌우 여백은 자동으로 설정되는데 여백 표시의 경계선을 통해 실제 여백 크기를 확인할 수 있고 조절할 수 있다. 마우스 드래그를 통해 조절이 가능하고 용지 한 장에 출력하기 어려울 경우 여백 조절을 통해 여유 공간을 확보할 수도 있다.

열 너비를 조절하여 인쇄하기

시트 내에서는 제대로 보이는 항목들이 인쇄 미리보기 화면에서는 제대로 표시가 되지 않을 때가 있다. 이때 열 너비를 수정하여 제대로 인쇄되도록 수정해 본다.

	A	B	C	D	E	F
1						
2	학생정보				성적 기	
3						
4						
5	순번	소속	학번	이름	시험1	시험2
6	1	컴퓨터공학과	20143537	김기봉	80	86
7	2	컴퓨터공학과	20143367	김정봉	75	68
8	3	컴퓨터공학과	20143410	김상식	38	82
9	4	컴퓨터공학과	20116524	나연주	48	100
10	5	컴퓨터공학과	20116700	문성식	66	80
11	6	컴퓨터공학과	20116694	문아연	70	78
12	7	컴퓨터공학과	20102035	박성준	70	70
13	8	컴퓨터공학과	20102374	박아연	78	55
14	9	컴퓨터공학과	20103364	한기호	88	85
15	10	컴퓨터공학과	20091251	한춘식	90	49
16	11	기계공학과	20148435	강마진	75	78

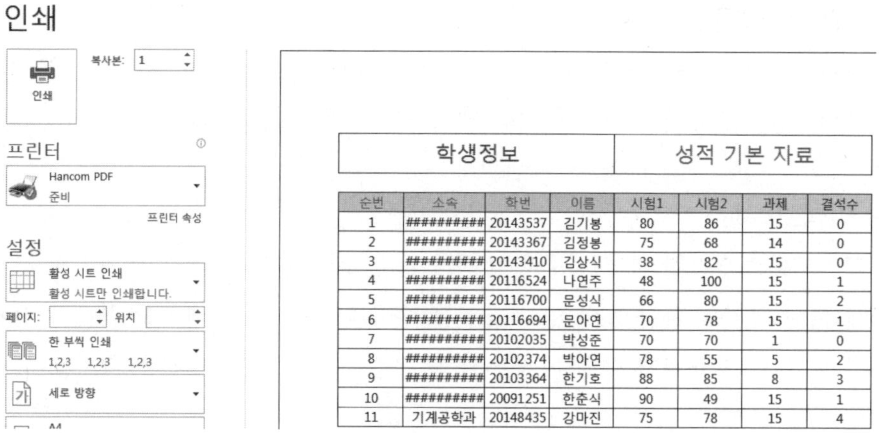

학생정보				성적 기본 자료			
순번	소속	학번	이름	시험1	시험2	과제	결석수
1	##########	20143537	김기봉	80	86	15	0
2	##########	20143367	김정봉	75	68	14	0
3	##########	20143410	김상식	38	82	15	0
4	##########	20116524	나연주	48	100	15	1
5	##########	20116700	문성식	66	80	15	2
6	##########	20116694	문아연	70	78	15	1
7	##########	20102035	박성준	70	70	1	0
8	##########	20102374	박아연	78	55	5	2
9	##########	20103364	한기호	88	85	8	3
10	##########	20091251	한춘식	90	49	15	1
11	기계공학과	20148435	강마진	75	78	15	4

미리보기에 페이지 여백 구분선을 출력하면 열의 너비를 직접 변경할 수 있다. 미리 보기에서 인쇄가 잘못되는 것을 확인하고, 문제가 되는 B열의 너비를 직접 넓혀 바르게 인쇄하도록 한다. [인쇄]를 클릭하여 인쇄하거나, ⬅를 클릭하거나 [ESC]를 눌러 인쇄 미리보기를 닫는다.

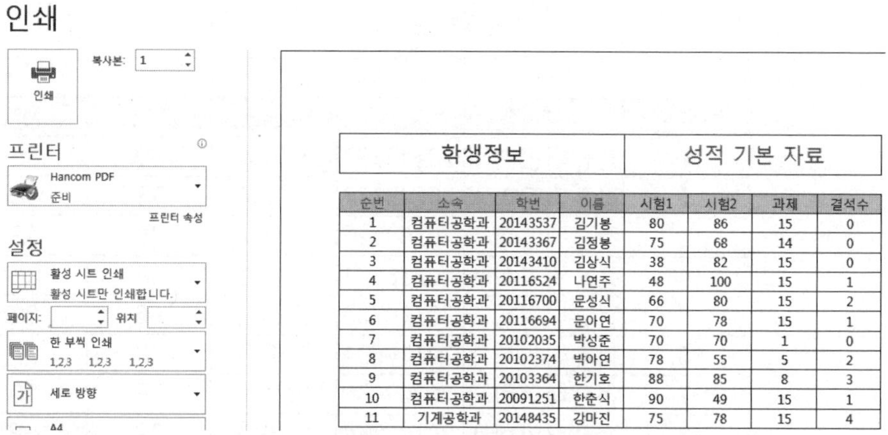

학생정보				성적 기본 자료			
순번	소속	학번	이름	시험1	시험2	과제	결석수
1	컴퓨터공학과	20143537	김기봉	80	86	15	0
2	컴퓨터공학과	20143367	김정봉	75	68	14	0
3	컴퓨터공학과	20143410	김상식	38	82	15	0
4	컴퓨터공학과	20116524	나연주	48	100	15	1
5	컴퓨터공학과	20116700	문성식	66	80	15	2
6	컴퓨터공학과	20116694	문아연	70	78	15	1
7	컴퓨터공학과	20102035	박성준	70	70	1	0
8	컴퓨터공학과	20102374	박아연	78	55	5	2
9	컴퓨터공학과	20103364	한기호	88	85	8	3
10	컴퓨터공학과	20091251	한춘식	90	49	15	1
11	기계공학과	20148435	강마진	75	78	15	4

● 페이지 레이아웃

인쇄 백스테이지를 통해 용지 방향, 크기, 여백 등 기본 설정이 가능하지만 [페이지 레이아웃], [페이지 설정] 탭에 접근해서 더 세부적인 설정을 할 수 있다.

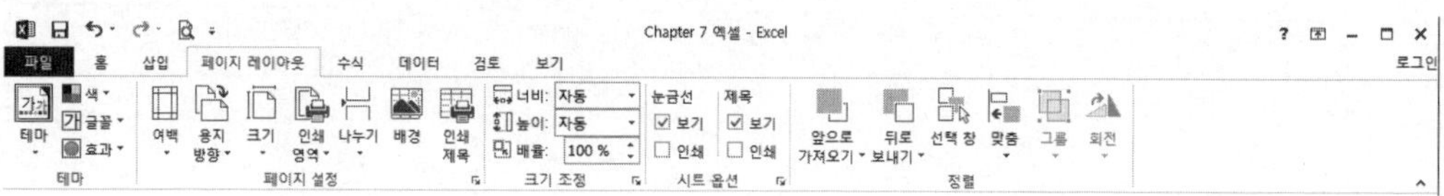

페이지 여백 설정하기

인쇄를 할 때 시트의 좌, 우측이 잘려 인쇄될 때는 인쇄 미리보기에서 인쇄 배율을 [한 페이지에 모든 열 맞추기]로 설정하거나 [페이지 레이아웃] – [크기 조정] – [너비]를 '1페이지'로 설정하는 방법이 있다. 하지만 시트 내용이 축소되기 때문에 글자가 작아지는 문제가 있다. 그렇기 때문에 사용자 지정 여백을 이용해서 한 페이지에 모든 내용을 넣는 방법에 대해서 알아보자.

[페이지 레이아웃] – [페이지 설정] – [여백] – [사용자 지정 여백]을 클릭 후, [페이지 설정] 대화상자에서 여백을 자유롭게 설정한 후, [인쇄 미리보기]를 클릭해서 화면에 설정된 내용을 확인해 보자.

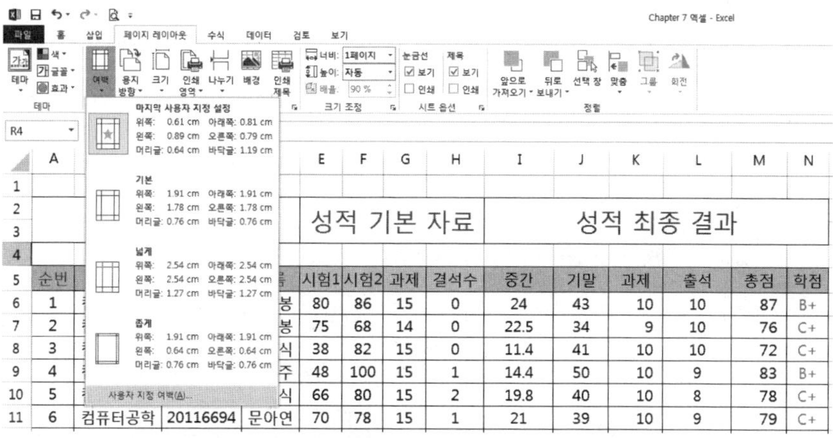

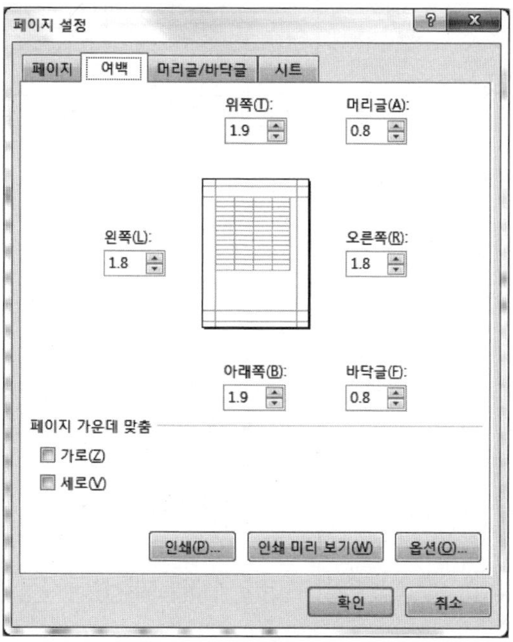

동일한 제목으로 모든 인쇄물 인쇄하기

하나의 데이터가 여러 페이지에 걸쳐 인쇄될 때 첫 페이지 이후부터는 데이터의 제목이 보이지 않아 어떤 데이터의 값인지 파악하기 힘들다. 이때 1페이지의 특정 행을 제목행으로 설정하여 모든 페이지가 출력 될 때 첫 행에 자동으로 출력되게 하면 된다. [페이지 레이아웃] – [페이지 설정] – [인쇄 제목]을 클릭한 후, [페이지 설정] 대화상자의 [반복할 행]의 입력 칸을 클릭해서 커서를 위치시킨 후, 제목으로 사용할 행 위에 마우스 포인터를 두어 화살표 모양으로 바뀌었을 때, 클릭하면 행에 점선 테두리가 생기고 [페이지 설정] 대화상자의 [반복할 행]에 해당 행이 입력된다. 그 후 [페이지 설정] 대화상자의 [인쇄 미리 보기]를 클릭해서 설정된 내용을 확인해 볼 수 있다.

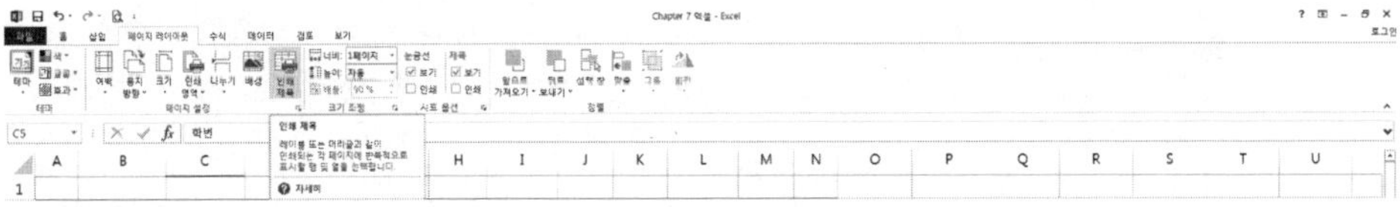

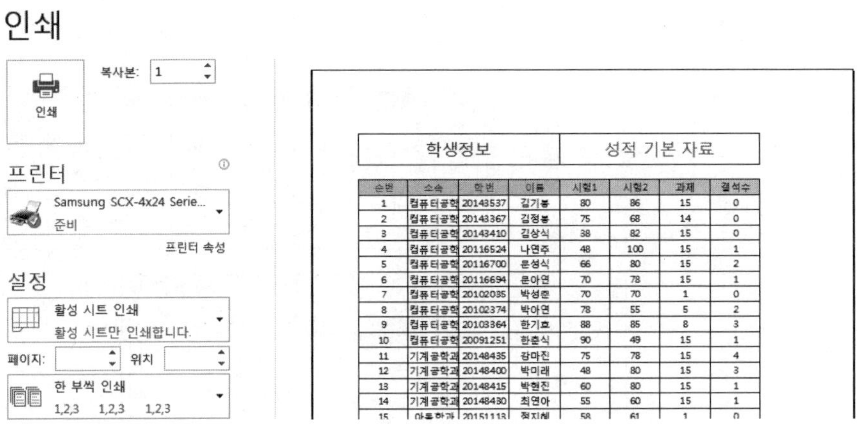

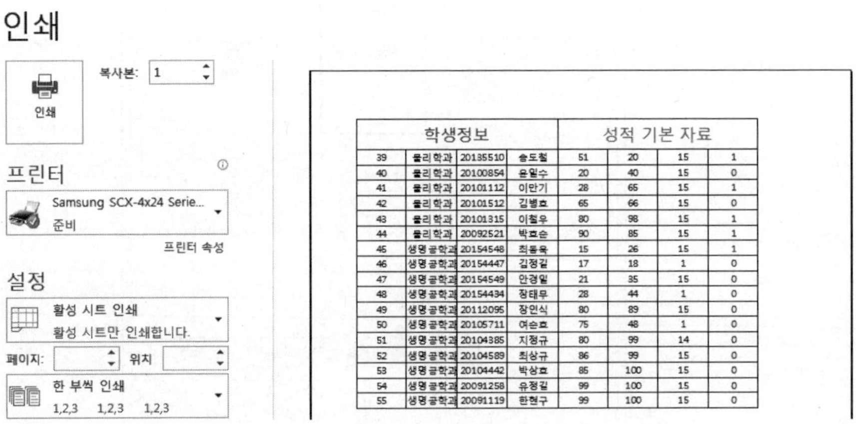

강제로 페이지 나누기

인쇄할 페이지중에 페이지 크기나 여백에 상관없이 특정 위치부터 새로운 페이지로 인쇄하고 싶은 경우가 있다. 그럴때는 새 페이지부터 시작할 셀에 [페이지 나누기]를 삽입한다. 새 페이지가 시작할 행을 선택하고 [페이지 레이아웃] - [페이지 설정] - [나누기] - [페이지 나누기 삽입]을 클릭하면 셀 포인터가 있던 행부터 실선 경계선이 표시되면서 새로운 페이지로 나뉘게 된다.

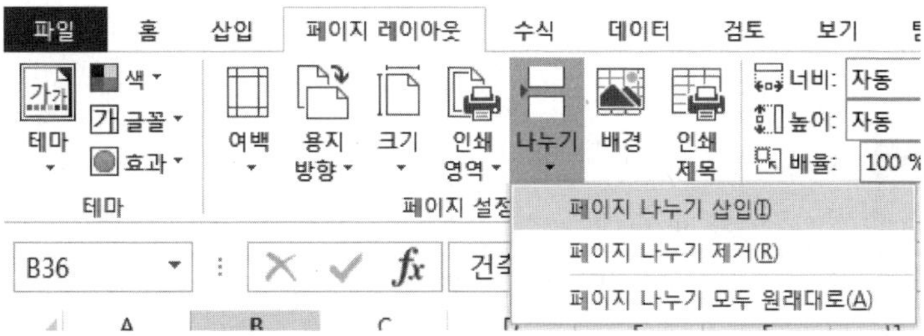

그리고 [페이지 나누기]를 삽입한 행을 제거하려면 새로운 페이지로 나눈 곳, 즉 [페이지 나누기]를 삽입한 위치 바로 다음 행에서 제거해야 한다. [페이지 레이아웃] - [페이지 설정] - [나누기] - [페이지 나누기 제거]를 클릭해서 제거한다.

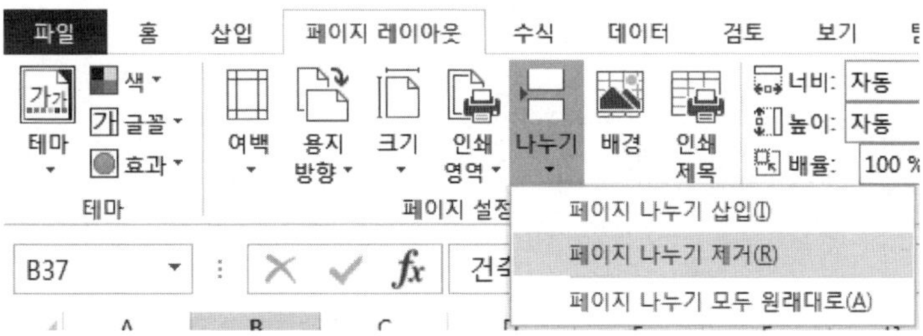

행과 열의 머리글을 인쇄하고, 시트의 눈금선 나타내기

기본적으로 엑셀에서 인쇄를 할 때 화면의 행과 열의 머리글은 인쇄되지 않는다. 하지만 인쇄물에서 데이터 값의 셀의 위치를 확인하기 위해 필요한 경우가 있는데 이러한 경우, 셀 테두리를 직접 지정하는 방법이 있는데, [페이지 레이아웃] - [시트 옵션] - [인쇄 제목]을 클릭해서 나온 [페이지 설정] 대화상자에서 [행/열 머리글]을 체크하면 인쇄시 행과 열의 머리글을 나타나게 할 수 있다.

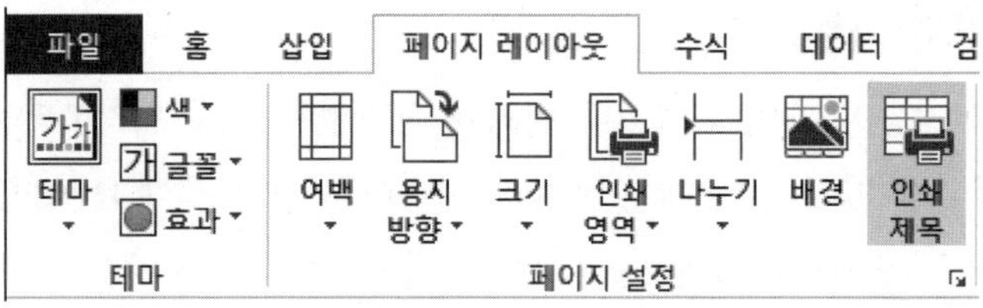

더불어 데이터가 있는 마지막 행과 열까지 눈금을 인쇄하고 싶을 때는 [페이지 레이아웃] - [시트 옵션] - 눈금선의 [인쇄]를 체크하면 마지막 데이터 값이 있는 행과 열까지 눈금이 인쇄된다.

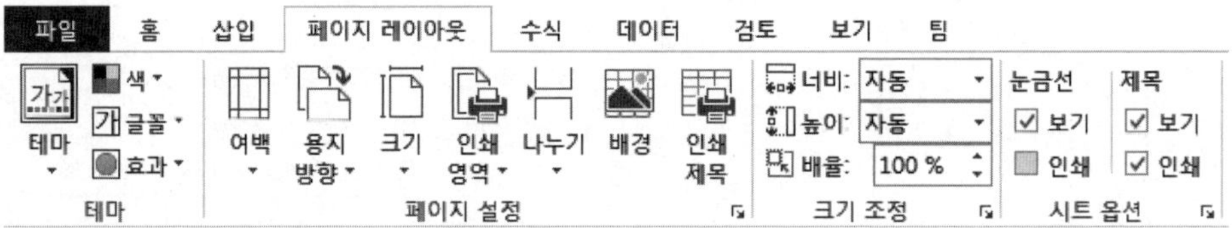

작업 중인 시트의 화면에 눈금선 표시/제거하기

시트에 작업을 할 때, 기본적으로 셀 눈금선이 표시된다. 이 때 눈금선을 제거하고 싶을 때 제거 하고 싶은 영역을 선택한 후 [홈] - [서식] - [셀 서식]을 눌러 [셀 서식] 대화상자에서 [채우기] 탭에서 배경색을 [흰색]으로 변경하면 셀의 눈금선이 표시되지 않는다.

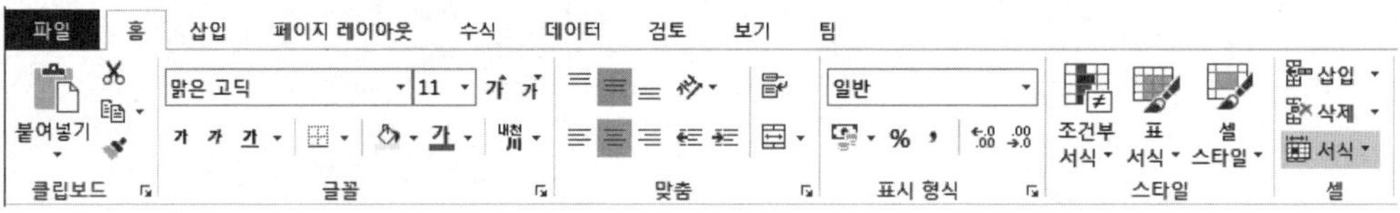

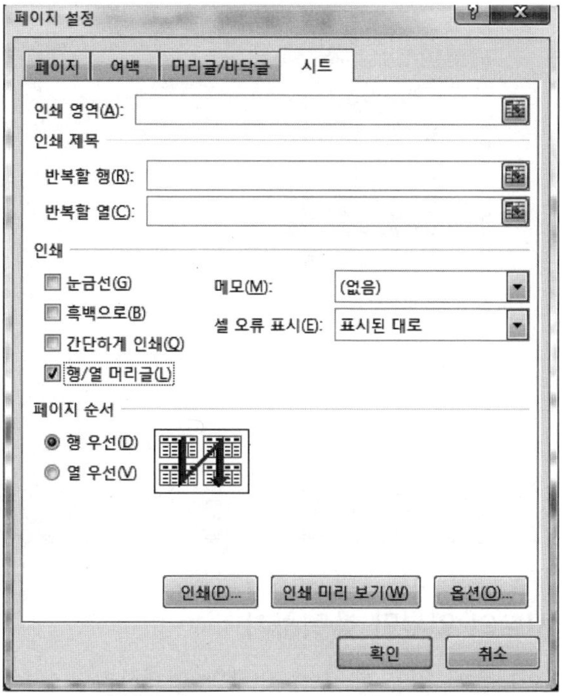

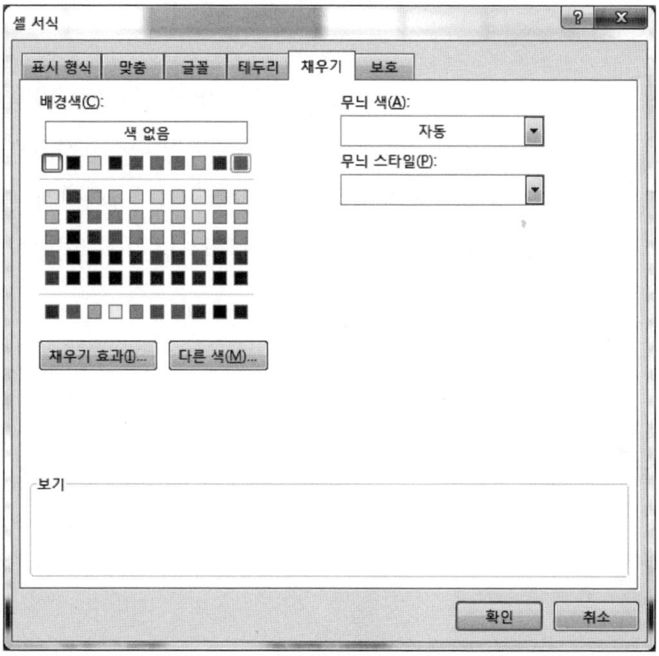

그리고 제거한 셀의 눈금선을 다시 표시하고 싶다면, 흰색으로 채운 배경색을 다시 [색 없음]으로 변경하면 다시 셀에 눈금선이 표시된다.

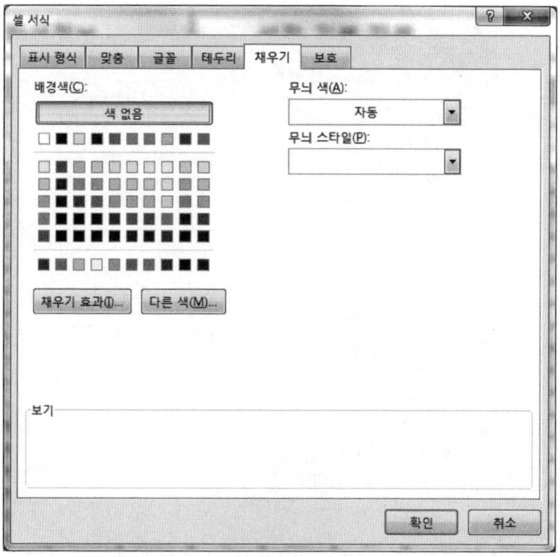

인쇄 사용 시 시트의 일부만 출력하기

시트에 많은 데이터들이 있을 때 그중 일부만 인쇄하려면, 인쇄할 셀 영역을 드래그해서 지정한 후, 인쇄 백 스테이지의 [설정] 레이아웃에서 [선택 영역 인쇄]를 클릭하여 선택된 영역만 인쇄할 수 있다.

그러나 인쇄할 시트 영역이 매번 똑같다면 시트의 일부분을 인쇄 영역으로 설정할 수 있다. 고정적으로 인쇄할 셀 영역을 지정한 후 [페이지 레이아웃] – [페이지 설정] – [인쇄 영역] – [인쇄 영역 설정]을 클릭하면 인쇄 영역이 설정된다.

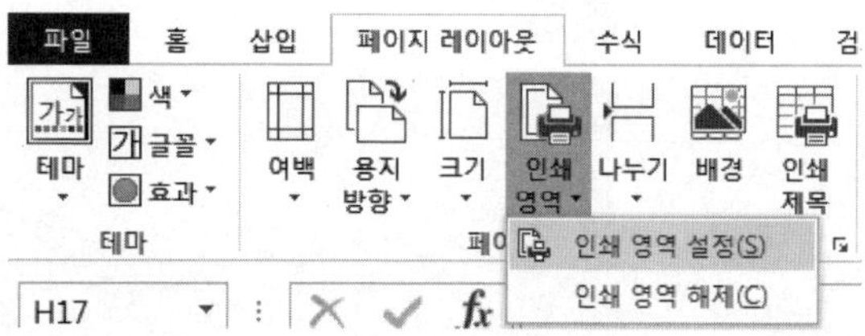

그 후 인쇄 백스테이지의 [설정] 레이아웃에서 [활성 시트만 인쇄]를 선택해서 인쇄하면 고정된 인쇄 영역만 인쇄할 수 있다.

● 머리글/바닥글

용지에 인쇄하게 되면 실제 내용이 출력되는 부분 외에 상단과 하단에 머리글과 바닥글을 삽입할 수 있는 부분이 있다. 머리글과 바닥글은 인쇄물의 제목, 날짜, 주제어 등을 삽입해서 인쇄물에 관련된 간단한 정보를 표현할 수 있다. [삽입] – [텍스트] – [머리글/바닥글]을 통해 메뉴에 접근할 수 있으며, [머리글/바닥글 도구] 탭을 통해 세부적인 설정이 가능하다.

● 페이지 상단에 시트 이름, 페이지 번호 넣기

머리글과 바닥글은 인쇄 페이지의 윗부분과 아랫부분에 자동으로 인쇄하는 내용이다. 머리글이나 바닥글에 시트 이름이나 파일 이름을 표시하면 인쇄물이 통합 문서의 어느 시트에 있는 것인지 무슨 이름으로 저장했는지 등을 쉽게 알 수 있다. 머리글과 바닥글은 위치만 다르고 설정 방법은 같기 때문에 여기서는 머리글만 소개한다.

머리글을 넣을 부분은 왼쪽, 가운데, 오른쪽 세 영역으로 나눠져 있다. 머리글 영역에 사용자가 직접 입력한 텍스트는 각 페이지마다 동일하게 인쇄되고 페이지 번호, 시트 이름, 파일 이름, 현재 날짜와 같이 매 페이지마다 값이 변경되거나 내용이 변경되는 경우에는 머리글도 자동으로 갱신되도록 코드 형태로 삽입할 수 있는 버튼을 이용한다. 다음 그림과 같이 시트 머리글 왼쪽 영역에는 학교 이름, 가운데는 시트 이름, 오른쪽에는 'Page'와 시트의 페이지 번호가 나타나게 해보자.

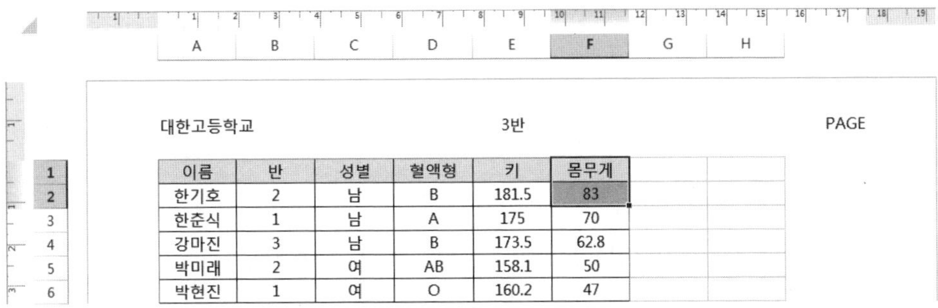

머리글에 시트 이름과 코드 넣기

기본 보기 상태에서 [삽입] – [텍스트] – [머리글/바닥글]을 클릭하면 머리글을 넣을 수 있는 왼쪽, 가운데, 오른쪽 영역이 나타난다. 커서를 가운데 영역에 두고 [머리글/바닥글 도구 : 디자인] – [머리글/바닥글 요소] – [시트 이름]을 클릭하면 해당 시트 이름이 자동 입력되는 코드가 삽입된다.

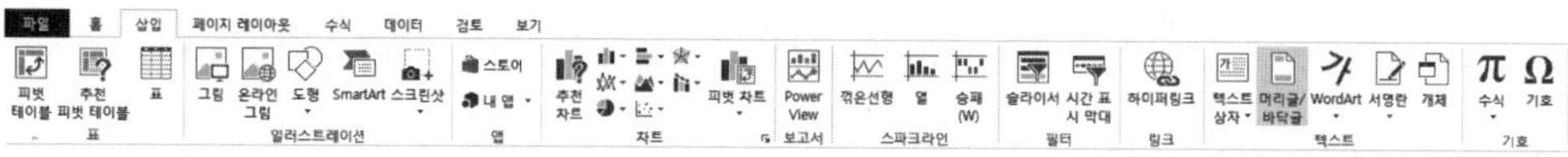

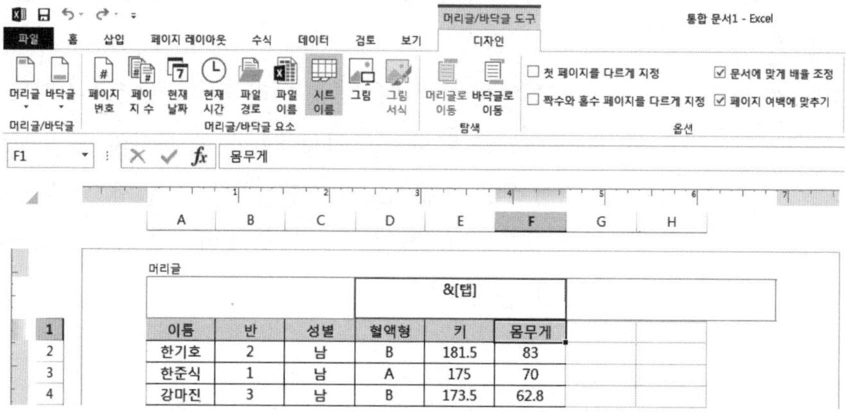

텍스트와 페이지 번호 넣기

머리글의 왼쪽 영역에 텍스트를 입력하고 오른쪽 영역에 'Page'를 입력한 후 [페이지 번호] 버튼을 클릭하여 페이지 번호 코드를 넣는다. 머리글을 모두 입력한 후에는 시트의 셀을 클릭해서 다시 문서 작업을 한다.

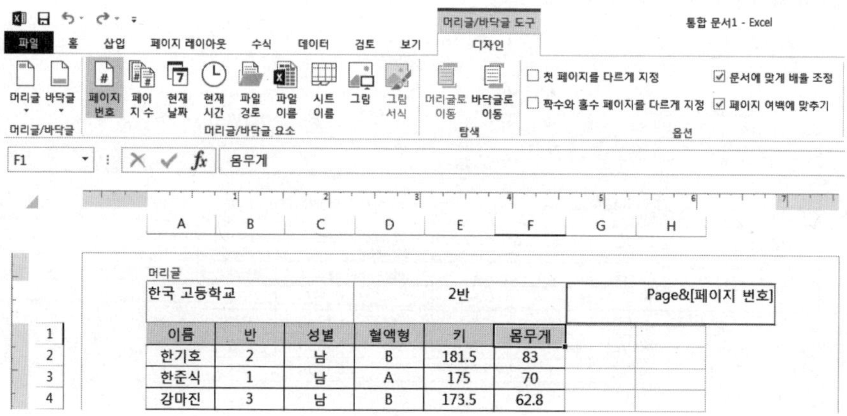

1.3 메뉴 구성 살펴보기

엑셀 작업 화면의 상단에 위치하는 메뉴 탭에 대해서 살펴본다. 메뉴는 상단에 총 7가지 탭 형식으로 구분되어 있으며, 선택한 개체에 따라 개체의 속성을 설정할 수 있는 탭 메뉴가 추가될 수도 있다.

● 홈

홈 탭은 주로 사용하는 기능 위주로 구성되어 있다. 왼쪽부터 차례로 [클립보드], [글꼴], [맞춤], [표시형식], [스타일], [셀], [편집] 그룹이 있는 것을 볼 수 있다.

● 삽입

왼쪽부터 차례로 [표], [일러스트레이션], [앱], [차트], [보고서], [스파크라인], [필터], [링크], [텍스트], [기호] 그룹이 있는 것을 볼 수 있다.

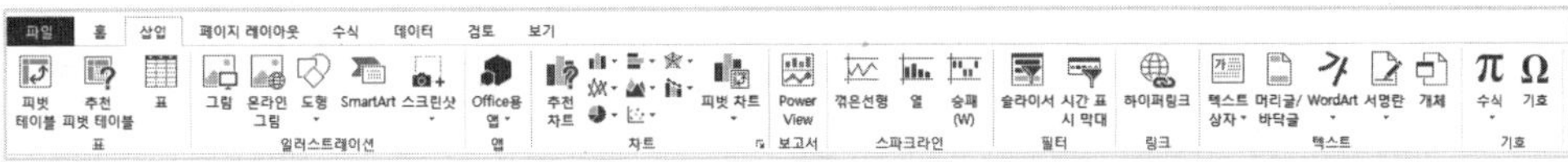

● 페이지 레이아웃

왼쪽부터 차례로 [테마], [페이지 설정], [크기 조정], [시트 옵션], [정렬] 그룹이 있는 것을 볼 수 있다.

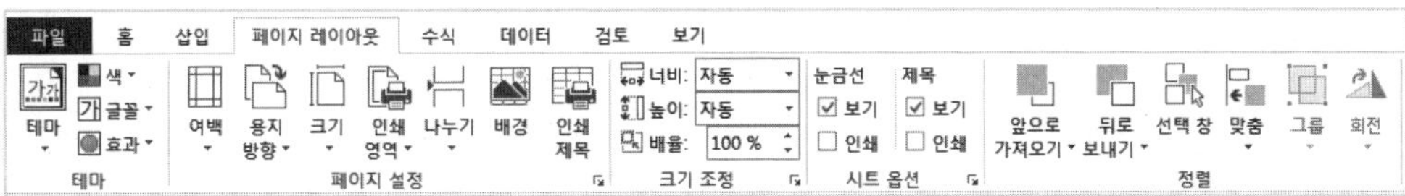

수식

왼쪽부터 차례로 [함수 삽입] 버튼 및 [함수 라이브러리], [정의된 이름], [수식 분석], [계산] 그룹이 있는 것을 볼 수 있다.

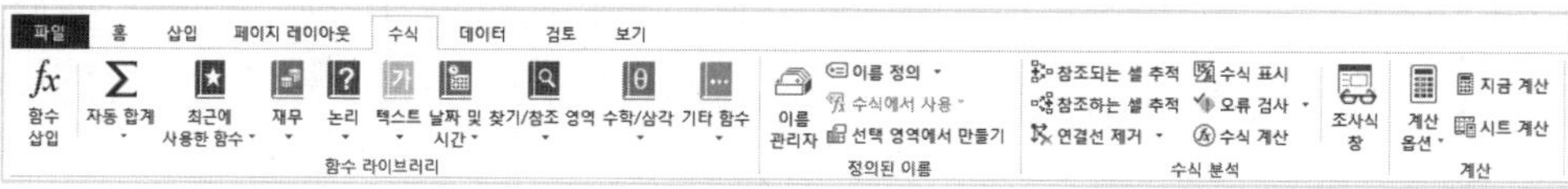

데이터

왼쪽부터 차례로 [외부 데이터 가져오기], [연결], [정렬 및 필터], [데이터 도구], [윤곽선] 그룹이 있는 것을 알 수 있다.

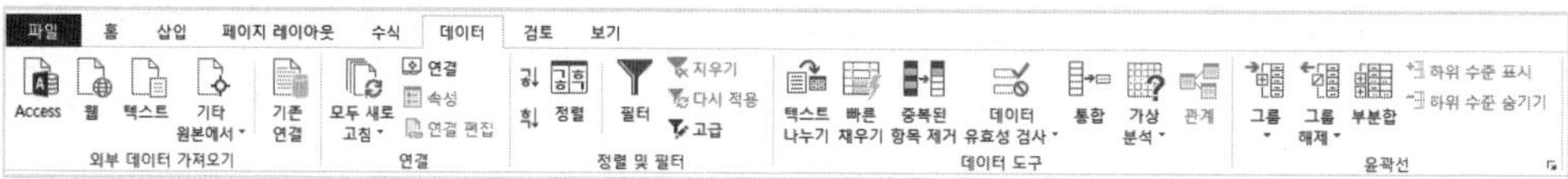

검토

왼쪽부터 차례로 [언어 교정], [언어], [메모], [변경 내용] 그룹이 있는 것을 볼 수 있다.

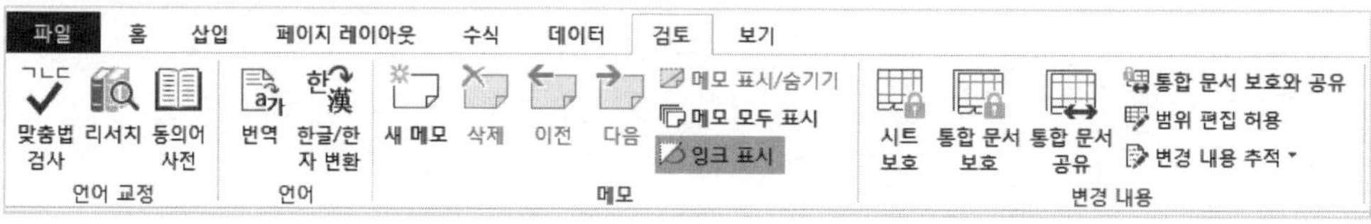

보기

왼쪽부터 차례로 [통합 문서 보기], [표시], [확대/축소], [창], [매크로] 그룹이 있는 것을 알 수 있다.

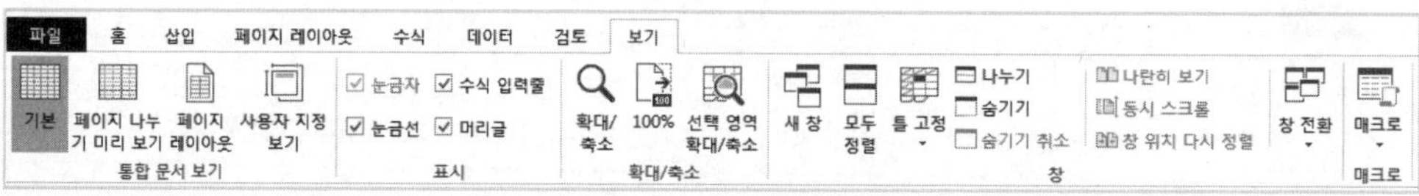

제 2 장

엑셀 기능 익히기

1.1 워크시트 다루기

워크시트는 엑셀 통합 문서의 기본단위로써 하나의 통합 문서에 여러 워크시트가 존재할 수 있다. 이러한 워크시트를 관리하는 방법과 워크시트 내부를 채우고 있는 셀을 다루는 방법에 대해서 학습한다.

● 워크시트 관리하기

워크시트는 통합 문서 내에서 한 페이지를 나타내는 용어이며, 작업 환경의 좌측 하단에 시트(Sheet) 이름으로 구분할 수 있다. 각 시트는 독립된 영역으로 구성되어 있으며, 참조 사용에 따라 다른 시트의 내용을 참조할 수 있다.

STEP 1 시트 생성

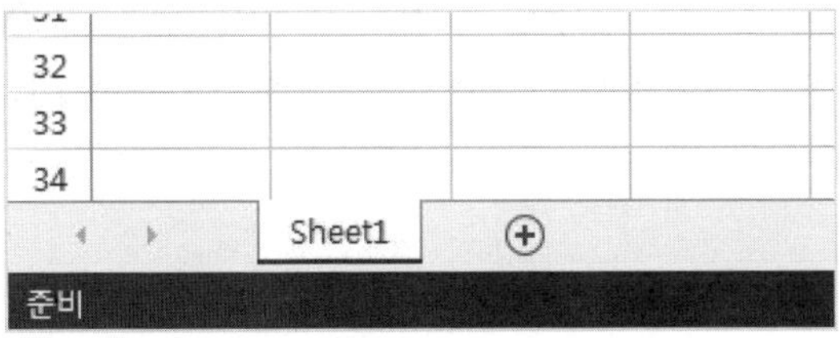

시트 생성을 위해 좌측 하단의 ⊕[새 시트] 버튼을 클릭한다.

STEP 2 시트 삭제

삭제하고자 하는 시트를 마우스 우클릭 한 후, [삭제] 버튼을 클릭한다.

STEP 3 시트 이름 바꾸기

이름을 바꾸고 싶은 시트를 마우스 더블클릭하여 커서 모드로 직접 들어가 수정할 수 있으며, 시트 이름을 마우스 우클릭 한 후 [이름 바꾸기] 버튼을 클릭해서 수정할 수 있다.

STEP 4 시트 이동/복사

이동/복사 하려는 시트를 마우스 우클릭 한 후, [이동/복사] 버튼을 클릭해서 이동/복사하려는 문서를 선택하고 어느 시트의 앞으로 이동/복사할 것인지 선택 한 후 [확인] 버튼을 누른다.

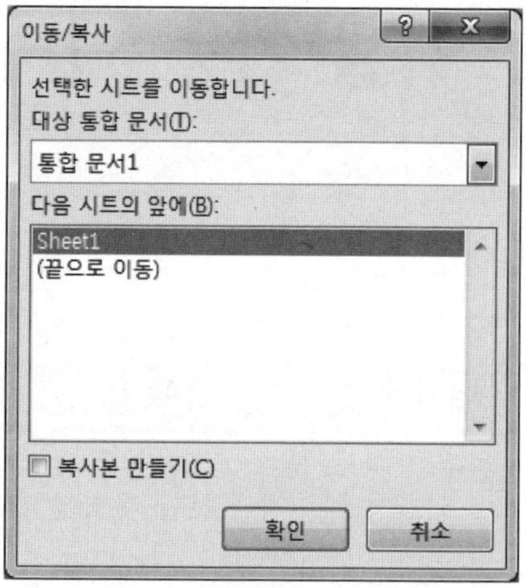

워크시트 편집하기

워크시트는 셀로 구성되어 있으며 셀은 열(가로)로는 영문 좌표, 행(세로)으로는 숫자 좌표로 이루어져 있다. 모든 셀은 각각 속성과 서식을 지정할 수 있어서 사용자의 설정에 따라 여러 가지 역할을 자동으로 수행할 수 있게 도와준다.

STEP 1 셀 너비, 높이 설정

셀의 너비와 높이를 조절하려면 열/행 머리글 경계선에 마우스를 이동하고 쌍방향 화살표가 나타나면 원하는 크기로 마우스 드래그를 통해 원하는 크기로 조정한다. 또는 열/행 기준 좌표에 마우스 우클릭해서 [열너비] 또는 [행높이]를 선택해서 집적 수치값을 입력해 줌으로써 수정할 수 있다.

STEP 2 열/행 삽입 및 삭제

열/행 기준 좌표에 마우스 우클릭 - [삽입] 클릭 후, 원하는 열/행 삽입 방법을 선택하여 [확인]을 클릭한다. 삭제의 경우 동일한 경로로 마우스 우클릭 - [삭제] 클릭 후, 원하는 열/행 삭제 후 셀 이동 방법을 선택해서 [확인]을 클릭한다.

STEP 3 열/행 이동

이동을 원하는 셀을 마우스 드래그를 통해 범위를 지정한 후, 지정한 범위의 테두리로 마우스 포인터를 이동한다. 이때 마우스 포인터 모양이 ✥로 변하는 동안 이동하고 싶은 위치로 마우스 드래그를 하면 선택한 셀이 옮겨진다.

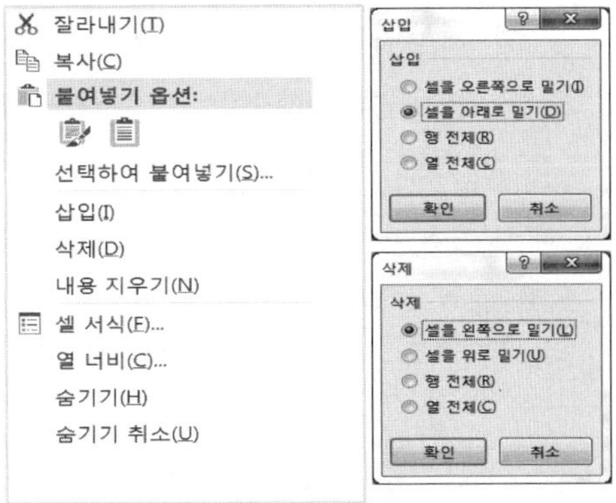

● 워크시트 꾸미기

수정하려는 셀에 마우스 오른쪽 클릭을 한 후 [셀 서식] 옵션을 이용하거나, [홈] 탭의 [셀] 그룹에 있는 [셀 서식]을 선택해서 셀 서식 메뉴에 접근할 수 있다.

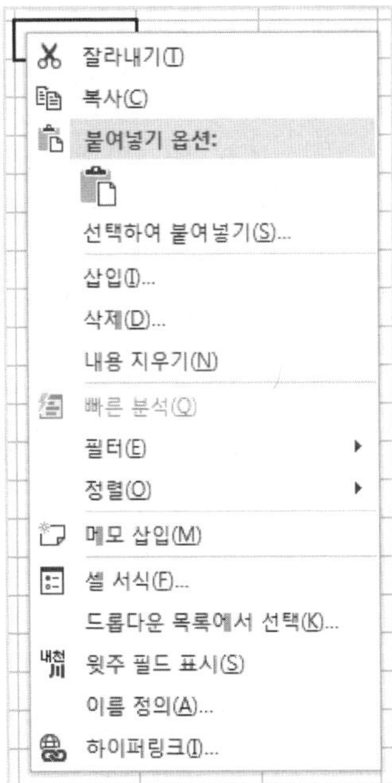

STEP 1 셀 채우기

셀 채우기는 셀 내부에 사용자가 지정한 색을 칠하는 것이다. 셀 서식에서 [채우기] 탭으로 이동하여 원하는 색상을 지정한 후, [확인]을 클릭하면 채우기가 완료된다. 또는 빠르게 작업하기 위해 메인 메뉴에서 [홈] 탭에 채우기 아이콘 을 클릭해서 원하는 색상을 선택하면 바로 채우기가 완료된다.

STEP 2 셀 테두리

셀 테두리는 셀의 가장자리에 윤곽선을 그려 넣는 것으로 보통 워크시트를 몇 개의 구역으로 구분하여 나타낼 때 사용하게 된다. 셀 서식에서 [테두리] 탭으로 이동하여 먼저 [선 스타일]을 고른 후, [색]을 선택한다. 이후 사용자가 그려 넣을 위치를 [테두리]에서 선택하면 된다.

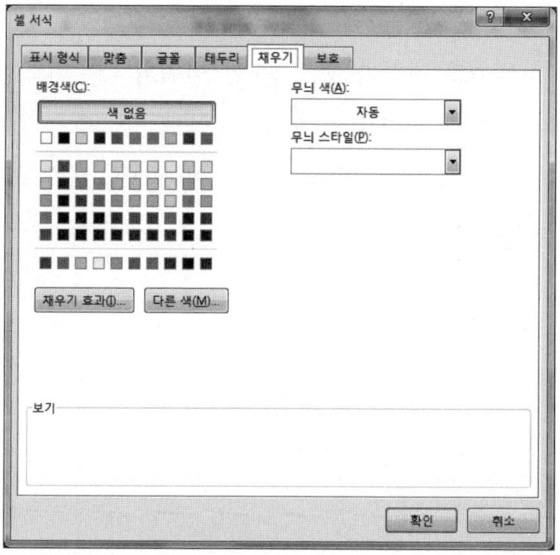

STEP 3 표시 형식

표시 형식은 셀에 입력한 값의 표현 방식을 지정하는 것으로 기본적으로 [일반]으로 되어 있다. [숫자], [회계], [날짜] 등의 속성으로 변경하게 되면 선택한 형식에 알맞은 출력값을 나타낸다. [사용자 지정] 형식을 선택해서 사용자만의 표시 형식을 제작할 수 있다.

엑셀 창 배치

오피스 관련 작업을 할 때 여러 화면을 동시에 출력해서 사용할 경우가 많다. 엑셀 내에서도 동시에 여러 통합 문서를 출력해서 작업할 경우가 있는데, 이런 경우를 위해 엑셀은 다중 시트 출력을 지원한다. 다중 시트 출력 기능을 통해서 비교 작업 등을 수월하게 수행할 수 있다.

통합 문서 하나를 엑셀 창 두 개에 나타내기

보고서 시트 탭을 클릭하여 보고서 시트를 화면에 표시한 후 [보기] - [창] - [새 창]을 클릭하면 제목 표시줄에 현재 통합 문서 이름 뒤에 ':2'가 추가된 새 창이 열린다.

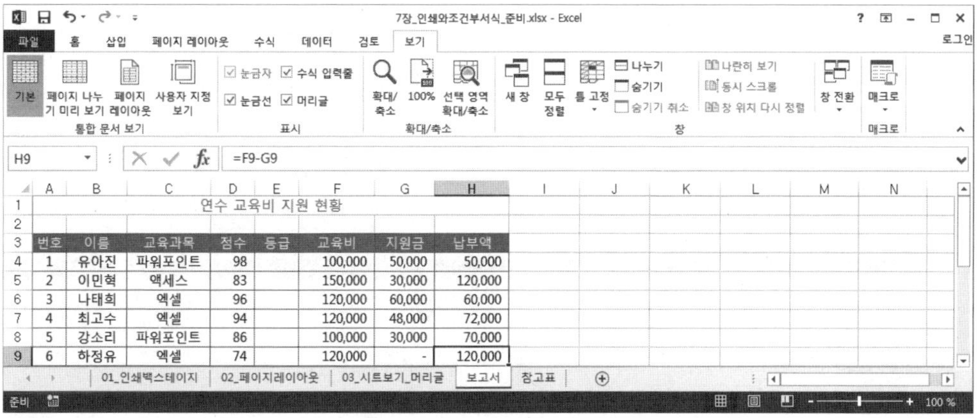

▼

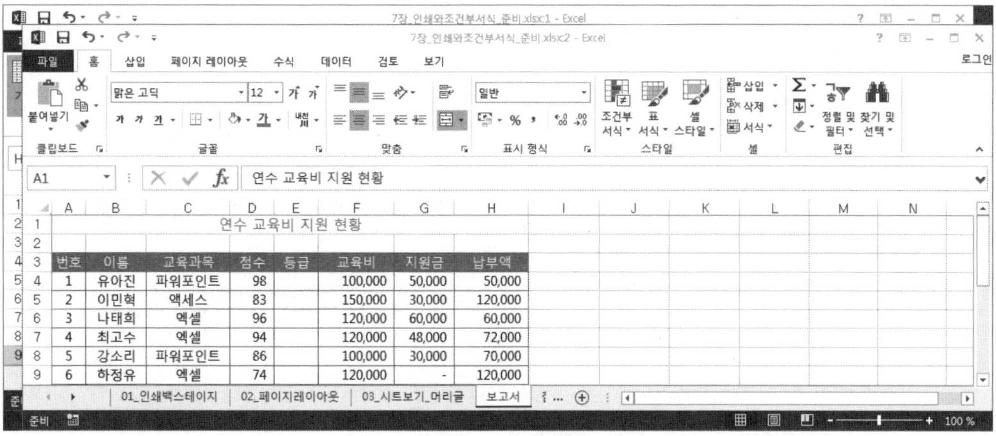

창 두 개를 가로로 나란히 배치하기

보고서 시트의 등급을 입력할 때 참고표 시트의 점수별 등급 표를 보면서 작업할 수 있도록 창을 배치해 보자. 두 번째 엑셀 창에서 참고표 시트 탭을 클릭하여 참고표 시트가 나타나도록 한다. [보기] – [창] – [모두 정렬]을 클릭한 후 현재 통합 문서의 여러 엑셀 창만 가로로 배치하도록 설정하고 [확인]을 클릭하면 두 창이 가로로 나란히 배치된다.

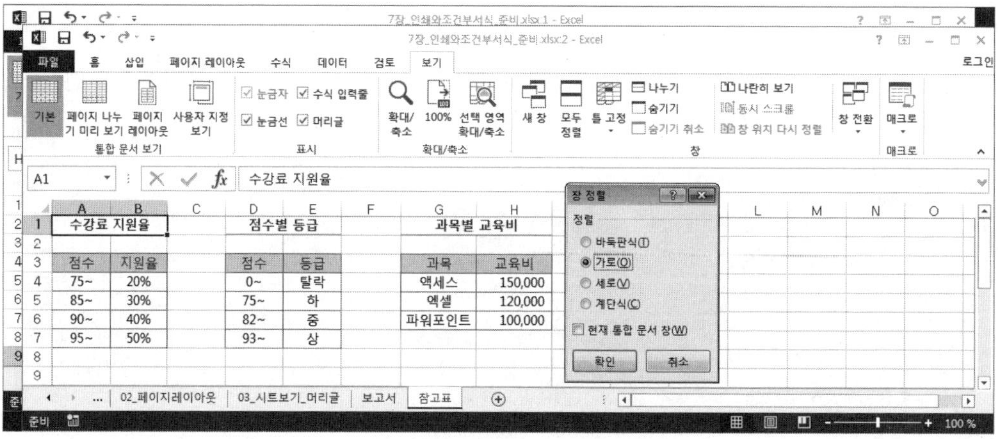

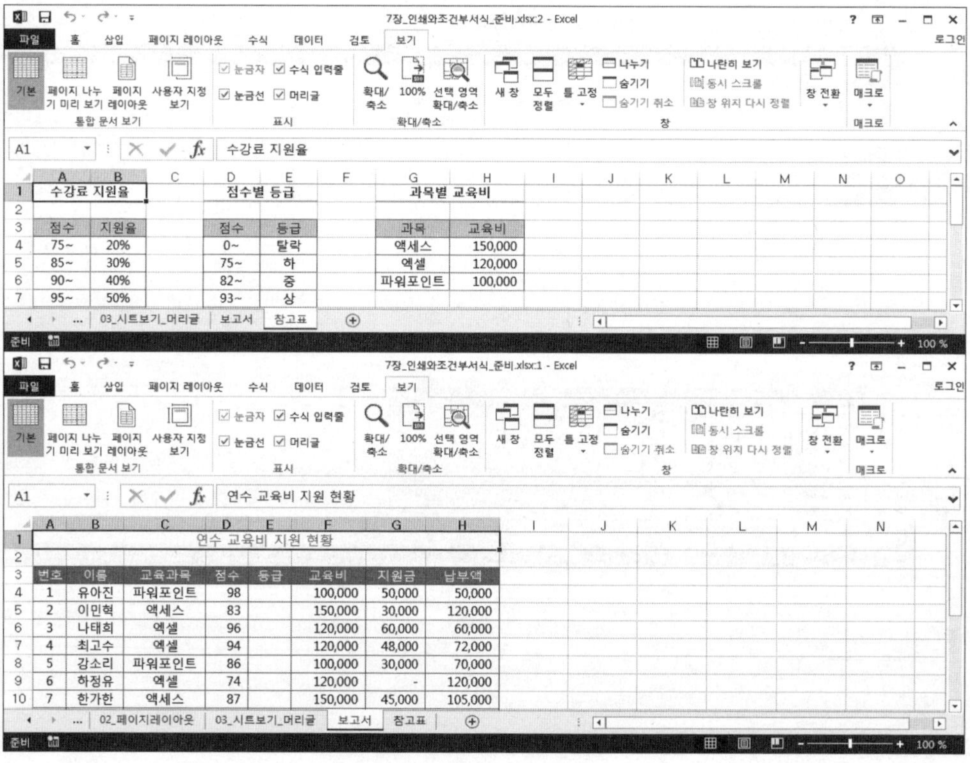

시트 화면을 나누어 멀리 떨어진 내용을 이어서 보기

엑셀 창은 기본적으로 리본 메뉴 등 시트 외의 내용이 차지하는 부분이 많아 시트 화면을 가로와 세로로 나누어 각각의 영역에 필요한 부분이 위치하도록 적절히 배치하는 것이 편리하다. 보고서 시트를 E열의 첫 등급 셀을 기준으로 네 영역으로 나누고, 한가한 점수 옆에 지원금이 나타나게 해보자.

영역을 나눌 기준 셀 [E4]를 선택한 후 [보기] – [창] – [나누기]를 클릭하면 기준 셀 왼쪽과 위쪽으로 영역이 나뉘어 구분선이 나타난다. 네 영역마다 스크롤 막대가 따로 나타나므로 각 영역에서 별도로 작업할 내용이 보이게 할 수 있다. 구분선을 드래그하여 영역을 변경할 수 있으며, 구분선을 더블클릭하면 제거도 가능하다. [보기] – [창] – [나누기]를 다시 클릭하면 처음의 기본 시트 영역으로 돌아간다.

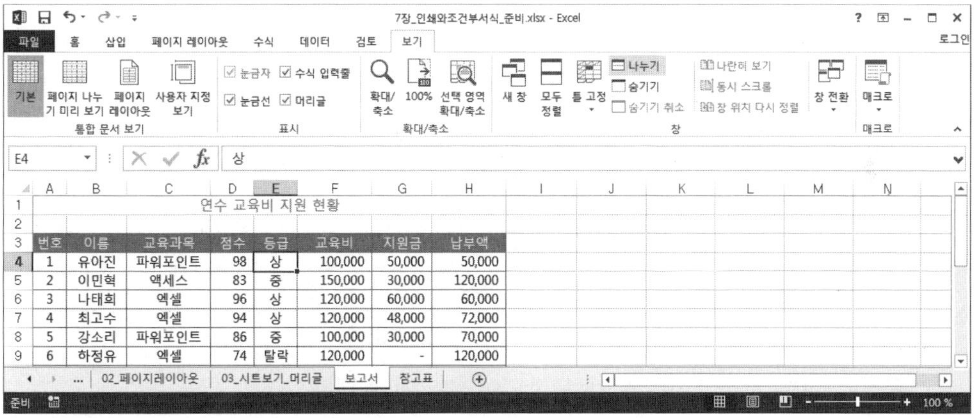

▼

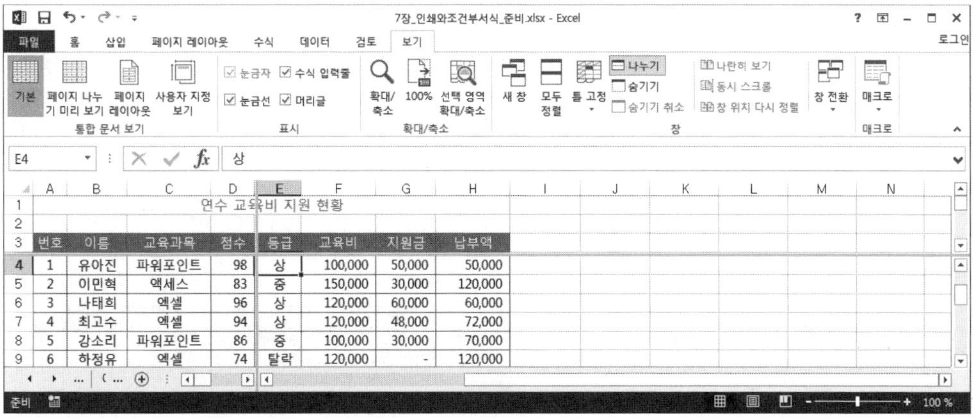

● 조건부 서식

조건부 서식은 데이터가 입력된 셀 범위에 조건에 따른 이미지 효과를 적용해서 사용자가 데이터를 식별하기 쉽게 도와주는 기능이다. 조건에 따른 이미지 효과는 셀 내부에 막대 그래프, 아이콘, 그라데이션 그래프 등 다양한 효과를 제공하며, 조건은 빠른 조건 예시와 사용자 정의 조건 생성이 사용 가능하다. 또한 조건별로 색상 지정이 가능하기 때문에 각 영역별 구분이 용이한 장점이 있다.

STEP 1 셀 강조 규칙

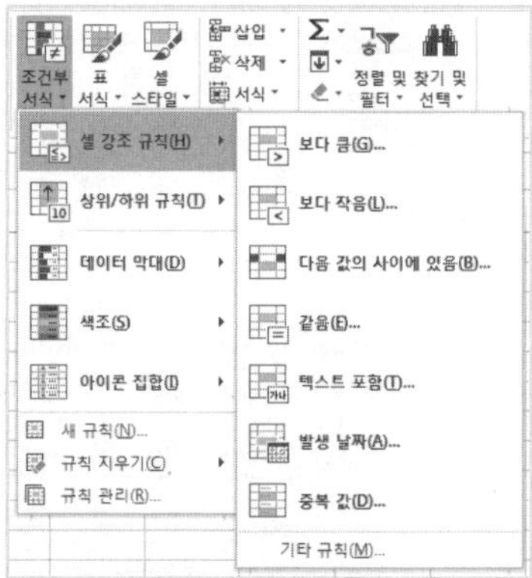

셀 강조 규칙을 지정한 셀에 값을 입력하면 사용자가 지정한 비교 연산에 따라 셀 서식을 다르게 적용하는 것이다. 기본적으로 제공되는 서식은 색상을 다르게 표현해 주는 방식이다.

셀 강조 규칙을 선택하게 되면 설정 창이 출력되는데 비교 연산을 위한 기준 값을 지정하고 적용할 서식을 선택하면 된다. 텍스트 포함 규칙의 경우, 텍스트 값이 비교 규칙이 되며 지정한 텍스트가 포함되어 있는지에 대해서 연산한다.

발생 날짜 규칙의 경우, 날짜가 조건이 되며 드롭다운 메뉴에서 제공하는 값에 한정된다.

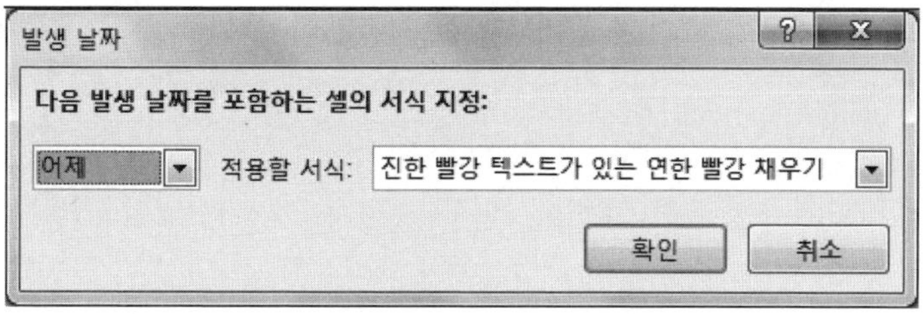

중복 값 규칙의 경우, 지정한 범위의 값 중 중복된 값에 대한 서식 지정 또는 중복되지 않는 고유값에 대한 서식 지정이 가능하다.

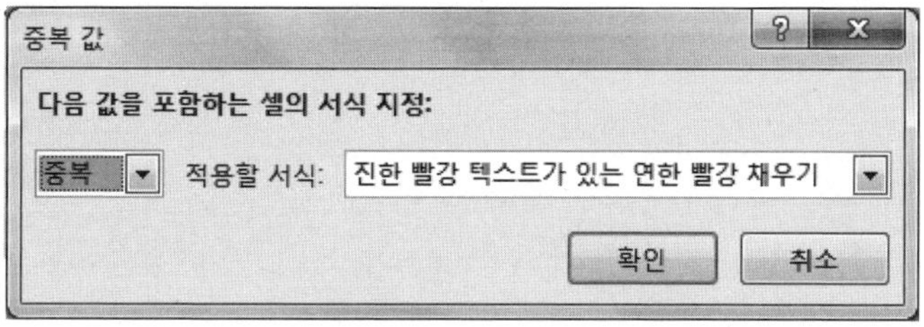

기타 규칙을 통해 사용자 정의가 가능한데 다음과 같은 규칙 유형을 사용할 수 있다. 각 규칙 유형은 세부적으로 설정이 가능하다.

- ► 셀 값을 기준으로 모든 셀의 서식 지정
- ► 다음을 포함하는 셀만 서식 지정
- ► 상위 또는 하위 값만 서식 지정
- ► 평균보다 크거나 작은 값만 서식 지정
- ► 고유 또는 중복 값만 서식 지정
- ► 수식을 사용하여 서식을 지정할 셀 결정

STEP 2 상위/하위 규칙

상위/하위 규칙은 지정한 범위의 값을 기준으로 상위/하위 항목 또는 백분율 등에 포함되는 값에 서식을 지정한다.

적용할 규칙을 클릭한 후 상위/하위의 기준이 되는 수치를 선택하고 표시할 서식을 결정한다. 기준 수치는 순위, 백분율, 평균 초과/미만 중에서 선택할 수 있다.

STEP 3 데이터 막대

데이터 막대는 지정한 셀의 값에 따라 셀 내부에 막대 차트로 표현해 준다. 채우기 효과는 그라데이션 채우기와 단색 채우기가 있다.

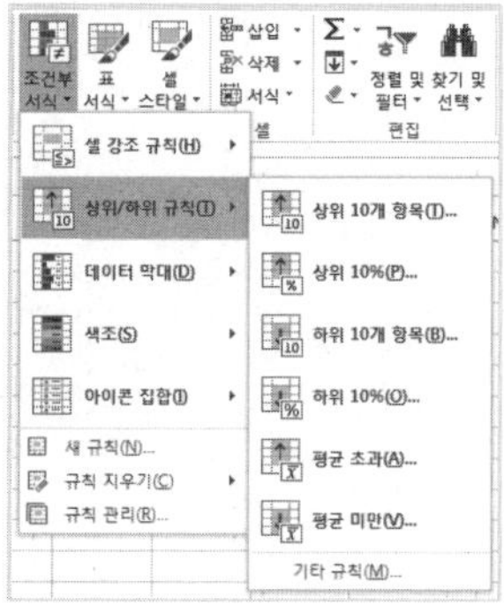

STEP 4 색조

색조는 지정한 범위의 값에 따라 두 가지 이상의 색으로 구분해서 표현한다.

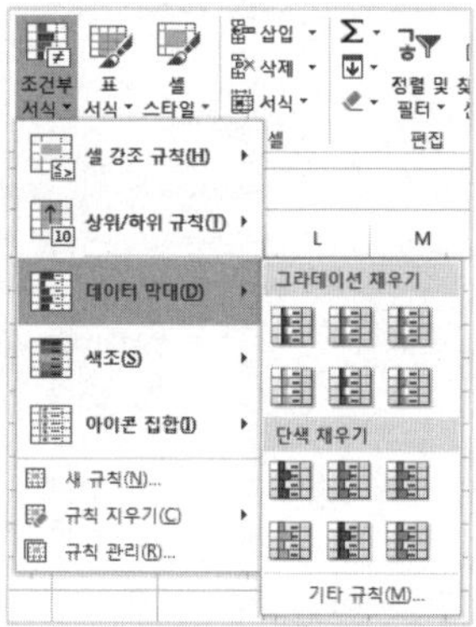

STEP 5 아이콘 집합

아이콘 집합은 지정한 범위의 값을 기준으로 화살표, 신호등, 깃발 등의 아이콘을 통해 데이터의 상태를 나타낸다. 아이콘 집합의 세부 아이콘의 수가 많을수록 세부적으로 표현이 가능하다.

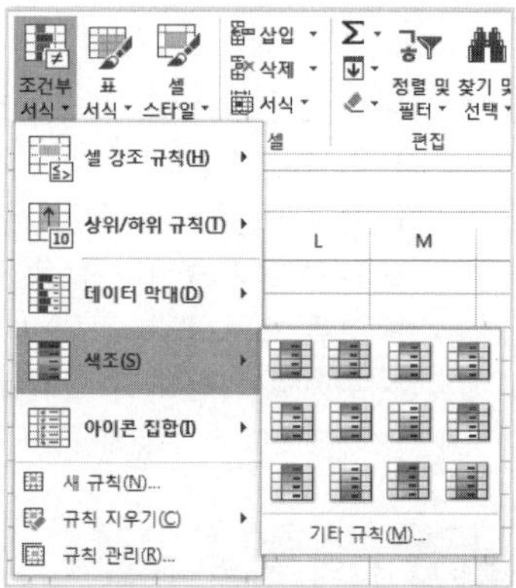

조건부 서식 지정과 데이터 막대 넣기

다음 그림과 같이 신체 검사 자료에서 키가 180cm 이상인 셀과 글자색을 녹색으로 채우고, 몸무게가 입력된 셀에는 몸무게에 비례하는 데이터 막대를 넣어본다.

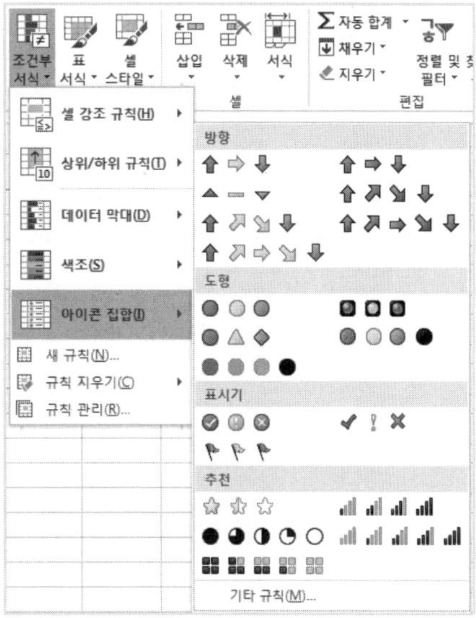

엑셀에서 제공하는 셀 강조 규칙을 이용하여 조건부 서식을 지정할 때는 180이상, 즉 180보다 크거나 같다는 조건을 한 번에 지정할 수 없다. 이런 경우 '180보다 클 때'도 서식을 적용하고 '180과 같을 때'도 동일한 서식을 적용하도록 조건부 서식을 두 번 지정해서 해결한다.

	A	B	C	D	E	F
1	이름	반	성별	혈액형	키	몸무게
2	나원빈	2	남	AB	182.1	64.5
3	서민국	1	남	B	163.8	48
4	유아남	3	남	B	174.3	67.5
5	유태희	2	여	A	162.5	70.3
6	소지법	1	남	B	180	72.5
7	한가한	1	여	A	172.3	55
8	나태희	3	여	A	160.6	51.2
9	문건영	2	여	O	157.4	47.2
10	박가을	4	여	O	161.6	49.1
11	서민국	1	남	B	163.8	53
12	고두식	3	남	B	180.5	80.5

▶

	A	B	C	D	E	F
1	이름	반	성별	혈액형	키	몸무게
2	나원빈	2	남	AB	182.1	64.5
3	서민국	1	남	B	163.8	48
4	유아남	3	남	B	174.3	67.5
5	유태희	2	여	A	162.5	70.3
6	소지법	1	남	B	180	72.5
7	한가한	1	여	A	172.3	55
8	나태희	3	여	A	160.6	51.2
9	문건영	2	여	O	157.4	47.2
10	박가을	4	여	O	161.6	49.1
11	서민국	1	남	B	163.8	53
12	고두식	3	남	B	180.5	80.5

키가 180 이상인 셀만 색과 글꼴이 녹색이 되도록 조건부 서식 지정하기

먼저 180보다 크다는 조건을 만족할 때 특정 서식이 적용되도록 조건부 서식을 지정한다. 조건부 서식을 지정할 [E2:E12] 셀을 선택하고 [홈] - [스타일] - [조건부 서식] - [셀 강조 규칙] - [보다 큼]을 클릭한다. [보다 큼] 대화상자에서 셀 값이 180보다 클 때만 '진한 녹색 텍스트가 있는 녹색 채우기' 서식을 적용하게 설정하고 [확인]을 클릭하면, 시트에서 범위를 선택한 셀 중 [E2] 셀에만 해당 서식이 적용되어 표시된다. 앞의 과정을 참고하여 180과 같다는 조건을 만족할 때도 동일 서식이 적용되도록 조건부 서식을 지정하면 [E12] 셀에 추가로 서식이 적용되어 나타난다.

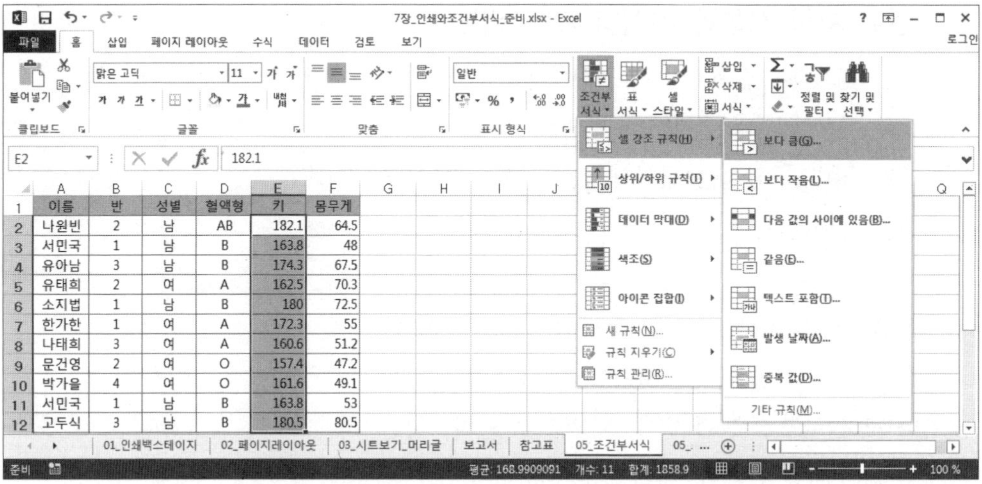

	A	B	C	D	E	F
1	이름	반	성별	혈액형	키	몸무게
2	나원빈	2	남	AB	182.1	64.5
3	서민국	1	남	B	163.8	48
4	유아남	3	남	B	174.3	67.5
5	유태희	2	여	A	162.5	70.3
6	소지법	1	남	B	180	72.5
7	한가한	1	여	A	172.3	55
8	나태희	3	여	A	160.6	51.2
9	문건영	2	여	O	157.4	47.2
10	박가을	4	여	O	161.6	49.1
11	서민국	1	남	B	163.8	53
12	고두식	3	남	B	180.5	80.5

몸무게 셀에 무게에 비례한 데이터 막대 넣기

조건부 서식을 지정할 [F2:F12] 셀을 선택하고 [홈] – [스타일] – [조건부 서식] – [데이터 막대] – [파랑 데이터 막대]를 클릭하면 해당 셀에 셀 값에 비례하게 막대가 채워진다.

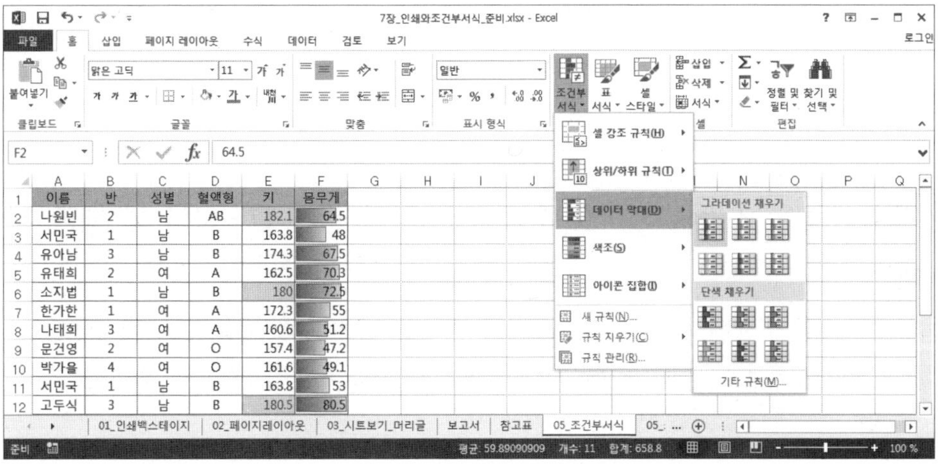

이 외에도 다음 그림과 같이 [홈] – [스타일] – [조건부 서식]에서 선택한 범위의 셀 끼리 상중하로 분류하는 아이콘으로 표시하거나, 값의 크기에 따라 점점 진하게 또는 각 셀의 채우기 색을 크기에 따라 다양한 색으로 그라데이션으로 표시하거나, 평균 초과 셀을 특정 색으로 채우거나, 항상 상위 20%에 해당하는 값 셀에 서식을 지정하는 등 다양한 작업을 실행할 수 있다. 다양한 조건부 서식 적용 예는 다음과 같다.

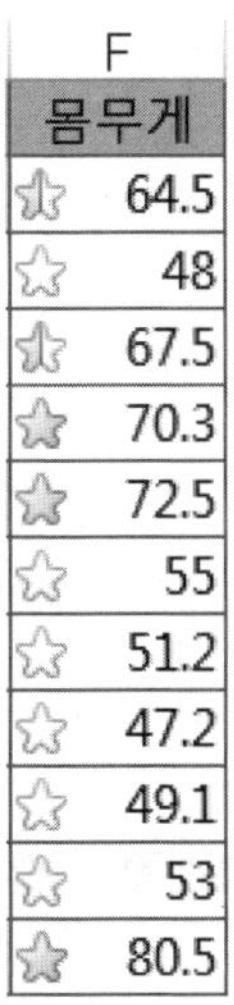

[아이콘집합] –[별3개]

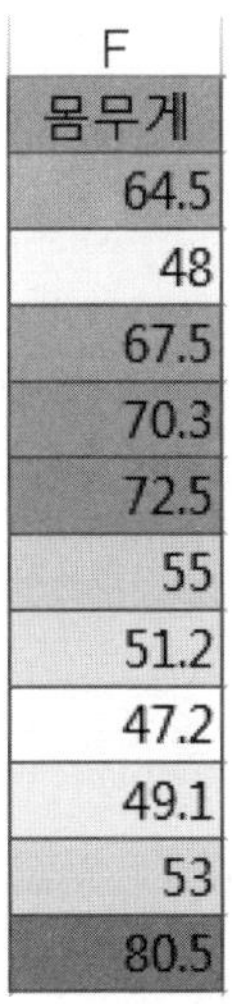

[색조]–[녹색–흰색색조]

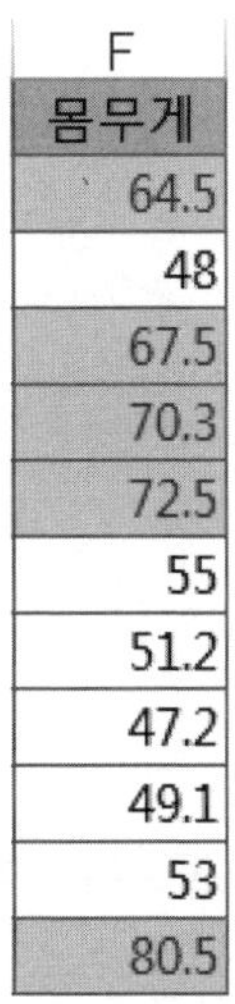

[상위/하위규칙]–[평균초과]

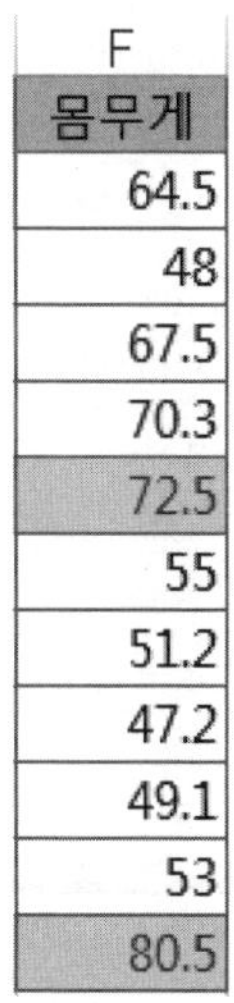

[상위/하위 규칙]–[상위10%] –상위 순위 20%

STEP 6 수정 및 제거

조건부 서식을 지정한 후 조건을 수정하거나 다른 서식을 적용할 경우가 있다. 또한 두 가지 이상 조건부 서식이 적용될 경우 두 가지 조건에 모두 만족해서 최근 지정한 서식이 지정되기 때문에 이미 지정한 서식을 수정할 경우가 발생한다. 서식을 수정할 때는 범위를 지정한 후, 기존에 적용한 조건부 서식 설정을 열어 조건을 수정해서 완료한다. 이미 지정한 수식을 제거할 경우 [홈] - [스타일] - [조건부 서식] - [규칙 지우기] - [선택한 셀의 지우기] 메뉴를 통해 지정 범위의 모든 서식을 제거할 수 있다.

키에 지정한 조건부 서식을 수정, 제거하여 키가 평균보다 클 때만 서식 적용하기

키가 입력된 셀에 지정한 조건부 서식 중 180과 같을 때 지정한 조건부 서식은 제거하고, 180보다 클 때로 새롭게 지정한 조건부 서식이 평균 키보다 클 때 적용되도록 수정해 보자.

조건부 서식 수정과 제거 대상 셀 범위를 선택한 후 [조건부 서식 규칙 관리자] 대화상자가 나타낸다. 키가 180과 같을 때의 조건부 서식을 제거하고, 키가 180보다 클 때의 조건부 서식은 평균 키보다 클 때로 새롭게 수정한 후 [확인]을 클릭한다.

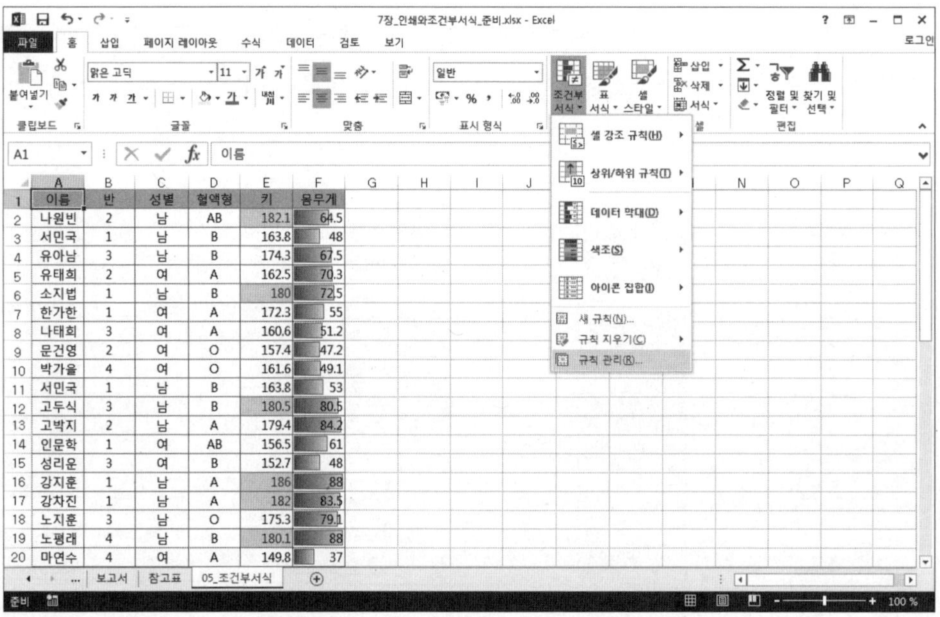

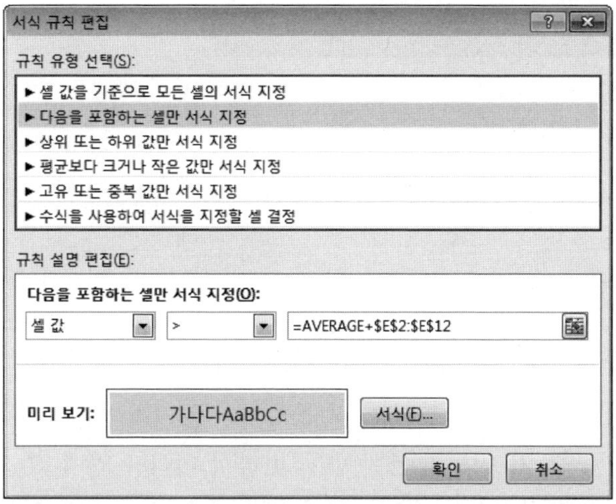
서식 규칙 편집
규칙 유형 선택(S):
► 셀 값을 기준으로 모든 셀의 서식 지정
► 다음을 포함하는 셀만 서식 지정
► 상위 또는 하위 값만 서식 지정
► 평균보다 크거나 작은 값만 서식 지정
► 고유 또는 중복 값만 서식 지정
► 수식을 사용하여 서식을 지정할 셀 결정
규칙 설명 편집(E):
다음을 포함하는 셀만 서식 지정(O):
셀 값
>
=AVERAGE+$E$2:$E$12
미리 보기:
가나다AaBbCc
서식(F)...
확인
취소

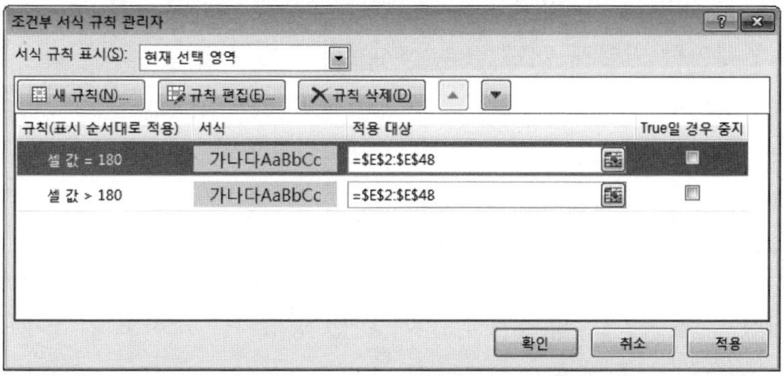
조건부 서식 규칙 관리자
서식 규칙 표시(S): 현재 선택 영역
새 규칙(N)...
규칙 편집(E)...
규칙 삭제(D)
규칙(표시 순서대로 적용)
서식
적용 대상
True일 경우 중지
셀 값 = 180
가나다AaBbCc
=$E$2:$E$48
셀 값 > 180
가나다AaBbCc
=$E$2:$E$48
확인
취소
적용

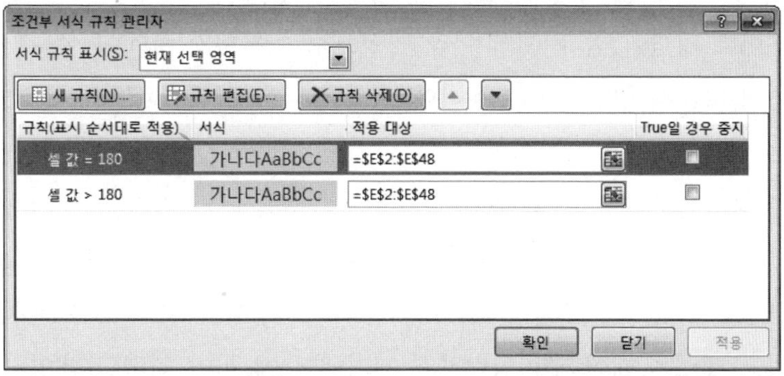
조건부 서식 규칙 관리자
서식 규칙 표시(S): 현재 선택 영역
새 규칙(N)...
규칙 편집(E)...
규칙 삭제(D)
규칙(표시 순서대로 적용)
서식
적용 대상
True일 경우 중지
셀 값 = 180
가나다AaBbCc
=$E$2:$E$48
셀 값 > 180
가나다AaBbCc
=$E$2:$E$48
확인
닫기
적용

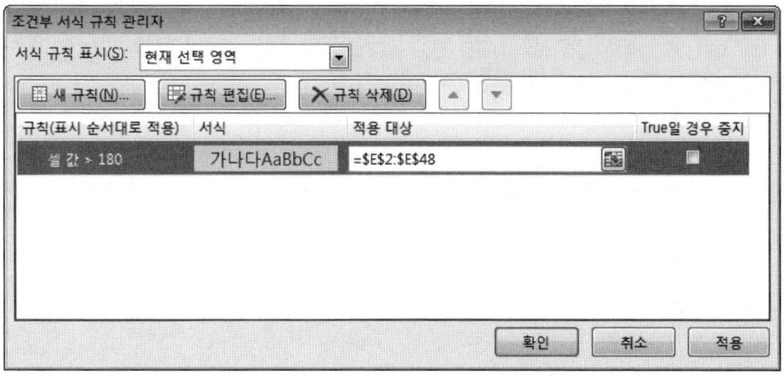
조건부 서식 규칙 관리자
서식 규칙 표시(S): 현재 선택 영역
새 규칙(N)...
규칙 편집(E)...
규칙 삭제(D)
규칙(표시 순서대로 적용)
서식
적용 대상
True일 경우 중지
셀 값 > 180
가나다AaBbCc
=$E$2:$E$48
확인
취소
적용

1.2 데이터 다루기

엑셀에서 가장 먼저 작업하게 되는 데이터 입력, 수정, 삭제 등 데이터를 다루는 방법에 대해서 살펴본다.

데이터 입력

엑셀 작업 중 우선적으로 이루어지는 데이터 입력은 가장 길고 지루한 시간이다. 다수의 데이터를 관리 및 연산하기 위해서는 기본적으로 데이터 입력이 되어 있어야 하며, 데이터 입력 작업은 자동화하기 어렵기 때문이다. 따라서 데이터 입력 작업은 사람의 손으로 셀 하나 하나를 입력해야 한다. 하지만 엑셀에서는 이러한 데이터 입력을 조금이나마 편리하게 할 수 있는 데이터 입력에 대한 기능을 지원하고 있다.

STEP 1 데이터 입력 방법

기본적으로 원하는 셀에 커서를 위치시키고 키보드로 타이핑을 치면 바로 입력 모드로 전환되어 셀에 데이터가 입력된다. 입력이 끝나면 [엔터] 키를 눌러 입력을 종료한다. 여기에서 데이터 입력을 종료 시, [엔터] 키가 아닌 방향키를 눌러도 입력이 종료되면서 방향키를 입력한 방향으로 셀 커서가 이동하게 된다. 방향키로 데이터 입력을 종료하는 경우는 엑셀에서 데이터 입력이 꼭 위에서 아래 방향으로 이루어지는 것이 아니기 때문에 데이터의 입력 방향에 따라서 방향키를 이용하여 손쉽게 다음 입력 셀로 커서를 이동할 수 있다.

또 다른 방법은 키보드 단축키를 이용하는 것이다. [F2] 키를 누르면 현재 커서가 위치한 셀에서 바로 입력 모드로 전환된다. [F2]를 이용해서 입력 모드로 전환되면 앞선 방법과 다르게 방향키로 입력이 완료되지 않는다. 셀에 타이핑을 바로 치면 기본적으로 기존 데이터를 삭제하고 새로운 데이터를 입력하게 되기 때문에 이미 입력된 데이터를 수정하기 위해서는 마우스로 더블 클릭을 해야 하는데 이것은 매우 번거로운 행동이기 때문에 [F2] 키를 통해 빠르게 데이터 수정이 가능하다.

결과적으로 셀에 데이터를 입력할 때는 타이핑을 통해 바로 입력 후, [엔터] 또는 방향키를 통해 빠르게 연속 입력을 하는 것이 좋으며, 데이터 수정의 경우 마우스 더블 클릭보다는 [F2] 키를 이용하면 작업 속도를 높일 수 있다.

데이터 복사

STEP 1 키보드 단축키

엑셀에서 데이터 입력만큼 많이 발생하는 행동이 데이터 복사 작업이다. 따라서 엑셀에는 다양한 복사 기능이 지원되는데 키보드를 통한 복사는 다음 표와 같다.

입력값	설명
Ctrl + C , Ctrl + V	복사, 붙여넣기
Ctrl + D	상위 셀 내용 복사
Ctrl + R	좌측 셀 내용 복사
셀 복수선택 〉 데이터 입력 〉 Ctrl + Enter	선택된 셀에 동시 입력

윈도우에서 일반적으로 사용하는 [Ctrl + C], [Ctrl + V] 외에도 상위/좌측 셀을 복사하는 단축키와 [Ctrl]과 [Shift] 키를 이용하여 다수의 셀을 선택한 후 한 번에 입력하는 [Ctrl + Enter]가 있다. 다음 그림은 복사 단축키를 사용했을 때 복사된 결과를 나타낸 것이다.

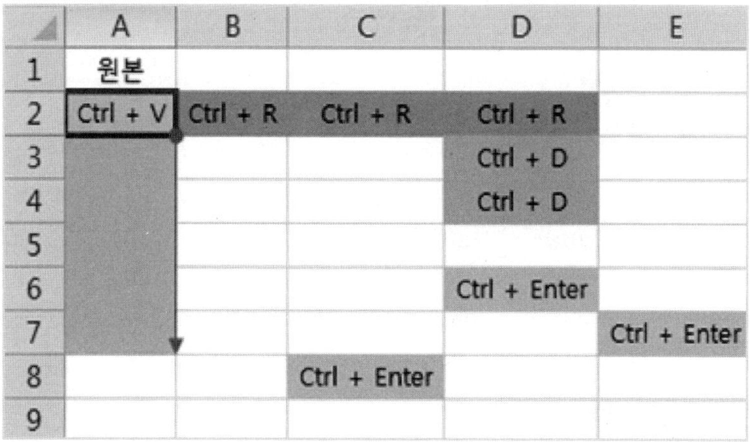

STEP 2 자동 채우기

마우스를 이용한 복사 방법은 마우스 우클릭을 이용한 복사, 붙여넣기 외에 자동채우기 기능이 있다. 셀에 커서를 위치시키면 초록색 박스 형태로 나타나며, 커서의 우측 아래에 작은 사각형 점이 있다. 이 점에 마우스 포인터를 위치시키면 마우스 포인터가 하얀색 십자가에서

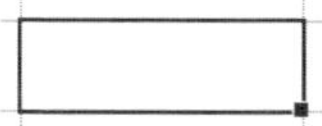

검은색 +로 변경되면서 자동 채우기 상태가 된다. 이 상태로 [마우스 좌클

릭] – [드래그]를 하게 되면 상/하/좌/우에 상관없이 커서가 있던 셀의 데이터가 복사된다.

	A
1	1
2	2
3	
4	

	A
1	1
2	2
3	3
4	4
5	5
6	6
7	7
8	

자동 채우기 기능은 영리하게도 패턴을 인식하여 복사할 수 있는데 예를 들어, A1에 1, A2에 2가 입력된 상태에서 자동 채우기를 아래로 하면 1, 2, 3, 4, 5 ... 식으로 자동 증가하여 복사가 이루어진다. 이것을 활용하면 2의 배수 같은 일정하게 증가하는 데이터도 손쉽게 입력할 수 있다.

STEP 3 수식 복사

자동 채우기는 수식을 쉽게 복사할 수 있는데, 수식의 경우 대부분 참조값을 사용하기 때문에 열/행의 좌표가 표시된다. 이렇게 입력된 수식을 자동 채우기로 복사할 경우 다음 그림과 같이 아래로 자동 채우기를 적용하면 행의 좌표(숫자 좌표)가 자동으로 증가하며 수식이 복사되며, 우측으로 자동 채우기를 적용할 경우 열의 좌표(영문 좌표)가 자동으로 증가해서 수식이 완성된다.

※ 아래로 자동 채우기 결과

	A	B	C
1	10	20	=A1+B1
2	20	30	
3	30	40	

	A	B	C
1	10	20	30
2	20	30	=A2+B2
3	30	40	70

※ 우측으로 자동 채우기 결과

	A	B	C
1	10	20	30
2	20	30	40
3	=A1+A2		

	A	B	C
1	10	20	30
2	20	30	40
3	30	=B1+B2	70

수식 복사는 다음 섹션에서 배우게 되는 참조를 이용하면 더욱 강력한 기능으로 활용할 수 있다.

자동 합계

엑셀을 사용하면서 주로 사용하게 되는 합계, 평균 등의 수식은 메인 메뉴에서 빠른 실행으로 제공한다. [홈] - [편집] - [자동 합계]를 선택하여 합계, 평균, 숫자 개수, 최대값, 최소값 등의 계산을 빠르게 적용할 수 있다.

STEP 1 합계

합계는 엑셀을 사용할 때 가장 자주 사용하게 되는 함수 중 하나로써 수식을 직접 작성하거나 SUM 함수를 사용하여 결과를 확인할 수 있다. 또한 앞서 설명한 [자동 합계]를 통해 합계를 계산할 수 있다.

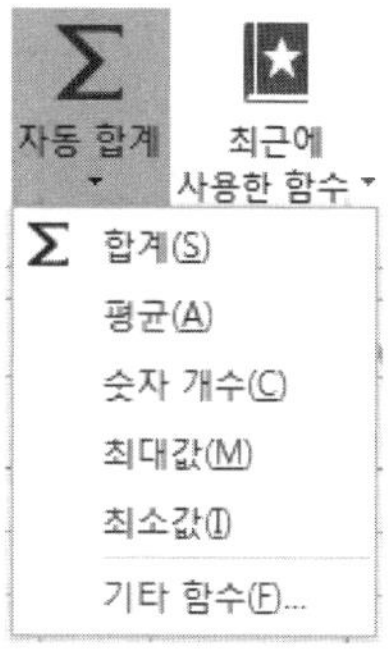

성적 합계 구하기

다음 예제는 각 학생들의 중간, 기말 성적의 합계를 구하는 것이다. '=B2+C2'를 작성하여 수식을 복사해도 되지만 합계가 출력될 범위를 지정한 후, [자동 합계]를 선택해서 합계를 확인해 본다.

이름	중간	기말	합계
이재훈	48	29	
김지원	33	94	
한장호	74	55	
김상수	39	28	

이름	중간	기말	합계
이재훈	48	29	77
김지원	33	94	127
한장호	74	55	129
김상수	39	28	67

STEP 2 평균

평균 역시 엑셀에서의 주요 작업 중 하나로 수식을 직접 작성하거나 AVERAGE 함수를 사용하여 결과를 계산할 수 있다. 그러나 평균 역시 [자동 합계]를 통해 결과값을 계산할 수 있는데 [홈] - [편집] - [자동 합계] - [평균]을 선택하면 바로 평균값을 계산하여 출력한다.

3과목 평균 구하기

다음은 3과목의 평균을 구하는 예제로 수식으로 직접 작성하면 '=(B2+C2+D2)/3'이다. 그러나 수식으로 작성하는 것 보다 [자동 합계]를 사용하면 간단하게 완성할 수 있다. 합계를 구하는 것과 동일하게 평균을 계산할 부분을 지정한 후, [홈] - [편집] - [자동 합계] - [평균]을 선택하면 결과를 쉽게 얻을 수 있다.

이름	영작	독해	어휘	평균
이재훈	48	29	77	
김지원	33	94	127	
한장호	74	55	129	
김상수	39	28	67	

이름	영작	독해	어휘	평균
이재훈	48	29	77	51.333
김지원	33	94	127	84.667
한장호	74	55	129	86.000
김상수	39	28	67	44.667

STEP 3 숫자 개수, 최대값, 최소값

[자동 합계] 기능은 합계, 평균 외에 숫자 개수, 최대값, 최소값이 기본 수식으로 포함되어 있으며, 사용자 설정을 통해 더 많은 수식을 추가할 수 있다. 숫자 개수는 COUNT 함수를 이용하여 지정한 범위의 셀 중 데이터가 채워진 셀의 개수를 반환한다. 최대값과 최소값은 각각 MAX와 MIN 함수를 사용하며 지정한 범위의 셀 중 가장 큰 값, 가장 작은 값을 반환한다.

성적표 완성하기

다음 예제는 [자동 합계]에 포함되는 기본 수식을 모두 사용해 보는 실습이다. 학생들의 성적 합계와 평균, 가장 성적이 높은 학생과 낮은 학생을 출력해 보며 마지막으로 전체 인원을 출력한다.

성적 합계는 합계를 구할 셀 범위를 지정한 후, [자동 합계] - [합계]를 선택하면 자동으로 결과를 얻을 수 있다.

이름	영작	독해	어휘	합계	평균
이재훈	48	29	77		
김지원	33	94	127		
한장호	74	55	129		
김상수	39	28	67		
김재봉	64	91	13		
				가장높은성적	
				가장낮은성적	
				전체인원	

이름	영작	독해	어휘	합계	평균
이재훈	48	29	77	154	
김지원	33	94	127	254	
한장호	74	55	129	258	
김상수	39	28	67	134	
김재봉	64	91	13	168	
				가장높은성적	
				가장낮은성적	
				전체인원	

성적 평균 역시 합계를 구하는 것과 동일하게 셀 범위를 지정한 후, [자동 합계] - [평균]을 선택하면 자동으로 결과를 얻을 수 있다.

이름	영작	독해	어휘	합계	평균
이재훈	48	29	77	154	77.00
김지원	33	94	127	254	127.00
한장호	74	55	129	258	129.00
김상수	39	28	67	134	67.00
김재봉	64	91	13	168	84.00
				가장높은성적	
				가장낮은성적	
				전체인원	

가장 높은 성적은 범위 내에서 가장 높은 값을 찾아 출력하는 것으로 결과를 출력할 셀에서 [자동 합계] - [최대값]을 선택하면 자동으로 최적의 참조 범위를 찾게되는데 대부분 가까운 셀의 연속된 셀을 지정한다. 자동으로 지정된 셀의 범위가 맞다면 엔터를 입력해서 마무리하면 된다.

이름	영작	독해	어휘	합계	평균
이재훈	48	29	77	154	77.00
김지원	33	94	127	254	127.00
한장호	74	55	129	258	129.00
김상수	39	28	67	134	67.00
김재봉	64	91	13	168	84.00
				가장높은성적	=MAX(F2:F6)
				가장낮은성적	
				전체인원	

이름	영작	독해	어휘	합계	평균
이재훈	48	29	77	154	77.00
김지원	33	94	127	254	127.00
한장호	74	55	129	258	129.00
김상수	39	28	67	134	67.00
김재봉	64	91	13	168	84.00
				가장높은성적	129.00
				가장낮은성적	
				전체인원	

가장 낮은 성적 역시 가장 높은 성적과 동일하게 진행되며 사용되는 함수만 다르다. 값을 출력할 셀에서 [자동 합계] - [최소값]을 선택하면 자동으로 참조 범위를 찾게되며, 범위를 정상적으로 지정한 후 엔터를 입력하여 마무리한다.

이름	영작	독해	어휘	합계	평균
이재훈	48	29	77	154	77.00
김지원	33	94	127	254	127.00
한장호	74	55	129	258	129.00
김상수	39	28	67	134	67.00
김재봉	64	91	13	168	84.00
				가장높은성적	129.00
				가장낮은성적	=MIN(F2:F6)
				전체인원	

전체 인원의 경우에도 결과를 출력할 셀에서 [자동 합계] - [숫자 개수]를 선택하면 자동으로 참조할 범위를 지정하게 된다. 그러나 연속된 셀을 인지하기 때문에 5명의 평균만을 범위로 지정하는 것이 아니라 앞서 출력한 가장 높은 성적, 가장 낮은 성적까지 범위로 자동 지정하고 있다. 따라서 마우스 드래그를 통해 F2부터 F6까지 참조 범위를 재설정한 후, 엔터를 입력하면 정상 완료된다.

이름	영작	독해	어휘	합계	평균
이재훈	48	29	77	154	77.00
김지원	33	94	127	254	127.00
한장호	74	55	129	258	129.00
김상수	39	28	67	134	67.00
김재봉	64	91	13	168	84.00
				가장높은성적	129.00
				가장낮은성적	67.00
					=COUNT(F2:F6)

이름	영작	독해	어휘	합계	평균
이재훈	48	29	77	154	77.00
김지원	33	94	127	254	127.00
한장호	74	55	129	258	129.00
김상수	39	28	67	134	67.00
김재봉	64	91	13	168	84.00
				가장높은성적	129.00
				가장낮은성적	67.00
				전체인원	5

셀(범위) 이름 정의

셀 이름은 각 셀마다 지정되어 있는 좌표(영문, 숫자)를 사용자가 지정한 명사로 변경하는 기능이다. 셀에 이름을 지정할 경우 번거롭게 좌표값을 기억할 필요없이 이름을 통해 바로 접근할 수 있다. 또한 이름은 수식이나 함수를 사용할 경우 그대로 적용할 수 있기 때문에 '=단가*수량'과 같은 수식이 사용 가능하며, 수식을 이해하기 쉬운 장점이 있다. 또한 셀 이름을 지정할 시, 이름을 통해 바로 셀 위치로 이동이 가능하기 때문에 시트의 작업 영역이 넓어질수록 그 효율성은 증가하며, 셀 이름은 기본적으로 절대 참조가 적용되기 때문에 '$' 기호를 붙일 필요가 없다.

셀 이름 적용 및 활용

다음 그림을 보면 1분기부터 4분기까지 판매액이 정리되어 있다. 가장 우측에 총판매액을 분기별 합계를 통해 계산했는데 현재 총판매액의 셀 이름은 'F2'로 되어 있다.

F2 | fx =SUM(B2:E2)

	A	B	C	D	E	F
1		1분기	2분기	3분기	4분기	총판매액
2	판매액	₩13,023,000	₩2,070,090	₩45,003,400	₩23,000,000	₩83,096,490

커서 위치를 총판매액의 결과가 출력된 셀에 지정시킨 후에 엑셀 화면 우측 상단에 있는 'F2'를 클릭하여 '총판매액'으로 수정한다. 수정된 후부터는 이동하거나 수식을 작성할 때 '총판매액' 이름을 통해 접근할 수 있다.

총판매액 | fx =SUM(B2:E2)

	A	B	C	D	E	F
1		1분기	2분기	3분기	4분기	총판매액
2	판매액	₩13,023,000	₩2,070,090	₩45,003,400	₩23,000,000	₩83,096,490

총판매액의 우측 셀에 분기단위 평균을 구하기 위해 총판매액을 총 분기로 나누는 수식을 작성했다. 수식 작성 시, '=F2/4'로 작성하지 않고 이전 단계에서 설정한 '총판매액'을 사용한다. 따라서 '=총판매액/4'라고 수식을 작성해서 수식을 완료한다.

SUM | fx =총판매액/4

	A	B	C	D	E	F	G
1		1분기	2분기	3분기	4분기	총판매액	분기단위 평균
2	판매액	₩13,023,000	₩2,070,090	₩45,003,400	₩23,000,000	₩83,096,490	=총판매액/4

● 선택 영역 이름 정의

셀에 이름을 정의하는 것은 특정 셀에 적용할 수 있을뿐만 아니라 영역을 선택하여 선택 영역내에 정의가 가능하다. 시트 작성 시, 대부분 1열에 데이터 항목, 1행에 분류 항목이 위치하게 된다. 따라서 데이터가 입력된 영역 전체를 지정하여 [수식] – [선택 영역에서 만들기]를 선택한 후, [첫 행] 또는 [왼쪽 열] 등을 선택하여 각 행과 열에 이름을 정의할 수 있다. 예를 들어, 다음 그림에서 'C행'은 '기말고사'라는 이름을 가지게 된다.

	A	B	C	D	E	F
1		중간고사	기말고사	과제	출석	총점
2	한장호	17	33	10	10	70
3	김지원	32	23	6	9	70
4	김봉재	9	39	5	9	62
5	김상수	40	18	9	10	77
6	남진우	22	18	10	8	58

설정이 완료되면 셀 좌표 부분에 화살표를 클릭하면 앞서 지정했던 셀 이름들이 출력된

다. 그 중 검색하고자 하는 이름을 선택하면 해당 셀로 이동하면서 자동으로 해당 범위를 지정해준다.

선택 영역의 첫 행을 이용하여 이름 정의하기

다음 예제는 학생들의 성적을 기록한 데이터 시트로 총 5명의 학생과 5가지 점수 구분이 있다. 각 셀에 값을 입력한 후, A1부터 F6까지 영역을 지정하여 [수식] - [선택 영역에서 만들기]를 선택한다. 자동으로 팝업창이 뜨게되는데 [첫 행]을 체크한 후 [확인]을 눌러 설정을 마무리한다.

설정이 완료되면 각 행의 총점을 계산하기 위한 수식을 작성할 때, 셀 좌표가 아닌 첫 행에 있는 각 열의 분류 항목 이름을 사용할 수 있다. '=B2+C2+D2+E2'로 작성 가능하지만 '=중간고사+기말고사+과제+출석'으로 작성할 수 있다.

	A	B	C	D	E	F	G
1		중간고사	기말고사	과제	출석	총점	
2	한장호	17	33	10	=중간고사+기말고사+과제+출석		
3	김지원	32	23	6	9	70	
4	김봉재	9	39	5	9	62	
5	김상수	40	18	9	10	77	
6	남진우	22	18	10	8	58	
7					평균		

STEP 1 셀 참조에 이름 활용

선택 영역에 셀 이름을 지정했을 때, 수식 내 참조 범위를 지정한 이름으로 대신 사용할 수 있다. 만약 B2부터 B6까지 중간고사 성적이 입력되어 있다고 했을 때 선택 영역 셀 이름 정의 후, 중간고사의 평균을 구할 경우 '=AVERAGE(B2:B6)'로 작성할 수 있으나 '=AVERAGE(중간고사)'로 바꾸어 작성할 수도 있다.

셀 참조를 정의한 이름으로 바꿔 적용하기

앞서 사용했던 예제에서 각 과목별 평균을 구할 때 다음 그림과 같이 '=AVERAGE(중간고사)'로 수식을 작성해서 평균을 구할 수 있다. '중간고사' 이름을 이미 지정했기 때문에 B2부터 B6에 해당하는 값을 '중간고사'로 치환해서 입력값으로 사용하기 때문에 정상 수식으로 사용할 수 있다.

	A	B	C	D	E	F
1		중간고사	기말고사	과제	출석	총점
2	한장호	17	33	10	10	70
3	김지원	32	23	6	9	70
4	김봉재	9	39	5	9	62
5	김상수	40	18	9	10	77
6	남진우	22	18	10	8	58
7	평균	=AVERAGE(중간고사)				

데이터에 이름 적용

앞서 지정한 데이터 영역 중 행 또는 열에 이름을 지정하여 수식에 활용해 보았다. 이름 지정을 더 확장해 활용할 수 있는데 입력된 데이터 값에 이름을 부여하여 수식에 활용할 수 있다. 일반적으로 일정 기간 동안 고정 값으로 사용되는 변수에 해당하는(환율, 비율 등) 값에 이름을 지정해서 수식에 사용한다. 이름을 지정할 값에 [수식] - [이름 정의]를 선택한 후 이름을 지정하면 간단히 적용할 수 있다.

환율별 이름 지정

이번 실습에서는 4가지 화폐에 대한 환율에 각각 이름을 지정해서 활용해 본다. 미국 USD, 일본 JPY, 유럽연합 EUR, 영국 GBP 통화에 대한 환율을 각각 입력한 후, 각 환율을 지정하여 [수식] - [이름 정의]를 선택해서 데이터에 이름을 정의한다.

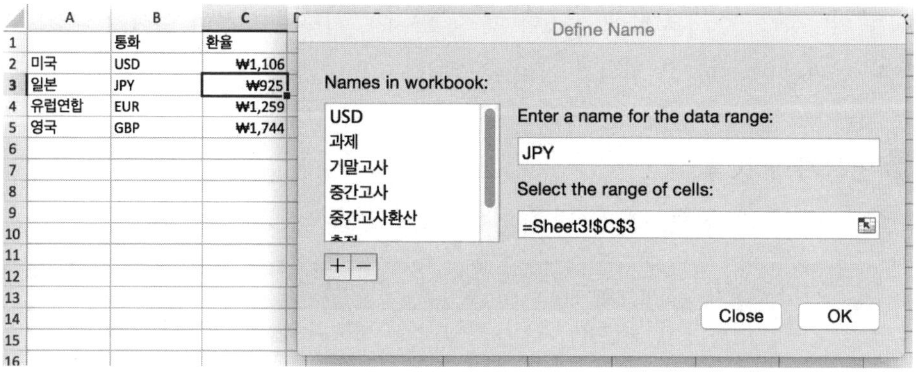

그 다음 E2부터 E5에 한국 통화 10,000원으로 환전 시, 예상 금액을 계산한다. 수식을 작성할 때 B2, B3, B4, B5를 참조하지 않고 각 환율에 지정한 이름을 USD, JPY, EUR, GBP를 사용하여 '=10000/JPY'와 같이 작성한다. 만약 다른 수식에서 사용할 때, 동일한 이름을 활용할 수 있으며, 환율이 변경될 경우 환율 데이터만 수정하면 바로 적용할 수 있다.

	A	B	C	D	E
1		통화	환율		10000원 환전시 금액
2	미국	USD	₩1,106		$ 9.04
3	일본	JPY	₩925		=10000/JPY
4	유럽연합	EUR	₩1,259		€ 7.94
5	영국	GBP	₩1,744		£ 5.73

	A	B	C	D	E
1		통화	환율		10000원 환전시 금액
2	미국	USD	₩1,106		$ 9.04
3	일본	JPY	₩925		¥ 10.81
4	유럽연합	EUR	₩1,259		€ 7.94
5	영국	GBP	₩1,744		£ 5.73

1.3 함수 사용하기

엑셀의 가장 강력한 기능 중 하나인 함수를 사용하는 방법과 어떤 함수가 있는지 살펴보고 실습해 보도록 한다.

수식 및 연산자

STEP 1 수식

수식은 셀에 입력되어 있는 데이터를 이용하여 사칙 연산, 논리 연산 및 함수를 처리하는 식을 의미한다. 수식은 셀에 입력할 때 등호(=)로 시작해야 하며 입력이 완료되면 해당 셀에는 입력한 수식이 아닌 결과 값이 출력된다.

STEP 2 연산자의 종류

연산자는 크게 산술, 문자, 비교 연산자로 구분할 수 있다.

종류	연산자	의미	사용 예	우선순위
산 술 연산자	%	백분율	50% = 15% + 35%	1
	^	지수	16 = 4 ^ 2	2
	*	곱셈	8 = 4 * 2	3
	/	나눗셈	1.5 = 3/2	4
	+	덧셈	8 = 6 + 2	
	–	뺄셈	1 = 3 – 2	
문 자 연산자	&	문자열 연결	컴퓨터실습 = "컴퓨터" & "실습"	5
비 교 연산자	=	같다	FALSE = (4 = 3)	6
	>	크다	TRUE = 4 > 3	
	<	작다	FALSE = 4 < 3	
	>=	크거나 같다	TRUE = 4 >= 3	
	<=	작거나 같다	FALSE = 4 <= 3	
	<>	같지 않다	TRUE = 4 <> 3	

산술 연산자는 사칙 연산 및 지수, 백분율에 해당하는 연산자를 포함하고 있으며, 문자 연산자는 문자열 연결 연산자를 포함한다. 비교 연산자는 서로 두 가지 값에 대한 비교 결

과를 나타내는 연산자들을 포함하고 있다. 하나의 수식에 연산자가 복합적으로 사용될 경우 산술 〉 문자 〉 비교 연산자 순으로 우선순위가 적용된다.

STEP 3 셀 참조

엑셀에서 셀 참조는 수식을 작성할 때 대부분 연산의 기준이 되는 수치 데이터를 직접 입력하지 않는다. 보통 다른 셀에 입력되어 있는 값을 참조해서 사용하게 되는데, 참조하기 위해 해당 셀의 주소 값을 입력한다. 셀 참조 유형은 참조 셀 주소 앞에 '$' 기호를 붙여 변경할 수 있으며, [F4] 키를 눌러 간단히 선택할 수 있다. 셀 참조 유형은 다음과 같다.

참조 유형	입력 예시	의미
상대 참조	A2	일반적인 주소 형태로, 수식 복사 또는 채우기 핸들을 이용해 수식을 복사하면 셀 주소의 행, 열 모두 변경된다.
절대 참조	$A$2	셀 주소의 행, 열에 모두 $ 기호가 붙는 주소로 수식을 복사해도 주소가 변경되지 않는다.
혼합 참조	$A2, A$2	상대 참조와 절대 참조를 혼합한 주소로 수식 복사를 하면 셀 주소의 행, 열에 $ 기호가 붙은 주소는 변하지 않고 나머지 주소는 변경된다.

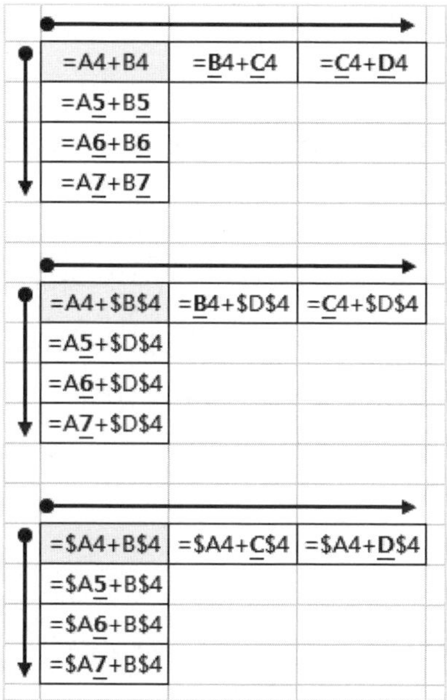

참조 유형에 따라 자동 채우기를 했을 경우, 결과가 달라진다. 그림을 참조하면 이해를 쉽게 할 수 있는데 '$' 기호가 붙어 있는 좌표는 자동 채우기를 했을 시 좌표의 변화가 일어나지 않는다. 이 속성을 이용하면 사용자가 원하는 방식으로 수식을 복사할 수 있으며, 4번의 복사가 이루어질 것을 2번으로, 2번의 복사가 이루어질 것을 1번으로 줄일 수 있는 효과가 있다. 따라서 참조의 원리를 잘 파악해서 사용하면 작업량을 큰 폭으로 줄일 수 있다.

● 배열 수식

배열 수식은 배열 형식으로 구성된 데이터간의 연산을 위한 수식 작성 시, 복잡한 수식을 간단히 작성할 수 있게 도와준다. 예를 들어, C2에 '=SUM(A2,B2)' 수식을 이용하여 C11까지 10번의 연산이 필요한 경우 '=SUM(A2:A11,B2:B11)' 수식 한번으로 연산을 마무리할 수 있다.

STEP 1 배열 수식 계산방식

일반 수식은 각 행 별로 수식을 작성해서 결과를 구하고 행 좌표를 수정하여 다른 행의 결과를 구한다. 아래 그림에서 D2에 '=B2*C2' 수식을 입력하면 단가와 수량을 곱한 결과를 출력한다. 이 수식을 D3에 복사하면 '=B3*C3'로 자동 변형되어 결과를 출력하며, 이런 순서로 D7까지 복사해서 결과값을 구하게 된다. 복사를 하지 않는다면 수식을 총 6회 작성해야 하기 때문에 계산 횟수만큼 작업이 필요하게 된다. 그러나 배열 수식을 사용하면 계산 횟수에 상관없이 수식을 한 번만 작성해서 완료할 수 있다.

	A	B	C	D
1	상품	단가	수량	금액
2	사과	1200	30	
3	배	2100	20	
4	오랜지	700	60	
5	바나나	2400	20	
6	포도	1800	15	
7	딸기	2000	15	

배열 수식의 경우 동일한 형식의 여러 수식을 범위 참조를 통해 하나의 수식으로 축약시켜 자동계산한다. 따라서 '=B2:B7*C2:C7'과 같이 수식을 작성한 후 'Ctrl+Shift+Enter'를 입력해서 배열 수식 연산을 명령하면 된다. 실제 계산은 다음과 같이 수행하게 된다.

= B2:B7의 첫 번째 셀(B2) * C2:C7의 첫 번째 셀(C2)

= B2:B7의 두 번째 셀(B3) * C2:C7의 두 번째 셀(C3)

= B2:B7의 세 번째 셀(B4) * C2:C7의 세 번째 셀(C4)

⋮

= B2:B7의 여섯 번째 셀(B7) * C2:C7의 여섯 번째 셀(C7)

실제 수식은 하나를 입력했지만 위와 같은 다중 계산을 통해 각 셀에 결과값을 출력하며, 동일한 배열 구조를 가지고 있다는 가정 아래 알맞은 참조범위를 통해 자동계산을 하게 된다.

상품별 구매 금액 계산하기

다음 예제는 배열 수식을 작성하는 기본적인 방식을 설명하고 있다. B열에 상품들의 단가 데이터가 입력되어 있고 C열에 수량 데이터가 입력되어 있다. 이 상태에서 D열에 금액을 수식을 이용하여 채우려고 한다. 일반적인 수식 작성은 D2에 '=B2*C2'를 작성한 후, 수식 복사를 통해 D7까지 자동계산한다. 그러나 배열 수식을 사용하면 훨씬 간단하게 완성할 수 있는데, 금액 영역(D2:D7)을 범위로 지정한 후, '=B2:B7*C2:C7' 수식을 입력하면 된다.

	A	B	C	D
1	상품	단가	수량	금액
2	사과	1200	30	
3	배	2100	20	
4	오랜지	700	60	
5	바나나	2400	20	
6	포도	1800	15	
7	딸기	2000	15	

	A	B	C	D
1	상품	단가	수량	금액
2	사과	1200		=B2:B7*C2:C7
3	배	2100	20	
4	오랜지	700	60	
5	바나나	2400	20	
6	포도	1800	15	
7	딸기	2000	15	

이 수식은 일반적으로 엑셀에서 오류를 발생한다. 그러나 수식 입력 후, 'Ctrl+Shift+Enter'를 입력해서 완료할 경우 배열 수식으로 인식하고 지정한 범위에 결과를 출력한다.

	A	B	C	D
1	상품	단가	수량	금액
2	사과	1200	30	36000
3	배	2100	20	42000
4	오랜지	700	60	42000
5	바나나	2400	20	48000
6	포도	1800	15	27000
7	딸기	2000	15	30000

D2 fx {=B2:B7*C2:C7}

	A	B	C	D
1	상품	단가	수량	금액
2	사과	1200	30	36000
3	배	2100	20	42000
4	오랜지	700	60	42000
5	바나나	2400	20	48000
6	포도	1800	15	27000
7	딸기	2000	15	30000

완성된 배열 수식을 확인하면 '{=B2:B7*C2:C7}'처럼 보여지며, 다시 입력 모드로 전환하면 중괄호({,})가 사라진다.

분기별 판매 금액 구하기

다음 예제는 2가지 배열이 행과 열의 개수가 다른 형태이며, 이 2가지 배열을 연산해서 결과값을 구한다. 크게 상품 단가, 분기별 판매량이 데이터로 제공되며, 분기별 판매 금액을 계산해야 한다.

	A	B	C	D	E	F	G	H	I	J	K	L
1	상품 단가			분기별 판매량					분기별 판매금액			
2	상품	단가		1분기	2분기	3분기	4분기		1분기	2분기	3분기	4분기
3	사과	₩ 1,200		50	40	70	60		=$B3*D3			
4	배	₩ 2,100		30	20	30	10					
5	오랜지	₩ 700		100	120	80	90					
6	바나나	₩ 2,400		40	50	30	40					
7	포도	₩ 1,800		20	120	90	10					
8	딸기	₩ 2,000		200	120	40	10					

I3 셀에 일반 수식으로 작성할 경우 '=$B3*D3'을 입력한 후, 자동 복사 기능을 사용해서 I3부터 L8까지 결과를 도출한다. 일반 수식을 작성할 때 상품 단가는 1열6행, 분기별 판매량은 4열6행이기 때문에 상품 단가는 중복 연산되어야 한다. 따라서 B3 셀 좌표에 '$'를 붙여 자동 복사 시, 자동 셀 좌표 증가를 막아줘야 한다.

	A	B	C	D	E	F	G	H	I	J	K	L
1	상품 단가			분기별 판매량					분기별 판매금액			
2	상품	단가		1분기	2분기	3분기	4분기		1분기	2분기	3분기	4분기
3	사과	₩ 1,200		50	40	70	60		=B3:B8*D3:G8			
4	배	₩ 2,100		30	20	30	10					
5	오랜지	₩ 700		100	120	80	90					
6	바나나	₩ 2,400		40	50	30	40					
7	포도	₩ 1,800		20	120	90	10					
8	딸기	₩ 2,000		200	120	40	10					

이것을 배열 수식으로 작성할 경우 I3부터 L8까지 셀 범위를 지정한 후, '=B3:B8*D3:G8' 수식을 작성해서 'Ctrl+Shift+Enter'를 입력하여 수식을 완료한다. 이 배열 수식은 다음과 같은 계산 과정을 거치게 된다.

I3:L8의 1열1행(I3) = B3:B8의 1열1행 셀(B3) * D3:G8의 1열1행 셀(D3)

I3:L8의 2열1행(J3) = B3:B8의 1열1행 셀(B3) * D3:G8의 2열1행 셀(E3)

I3:L8의 3열1행(K3) = B3:B8의 1열1행 셀(B3) * D3:G8의 3열1행 셀(F3)

I3:L8의 4열1행(L3) = B3:B8의 1열1행 셀(B3) * D3:G8의 4열1행 셀(G3)

I3:L8의 1열2행(I4) = B3:B8의 1열2행 셀(B4) * D3:G8의 1열2행 셀(D4)

I3:L8의 2열2행(J4) = B3:B8의 1열2행 셀(B4) * D3:G8의 2열2행 셀(E4)

⋮

I3:L8의 4열6행(L8) = B3:B8의 1열6행 셀(B8) * D3:G8의 4열6행 셀(G8)

위와 같은 계산 과정을 통해 각 셀에 다음과 같은 결과값을 출력한다.

	A	B	C	D	E	F	G	H	I	J	K	L
1	상품 단가			분기별 판매량					분기별 판매금액			
2	상품	단가		1분기	2분기	3분기	4분기		1분기	2분기	3분기	4분기
3	사과	₩ 1,200		50	40	70	60		₩ 60,000	₩ 48,000	₩ 84,000	₩ 72,000
4	배	₩ 2,100		30	20	30	10		₩ 63,000	₩ 42,000	₩ 63,000	₩ 21,000
5	오렌지	₩ 700		100	120	80	90		₩ 70,000	₩ 84,000	₩ 56,000	₩ 63,000
6	바나나	₩ 2,400		40	50	30	40		₩ 96,000	₩ 120,000	₩ 72,000	₩ 96,000
7	포도	₩ 1,800		20	120	90	10		₩ 36,000	₩ 216,000	₩ 162,000	₩ 18,000
8	딸기	₩ 2,000		200	120	40	10		₩ 400,000	₩ 240,000	₩ 80,000	₩ 20,000

함수 중복 적용을 통해 총 판매액 구하기

다음 예제는 2가지 이상의 함수를 중복 적용하여 결과값을 도출하는 실습이다. 예제에서 SUM, VALUE, SUBSTITUTE 3가지 함수를 사용하며, 각 함수에 대한 설명은 다음과 같다.

함수	원형	설명
SUM	=SUM(참조 범위)	참조 범위 내 숫자의 합을 출력
VALUE	=VALUE(참조 문자)	참조 문자의 형식을 문자에서 숫자로 교체
SUBSTITUTE	=SUBSTITUTE(참조 문자,"이전 문자","새로운 문자")	참조 문자 중 지정한 문자를 새로운 문자로 교체

현재 6가지 상품의 단가와 수량이 데이터로 입력되어 있으며 총 판매액을 계산해야 한다. 그러나 수량 데이터가 숫자가 아닌 문자 형식으로 입력되어 있어 단가와 연산할 때 오류가 발생한다. 따라서 수량 데이터에서 숫자 부분과 문자 부분을 분리한 후, 문자 형식의 데이터를 숫자 형식으로 변환해야 한다. 데이터 형식이 변환된 후, 단가와 수량을 각 행 별로 곱한 결과값의 합을 총 판매액으로 계산할 수 있다. 계산 순서는 (1) 수량 열의 숫자-문자 분리, (2) 데이터 형식 변환, (3) 단가*수량, (4) 결과값의 합 계산으로 정리할 수 있으며, 이를 기준으로 수식을 작성하면 된다.

	A	B	C	D	E	F
1	상품	단가	수량			
2	사과	₩ 1,200	30상자			
3	배	₩ 2,100	20상자			
4	오랜지	₩ 700	60상자			
5	바나나	₩ 2,400	20상자			
6	포도	₩ 1,800	15상자			
7	딸기	₩ 2,000	15상자			
8	총 판매액		=SUM(VALUE(SUBSTITUTE(C2:C7,"상자",""))*B2:B7)			

첫 번째 순서에서는 SUBSTITUTE 함수를 사용해서 수량 셀에 입력되어 있는 '상자' 문자를 분리해야 한다. C2셀의 경우 '=SUBSTITUTE(C2,"상자","")' 함수를 사용하면 C2셀에 있는 '30상자'라는 데이터에서 '상자'라는 문자 패턴을 찾아 빈칸으로 대치되며, 결론적으로 '30'이라는 문자 데이터 형태로 변경된다.

두 번째는 VALUE 함수를 사용해서 문자 형식으로 되어 있는 데이터를 숫자 형식으로 변환해 준다. 엑셀에서는 '30'이라는 숫자로 데이터가 입력되어 있어도 셀 서식에 따라 문자 또는 숫자로 인식할 수 있다. 만약 처음에 '30'만을 입력했다면 숫자 형식으로 인식되겠지만 최초에 '30상자'로 입력했기 때문에 문자로 인식되어 있다. 따라서 '=VALUE(C2)' 수식을 적용해서 데이터 형식을 숫자로 변환한다.

세 번째는 B2와 C2의 데이터를 곱해서 '단가*수량'의 결과를 출력한다.

네 번째는 각 행의 '단가*수량' 결과값의 합을 SUM 함수를 사용해 총 합을 구한다.

위 단계를 하나의 수식으로 작성하면 '=SUM(VALUE(SUBSTITUTE(C2:C7,"상자",""))*B2: B7)'으로 나타낼 수 있으며, 'Ctrl+Shift+Enter'를 입력하여 다음과 같은 결과를 출력할 수 있다.

	A	B	C
1	상품	단가	수량
2	사과	₩ 1,200	30상자
3	배	₩ 2,100	20상자
4	오랜지	₩ 700	60상자
5	바나나	₩ 2,400	20상자
6	포도	₩ 1,800	15상자
7	딸기	₩ 2,000	15상자
8	총 판매액		₩ 225,000

함수의 기본

STEP 1 함수 개요

함수는 여러 분야에서 많이 사용하는 계산법을 간단한 이름으로 명시해 놓은 수식이며, [수식] 탭에 재무, 논리, 텍스트, 날짜 및 시간, 찾기/참조 영역, 수학/삼각, 기타로 분류되어 있다. 기타에는 통계, 공학, 큐브, 정보, 호환성, 웹으로 소분류되어 있다.

STEP 2 함수의 형식

함수는 수식과 같이 등호(=)로 시작하고 함수명 및 입력값에 따라 결과값이 출력된다. 수학 시간에 배웠던 방정식($y = ax + b$)을 떠올리면 이해하기 쉽다. 방정식에서 $ax + b$ 부분을 함수명으로 치환하고 x를 입력값이라고 가정하면, 함수를 입력하고 출력되는 결과값은 y에 해당한다.

결과값 = 함수명(입력값1, 입력값2, … , 입력값n)

결과값 출력 / 셀 주소 참조를 통해 입력

함수는 중복 표현이 가능한데 입력값 부분에 또 다른 함수를 넣어 그 결과값을 직접 입력되게 할 수 있다. 이처럼 함수를 중복 사용해서 복합적인 작업을 수행할 수 있는 수식을 만들 수 있다.

결과값 = 함수명A(함수명B(입력값1, … ,입력값N), 입력값2, … , 입력값n)

함수 B의 결과값이 함수 A의 입력값1

● 함수 마법사

함수 마법사는 사용자의 함수 작성을 도와주는 기능이다. 사용자가 필요한 함수를 찾는 것을 도와주며, 함수의 사용법 및 각 입력값들의 의미를 기술해 준다.

메인 메뉴의 [수식] – [함수 삽입]을 클릭하거나 수식 입력 줄의 함수 삽입 버튼(*fx*)을 클릭한다.

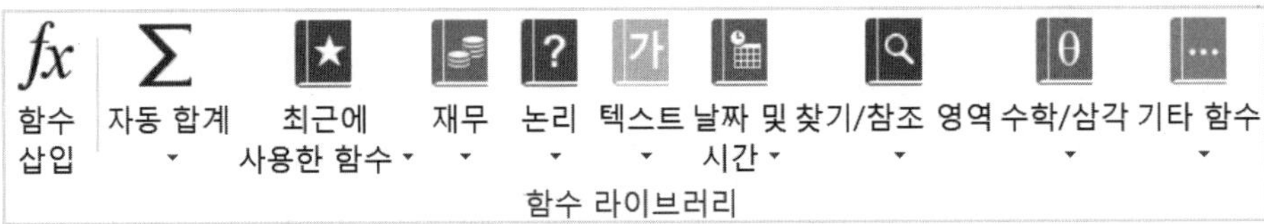

[함수 마법사] 창에서 함수명을 알고 있을 경우에는 함수 검색을 통해 찾을 수 있으며, [범주 선택] – [함수 선택]을 통해 찾아갈 수도 있다.

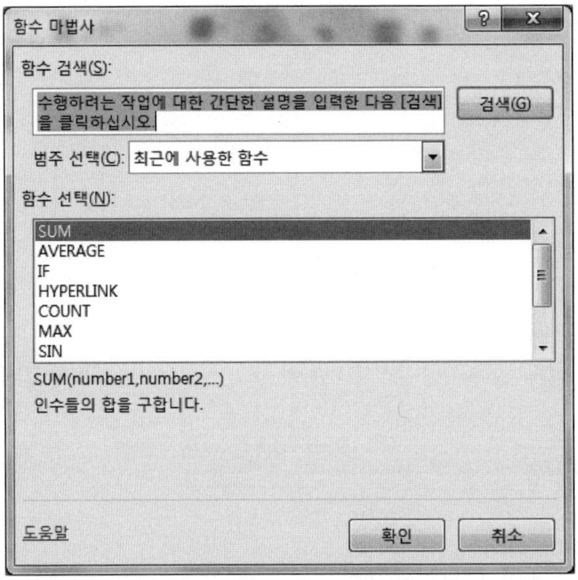

함수를 선택하게 되면 [함수 인수] 창으로 이동하게 되는데 선택한 함수의 입력값을 하단 설명에 따라 입력하면 된다. 입력값은 함수에 따라 다르게 나타나게 되고 하나 이상의 값을 입력해야 한다. 특정 함수(SUM, PRODUCT 등)의 경우, 입력값이 무제한으로 늘어날 경우도 있다.

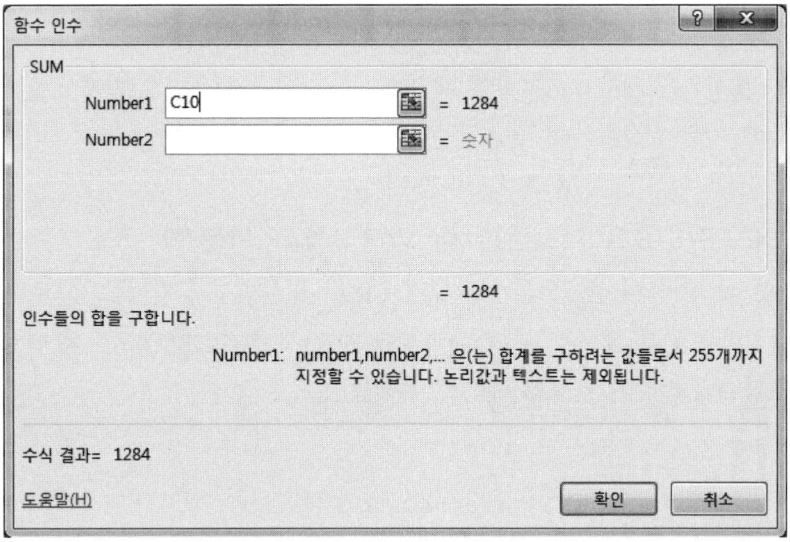

● 함수 종류

엑셀에서 사용할 수 있는 함수의 분류는 다음과 같다.

함수 범주	용도	함수 예시
날짜/시간	수식의 날짜와 시간 처리	DATE, NOW, TIME, TODAY
수학/삼각	범위의 합계, 나머지, 반올림 등의 수학적인 계산에 사용	INT, ROUND, SUM
통계	선택 범위에 대한 통계 분석	AVERAGE, COUNT, MAX, MIN, RANK
찾기/참조	목록에 있는 특정 값이나 셀 참조 영역 등을 찾을 때 사용	CHOOSE, INDEX, VLOOKUP
데이터베이스	목록 값이 특정 조건이나 찾을 조건을 만족하는지 분석할 때 사용	DAVERAGE, DCOUNT, DSUM
텍스트	수식에서 문자열을 조작할 때 사용	LEFT, LEN, MID, RIGHT
논리	조건이 참인지 거짓인지 알아보거나 여러 조건을 검색할 때 사용	AND, IF, NOT, OR
재무	재무 관련 계산에 이용	DB, PPMT, RATE
정보	셀에 저장될 데이터 종류를 결정할 때 사용	ISBLANK, ISERROR, ISNUMBER
공학	2진수, 8진수, 16진수, 제곱근 등을 계산	BIN2DEC, BIN2HEX, COMPLEX
큐브	관계형 데이터베이스 SQL 서버 분석 서비스와 연동	CUBEMEMBER, CUBESET, CUBEVALUE

통계 함수

통계, 분석을 위해서 100여개의 함수를 사용할 수 있는데 그 중에서 일반적으로 사용하는 함수에 대해서 학습한다.

STEP 1 STDEV.S/STDEV.P(표준편차), VAR.S/VAR.P(분산)

표준편차는 자료의 산포도를 나타내며 분산은 확률변수가 기댓값으로부터 얼마나 떨어진 곳에 위치하는지 가늠하는 수치로 나타낸다. 따라서 결과값이 작을수록 변별력이 떨어지며, 클수록 평균에 집중된 것으로 해석할 수 있다.

STDEV.S / STDEV.P 숫자로 구성된 표본집단/ 모집단의 표준편차를 구한다.

숫자 1 숫자 2
STDEV.S(number1, [number2], ...)
→ 표준편차를 구할 표본집단의 값

숫자 1 숫자 2
STDEV.P(number1, [number2], ...)
→ 표준편차를 구할 모집단의 값

VAR.S / VAR.P 숫자로 구성된 표본집단/ 모집단의 분산을 구한다.

숫자 1 숫자 2
VAR.S(number1, [number2], ...)
→ 분산을 구할 표본집단의 값

숫자 1 숫자 2
VAR.P(number1, [number2], ...)
→ 분산을 구할 모집단의 값

구속의 표준편차, 분산 구하기

다음 예제는 어떤 투수의 투구 8회에 대한 구속을 기록한 것이다. 이 구속에 대한 표준편차와 분산을 STDEV, VAR 함수를 사용해서 구해 본다. 각 함수에 .S가 붙은 것은 표본집단에 대한 결과를 출력하며, .P가 붙은 것은 모집단에 대한 결과를 나타낸다.

횟수	1	2	3	4	5	6	7	8
구속(km/h)	132	144	138	129	141	135	134	145
표준편차(표본집단)	5.7508		표준편차(모집단)			5.3794		
분산(표본집단)	33.0714		분산(모집단)			28.9375		

STEP 2 LARGE(큰 값), SMALL(작은 값), MEDIAN(중간 값), MODE.SNGL(최빈값)

데이터 집단에서 가장 큰 값, 4번째로 작은 값 등 원하는 데이터를 골라내기 위한 함수를 지원하는데 그 중 일반적으로 많이 사용하는 것이 LARGE, SMALL 함수이다. 이름 그대로 데이터 집단에서 가장 큰 값과 가장 작은 값을 찾아 출력하는 함수로써 데이터 집단 범위를 참조함으로써 간단히 작성할 수 있다. MEDIAN의 경우 데이터 집단 중 중간 값을 골라내는 것으로 참조범위를 지정하는 것으로 중간 값을 골라낼 수 있다. MODE.SNGL의 경우 지정한 데이터 범위에서 가장 많이 출현하는 값을 찾아서 출력한다.

MODE.SNGL 인수값 중 가장 많이 발생한 값을 구한다.

값 1 　 값 2

MODE.SNGL(number1, [number2], ...)

→ 최빈수를 찾기 위해 조사할 값이나 셀 범위 인수가 오류값이거나 숫자로 변환할 수 없는 텍스트 이면 오류발생

MEDIAN 전달한 인수값 중 가운데 위치한 값을 구한다.

값 1 　 값 2

MEDIAN(number1, [number2], ...)

→ 중간 위치의 값을 찾을 값이나 셀 범위 인수에 포함된 값이 짝수 개면 가운데 두 값의 평균이 결과값이 됨

LARGE / SMALL 인수범위에서 k번째로 큰 값/작은 값을 구한다.

범위 몇 번째

LARGE(array, k)

→ k 번째로 큰 값을 찾을 셀 범위

범위 몇 번째

LARGE(array, k)

→ k 번째로 작은 값을 찾을 셀 범위

사내 직원의 나이 값 분석

다음 예제는 사내 직원들의 나이를 출력한 것이다. 이 데이터를 통해 가장 높은, 낮은 나이와 사내 직원들의 나이 중간 값, 가장 많은 나이를 출력해 본다.

직원	나이				
김지원	27		최대값	31	
정지원	29		최소값	27	
최한규	27		중간값	28.5	
이재훈	30		최빈값	27	
김상수	31				
김태규	28				

STEP 3 FREQUENCY(빈도수)

FREQUENCY 함수는 지정한 범위 내 데이터들의 빈도를 출력한다. 빈도는 지정한 범위 내 값이 몇 회 출연하는지 체크하는 것이기 때문에 첫 번째 입력값은 참조 범위를 지정한

다. 두 번째 입력값은 빈도를 체크할 범위를 지정하는데 2개 이상의 셀을 범위로 지정해서 입력할 수 있다.

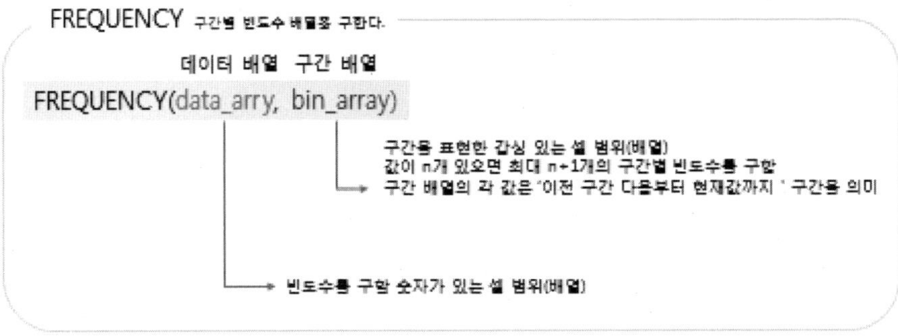

구속 빈도 구하기

이번 예제는 앞서 표준편차, 분산을 작성했던 투수의 구속 데이터를 활용한다. 총 8회 구속 데이터가 있으며, 129km/h부터 145km/h까지 수치 범위를 고려할 수 있다. 빈도를 구하기 위한 데이터 단위는 5단위로 구분했으며, 결과적으로 150~146, 145~141, 140~136, 135~131, 130~126, 125이하로 총 6개 구간을 생성한다. 이후 빈도에 해당하는 셀에 FREQUENCY 함수를 사용해서 결과를 도출한다.

횟수	1	2	3	4	5	6	7	8
구속(km/h)	132	144	138	129	141	135	134	145
표준편차(표본집단)		5.7508		표준편차(모집단)			5.3794	
분산(표본집단)		33.0714		분산(모집단)			28.9375	
구속구간	구속	빈도						
150~146	150	0						
145~141	145	3						
140~136	140	1						
135~131	135	3						
130~126	130	1						
125이하	125	0						

FREQUENCY 함수가 작성된 내역을 살펴보면 다음 그림과 같다. 첫 번째 입력값은 B2:I2 범위가 고정적으로 입력되어 있으며, 절대 참조를 적용하여 함수 복사 시, 참조 위치가 변경되지 않게 했다. 두 번째 입력값은 빈도를 구할 범위를 지정하는데, 예를 들어 첫 번째 구간(150~146)을 살펴보면 범위가 B7(150)부터 B8(145)까지 지정되어 있다. 이것을 해석하면 "150이하 146이상에 해당하는 값들의 빈도를 출력해라."로 볼 수 있으며, 참조 데

이터에는 145km/h가 가장 빠른 구속이기 때문에 해당되는 값이 없어 '0'으로 출력되었다. 두 번째 구간(145~141)을 살펴보면 145이하 141이상에 해당하는 값들이 144, 141, 145 세 개 존재하기 때문에 빈도가 '3'으로 출력되었다.

횟수	1	2	3	4	5	6	7	8
구속(km/h)	132	144	138	129	141	135	134	145
표준편차(표본집단)	5.7508			표준편차(모집단)			5.3794	
분산(표본집단)	33.0714			분산(모집단)			28.9375	

구속구간	구속	빈도	함수 작성 내역
150~146	150	0	=FREQUENCY($B$2:$I$2,B7:B8)
145~141	145	3	=FREQUENCY($B$2:$I$2,B8:B9)
140~136	140	1	=FREQUENCY($B$2:$I$2,B9:B10)
135~131	135	3	=FREQUENCY($B$2:$I$2,B10:B11)
130~126	130	1	=FREQUENCY($B$2:$I$2,B11:B12)
125이하	125	0	=FREQUENCY($B$2:$I$2,B12:B13)

두 번째 구간의 경우 입력값이 B2:I2(참조 데이터 범위)와 B8:B9(단위 범위)이며, 두 번째 입력값을 해석하면 "B8(145)이하이면서 B9(140)초과인 값의 개수를 출력해라"라고 볼 수 있다. 따라서 해당되는 값은 145~141에 해당하는 값을 찾아 빈도를 출력한다.

● 재무 함수

재무 함수는 전문적인 성향이 강하기 때문에 일반적으로 잘 사용되지는 않지만, 은행 거래와 관련해서 접근하기 쉬운 FV와 PMT 함수에 대해서 살펴 본다.

STEP 1 FV(투자액의 미래가치를 구하는 함수)

FV 함수는 일정 금액을 정기적으로 납입하고 일정한 이자율이 적용되는 투자의 미래 가치를 구하는 함수로써 정기적으로 어떤 금액을 적립했을 때, 지정한 기간이 만료된 후 기대할 수 있는 금액을 계산한다. FV 함수는 "FV(rate, nper, pmt, [pv], [type])" 형식으로 구성되어 있는데, 각 입력값은 다음과 같이 살펴볼 수 있다.

- rate(필수) : 기간별 이자율
- nper(필수) : 총 지급 기간 수
- pmt(필수) : 각 기간의 납입액
- PV(선택) : 일련의 미래 지급액에 상응하는 현재 가치의 개략적인 합계
- type(선택) : 납입 시점을 나타내는 숫자로서 0(기간 말) 또는 1(기간 초)

투자 가치 구하기

다음 예제는 조건에 따른 투자 가치를 계산하는 예제이다. 연간 이자율이 6%, 납입 횟수는 10회, 납입 금액은 200,000원, 현재 가치는 500,000원, 시작일에 납입을 하는 조건일 경우의 투자 가치를 구해본다.

연간 이자율	6%
납입 횟수	10
납입 금액	-200000
현재 가치	-500000
납입일	1
미래 가치	₩2,581,403.37
함수 작성 내역	=FV(B1/12,B2,B3,B4,B5)

첫 번째 입력값은 연간 이자율을 12개월로 나눠 월에 해당하는 이자율로 변형해서 입력하며, 두 번째 입력값은 10개월간 납입하는 것을 나타낸다. 세 번째 입력값은 납입 금액을 나타내기 때문에 수치 앞에 '-'을 붙여 마이너스로 표시한다. 나머지 선택적 입력값은 각각 '-500,000'과 '1'을 입력하여 함수 작성을 마무리한다. 최종적으로 계산되는 값은 '₩2,581,403'으로 출력된다.

STEP 2 PMT(대출 상환금을 구하는 함수)

PMT는 일정 금액을 정기적으로 납입하고 일정한 이자율이 적용되는 대출 상환금을 계산하는 함수로써 이자율, 상환 횟수, 대출금을 기준으로 대출 상환금을 계산한다. 함수는 "PMT(rate, nper, pv, [fv], [type])" 형식으로 구성되어 있으며, 각 입력값은 다음과 같다.

- rate(필수) : 대출 이자율
- nper(필수) : 대출금 총 상환 횟수
- PV(필수) : 일련의 미래 지급액에 상응하는 현재 가치의 개략적인 합계
- FV(선택) : 최종 상환 후의 현금 잔고인 미래 가치(FV를 생략하면 0으로 간주함)
- type(선택) : 납입 시점을 나타내는 숫자로서 0(기간 말) 또는 1(기간 초)

고정 이율 대출금에 대한 월 상환액 구하기

다음은 연간 이자율 8%, 상환 횟수 10회, 총 대출금 10,000,000원 일 경우의 월 상환액을 구해본다.

연간 이자율	8%
납입 횟수	10
대출금	₩ 10,000,000
월 상환액	-₩1,037,032
함수 작성 내역	=PMT(B1/12,B2,B3)

PMT 함수의 첫 번째 입력값은 연간 이자율 8%를 12개월로 나눠 월간 이자율로 치환하여 입력했으며, 두 번째 입력값은 10회 상환을 나타낸다. 마지막 총 대출금을 10,000,000원으로 입력했을 경우 최종적으로 월 상환액은 '₩1,037,032'로 계산된다.

1.4 도형 다루기

도형은 통합 문서를 꾸며주거나 시트의 특정 부분을 강조할 수 있는 기능이다. 도형 사용법은 파워포인트와 동일하기 때문에 활용 범위가 넓다.

도형

도형은 주로 파워포인트에서 도식화 및 슬라이드를 꾸밀 때 사용한다. 엑셀에서는 데이터 레이블, 차트 제목, 계열 이름 등을 강조할 목적에 주로 사용한다. 기본적인 도형 생성 및 편집 방법에 대해서 알아본다.

STEP 1 도형 삽입

도형 삽입은 [삽입] - [도형]에서 원하는 도형을 선택한 후, 마우스 드래그를 통해 크기를 정해서 삽입할 수 있다. 삽입된 도형은 셀에 종속되지 않으며 마우스 드래그를 통해 이동 및 크기 조절이 가능하다.

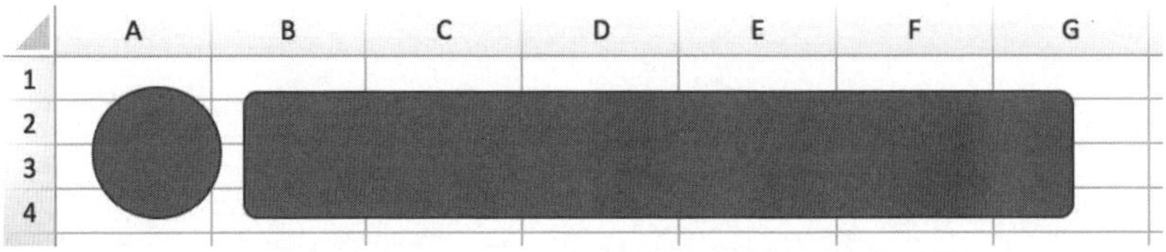

도형 삽입 및 텍스트 넣기

시트에 도형을 삽입하기 위해 [삽입] - [도형]에서 [모서리가 둥근 직사각형]을 선택한 후, 시트 영역에 적당한 크기로 드래그해서 도형 삽입을 완료한다. 도형에 따라 도형의 일부분을 세밀하게 조절할 수 있는데, 방금 삽입한 모서리가 둥근 직사각형의 경우 각 모서리 부분을 조절할 수 있다. 도형의 좌측 상단에 있는 노란색 사각형 포인트를 드래그해서 모서리의 둥근 정도를 조절할 수 있다. 둥근 정도를 조금만 적용한다면 깔끔한 직사각형 형태를 유지할 수 있으며, 많이 적용한다면 타원에 가까운 형태까지도 조절할 수 있다.

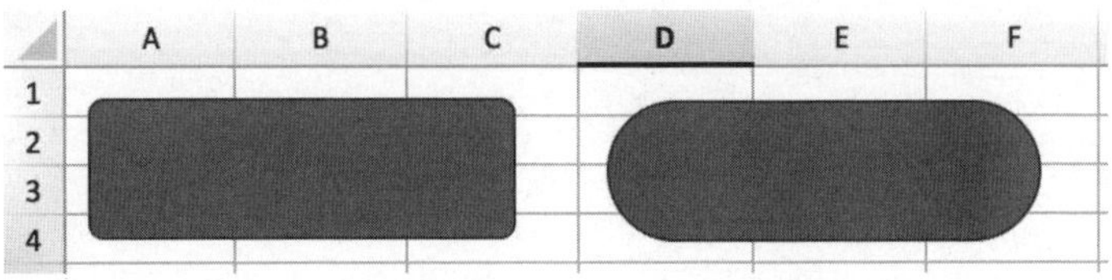

삽입된 도형에 텍스트를 넣기 위해서 텍스트를 삽입할 도형을 선택한 후, 키보드 입력을 통해 바로 텍스트를 삽입할 수 있다. 모든 도형은 기본적으로 텍스트 박스 기능을 포함하고 있기 때문에 키보드 입력으로 모든 도형에 텍스트를 삽입할 수 있다.

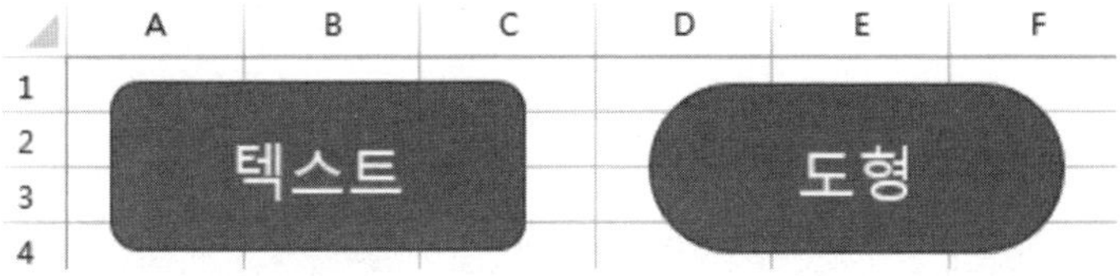

도형 선택 및 크기 조절

도형을 다루는 기능은 기본적으로 선택 및 복사, 이동, 삭제 등이 있다. 도형 선택은 마우스 클릭으로 할 수 있으며, 선택 후 크기 변환 및 회전이 가능하다. 도형 선택 후 크기 변환은 도형의 각 변과 모서리에 있는 포인터를 드래그해서 변환이 가능하며 [Shift] + [방향키]를 통해 키보드 입력으로도 변경 가능하다. 또한 도형의 크기를 조절할 때, [Shift] + [마우스 드래그]를 통해 가로-세로 비율을 유지한 상태로 크기를 조절할 수 있다. 도형 상단의 회전 아이콘을 통해 도형의 회전도 가능하며, [Shift] + [마우스 드래그]를 통해 15도씩 회전이 가능하다.

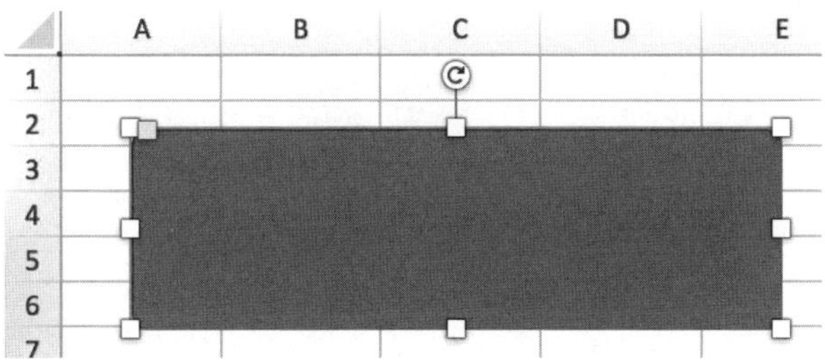

도형 복사

도형은 일반 복사 행위와 유사하지만 키보드와 마우스를 복합적으로 사용하면 더 효율적으로 복사할 수 있다. 키보드로 복사할 경우 [Ctrl] + [C]로 복사하며, [Ctrl] + [V]로 붙여넣기해서 복사를 완료한다. 마우스로 수행할 경우 도형을 [마우스 우클릭] - [복사] 후, 원하는 곳에 [마우스 우클릭] - [붙여넣기]를 통해 복사를 완료할 수 있다. 더 효율적인 방법은 [Ctrl]을 누른 채 도형을 마우스 드래그로 이동시키면 원본은 제자리에 있고 복사본이 이동한 위치에 생성된다. 또한 [Ctrl] + [Shift]를 누른채 도형을 마우스 드래그로 이동시키면 가로-세로에 수직-수평하게 도형을 복사할 수 있다. 이 방법을 활용하면 아래 그림과 같이 복수 선택한 상태에서 [Ctrl] + [Shift]를 누른 채 아래로 마우스를 드래그하면 2개의 복사본이 동시에 생성된다. 따라서 여러개의 도형을 생성할 때 1 〉 2, 2 〉 4, 4 〉 8 ... 식의 복사가 가능하며 가장 단시간 내에 다수의 복사본을 생성할 수 있다.

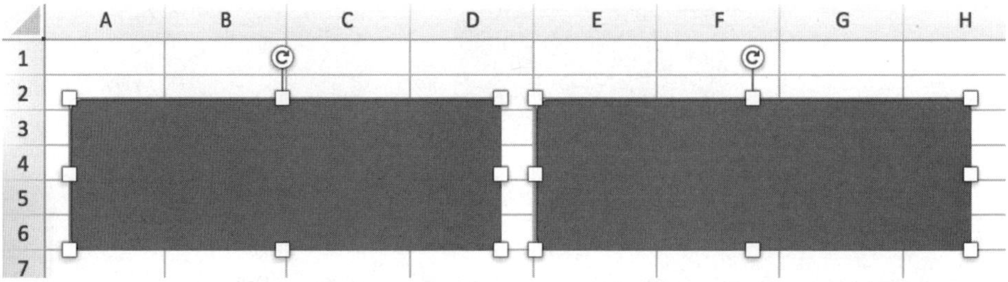

도형 꾸미기

도형은 3가지 속성을 가지고 있으며 이 3가지 속성을 통해 다양한 형태로 꾸밀 수 있다. 3가지 속성은 채우기, 윤곽선, 도형 효과이며 모든 꾸미기는 이 3가지 속성을 이용해서 완성할 수 있다. 채우기는 도형 내부에 색상을 채워넣는 것이고 윤곽선은 도형 외각을 이루는 윤곽을 이루는 선의 색상이다. 도형 효과는 도형 자체에 적용하는 입체 효과, 그림자 등의 효과를 나타낼 때 사용한다.

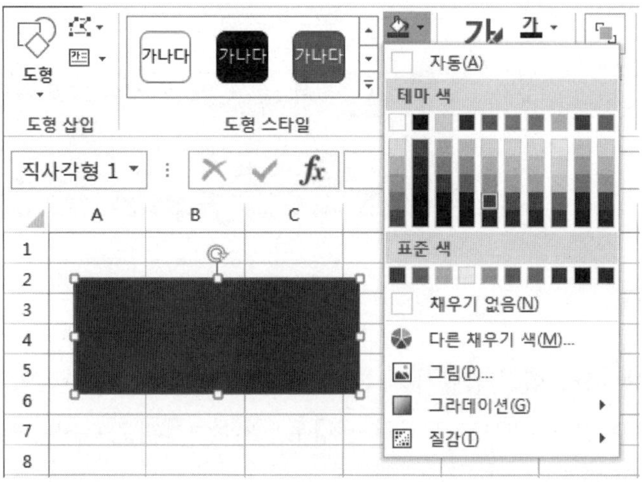

도형 채우기는 도형 클릭 후, [그리기 도구] - [도형 채우기]로 접근해서 원하는 색상을 선택할 수 있다. 도형 채우기는 단색 채우기 뿐만 아니라 이미지 채우기, 그라데이션 채우기, 질감 채우기 기능이 가능하다.

이미지 채우기는 선택한 도형에 내부를 이미지로 채우는 것으로 [그리기 도구] - [도형 채우기] - [그림]을 선택한 후, 사용할 이미지 파일을 선택하면 도형에 바로 적용할 수 있다.

그라데이션 채우기는 도형 내부를 그라데이션 색상으로 채우는 것으로 [그리기 도구] - [도형 채우기] - [그라데이션]을 선택한 후, 기본 그라데이션 예제를 선택하거나 [다른 그라데이션]을 선택해서 그라데이션 옵션을 별도로 지정해서 적용할 수 있다. 그라데이션은 2가지 이상의 색상을 이용해서 색상 간의 부드러운 색상 변화를 적용한다. 색상은 적용지점을 조절할 수 있어서 색상 변화 지점을 조절할 수 있다.

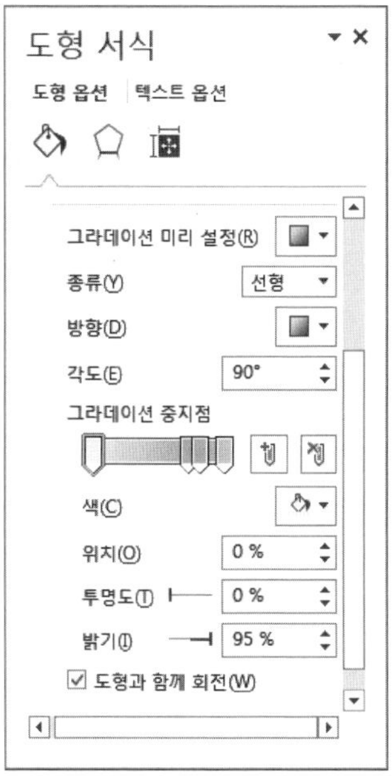

그라데이션 옵션에는 종류, 방향, 각도, 그라데이션 포인트, 색상, 위치, 투명도, 밝기 기능이 있다.

- **종류** : 선형, 원형, 사각형, 경로 지정 중 하나를 선택할 수 있으며, 그라데이션의 모양을 설정한다.
- **방향** : 방향은 그라데이션의 변환 방향을 설정하는 것으로 그라데이션 종류에 따라 방향은 8방향, 5방향 등 다양하다.
- **각도** : 그라데이션의 적용 각도를 결정하는 것으로 360도로 설정이 가능하다.
- **그라데이션 포인트** : 그라데이션 적용 시 서로 다른 색상을 적용하는 위치를 지정한다. 선형에서 위치를 지정해서 색상간 변화 지점을 설정할 수 있다.
- **색상** : 색상은 그라데이션 포인트 별 색상을 설정한다.
- **위치** : 위치는 그라데이션 포인트 별 위치를 수치적으로 표시한다.
- **투명도** : 지정한 색상의 투명도를 조절할 수 있으며, 투명도 역시 그라데이션 효과를 적용받는다.
- **밝기** : 색상의 밝기를 조절한다.

질감 채우기는 예시로 제공되는 다양한 질감 이미지 중 원하는 것을 선택해서 적용할 수 있다. 질감은 제시되는 예시 외에도 사용자가 이미지를 패턴으로 삽입해서 적용할 수 있다. 질감 채우기 세부 옵션으로는 질감 이미지의 위치 조절과 크기 조절, 위치 정렬, 투명도 등이 있다.

- **위치 조절** : 위치 조절은 도형 내부에 삽입하는 질감 이미지의 전체적인 위치를 조절

하는 것으로 가로 또는 세로로 이동이 가능하다.

- **크기 조절 :** 크기 조절은 삽입하는 질감 이미지의 가로-세로 이미지 크기를 조절한다.
- **위치 정렬 :** 위치 정렬은 삽입하는 질감 이미지의 도형에 대한 위치 정렬값을 수정하는 것으로 8방향 및 중앙 정렬이 가능하다.
- **투명도 :** 투명도는 삽입하는 질감 이미지의 투명도를 조절할 수 있다.

도형 윤곽선은 도형을 형성하는 외각 부분을 지칭하며 두께, 색상 등을 설정할 수 있다. 윤곽선 색상은 단색과 그라데이션 중에서 선택할 수 있으며, 단색의 경우 투명도, 두께, 선 종류, 점선 종류 등을 설정할 수 있다. 그라데이션의 경우 단색 설정과 유사하지만 그라데이션 설정 옵션이 추가되어 있다.

도형 효과에서는 그림자, 반사, 네온, 부드러운 가장자리, 입체 효과, 3차원 회전 기능을 실정할 수 있으며, 각 효과는 세부 설정이 가능하다.

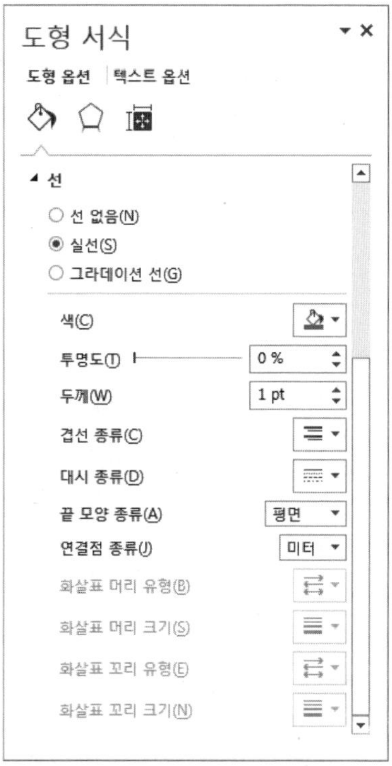

- **그림자 :** 도형을 선택한 후, [서식] - [그림자 효과]에서 빠른 설정을 선택할 수 있으며, 세부 설정의 경우 그림자 색상, 투명도, 크기, 번짐, 각도, 거리 기능 등이 있다.
- **반사 :** 반사는 도형 하단에 이미지 반사 효과를 설정하며, 세부 설정에는 투명도, 크기, 번짐, 거리가 있다.
- **네온 :** 네온은 도형 가장자리에 네온같이 색상 번짐 효과를 적용하는 것으로 세부 설정에는 색상, 크기, 투명도가 있다.
- **부드러운 가장자리 :** 부드러운 가장자리는 도형 가장자리 윤곽선을 중심으로 내외부 방향으로 안개와 같은 효과를 적용한다. 세부 설정에서는 크기만 제공한다.
- **입체 효과 :** 입체 효과는 도형을 입체적으로 보이도록 2차원적 명암, 광원 등의 효과를 적용한 것이다. 다양한 예시 중 적절한 것을 선택해서 사용할 수 있다.
- **3차원 회전 :** 3차원 회전은 z축을 회전시켜 도형이 2차원적 형태가 아닌 화면에서 3차원으로 회전한 형태를 나타낸다. 세부 설정을 통해 x, y, z축 회전을 세밀하게 조절할 수 있다.

● 그룹화

그룹화는 2가지 이상의 도형들을 하나의 개체로 묶어주는 기능이다. 그룹화를 실행하기 위해서는 그룹화할 2개 이상의 도형을 복수 선택한 후, [마우스 우클릭] - [그룹] - [그룹]을 선택하면 된다. 그룹화를 하면 다음 그림과 같이 2개의 도형이 하나의 개체로 인식되며, 크기 변환 포인터가 2개 도형 전체를 감싸게 된다. 따라서 크기를 조절할 경우, 2개 도형이 동시에 변환되며, 각 도형을 다시 클릭하게 되면 그룹 내 각 도형이 다시 선택되어 세부 조절이 가능하다. 그룹화는 복잡한 도형의 조합을 반복적으로 사용할 때 주로 사용한다.

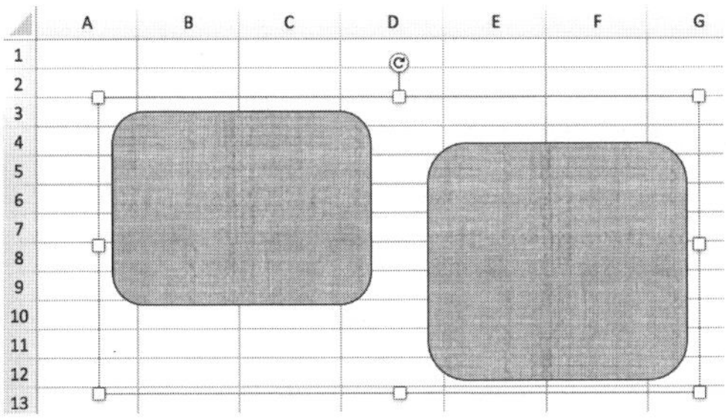
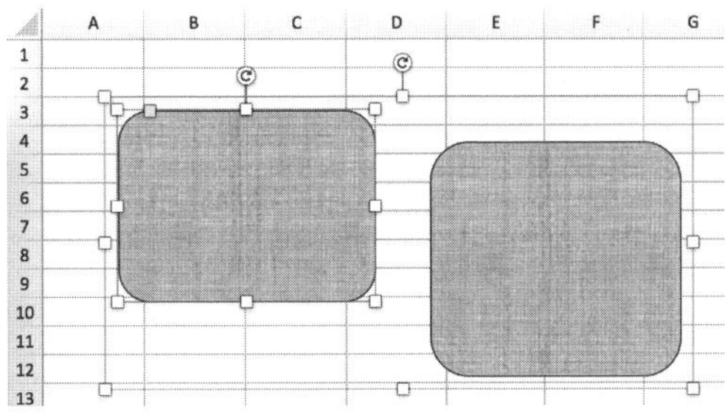

◎ 도식화된 도형들 그룹화하기

다음 그림은 여러 개의 사각형과 원형 도형을 이용해서 제작한 도식이다. 이 도형을 모두 선택하면 총 9개의 도형으로 이루어져 있으며, 이것들을 재사용하기 위해서는 여러 번의 클릭과 복사-붙여넣기 작업이 필요하다. 이런 번거로움을 없애기 위해서 9개의 도형을 그룹화해서 관리하게 한다. 도형 제작과 그룹화를 가장 빠르고 간편하게 하기 위해서는 [Ctrl] + [Shift]를 이용한 같은 패턴의 도형을 수평-수직으로 정렬된 상태로 복사한 후, 원형 도형을 가운데 삽입해서 도형 제작을 마무리하고 전체 선택 후, [마우스 우클릭] - [그룹] - [그룹] 메뉴를 통해 그룹화를 실행하는 것이다.

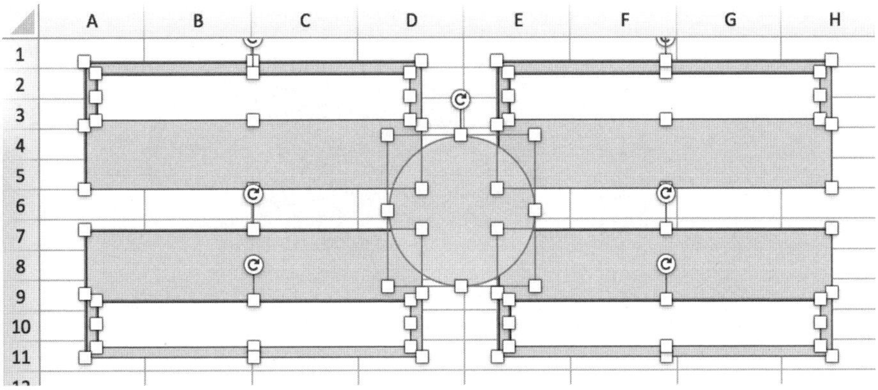

순서 정렬

순서 정렬은 개체들(도형, 글상자 등)간의 화면 안쪽과 바깥쪽으로의 배열 순서를 정렬하는 것이다. 다음 그림은 3가지 도형이 겹쳐진 상태를 나타내고 있는데, 순서 정렬은 최근에 생성한 개체가 화면 바깥쪽으로 배치되며, 파란 사각형 〉 흰 사각형 〉 주황 원형 순으로 정렬되어 있다. 개체 순서를 재정렬하기 위해서는 [마우스 우클릭] – [맨 앞으로 가져오기] 또는 [맨 뒤로 보내기]를 선택해서 순서를 조정할 수 있다. [맨 앞으로 가져오기]는 [앞으로 가져오기], [맨 앞으로 가져오기]가 세부 기능으로 있고, [맨 뒤로 보내기]는 [뒤로 보내기], [맨 뒤로 보내기]가 세부 기능으로 제공된다..

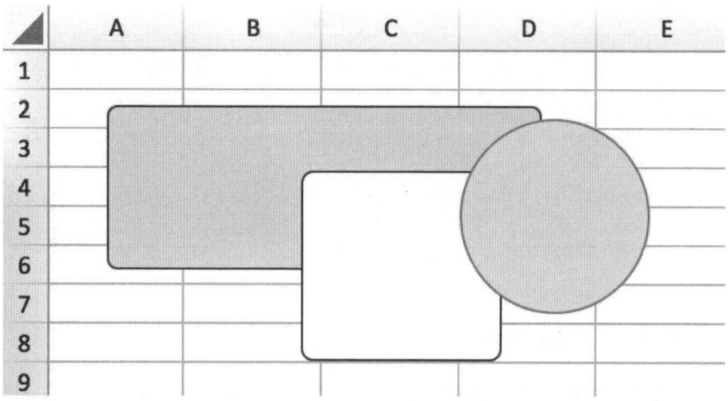

이 기능을 이용해서 개체들의 순서를 정렬하며 순서 정렬을 통해 제공되지 않는 새로운 도형을 제작할 수 있다. 다음 그림은 모서리 둥근 사각형, 원, 화살표 3가지 도형을 이용해서 제작한 것이다. 모서리 둥근 사각형과 화살표의 색상을 동일하게 맞춘 후, 화살표 〉 모서리 둥근 사각형 순으로 정렬했다. 그 위에 원형 도형을 삽입해서 서로 이질감 없는 도식을 제작할 수 있다.

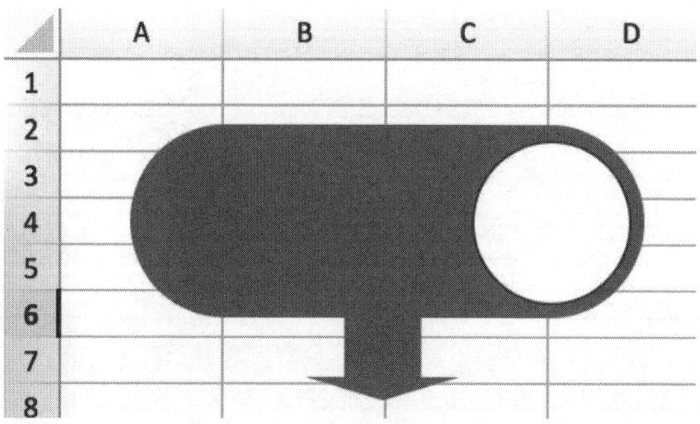

1.5 표 다루기

엑셀에서 표는 반드시 사용해야 할 기능은 아니지만 표를 사용하면 데이터 관리를 더욱 효율적으로 할 수 있도록 도와준다. 표를 삽입하고 다루는 방법에 대해서 살펴본다.

표 삽입하기

엑셀에서 표는 데이터를 입력한 셀 범위 내에서 별도로 관리할 수 있는 영역을 지정하는 것이다. 워크시트 내에서 데이터를 분리해서 관리해야 할 때 표를 사용해서 손쉽게 다룰 수 있다. 표는 두 가지 순서로 생성할 수 있다. 첫 번째는 셀에 데이터를 입력한 후, 데이터가 입력된 범위를 표로 지정하는 것이고 두 번째는 표 영역을 생성한 후, 데이터를 입력하는 것이다.

STEP 1 데이터 영역에 표 생성하기

첫 번째 방식으로 진행할 때는 셀에 데이터를 입력한 후, [삽입] – [표]를 선택해서 표로 생성할 데이터 영역을 지정하고 [확인] 버튼을 선택해서 표 생성을 완료한다.

STEP 2 표 영역에 데이터 입력하기

두 번째 방식으로 진행할 때는 [삽입] – [표]를 선택해서 표로 생성할 데이터 영역을 지정하고 [확인] 버튼을 선택해서 표를 생성한다.

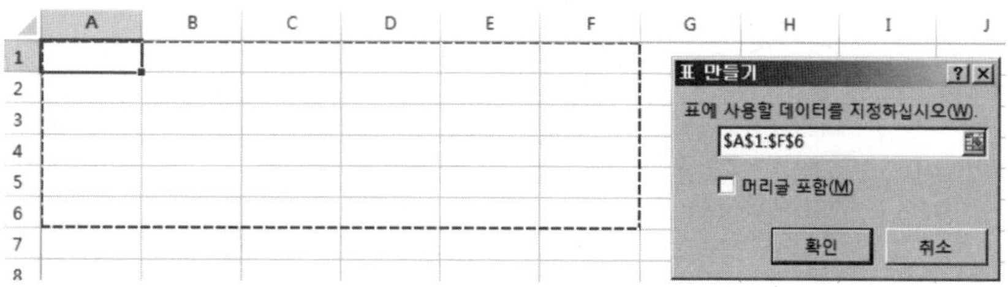

그 다음 표 영역에 데이터를 입력해서 표를 완성한다.

	A	B	C	D	E	F
1	열1	중간고사	기말고사	과제	출석	총점
2	한장호	17	33	10	10	70
3	김지원	32	23	6	9	70
4	김봉재	9	39	5	9	62
5	김상수	40	18	9	10	77
6	남진우	22	18	10	8	58

표 스타일 설정

표 스타일은 디자인적 부분과 스타일 옵션을 설정해서 전체적인 모양을 잡아주는 것이다. 일반적으로 표 스타일은 제시되는 스타일 예제들 중에서 선택해서 사용하고 표 용도에 따라 스타일 옵션을 설정해서 완성한다.

STEP 1 표 스타일

표 스타일은 [표 도구] – [디자인] – [표 스타일]에서 선택할 수 있다. 표 스타일은 크게 밝게, 보통, 어둡게로 나누어져 있으며 사용자 취향에 맞게 선택해서 사용하면 된다.

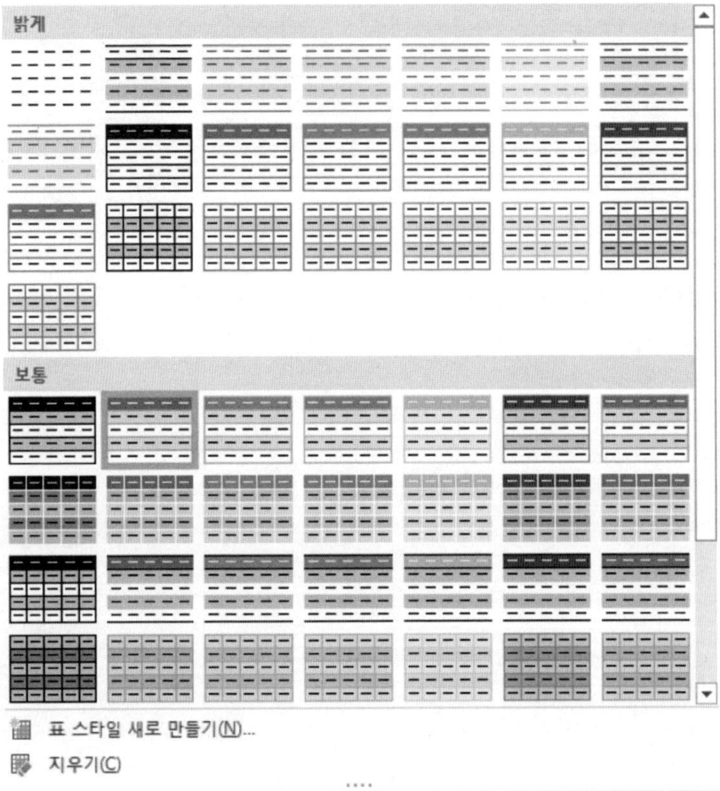

다음 그림은 표 스타일을 적용해서 디자인이 변경된 모습을 보여준다.

	A	B	C	D	E	F
1	열1	중간고사	기말고사	과제	출석	총점
2	한장호	17	33	10	10	70
3	김지원	32	23	6	9	70
4	김봉재	9	39	5	9	62
5	김상수	40	18	9	10	77
6	남진우	22	18	10	8	58

	A	B	C	D	E	F
1	열1	중간고사	기말고사	과제	출석	총점
2	한장호	17	33	10	10	70
3	김지원	32	23	6	9	70
4	김봉재	9	39	5	9	62
5	김상수	40	18	9	10	77
6	남진우	22	18	10	8	58

그 외 세부적인 디자인 설정은 일반 셀 속성과 동일하게 영역을 지정한 후, [홈] - [글꼴]에 있는 [테두리]와 [채우기 색]을 수정하면 된다.

STEP 2 표 스타일 옵션

표 스타일 옵션은 행과 열에 표 속성을 적용해서 데이터 계열이나 결과값을 부각시킬 수 있다. 표 스타일 옵션은 머리글 행, 요약 행, 줄무늬 행, 첫째 열, 마지막 열, 줄무늬 열, 필터 단추를 설정할 수 있다.

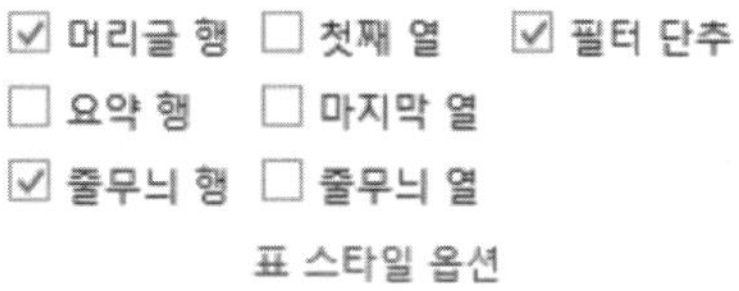

머리글 행의 경우 첫 번째 행을 표시해주는 옵션이다. 엑셀에서 표는 첫 번째 행이 필터 역할을 하기 때문에 머리글 행 옵션을 해제할 경우 다음과 같이 첫 행이 사라진다. 따라서 항상 설정해 놓는 것이 좋다.

	A	B	C	D	E	F
1	열1	중간고사	기말고사	과제	출석	총점
2	한장호	17	33	10	10	70
3	김지원	32	23	6	9	70
4	김봉재	9	39	5	9	62
5	김상수	40	18	9	10	77
6	남진우	22	18	10	8	58

	A	B	C	D	E	F
1						
2	한장호	17	33	10	10	70
3	김지원	32	23	6	9	70
4	김봉재	9	39	5	9	62
5	김상수	40	18	9	10	77
6	남진우	22	18	10	8	58

요약 행은 표의 가장 하단 행에 표에 대한 요약 정보를 표시한다. 본 예제에서는 총점의 합계가 자동으로 출력된다.

	A	B	C	D	E	F
1	열1	중간고사	기말고사	과제	출석	총점
2	한장호	17	33	10	10	70
3	김지원	32	23	6	9	70
4	김봉재	9	39	5	9	62
5	김상수	40	18	9	10	77
6	남진우	22	18	10	8	58

	A	B	C	D	E	F
1	열1	중간고사	기말고사	과제	출석	총점
2	한장호	17	33	10	10	70
3	김지원	32	23	6	9	70
4	김봉재	9	39	5	9	62
5	김상수	40	18	9	10	77
6	남진우	22	18	10	8	58
7	요약					337

줄무늬 행은 표의 가독성을 높이기 위해 행을 번갈아가며 색을 표시해서 각 행을 구별할 수 있게 도와준다.

열1	중간고사	기말고사	과제	출석	총점
한장호	17	33	10	10	70
김지원	32	23	6	9	70
김봉재	9	39	5	9	62
김상수	40	18	9	10	77
남진우	22	18	10	8	58

열1	중간고사	기말고사	과제	출석	총점
한장호	17	33	10	10	70
김지원	32	23	6	9	70
김봉재	9	39	5	9	62
김상수	40	18	9	10	77
남진우	22	18	10	8	58

첫째 열은 첫 번째 열에 색을 적용해서 각 행의 제목에 해당하는 데이터를 부각시킨다.

열1	중간고사	기말고사	과제	출석	총점
한장호	17	33	10	10	70
김지원	32	23	6	9	70
김봉재	9	39	5	9	62
김상수	40	18	9	10	77
남진우	22	18	10	8	58

열1	중간고사	기말고사	과제	출석	총점
한장호	17	33	10	10	70
김지원	32	23	6	9	70
김봉재	9	39	5	9	62
김상수	40	18	9	10	77
남진우	22	18	10	8	58

마지막 열은 첫 번째 열과 반대로 제일 마지막 열에 색을 적용해서 셀을 부각시킨다. 일반적으로 마지막 열에 결과값이 출력되기 때문에 옵션을 선택해서 손쉽게 적용할 수 있다.

	A	B	C	D	E	F
1	열1	중간고사	기말고사	과제	출석	총점
2	한장호	17	33	10	10	70
3	김지원	32	23	6	9	70
4	김봉재	9	39	5	9	62
5	김상수	40	18	9	10	77
6	남진우	22	18	10	8	58

	A	B	C	D	E	F
1	열1	중간고사	기말고사	과제	출석	총점
2	한장호	17	33	10	10	70
3	김지원	32	23	6	9	70
4	김봉재	9	39	5	9	62
5	김상수	40	18	9	10	77
6	남진우	22	18	10	8	58

줄무늬 열은 줄무늬 행과 동일하게 가독성을 높이기 위해서 열을 번갈아가며 색을 적용해서 열을 구별하기 쉽게 도와준다.

	A	B	C	D	E	F
1	열1	중간고사	기말고사	과제	출석	총점
2	한장호	17	33	10	10	70
3	김지원	32	23	6	9	70
4	김봉재	9	39	5	9	62
5	김상수	40	18	9	10	77
6	남진우	22	18	10	8	58

	A	B	C	D	E	F
1	열1	중간고사	기말고사	과제	출석	총점
2	한장호	17	33	10	10	70
3	김지원	32	23	6	9	70
4	김봉재	9	39	5	9	62
5	김상수	40	18	9	10	77
6	남진우	22	18	10	8	58

필터 단추는 표의 첫 번째 행에 각 항목들에 대한 필터 기능을 적용 또는 해제하는 옵션이다. 필터는 각 항목을 기준으로 원하는 값을 골라서 출력할 수 있게 도와준다. 조건에 따라 필터링이 가능하며, 올림/내림차순으로 정렬할 수도 있다.

	A	B	C	D	E	F
1	열1 ▾	중간고사 ▾	기말고사 ▾	과제 ▾	출석 ▾	총점 ▾
2	한장호	17	33	10	10	70
3	김지원	32	23	6	9	70
4	김봉재	9	39	5	9	62
5	김상수	40	18	9	10	77
6	남진우	22	18	10	8	58

	A	B	C	D	E	F
1	열1	중간고사	기말고사	과제	출석	총점
2	한장호	17	33	10	10	70
3	김지원	32	23	6	9	70
4	김봉재	9	39	5	9	62
5	김상수	40	18	9	10	77
6	남진우	22	18	10	8	58

표 속성 설정

표 속성은 표 이름 설정과 표 크기 조정 기능이 있다. 표 이름은 표 영역에 이름을 적용해서 셀 이름과 같이 외부 접근을 허용하는 기능이고, 표 크기 조정은 표의 범위를 재설정하는 것이다.

STEP 1 표 이름

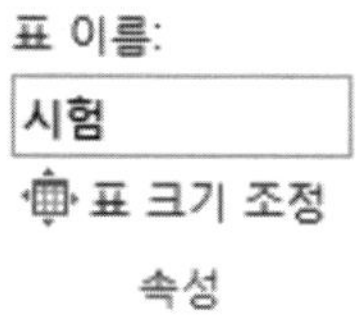

표 이름은 [표 도구] – [디자인] – [표 이름]에서 텍스트 박스에 지정할 표 이름을 삽입하면 된다. 예제에서 '시험'으로 지정한 후, 좌표 이동 시 위치 상자에 '시험'을 입력하면 다음과 같이 해당 표로 이동되면서 자동으로 영역이 지정된다. 그 외 표를 참조할 때 표 이름을 통해서 접근할 수도 있다.

STEP 2 **표 크기 조정**

표 크기 조정은 처음 표를 생성할 때와 동일하게 표로 사용할 셀 범위를 지정하게 된다. [표 도구] - [디자인] - [표 크기 조정]을 선택하면 표 생성시와 동일하게 [표 크기 조정] 창이 뜨며, 마우스 드래그를 통해 범위를 조정할 수 있다.

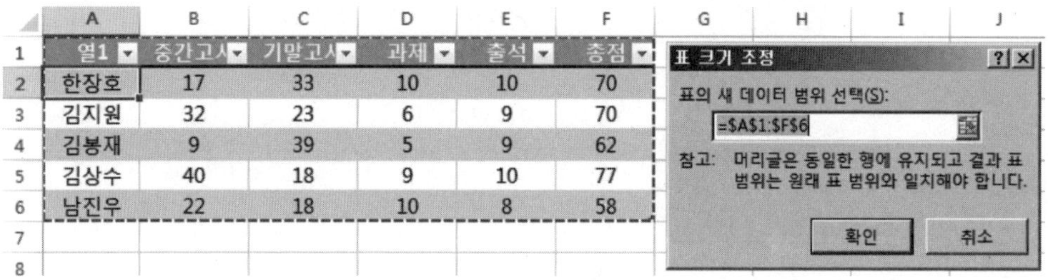

● 하이퍼링크

하이퍼링크는 인터넷에서 처음 사용되던 방식으로 특정 객체를 선택해서 다른 페이지로 이동하는 것을 말한다. 엑셀에서도 셀, 텍스트, 도형 등에 하이퍼링크를 적용해서 원하는 셀의 위치나 워크시트로 이동시킬 수 있다. 이 기능을 통해 책갈피를 꽂아 원하는 페이지로 이동하듯이 워크시트를 다룰 수 있다.

● 하이퍼링크 적용하기

하이퍼링크를 적용하기 위해서는 적용할 대상이 있어야 한다. 본 예제에서는 도형을 삽입해서 삽입된 도형에 하이퍼링크를 적용한다. 앞서 사용했던 성적표의 상단에 새로운 행을 삽입해서 도형을 삽입할 공간을 확보한다. 그 다음 [삽입] - [도형] - [한쪽 모서리가 잘린 사각형]을 선택해서 적절한 위치에 삽입한다. 다음으로 삽입한 도형에 '1학기', '2학기'를 적어 넣는다.

	A	B	C	D	E	F
1				1학기		2학기
2						
3	열1	중간고사	기말고사	과제	출석	총점
4	한장호	17	33	10	10	70
5	김지원	32	23	6	9	70
6	김봉재	9	39	5	9	62
7	김상수	40	18	9	10	77
8	남진우	22	18	10	8	58

생성한 도형 중 '1학기' 도형에 [마우스 우클릭] – [하이퍼링크]를 선택해서 하이퍼링크 편집 창으로 접근한다. 다음으로 [현재 문서] – ['1학기']를 선택한 후, [확인]을 눌러 하이퍼링크 삽입을 완료한다. 현재 문서에 출력되는 목록은 각 워크시트의 이름이다.

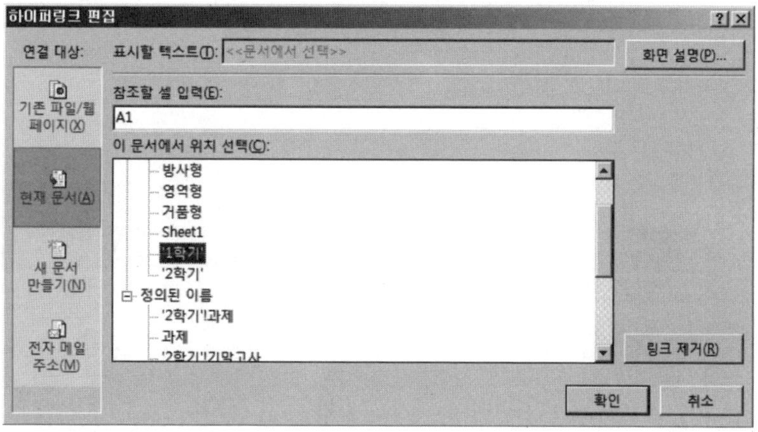

같은 방법으로 '2학기'에도 하이퍼링크를 삽입해 본다.

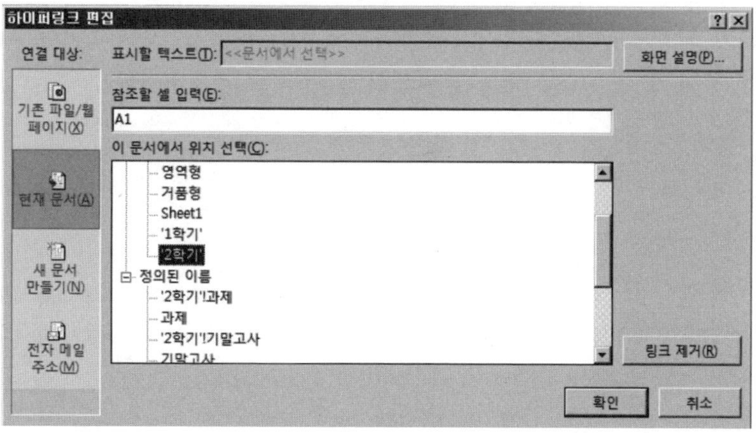

하이퍼링크를 삽입하면 각 도형에 마우스 포인터를 갖다대면 손가락 모양으로 바뀌면서 인터넷에서 하이퍼링크를 누를때와 동일한 효과가 적용된다. 각 도형은 '1학기'와 '2학기' 워크시트에 연결되었기 때문에 '1학기'를 누르면 현재 워크시트에 그대로 있을 것이며, '2학기'를 누르면 '2학기' 워크시트로 이동한다.

	A	B	C	D	E	F
1				1학기		2학기
2						
3	열1	중간고사	기말고사	과제	출석	총점
4	한장호	17	33	10	10	70
5	김지원	32	23	6	9	70
6	김봉재	9	39	5	9	62
7	김상수	40	18	9	10	77
8	남진우	22	18	10	8	58

	A	B	C	D	E	F
1				1학기		2학기
2						
3	열1	중간고사	기말고사	과제	출석	총점
4	한장호	17	33	10	10	70
5	김지원	32	23	6	9	70
6	김봉재	9	39	5	9	62
7	김상수	40	18	9	10	77
8	남진우	22	18	10	8	58

2학기 워크시트로 이동해서 '1학기' 워크시트와 동일하게 도형을 삽입하고 각 도형에 하이퍼링크를 적용한다. 작업이 완료되면 '1학기' 시트와 '2학기' 시트가 하이퍼링크를 통해서 손쉽게 이동할 수 있다. 이 기능을 활용하면 여러 워크시트를 실제 파일과 같이 제작할 수 있으며, 효과적으로 데이터를 관리할 수 있게 도와준다.

1.6 차트 다루기

차트는 엑셀에서 데이터 가공의 가장 마지막 단계에 해당하는 것으로 최종 결과물 중 하나이다. 다양하고 강력한 차트 기능에 대해서 살펴본다.

차트 삽입하기

차트는 엑셀을 사용할 때 정리된 데이터를 최종적으로 시각화해서 정리하는 방법 중 하나다. 엑셀에 입력되는 데이터는 수많은 숫자, 문자 데이터로 표현되기 때문에 알아보기 힘들뿐만 아니라 한눈에 파악하기가 어렵다. 따라서 간단하고 구별하기 쉽게 표현하는 것이 필요하며, 차트가 그 역할을 해낼 수 있다. 엑셀 2013에서 차트 생성은 매우 간단한데 셀에 입력된 데이터 범위를 지정한 후, 생성할 차트 종류를 선택하면 자동으로 생성된다. 자동 생성된 차트는 기본 형식으로 출력되며, 세부 옵션 조절을 통해 레이아웃, 스타일 등을 설정할 수 있다. 생성할 수 있는 차트는 세로 막대형, 꺾은선형, 원형, 가로 막대형, 영역형, 분산형, 주식형, 표면형, 도넛형, 거품형, 방사형 등이 있다. 입력된 데이터 형식에 따라 생성할 수 없는 차트는 생성 시, 오류 메시지를 출력한다.

STEP 1 추천 차트

추천 차트는 지정한 데이터 범위에 따라 적절한 차트를 삽입할 수 있도록 차트를 제안한다. 추천 차트를 통해 차트를 삽입할 때 리본 메뉴의 추천 차트 도구 및 빠른 분석 갤러리를 사용할 수 있다. 추천 차트 기능을 사용하려면 차트를 생성할 데이터 범위를 지정한 후, [삽입] - [추천 차트]를 선택하고 추천 차트 팝업 중 원하는 차트를 선택하면 된다.

추천 차트 삽입하기

추천 차트 기능을 통해 설문조사 결과를 차트로 생성해 본다. 설문조사는 각 연령별 카페 선호도에 대한 결과를 나타내고 있으며, 카페 이름은 임의로 A, B, C, D로 지정했고, 연령은 10대부터 50대까지로 한정했다.

	A	B	C	D	E	F
1	연령대	10대	20대	30대	40대	50대
2	카페A	45	127	99	54	38
3	카페B	102	302	180	113	84
4	카페C	33	201	178	96	83
5	카페D	24	89	207	184	22

데이터가 입력된 부분 전체를 범위로 지정한 후, [삽입] – [추천 차트]를 선택한다. 추천되는 차트는 막대형, 선형, 영역형 등이 있으며, 기본적인 막대형을 선택해서 차트를 생성해 본다.

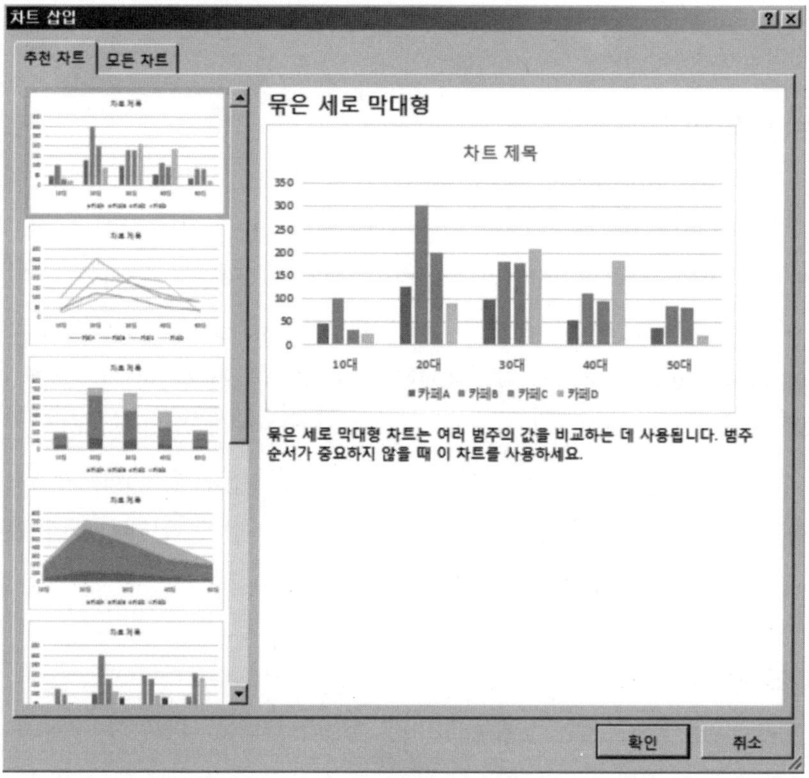

연령대	10대	20대	30대	40대	50대
카페A	45	127	99	54	38
카페B	102	302	180	113	84
카페C	33	201	178	96	83
카페D	24	89	207	184	22

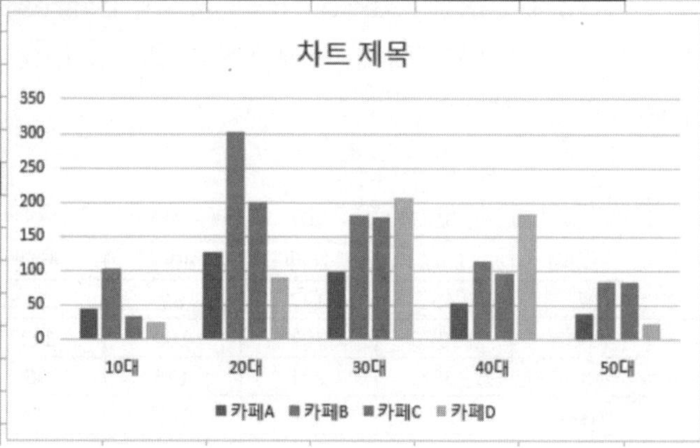

다음은 연령대 중 10대만 선택해서 원형 차트를 만들어 삽입해 본다. 데이터 범위 선택 시, [10대 - 전체 카페 데이터]를 선택하게 되면 10대에 대한 카페 선호도를 비율로 표시할 수 있다. 비율을 표현할 때는 원형 차트를 사용하는 것이 일반적이며 다른 것에 비해서 정보 전달력이 좋다.

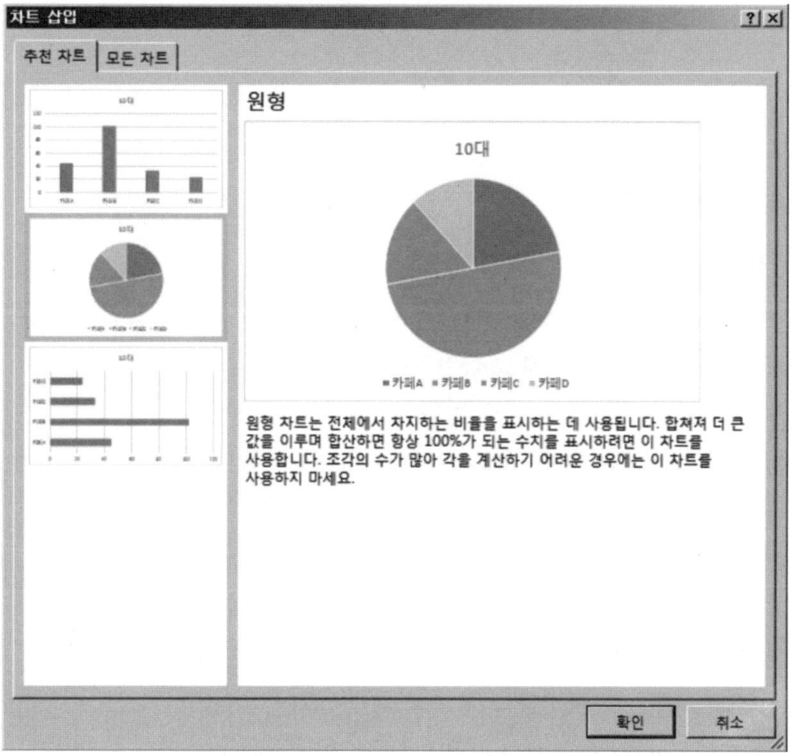

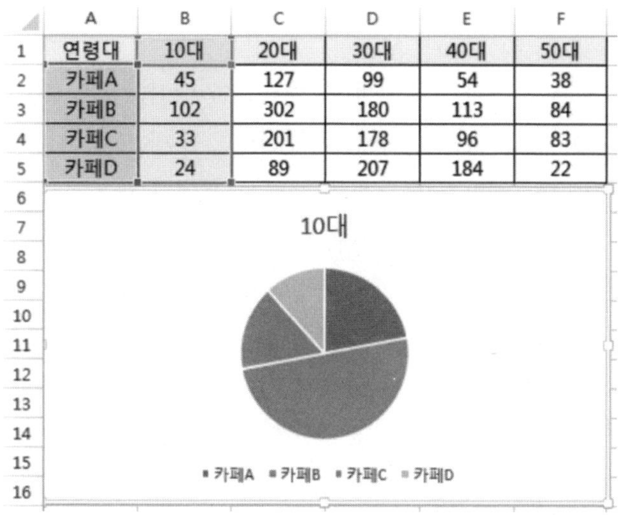

연령대	10대	20대	30대	40대	50대
카페A	45	127	99	54	38
카페B	102	302	180	113	84
카페C	33	201	178	96	83
카페D	24	89	207	184	22

데이터 범위를 그림과 같이 A1:B5까지 선택한 후, [삽입] - [추천 차트]를 선택하고 추천되는 차트 중 원형 차트를 선택해서 차트 삽입을 완료한다.

사용자 지정 차트

사용자가 지정한 차트를 삽입하는 과정은 추천 차트 삽입과 거의 유사하다. 차트로 생성할 데이터 범위를 지정한 후, [삽입] 탭에서 원하는 차트 종류를 선택하고 세부 차트 종류를 선택하면 바로 삽입이 완료된다.

STEP 1 사용 가능한 차트

세로 막대형

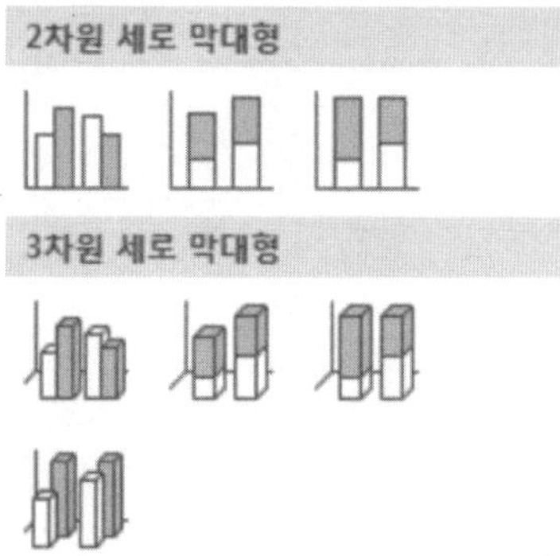

세로 막대형 차트는 시간의 경과에 따른 데이터 변화 및 항목별 비교를 표현하는데 효율적이다. 세로 막대형의 하위 차트 종류로는 묶은 세로 막대형, 누적 세로 막대형, 100% 기준 누적 막대형, 3차원 세로 막대형이 있다. 묶은 세로 막대형은 항목별 데이터 값을 세로 막대로 표현하고 계열별로 묶음 형식으로 출력한다. 누적 세로 막대형은 같은 계열의 데이터 값을 하나의 세로 막대로 표현하며, 100% 기준 누적 막대형은 누적 데이터 값 전체를 100% 기준으로 표현한다. 3차원 세로 막대형 차트는 가로-세로-깊이 축을 이용해서 좀 더 입체적으로 데이터 값을 비교할 수 있게 해준다.

꺾은선형

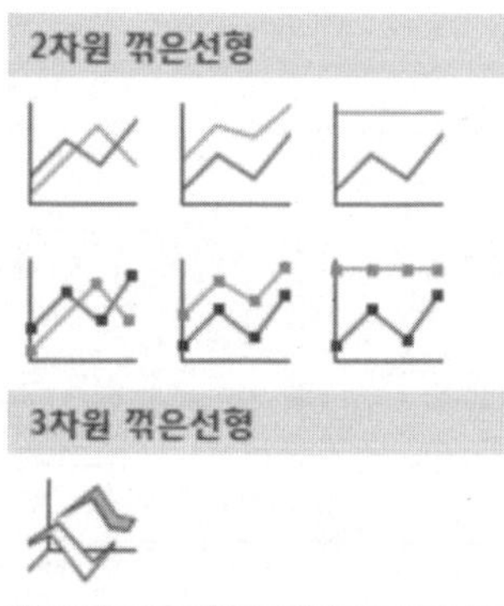

꺾은 선형 차트는 시간의 흐름에 따라 연속적인 데이터 값을 나타낼 수 있어 일정 시간 간격에 따라 데이터 추세를 출력하는데 효율적이다. 일반적으로 꺾은 선형 차트에서 항목은 가로 축을 기준으로 일정 간격마다 출력되며, 세로 축을 기준으로 값의 크기가 표시된다. 꺾은 선형의 하위 차트 종류로는 꺾은 선형, 누적 꺾은 선형, 100% 기준 누적 꺾은선형, 3차원 꺾은 선형 차트가 있다. 3차원 꺾은 선형 차트를 제외한 나머지 차트는 표식을 선택적으로 출력할 수 있으며, 각 하위 차트는 세로 막대형과 동일한 특성을 가지고 있다.

원형

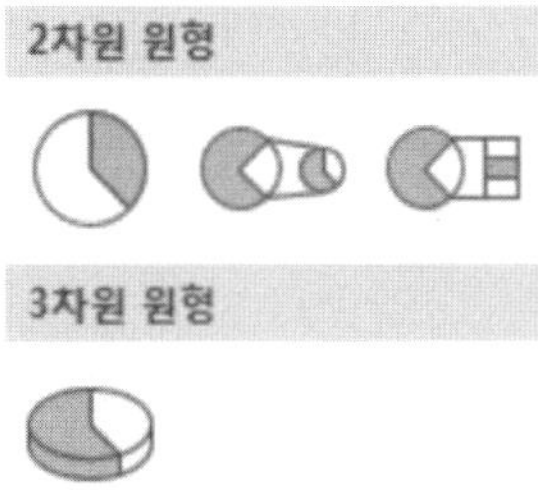

원형 차트는 하나의 데이터 계열에서 각 항목의 크기가 항목 합계에 비례되어 표시된다. 원형 차트의 각 데이터 값은 원형 전체에 대한 백분율로 환산되어 출력된다. 원형 차트는 데이터 계열이 하나이거나, 각 항목이 전체의 일부를 나타내는 경우 효율적으로 활용할 수 있다. 원형 차트의 하위 차트 종류로는 원형, 원형 대 원형, 원형 대 가로 막대형, 쪼개진 원형 차트가 있다. 이 중 원형과 쪼개진 원형은 3차원으로 표현할 수 있다.

가로 막대형

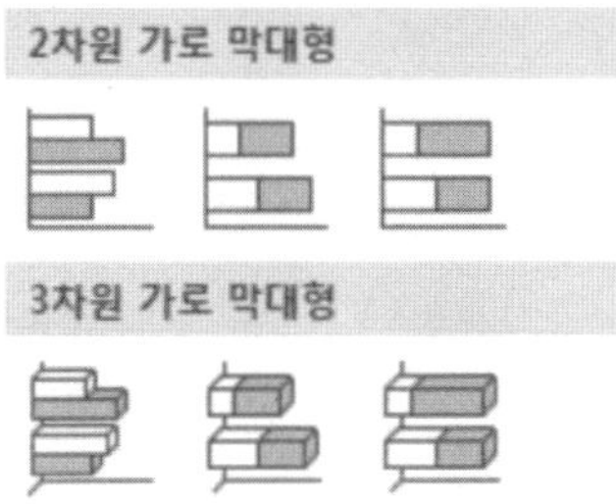

가로 막대형 차트는 각 항목을 비교해서 표현할 때 주로 사용한다. 세로 막대형 차트의 방향을 가로로 변경한 것으로 이해하면 사용하기 쉽다. 가로 막대형 차트의 하위 차트로는 묶은 가로 막대형, 누적 가로 막대형, 100% 기준 누적 막대형, 가로 원통형, 원뿔형, 피라미드형 차트가 있다. 각 하위 차트는 3차원으로 표현가능하며, 속성은 세로 막대형 차트와 동일하다.

영역형

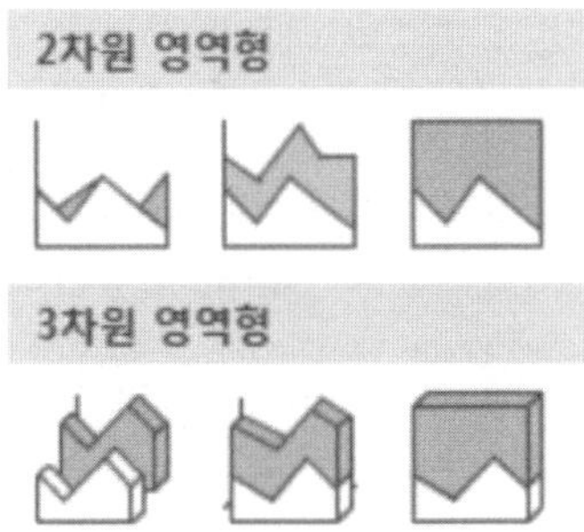

영역형 차트는 시간 축을 기준으로 데이터 값의 변화를 강조해서 표현할 수 있으며, 합계 값과 추세를 동시에 확인할 수 있다. 꺾은 선형과 유사하지만 결과 하단을 색상으로 채우기 때문에 데이터 값의 크기와 합계를 표현하기에 좋다. 영역형 차트의 하위 차트로는 2차원 영역형, 누적 영역형, 100% 기준 누적 영역형 차트가 있으며, 각 하위 차트는 3차원으로 표현 가능하다. 각 하위 차트의 속성은 꺾은 선형과 유사하다.

분산형

분산형 차트는 다양한 계열의 데이터 값들 간의 관계를 비교할 수 있으며, 두 가지 축을 통해서 데이터 집합을 표시할 수 있다. 각 데이터 출력 값은 일정하지 않은 간격으로 그룹

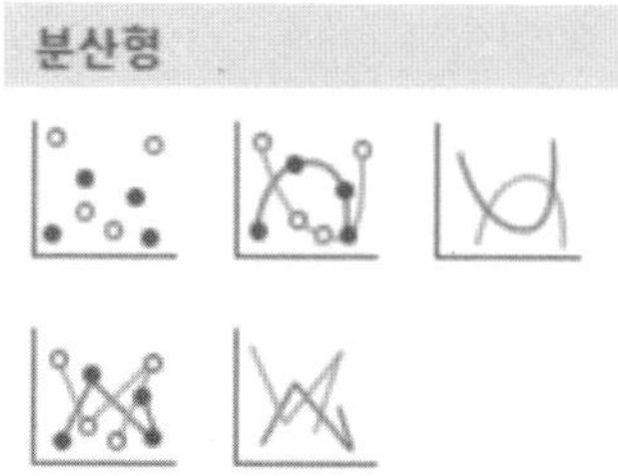

형태로 출력된다. 분상형 차트는 일반적으로 통계 데이터과 같은 데이터를 표현할 때 사용한다. 분산형 차트의 하위 차트는 데이터 표식만 있는 분산형, 곡선으로 연결된 분산형, 직선으로 연결된 분산형 차트가 있으며, 곡선 및 직선으로 연결된 분산형 차트는 표식을 선택적으로 추가할 수 있다. 데이터 표식만 있는 분산형 차트는 각 데이터 값의 표식만 출력되며, 연결선은 표시되지 않는다. 곡선 및 직선으로 연결된 분산형 차트는 각 데이터 값의 표식을 출력하고 표식간의 연결선을 함께 나타낸다.

주식형

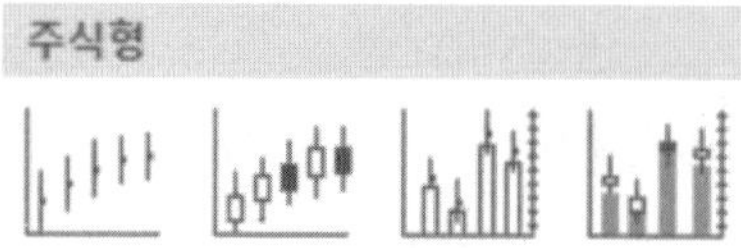

주식형 차트는 주식과 관련된 데이터를 표현할 때 주로 사용한다. 그 외 과학 데이터를 표현할 때도 주로 사용하며 시간에 따른 데이터 변화를 표현할 때 주로 사용한다. 주식형의 하위 차트로는 고가-저가-종가, 시가-고가-저가-종가, 거래량-고가-저가-종가, 거래량-시가-고가-저가-종가 차트가 있다. 각 차트를 생성할 때는 데이터의 순서가 중요하며, 배치된 이름 순서대로 정렬해야 한다.

표면형

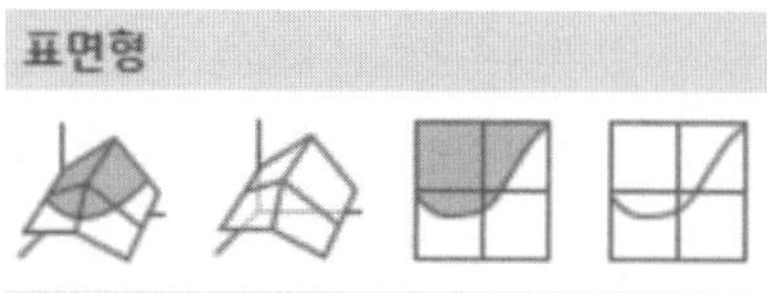

표면형 차트는 데이터 집합 간의 최적 조합을 분석할 때 효과적이며, 각 색상은 동일한 데이터 값 범위에 포함되는 것을 나타낸다. 표면형 차트의 하위 차트는 3차원 표면형, 3차원 골격형, 표면형 조감도, 골격형 조감도 차트가 있다. 3차원 표면형, 골격형 차트는 2차원을 교차하는 데이터 값의 추세를 연속되는 곡선으로 나타낸다. 일반적으로 데이터의 양이 많고 데이터 간의 관계를 나타낼 때 주로 사용한다. 표면형, 골격형 조감도 차트는 위쪽에서 내려다보는 시점으로 차트를 표현한다.

도넛형

도넛형 차트는 원형 차트와 유사하지만 데이터 계열이 2가지 이상 포함될 수 있기 때문에 좀 더 효율적으로 활용할 수 있다. 그러나 다수의 데이터 계열을 표현할 경우 한눈에 알

아보기 힘들 수 있기 때문에 소수의 데이터 계열을 표현할 때 적절하다. 도넛형의 하위 차트로는 도넛형, 쪼개진 도넛형 차트가 있으며, 각 데이터 계열이 붙어 있는지 떨어져 있는지가 서로의 차이점이다.

거품형

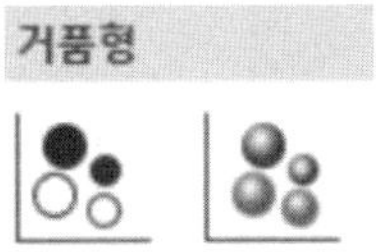

거품형 차트는 2가지 이상 데이터를 표현할 수 있는데, 예를 들어 첫 번째 값을 세로축에 표시하며 두 번째 값을 가로축에, 세 번째 값을 거품의 크기로 표현할 수 있다. 거품형 차트는 특별한 하위 차트를 포함하고 있지 않으며, 3차원 표현을 선택할 수 있다.

방사형

방사형 챠트는 여러 데이터 계열을 포함하는 값을 표현할 때 효과적인데 일반적으로 거미줄 형태의 틀에 다차원 도형 형식으로 나타낸다. 방사형 차트의 하위 차트로는 방사형 차트, 채워진 방사형 차트가 있으며, 방사형 차트는 표식으로 데이터 값을 표현할 수 있다.

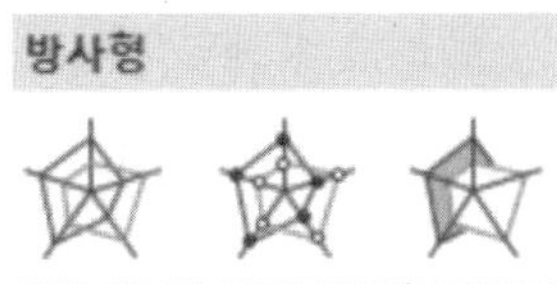

선형 차트 삽입

일반적으로 선형 차트는 데이터 변화 추이를 표현할 때 효과적이다. 다음 예제는 2013년과 2012년 월별 기온 변화 데이터를 입력한 것으로 1월부터 12월까지의 데이터로 구성되어 있으며, 정수 형태로 영하, 영상 기온이 표현되었다.

	A	B	C	D	E	F	G	H	I	J	K	L	M
1							월별 기온변화						
2													
3	월	1월	2월	3월	4월	5월	6월	7월	8월	9월	10월	11월	12월
4	2013년	-3	1	5	12	18	23	25	26	22	15	8	-1
5	2012년	2	2	8	13	17	21	26	26	23	18	11	5

데이터 영역을 범위로 지정한 후, [삽입] - [선형 차트] - [선형]을 선택하면 다음과 같이 차트가 자동으로 생성된다. 2가지 선으로 표시되어 있어 2013년과 2012년을 구분하고 있으며, 좌측에 있는 세로축은 최대-최소값에 맞춰 자동적으로 -5에서 30까지 기준을 설정하고 있다. 가로축은 1월부터 12월을 나타내고 있어 각 월별 기온 변화 추이를 연결된 선으로 표현하고 있다.

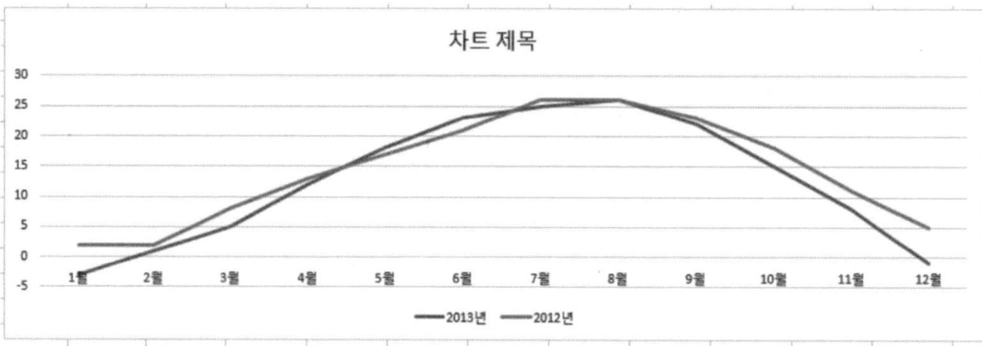

셀에 입력된 데이터와 생성한 선형 차트를 비교해보면 각 데이터가 차트의 어느 부분에 사용되어 있는지 알 수 있다. 첫 열에 포함되는 A열의 경우 데이터 항목(2012년, 2013년)으로 구분되어 있고, 3행(1월부터 12월)은 가로축에 출력되는 구분으로 사용된다. 차드에서 세로축에 해당되는 부분은 실데이터 부분(B4:M5) 값을 통해 최대-최소값에 맞춰 자동으로 생성된다.

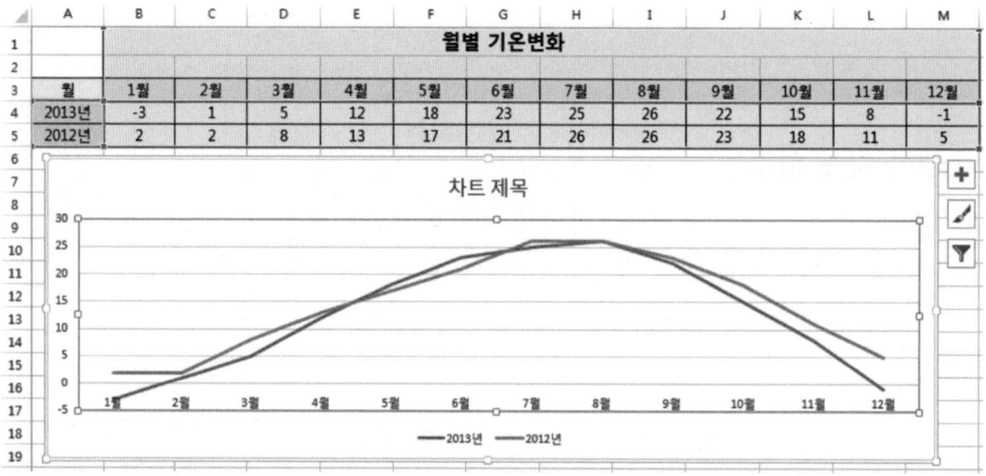

	A	B	C	D	E	F	G	H	I	J	K	L	M
1		월별 기온변화											
2													
3	월	1월	2월	3월	4월	5월	6월	7월	8월	9월	10월	11월	12월
4	2013년	-3	1	5	12	18	23	25	26	22	15	8	-1
5	2012년	2	2	8	13	17	21	26	26	23	18	11	5

누적 막대형 차트 삽입

누적 막대형 차트는 일반적인 막대 차트와 유사하지만 각 항목들의 값을 하나의 카테고리에 누적된 형식의 막대로 출력한다. 각 값은 색상으로 구분해서 나타내게 되며 누적 순서는 모든 카테고리가 동일하다.

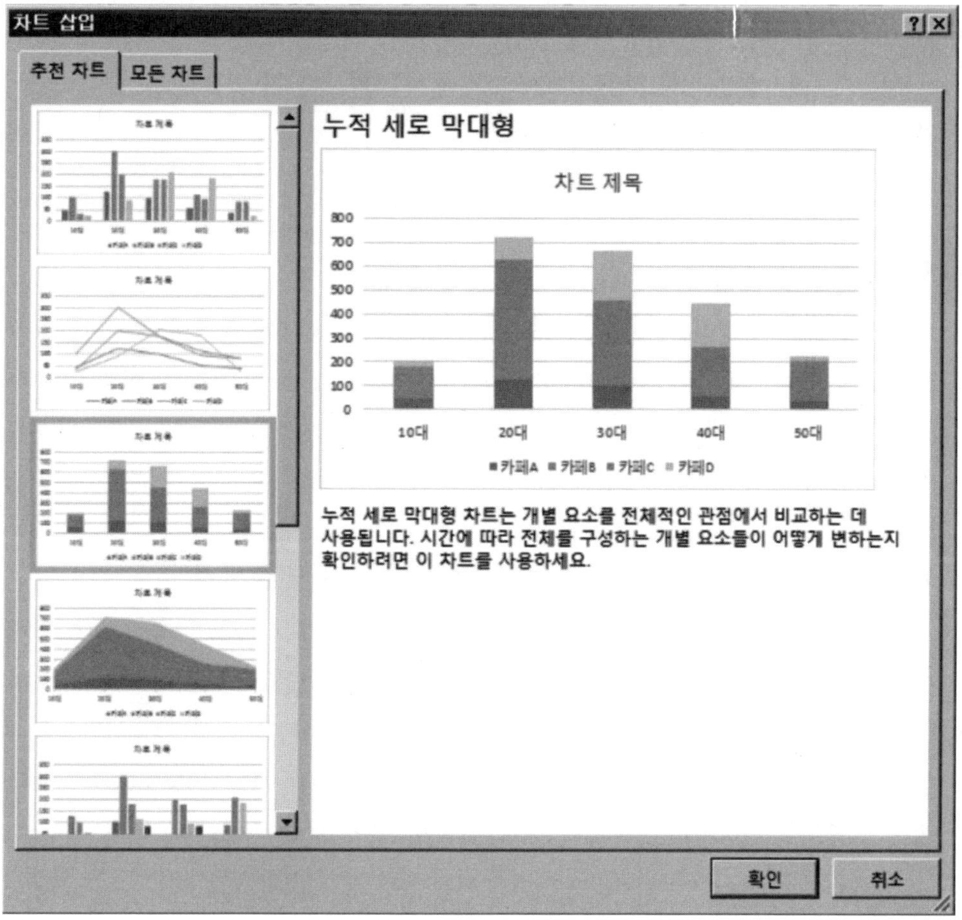

	A	B	C	D	E	F
1	연령대	10대	20대	30대	40대	50대
2	카페A	45	127	99	54	38
3	카페B	102	302	180	113	84
4	카페C	33	201	178	96	83
5	카페D	24	89	207	184	22

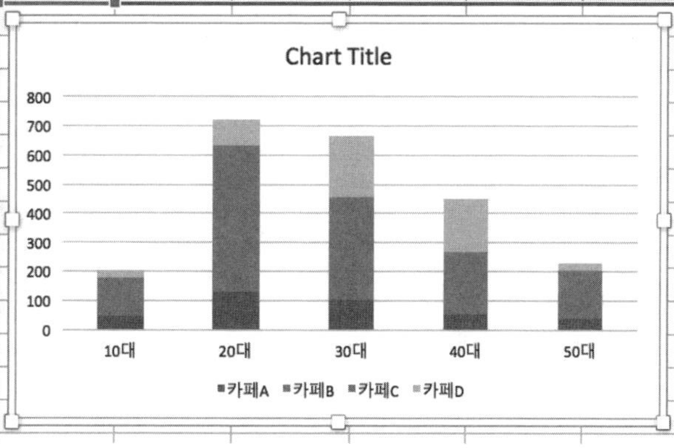

차트 데이터 편집

차트 편집은 생성한 차트에 문제가 있거나 수정할 부분이 있을 경우 데이터 범위 변경, 차트 종류 변경, 레이아웃 변경 등의 작업을 수행하는 것이다. 각 편집 항목별로 편집 방법과 세부 옵션에 대해서 알아본다.

STEP 1 차트 종류 변경

차트 종류를 변경하는 것은 표시되는 차트 방식을 변경하는 것으로 2차원 막대 차트로 생성했던 것을 변화 추이를 나타내기 위해서 꺽은 선형으로 변경하는 것과 같은 작업을 말한다. 또는 차트를 출력하는 영역이 한정적이기 때문에 가로 막대형을 세로 막대형으로 변경하는 등의 작업이 종종 발생한다.

세로 막대형 차트를 표식이 있는 꺽은 선형으로 변경하기

세로 막대형 차트는 카테고리별 데이터를 개별적으로 나타내기에 적절하다. 또한 어떠한 데이터 형식이든 기본적으로 표시가 가능하기 때문에 일반적으로 가장 많이 사용하는 차트 종류다. 그러나 개별적 데이터 수치를 나타내기 때문에 각 카테고리별 연관성을 보여주기엔 한계가 있다. 다음은 분기별 영업 실적을 세로 막대형 차트로 생성한 후, 표식이 있는 꺽은 선형으로 변경하는 예제에 대해서 실습해본다.

	A	B	C	D	E
1		1분기	2분기	3분기	4분기
2	A팀	157	144	78	67
3	B팀	64	128	156	56
4	C팀	88	280	256	46

제시된 데이터는 1~4분기에 대한 A, B, C팀의 영업 실적을 나타낸다. 위 데이터 전체를 범위로 지정한 후, [삽입] - [세로 막대형 차트] - [묶은 세로 막대형]을 선택해서 관련차트를 생성한다.

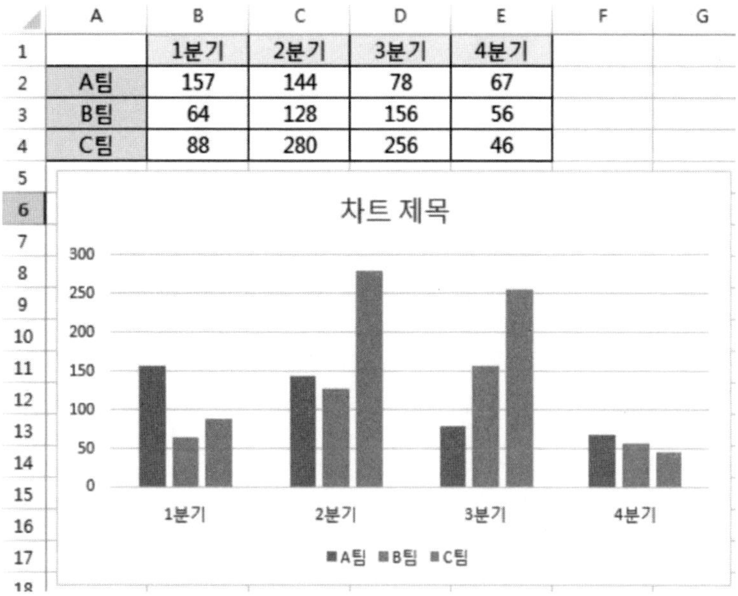

생성된 묶은 세로 막대형 차트는 각 분기별로 카테고리가 구분되어 A, B, C팀의 영업 실적 수치를 출력한다.

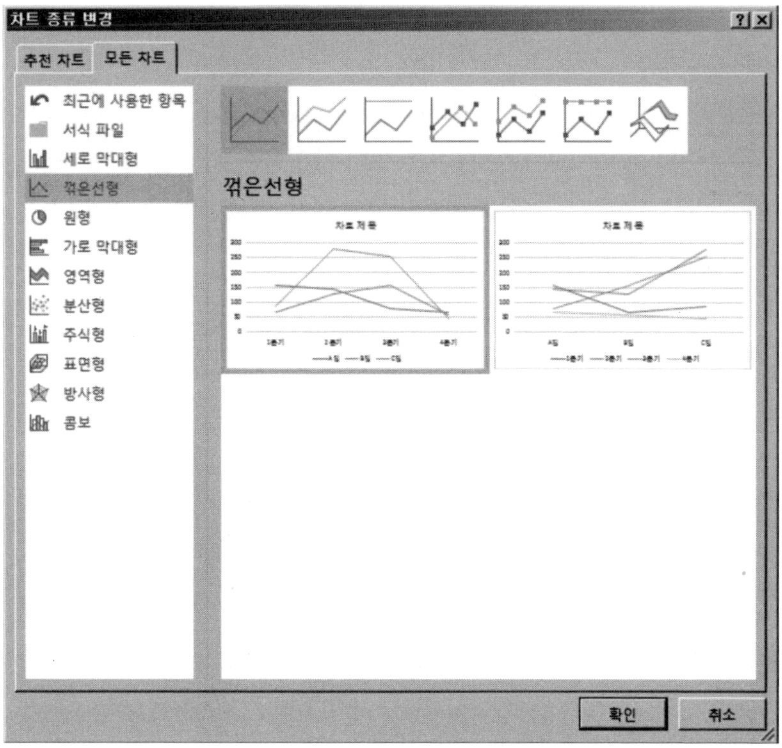

출력된 차트의 종류를 변경하기 위해 [차트 도구] - [디자인] - [차트 종류 변경]을 선택해서 차트 종류 변경 메뉴로 들어간다. 이 팝업 창에서 원하는 차트를 선택한 후 확인하면 차트가 자동으로 변경된다.

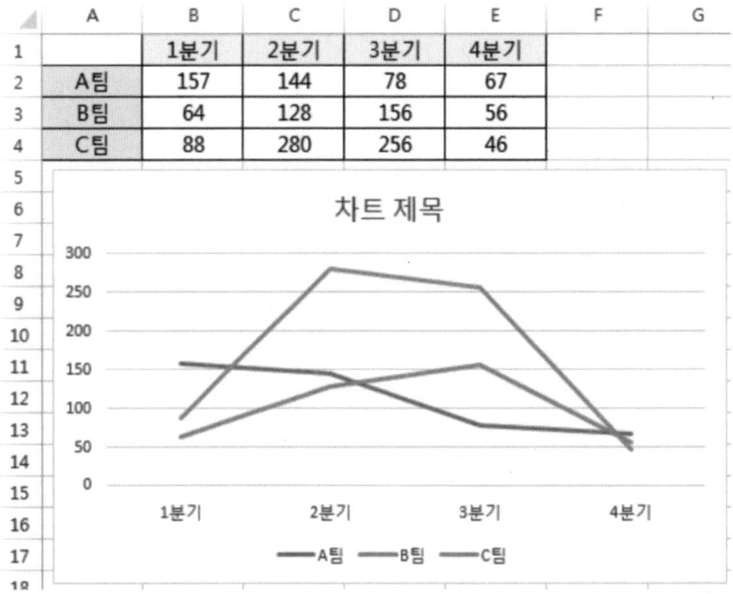

콤보 차트 만들기

콤보 차트는 2가지 차트를 동시에 출력하는 차트로 데이터 표현의 효율성을 높이기 위해서 사용한다. 일반적으로 유형이 다른 데이터 계열을 하나의 차트로 표시할 때 두가지 차트 형식을 혼용해서 표현한다. 앞선 예제를 활용해서 콤보 차트를 만들어 본다.

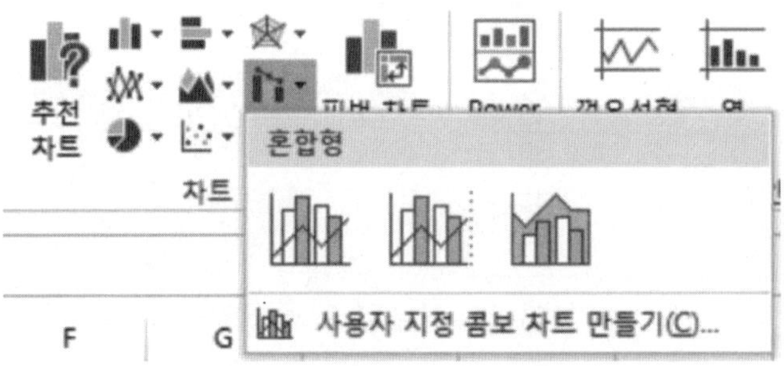

데이터 범위를 지정한 후, [삽입] - [콤보 차트 삽입] - [사용자 지정 콤보 차트 만들기]를 선택한다.

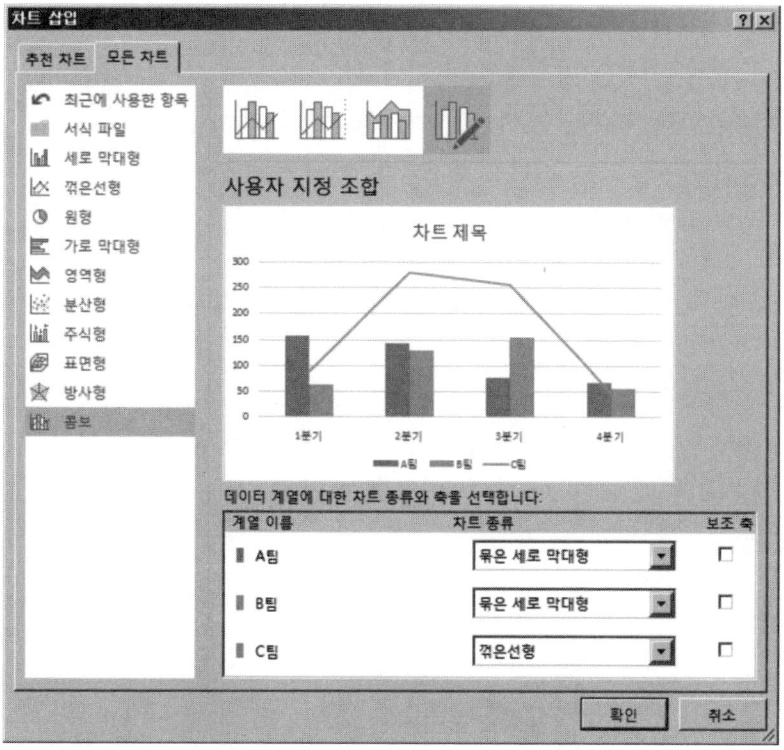

현재 A, B, C팀이 계열 이름으로 제시되어 있으며, 각 계열에서 차트 종류를 선택할 수 있다. 기본 설정은 A팀이 파란색 세로 막대, B팀이 주황색 세로 막대, C팀이 회색 꺾은 선형으로 되어 있다. 이 예제에서 A팀과 B, C팀과의 영업 실적을 비교하는 것이 주제라고 가정하면 A팀이 기준이 되고 B, C팀이 상대값이 되기 때문에 A팀과 B, C팀의 차트 종류를 다르게 표현하면 된다. 따라서 본 예제에서 A팀은 묶은 세로 막대형을 선택하고 B, C팀은 꺾은 선형을 선택해서 차트를 생성하도록 한다.

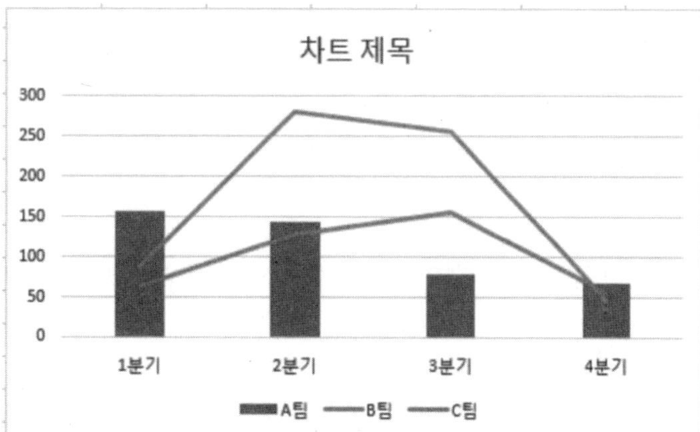

STEP 2 데이터 행/열 전환

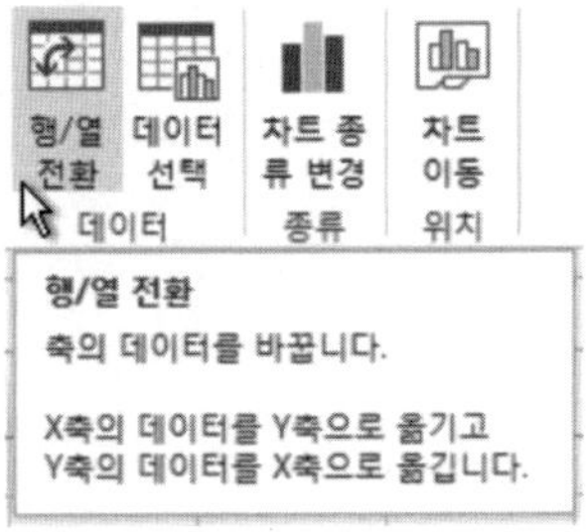

데이터 행/열 전환은 지정한 데이터 범위에서 기준이 되는 행/열 기준을 서로 바꾸는 것이다. 행/열 전환을 하면 자동적으로 생성되어 있는 차트 결과가 변경된다. 앞선 예제에서 생성했던 차트를 활용해 본다.

행/열 전환은 [차트 도구] – [디자인] – [행/열 전환] 메뉴를 통해 바로 적용할 수 있다.

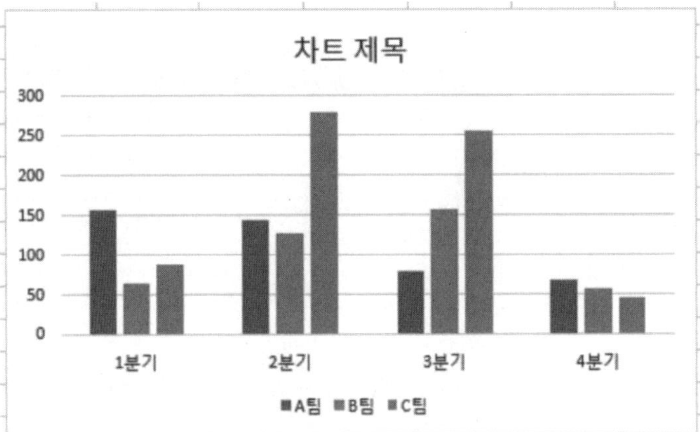

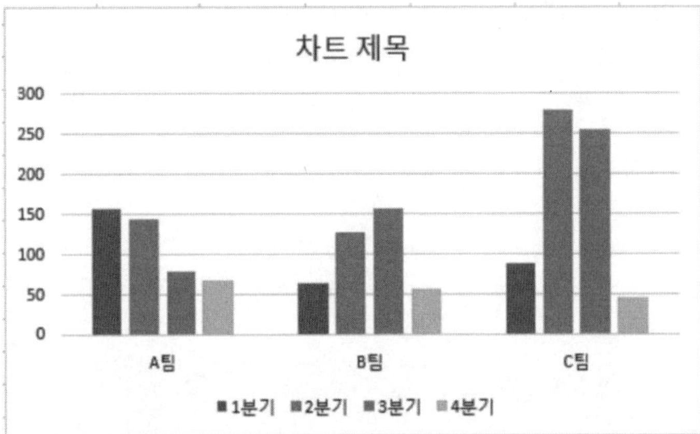

행/열 전환이 적용된 결과를 살펴보면 기존에 하단에 위치했던 분기가 변경 후에는 각 계열로 변환되었으며, 반대로 각 팀이 하단으로 이동했다. 실제 데이터 수치는 변경되지 않았으며, 데이터를 표시하는 기준이 변경된 것이다.

STEP 3 데이터 선택

데이터 선택은 차트를 생성하기 위해 지정한 데이터 범위와 계열 및 항목을 수정하는 기능이다. 또한 행/열 전환 기능도 포함하고 있어서 전체적인 데이터 지정에 대한 기능이 모두 포함되어 있다고 볼 수 있다. [차트 도구] – [디자인] – [데이터 선택]으로 메뉴에 접근할 수 있으며, 메뉴 선택 시 팝업 창이 나타난다.

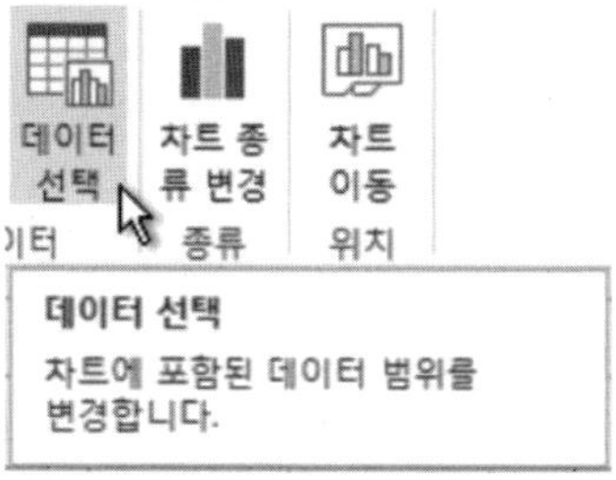

출력된 팝업은 다음과 같이 데이터 범위 선택, 범례 항목, 가로 축 레이블 설정 기능이 있다. 데이터 범위 설정은 참조하는 범위를 지정하는 것으로 차트를 생성할 때 지정했던 범위 값이 기본으로 입력되어 있다. 수식으로 입력할 경우 '='로 시작하여 '시트명'!'참조범위' 형태로 작성할 수 있으며, 우측에 있는 셀 지정 아이콘을 선택해서 마우스 드래그로 범위를 지정할 수도 있다.

범례 항목은 차트 생성 시 자동으로 지정되었던 범례가 나타나며 추가, 편집, 제거가 가능하다. 가로 축 레이블은 편집을 통해 범위를 재조정할 수 있으며, 범위 내에 지정된 레이블을 체크박스를 통해 나타내거나 나타나지 않게 선택할 수 있다.

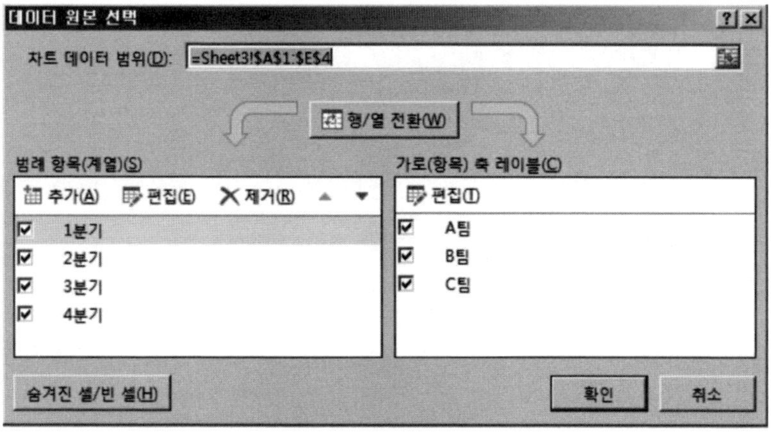

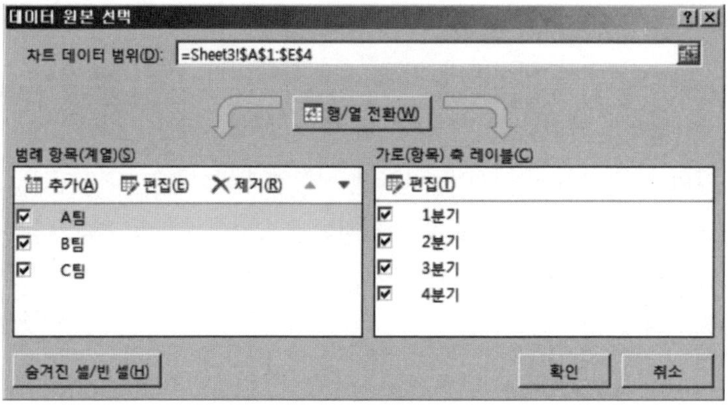

행/열 전환을 선택하면 위 그림과 같이 범례 항목과 가로 축 레이블 항목이 서로 교환된다.

● 차트 레이아웃 편집

차트 레이아웃은 차트를 나타내는 세부 항목을 포함한 구성을 말한다. 레이아웃으로 설정 가능한 항목은 축, 축 제목, 차트 제목, 데이터 레이블, 데이터 표, 오차 막대, 눈금선, 범례, 선, 추세선, 양선/음선이 있다. 각 항목별로 선택 옵션이 제공되기 때문에 쉽고 빠르게 설정할 수 있다.

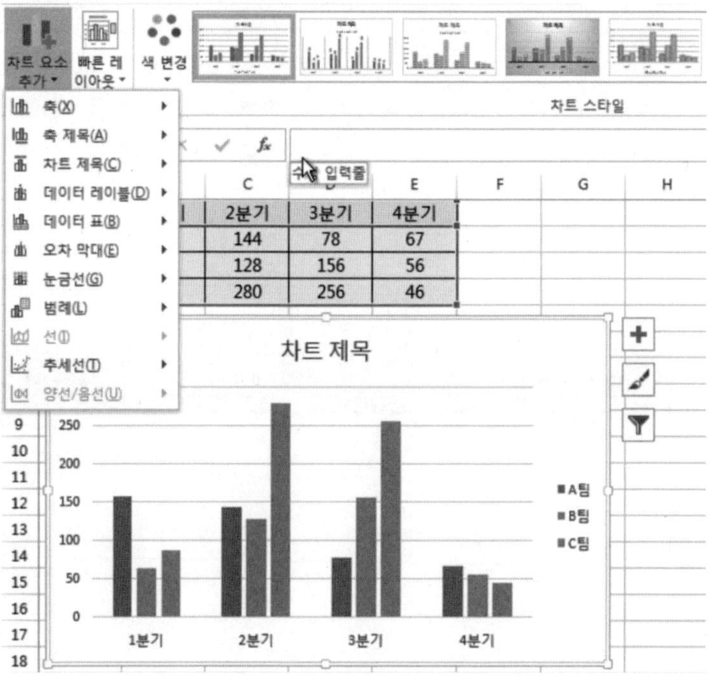

STEP 1 축

축 편집은 차트에서 기준이 되는 부분을 어느 위치에 배치할지 결정할 수 있다. 기본 선택은 가로 또는 세로 중 선택할 수 있으며, 다른 축 옵션을 선택하면 세부 설정이 가능하다.

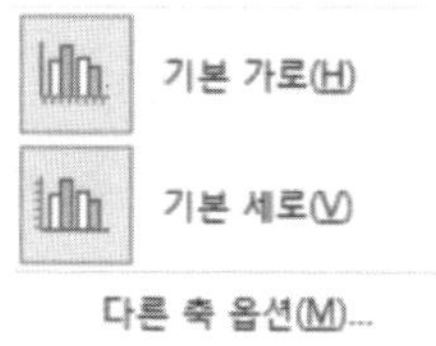

세부 설정은 축 옵션, 눈금, 레이블, 표시 형식이 있다. 축 옵션 중 축 종류 선택은 텍스트, 날짜 축 중 선택이 가능하며 기본적으로 자동 선택이 설정되어 있다. 세로 축 교차는 세로 축의 교차점을 설정할 수 있으며, 축 위치 세부 설정이 있다. 축 옵션은 대부분 기본 설정을 사용하는 것이 일반적이다.

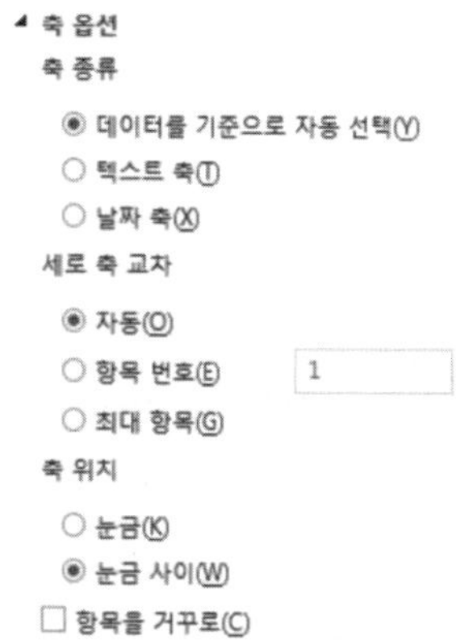

눈금 항목은 축이 되는 부분에 보조 눈금을 설정하는 것으로 눈금 간격과 눈금의 위치를 조절할 수 있다.

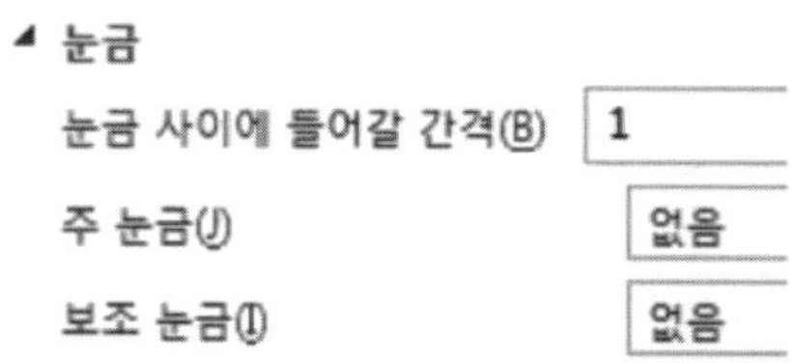

레이블은 축으로 표시되는 계열의 위치를 조절하고 그 간격을 설정할 수 있다.

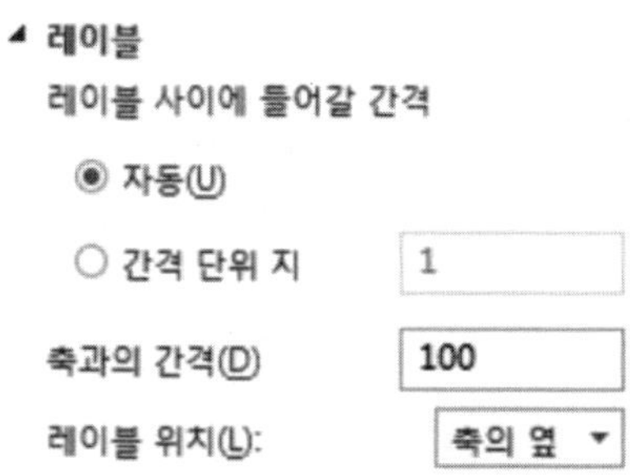

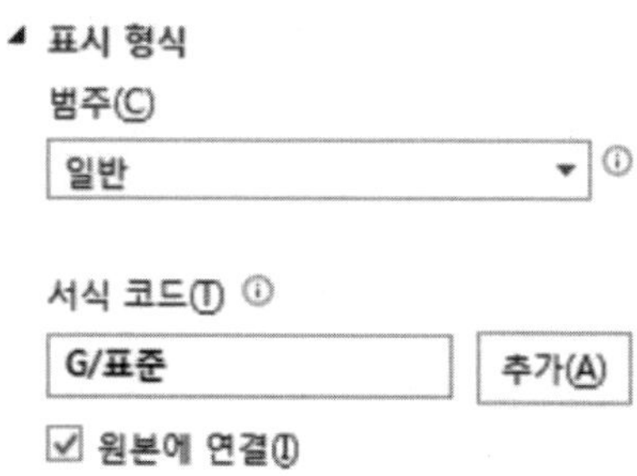

표시 형식은 셀 서식과 같이 축을 표시하는 범주와 서식을 설정해준다.

STEP 2 축 제목

축 제목에서는 축 제목의 위치를 설정할 수 있으며, 세부 설정을 통해 축 제목의 정렬과 여백 등을 설정할 수 있다.

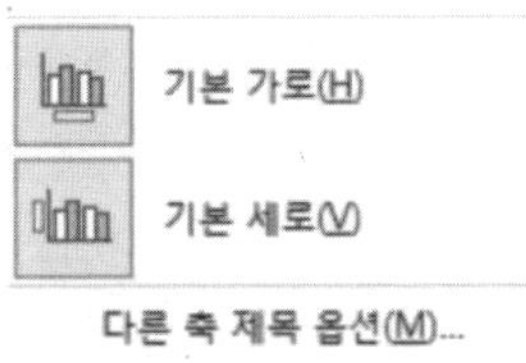

STEP 3 차트 제목

차트 제목에서는 차트 제목의 위치를 설정할 수 있으며, 세부 설정을 통해 축 제목의 정렬과 여백 등을 설정할 수 있다.

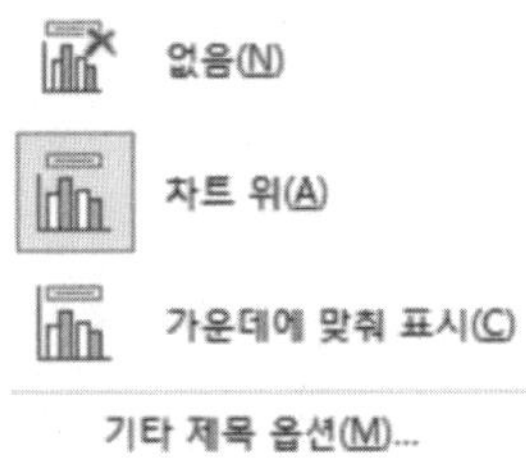

STEP 4 데이터 레이블

데이터 레이블은 실제 데이터 값을 수치로 차드 내에 출력한다. 빠른 설정은 데이터 레이블의 출력 위치를 지정할 수 있으며 세부 설정에서는 출력되는 레이블의 내용과 위치, 표시 형식을 설정할 수 있다.

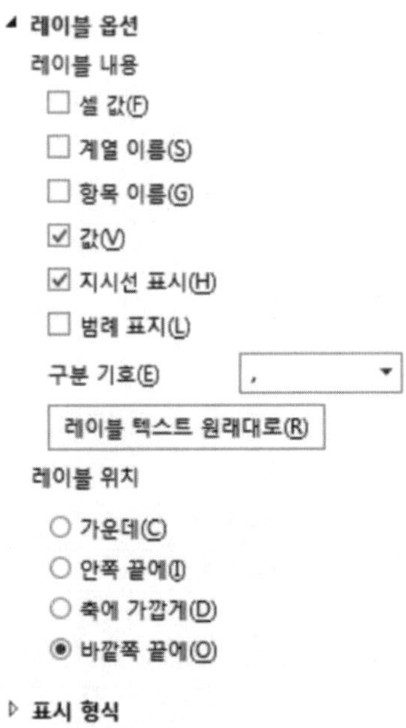

STEP 5 데이터 표

데이터 표는 지정한 데이터 범위의 수치값을 표 형식으로 차트 내에 출력한다. 빠른 설정에서는 범례 표지의 포함 여부를 선택할 수 있으며, 세부 설정에서는 테이블 테두리 설정이 가능하다.

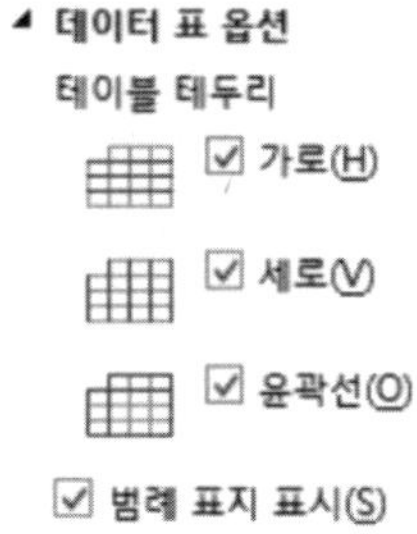

STEP 6 오차 막대

오차 막대는 차트 내에 데이터 값에 대한 표준 오차, 백분율, 표준 편차를 간단한 형식으로 출력하며, 빠른 설정에서 출력할 오차를 선택할 수 있다.

오차 막대는 다음 그림과 같이 차트 내부에 겹쳐서 선 형태로 출력된다.

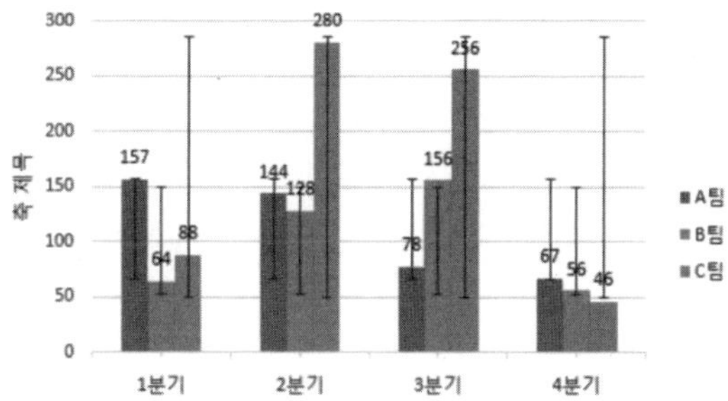

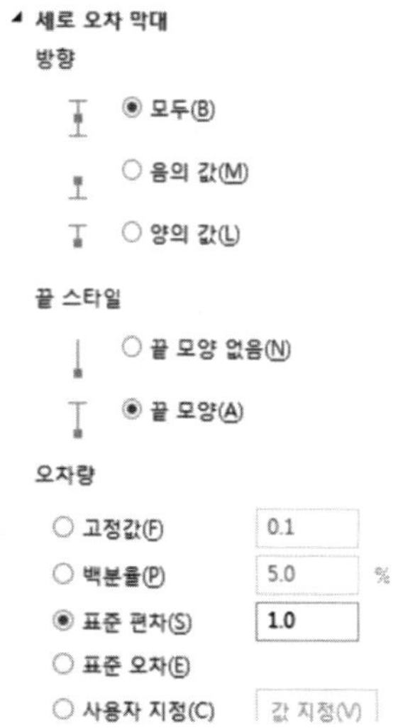

세부 설정에서는 오차 막대의 방향, 선 끝부분의 스타일, 오차량을 설정할 수 있다.

STEP 7 눈금선

눈금선은 차트 출력 영역에 데이터 값을 식별하기 쉽게 도와주는 선을 출력한다. 크게 주 눈금선과 보조 눈금선으로 구별할 수 있으며, 각각 가로-세로 설정이 가능하다. 눈금선의 세부 설정은 도형에 있는 선과 동일하기 때문에 색상, 두께, 끝 부분 스타일 등이 설정 가능하다.

STEP 8 범례

범례는 차트에 출력된 값이 어떤 값인지를 나타내는 것으로 색상과 계열 이름으로 표시해 준다. 범례의 위치는 특별히 고정되지 않는데 상하좌우 모두 활용 가능하며, 축 제목과 겹치지 않는 위치로 지정하는 것이 일반적이다.

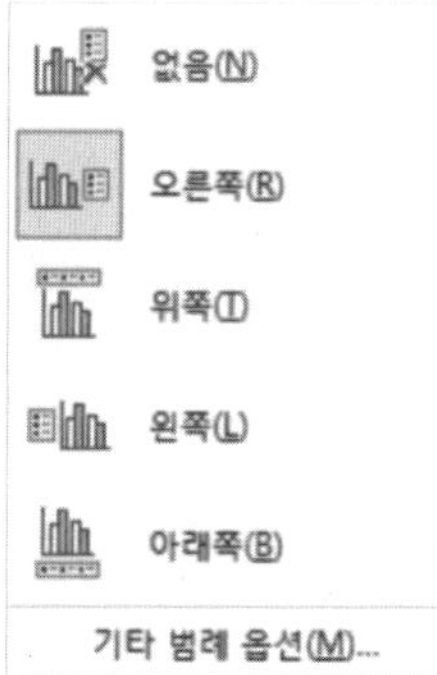

STEP 9 선

선은 차트 결과에 보조선을 나타내서 차트 결과를 이해하는데 도움을 준다. 하강선과 최고/최저값 연결선 중 선택할 수 있으며, 각각의 적용 결과는 다음 그림과 같다.

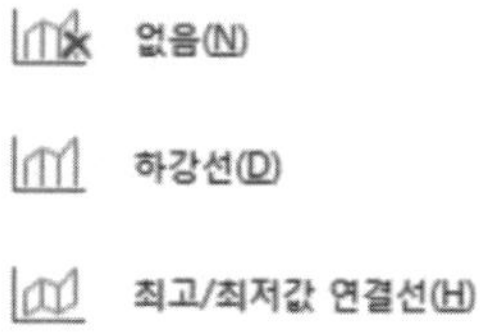

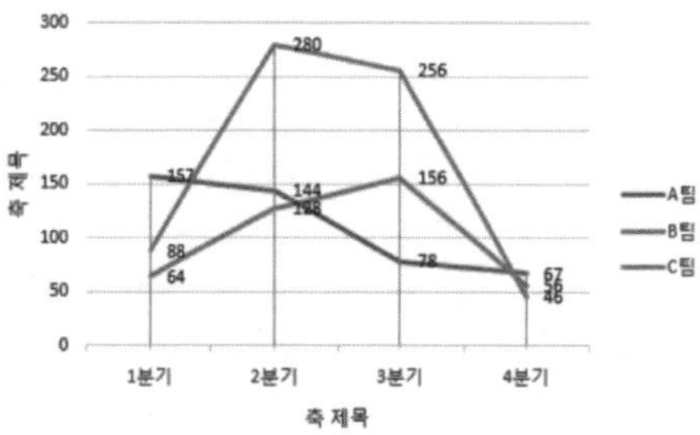

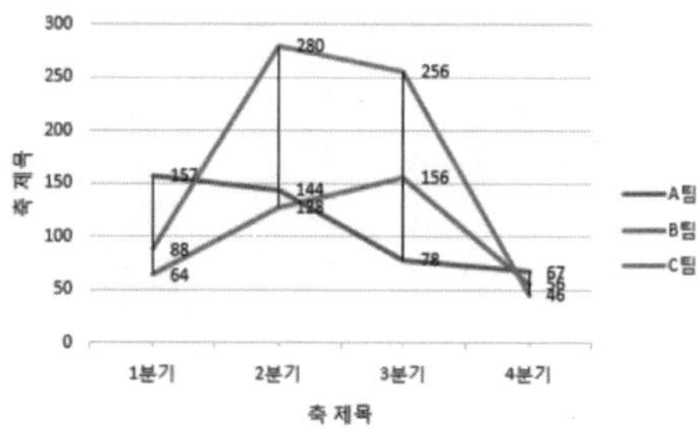

STEP 10 추세선

추세선은 차트에 지정 계열 데이터 값에 기반하는 추세선을 삽입한다. 삽입할 수 있는 추세선의 종류는 선형, 지수, 선형 예측, 이동 평균이 있으며, 기본적으로 점선 형태로 삽입된다. 또한 추세선은 한 차트에 여러 개 삽입할 수도 있다.

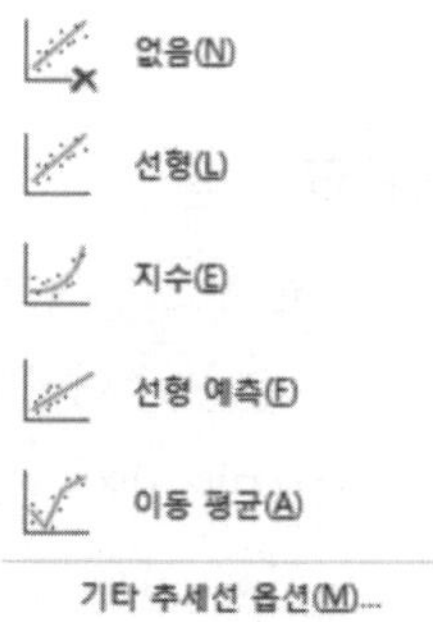

다음 그림은 A팀을 기준으로 선형 추세선을 삽입한 결과를 나타낸다.

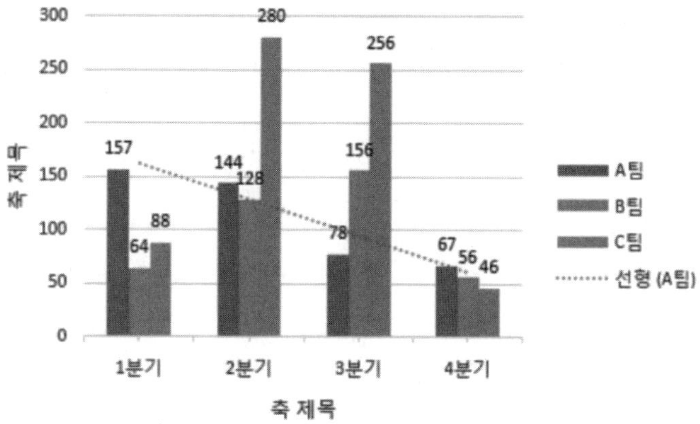

세부 설정에서는 추세선의 종류를 설정할 수 있으며, 추세선의 이름, 예측 구간 설정 등이 있다.

STEP 11 양선/음선

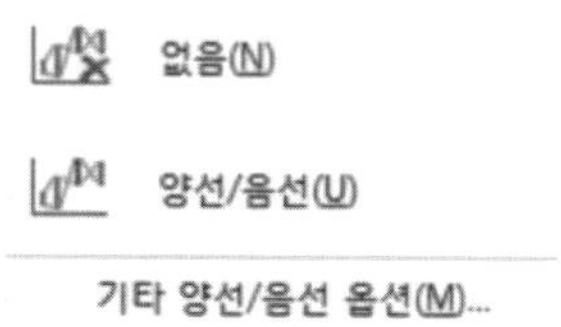

양선/음선 설정은 양선/음선의 추가 또는 삭제 중 하나를 선택할 수 있으며, 세부 설정을 통해 표시된 양선/음선의 도형 속성을 설정할 수 있다.

1.7 차트 응용하기

앞선 섹션에서 익힌 차트 기능을 활용해서 실제 차트를 활용하는 방법에 대해서 실습을 통해서 배워본다.

차트 활용하기

앞서 살펴본 것과 같이 엑셀에서는 다양한 차트를 사용할 수 있으며, 데이터 형태와 도출하려는 결과값에 따라 적절한 차트를 선택해야 한다. 다음 예제들은 각 상황에 맞는 차트 생성과 세부 설정에 대해서 실습한다.

꺾은 선형 차트를 사용해서 일별 기온 나타내기

꺾은 선형 차트는 시간 흐름에 따른 값의 변화를 표현하기에 알맞다. 이번 실습은 하루간의 날씨정보를 3시간씩 나눠 기록된 기온, 강수 확률, 습도 데이터를 꺾은 선형 차트로 출력해 본다. 데이터 값은 다음 그림과 같이 작업했으며, 데이터가 입력된 셀을 전체 범위로 지정해서 [삽입] - [꺾은 선형 차트 삽입] - [표식이 있는 꺾은 선형]을 선택해서 차트를 삽입한다.

	A	B	C	D	E	F	G	H	I
1	시각	0	3	6	9	12	15	18	21
2	기온	22	20	19	21	24	26	25	21
3	강수확률	30	30	30	30	20	20	20	10
4	습도	45	50	55	40	33	30	40	50

삽입된 차트는 다음 그림과 같은데 몇 가지 수정할 부분이 있다.

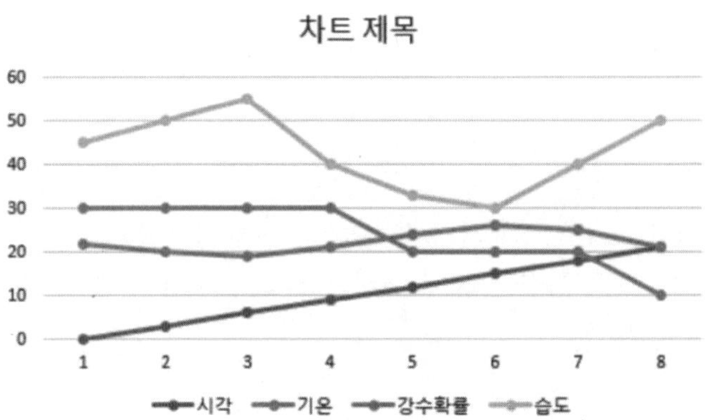

현재 차트에 출력된 꺾은 선형은 총 4가지로 시각, 기온, 강수 확률, 습도 등이다. 그런데 시각은 값으로 출력하는 것이 아니라 x축의 기준으로 설정되어야 한다. 따라서 [차트 도구] – [디자인] – [데이터 선택] 메뉴로 접근해서 가로 축 레이블 범위를 편집해야 한다.

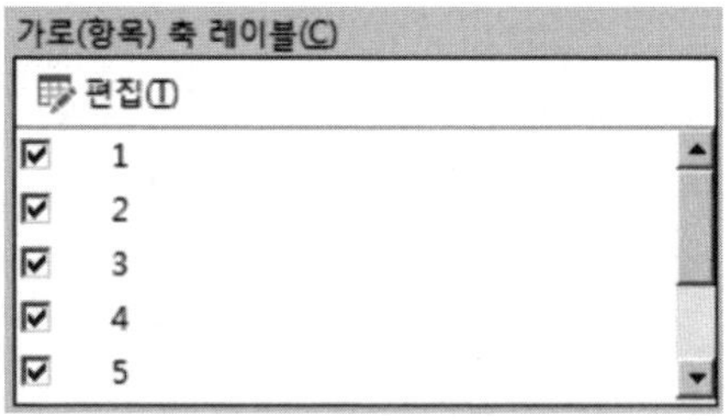

가로 축 레이블 영역 내에 있는 [편집] 기능을 사용해서 가로 축 레이블을 재설정하는데, A1부터 I1까지 마우스 드래그를 통해 범위를 지정한다.

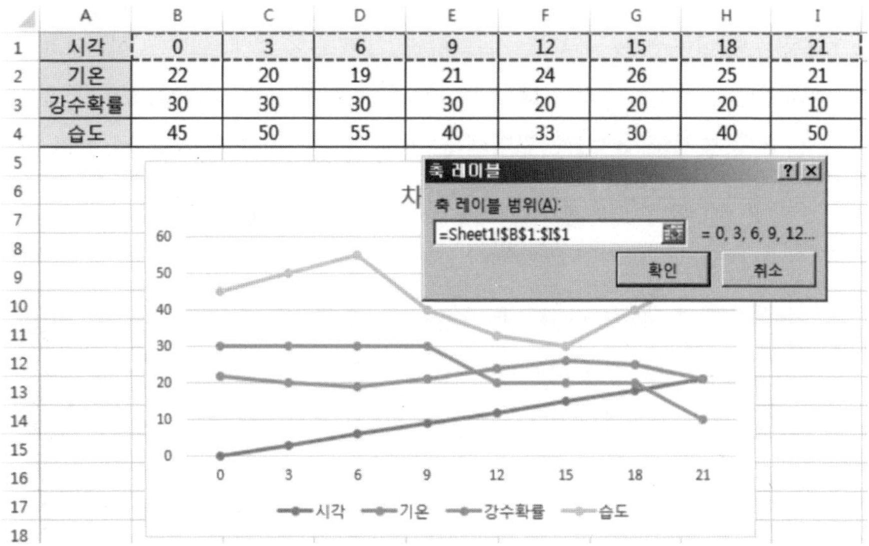

그 다음 범례 항목에서 [시각] 항목을 해제해서 차트에 출력되지 않게 설정한다.

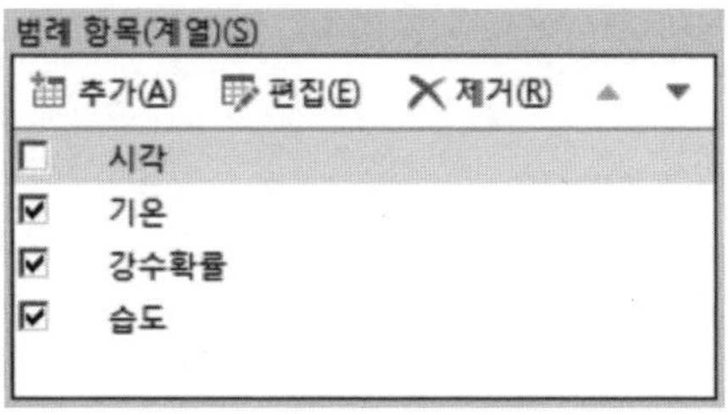

수정이 완료된 차트는 다음 그림과 같이 3개 항목에 대한 꺾은선이 출력되고 x축이 시각을 기준으로 설정되어 있는 것을 확인할 수 있다.

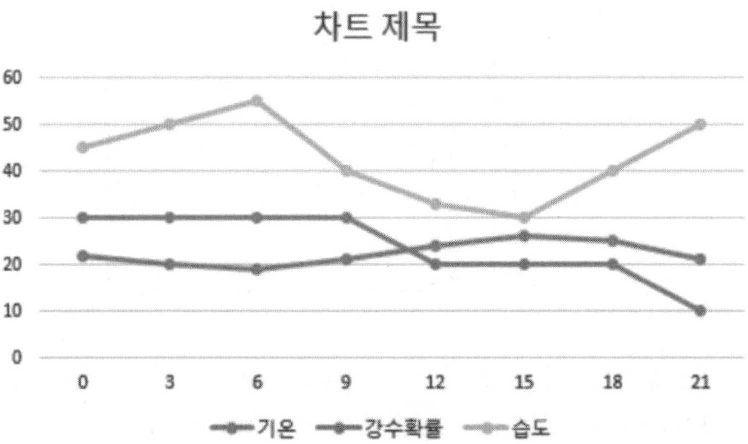

그 다음은 레이아웃 및 세부 설정을 통해 차트를 수정해 보도록 한다. 현재 x축에 시간 단위가 출력되지 않기 때문에 시각 데이터 셀에 '시'를 붙여 시각이라는 것을 알 수 있게 한다. 그 다음 차트 제목을 더블 클릭해서 입력 모드로 전환한 다음 '오늘의 날씨'로 제목을 수정한다. 제목을 부각하기 위해서 글꼴에 '굵게'를 설정한다.

	A	B	C	D	E	F	G	H	I
1	시각	0시	3시	6시	9시	12시	15시	18시	21시
2	기온	22	20	19	21	24	26	25	21
3	강수확률	30	30	30	30	20	20	20	10
4	습도	45	50	55	40	33	30	40	50

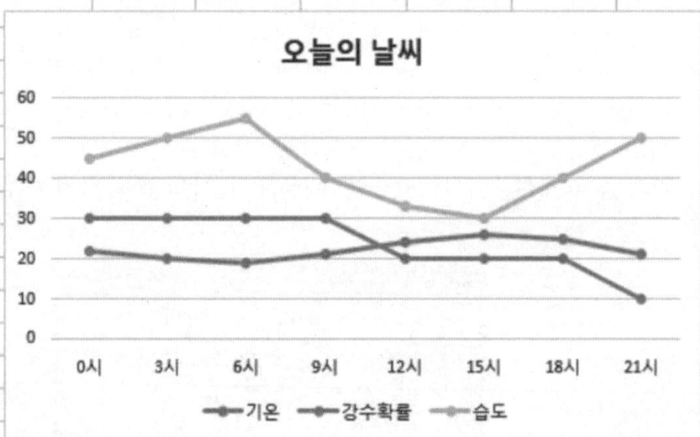

날씨 정보에서 기온 정보를 부각시키기 위해서 기온의 표식을 크게 하고 데이터 레이블을 추가한다. 표식의 크기를 조절하기 위해서 차트 내에 있는 기온 꺽은 선형을 클릭해서 선택한 후, 작업 화면 우측에 출력되는 옵션 중 [계열 옵션] - [채우기 및 선] - [표식] - [표식 옵션]을 선택한다. [자동]으로 설정되어 있는 [표식 옵션]을 [기본 제공]으로 변경한 후, [크기]를 5에서 8로 수정한다. 그 다음 [테두리] 메뉴에서 알맞은 색을 지정해서 표식을 부각시킨다.

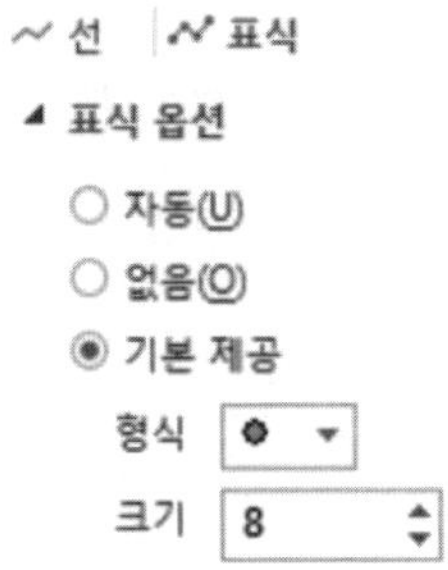

이후 다시 기온 꺽은 선형을 선택한 후, 차트 우측에 있는 차트 요소 옵션을 선택해서 [데이터 레이블] - [위쪽]을 선택해서 기온 꺽은 선형 표식 위쪽에 데이터 값이 출력되게 한다.

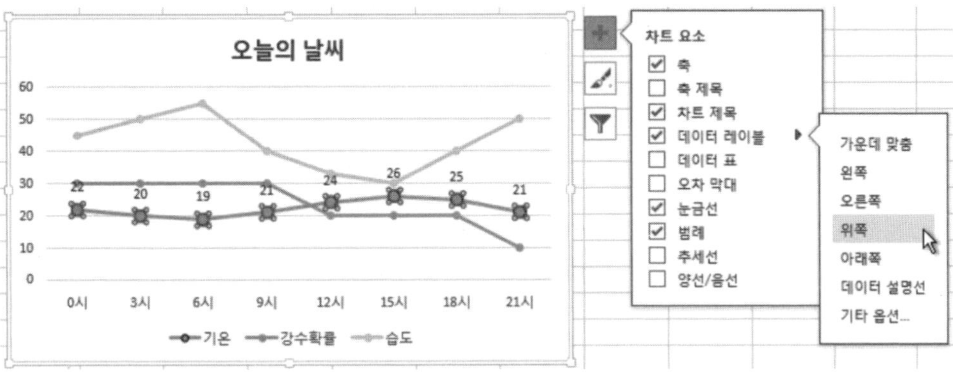

마지막으로 3가지 항목 중 기온이 가장 먼저 출력되기 때문에 정렬 순서상으로 가장 화면 안쪽에 배치되어 강수 확률과 습도 차트에 가려지는 부분이 발생한다. 따라서 기온 꺽은 선을 가장 화면 바깥쪽으로 이동시키기 위해 [차트 도구] - [디자인] - [데이터 선택]으로 다시 이동해서 다음 그림과 같이 [범례 항목]에서 기온을 선택한 후, [아래로 이동]을 클릭해서 가장 아래에 배치시킨다.

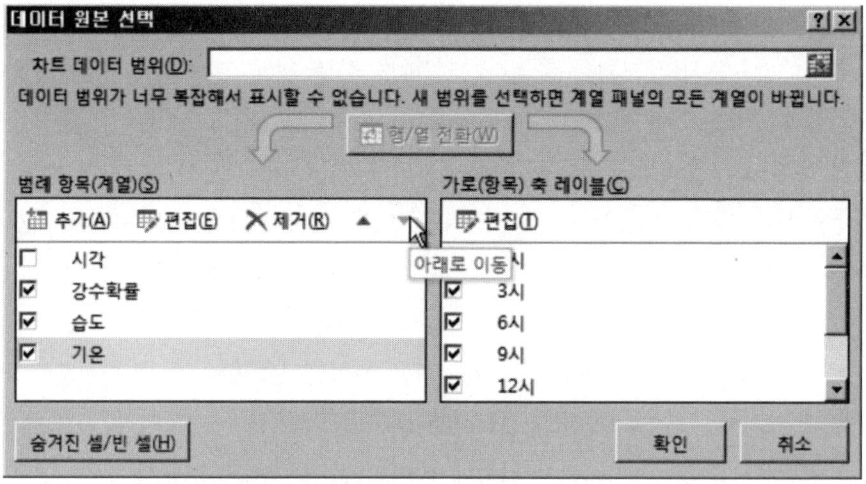

강수 확률과 습도 꺾은선의 색싱과 표식 색상을 적절히 수정한 후, 최종적으로 완성된 차트는 다음과 같다.

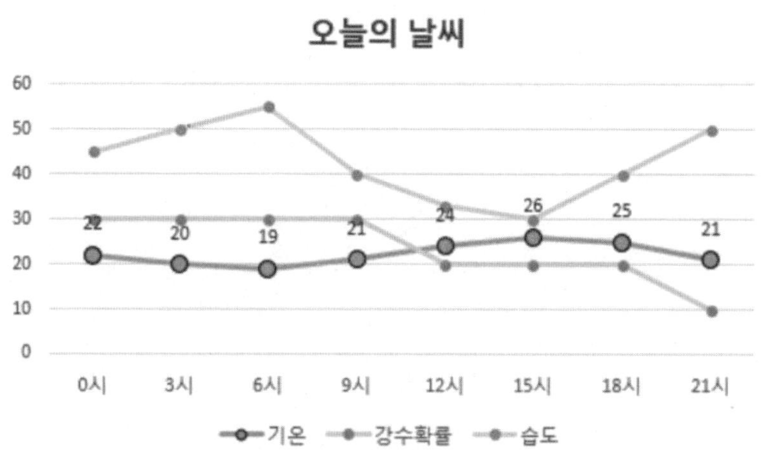

도넛형 차트를 활용하여 성별 투표 결과 출력하기

도넛형 차트는 원형 차트의 확장으로 다수 범례의 비율을 표현할 수 있다. 이번 실습은 투표 결과 정보를 2개의 도넛형으로 표시해 보며, 투표 결과 데이터는 다음과 같다.

	A	B	C	D
1		찬성	반대	기권
2	남자	132	27	3
3	여자	98	53	1

데이터 범위 전체를 지정해서 [삽입] - [원형 또는 도넛형 차트 삽입] - [도넛형]을 선택해서 차트를 삽입한다.

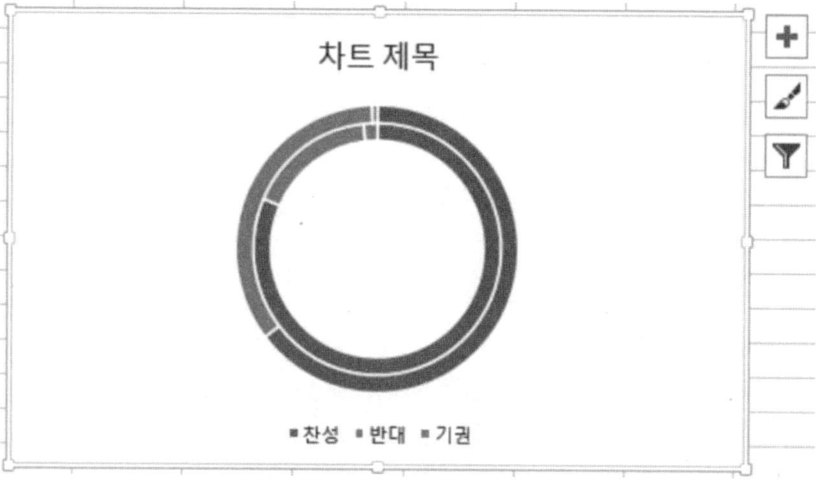

삽입된 차트는 도넛이 2개 겹쳐진 형태로 생성되며, 쪼개진 부분은 각 데이터 범주를 나타낸다. 현재 파란색 부분이 찬성 부분, 주황색 부분이 반대, 회색이 기권으로 표시되어 있다.

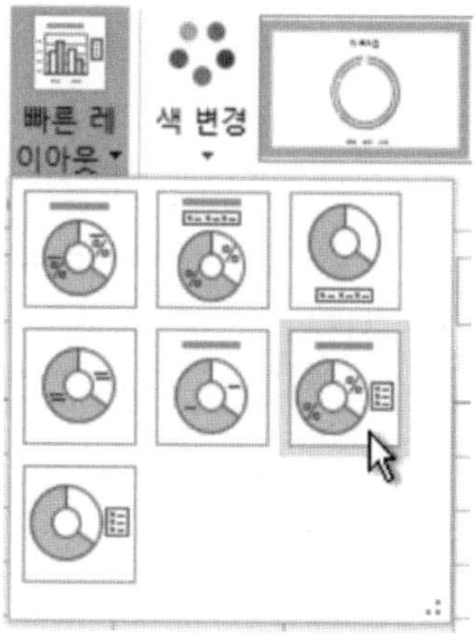

여기에 빠른 레이아웃 설정을 적용하기 위해 [차트 도구] - [디자인] - [빠른 레이아웃]을 선택해서 적절한 레이아웃 설정을 선택한다. 예시에서는 [레이아웃 6]을 선택해서 적용한다.

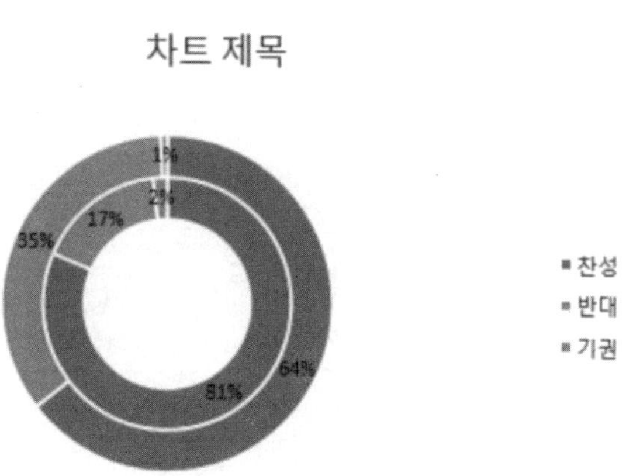

빠른 레이아웃이 적용된 차트를 확인하면 데이터 레이블이 삽입되었으며, 범례가 우측으로 이동되었다. 그 다음 도넛의 너비를 넓히기 위해서 차트의 도넛 부분을 더블 클릭해서 우측의 [계열 옵션]을 설정한다.

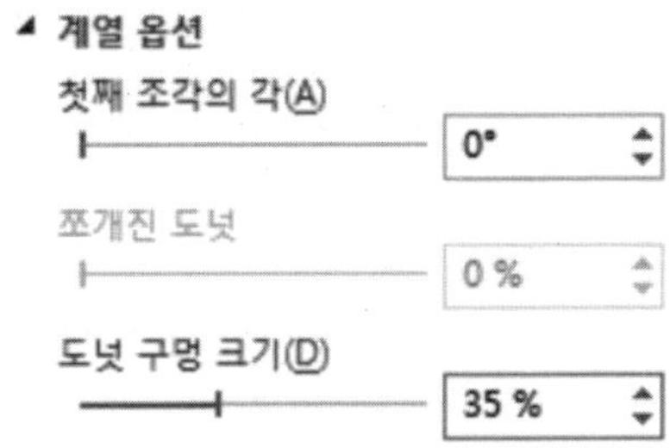

계열 옵션에서 마지막 설정인 [도넛 구멍 크기]를 '50%'에서 '35%'로 조절한다.

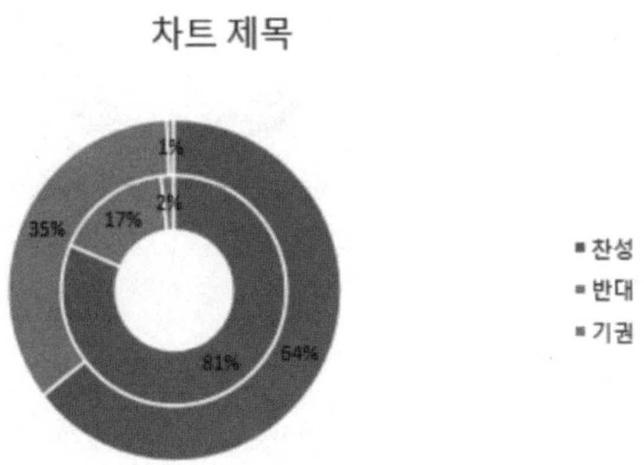

도넛 구멍의 크기를 조절하면 위 그림과 같이 도넛의 너비가 넓어져 데이터 레이블이 표시되는 부분을 확보할 수 있다. 이후 데이터 레이블의 숫자를 부각시키기 위해서 폰트를 조절한다. 원하는 데이터 레이블을 선택한 후, [홈] - [글꼴]에서 [글꼴 색]을 검정색으로 수정하고 [굵게] 옵션을 적용한다. 좀 더 세부적으로 조절한다면 비율이 높은 찬성쪽 폰트를 12포인트로, 반대쪽 폰트를 9포인트, 기권쪽 폰트를 8포인트로 조절한다. 마지막으로 데이터 레이블 위치를 마우스 드래그를 통해 적절히 조절해서 마무리한다.

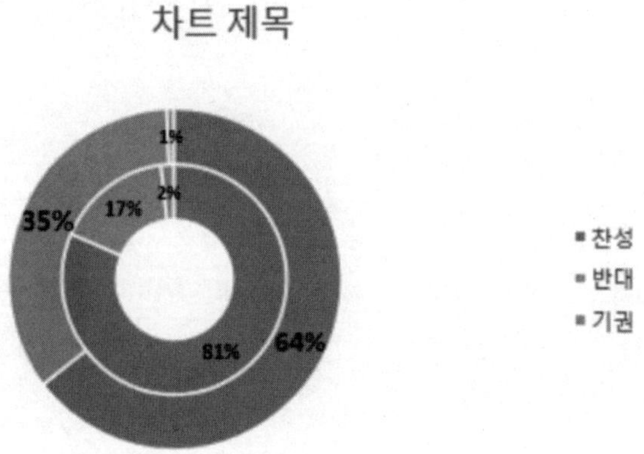

현재 상태로는 어떤 도넛이 남자 측 투표 결과인지 여자 측 투표 결과인지 판단할 수가 없다. 따라서 차트 내부에 텍스트 박스를 삽입해서 남자와 여자의 결과를 표시한다. 그러나 도넛 위에 텍스트를 삽입하는 것은 텍스트 박스 영역으로 사용하기에는 좁기 때문에 데이터 레이블을 이동시킨 후 도넛 외부에 텍스트 박스와 데이터 레이블을 표시해 준다. 가장 좌측에 있는 '35%' 데이터 레이블을 선택한 후, 마우스 드래그를 통해 도넛 좌측 바깥으로 이동시키면 도넛과 데이터 레이블이 연결되는 선이 자동으로 생성된다. 그러나 선이 선명하지 않기 때문에 데이터 레이블 선을 선택해서 [선 굵기]와 [화살표 머리 유형]을 변경해서 사용자가 보기좋게 꾸며준다.

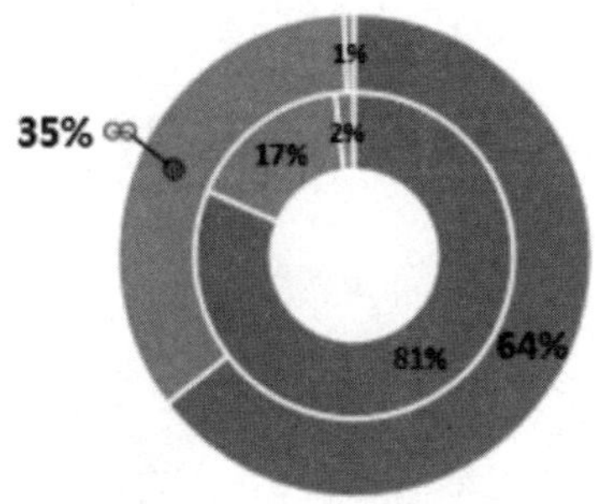

[삽입] – [텍스트 박스]를 선택해서 텍스트를 삽입해서 다음과 같이 적용한다.

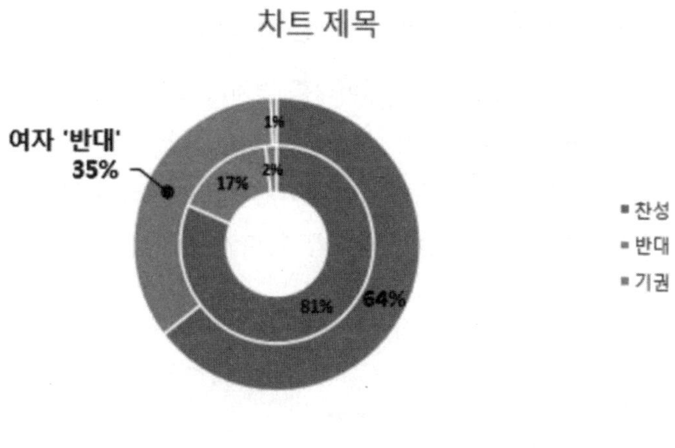

나머지 데이터 레이블도 동일하게 적용해 본다. 텍스트 박스의 위치와 폰트 크기를 상황에 맞게 적절히 조절해 준다.

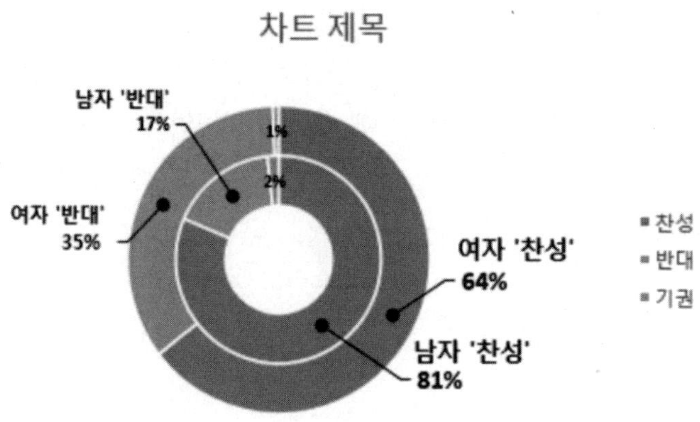

마지막으로 차트 제목을 입력한 후, 차트를 완성한다.

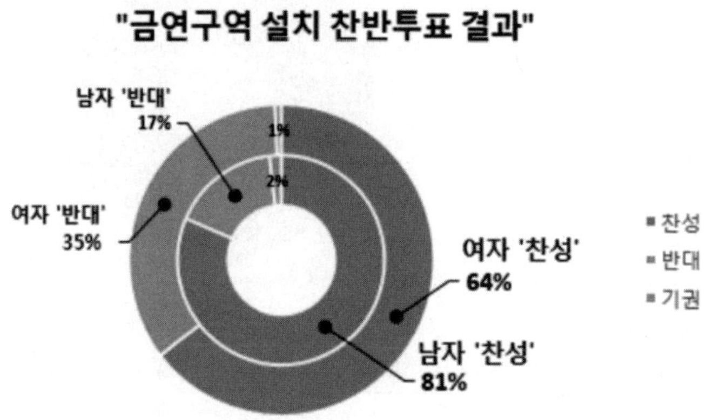

방사형 차트를 사용해서 과자 평점 나타내기

방사형 차트는 각 상품별로 항목 데이터를 겹쳐서 표현할 때 효과적이다. 이번 실습은 2가지 과자의 평점을 차트로 나타낸다. 방사형 차트는 거미줄 형태로 표현되어 각 모서리마다 항목을 의미하며 가운데에서 바깥쪽으로 퍼져나가면서 데이터 수치를 단계화한다. 따라서 데이터 범주(값의 범위)가 다르면 사용하기 힘든 단점이 있다. 입력된 데이터는 다음과 같다.

	A	B	C
1		H과자	F과자
2	가격	9	5
3	단맛	7	6
4	짠맛	3	9
5	신맛	2	4
6	식감	7	8
7	중독성	4	6

데이터 셀 전체를 범위로 지정한 후, [삽입] - [주식형, 표면형 또는 방사형 차트 삽입] - [방사형] - [표식이 있는 방사형]을 선택해서 차트를 삽입한다.

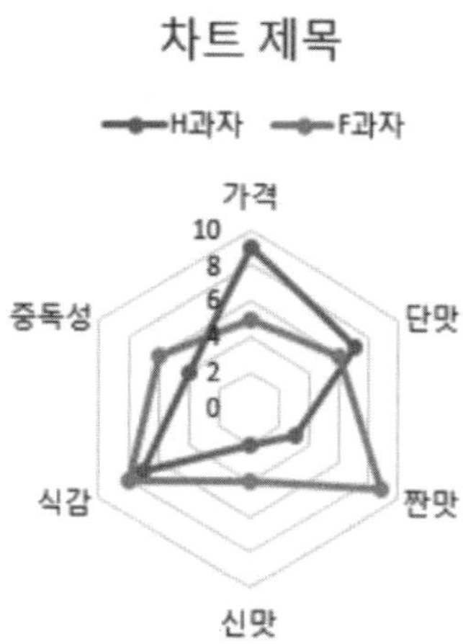

삽입된 차트를 살펴보면 각 선은 H과자와 F과자를 색상으로 구분해서 나타내고 있으며, 6가지 항목은 각 6개 모서리 부분으로 구분되어 있다. 값은 0에서 10까지 차트 가운데에서 바깥쪽으로 표현되어 있다. 이 상태에서 수정할 부분은 데이터 레이블 삽입, 범례 위치 변경, 차트 제목 삭제 등이다.

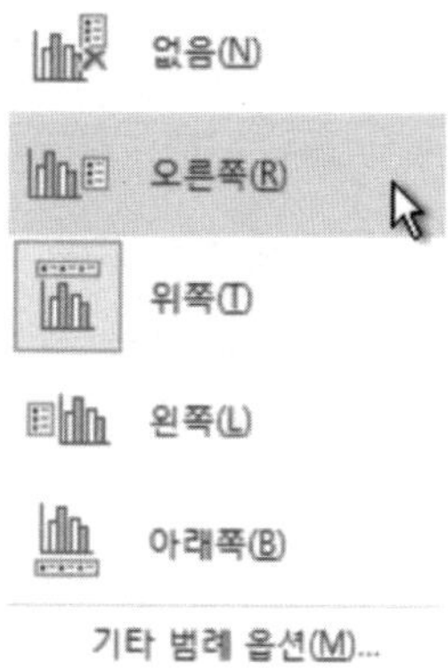

범례 위치 이동은 차트를 선택한 후, [차트 도구] - [차트 요소 추가] - [범례] - [오른쪽]을 선택해서 이동시킬 수 있다. 그 다음 차트 내부에 있는 차트 제목을 선택한 후, [Del] 키를 입력해서 차트 제목을 삭제한다.

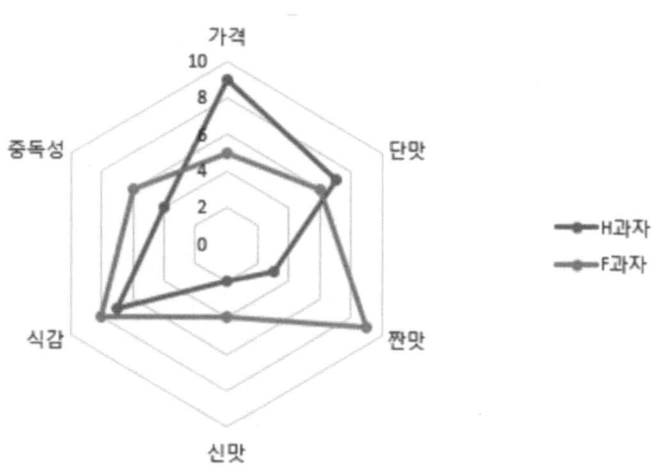

데이터 레이블을 삽입하기 위해 차트 선택 후, [차트 요소] – [데이터 레이블]을 체크해서 값을 표시해 준다.

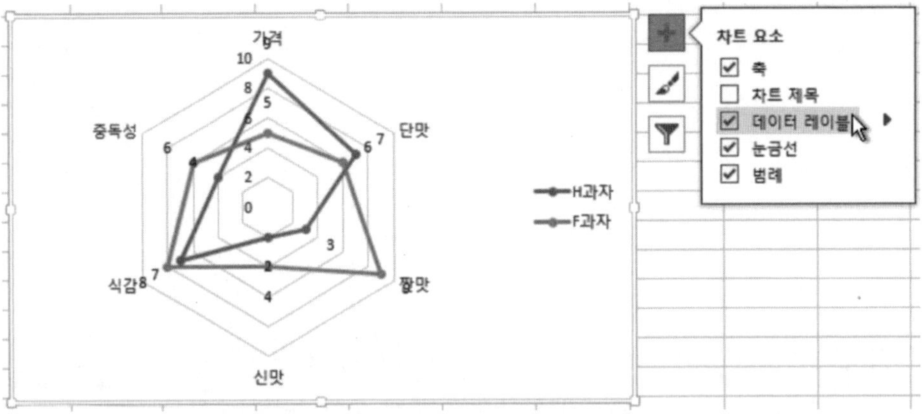

현재 상태로는 방사형 선의 색상이 너무 옅어서 잘 보이지 않으므로 방사형 선을 선택한 후, 선 설정을 사용해서 선 색상을 짙은 색상으로 변경하고 굵기를 1포인트로 변경한다.

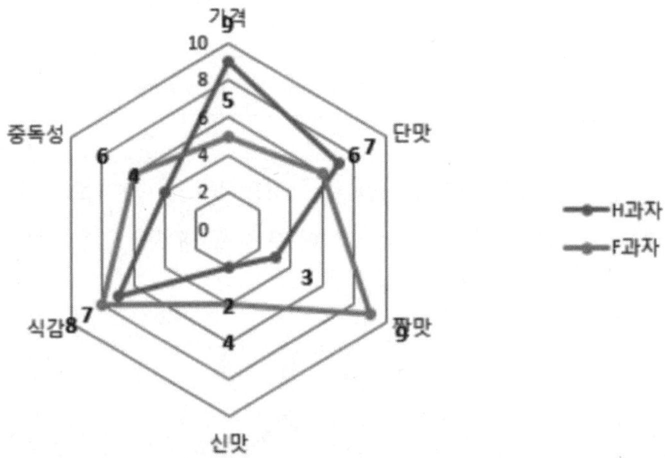

또한 축 서식의 값 단위와 데이터 레이블이 동일한 숫자 형식으로 출력되어 혼동을 줄 수 있다. 본 예시에서 축 서식의 값 단위는 딱히 중요하지 않기 때문에 [마우스 좌클릭] – [Del]을 통해서 삭제한다. 그 다음 데이터 레이블의 위치가 적절하지 않기 때문에 마우스 드래그를 통해 위치를 조절한다. 마지막으로 각 계열 선과 표식의 색상과 두께를 조절해서 선명하게 설정한다. 최종 완성된 차트는 다음 그림과 같다.

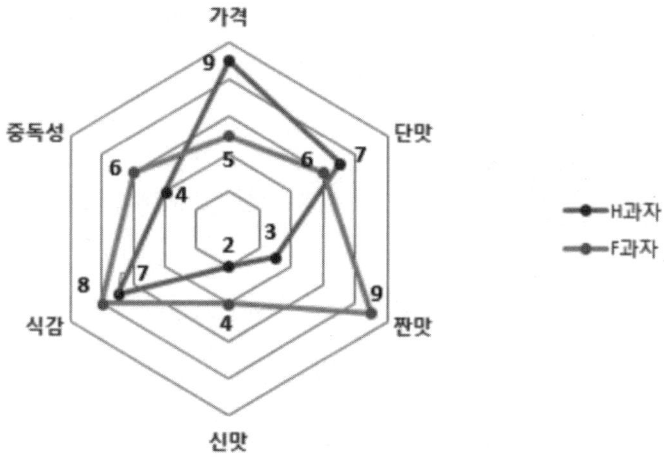

영역형 차트를 활용하여 음반 판매량 표시하기

영역형 차트는 꺽은 선형의 연장선으로 꺽은 선형 하단 영역이 색상으로 채워져 있는 형태이다. 이번 실습은 음반 판매량을 영역형 차트로 나타낸다. 사용할 데이터는 다음 그림과 같다.

	A	B	C	D
1		가수A	가수B	가수C
2	1분기	2000	3200	1700
3	2분기	12000	4700	2100
4	3분기	4300	2700	2300
5	4분기	1200	8500	1900

데이터 영역을 범위로 지정한 후, [삽입] – [영역형 차트 삽입] – [누적 영역형]을 선택하여 차트를 삽입한다. 누적 영역형 차트는 각 계열별로 차트를 따로 그리는 것이 아니라 첫 번째 계열 차트 위에 두 번째 차트, 그 위에 세 번째 차트를 쌓아 올리는 식으로 나타낸다.

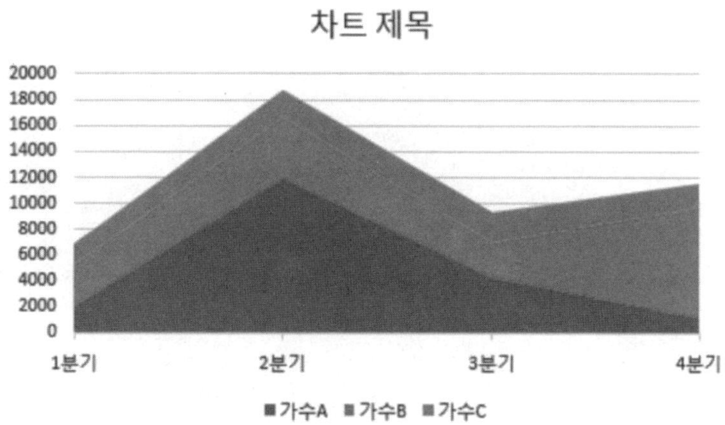

차트 생성 후, 세부적인 설정을 손쉽게 하기 위해 차트 스타일 예제를 사용한다. [차트 도구] - [차트 스타일]에서 [스타일 7]을 선택한다.

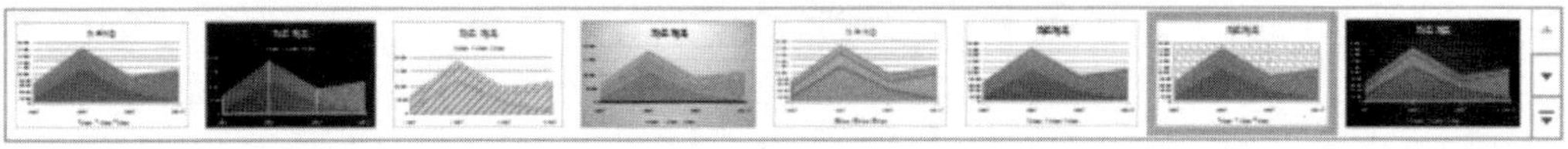

적용한 스타일 예제는 차트 영역 배경에 패턴이 삽입되고 차트 제목의 폰트 크기와 속성이 수정된다. 또한 세로 눈금선이 삽입되어 분기별로 구분선이 표시된다.

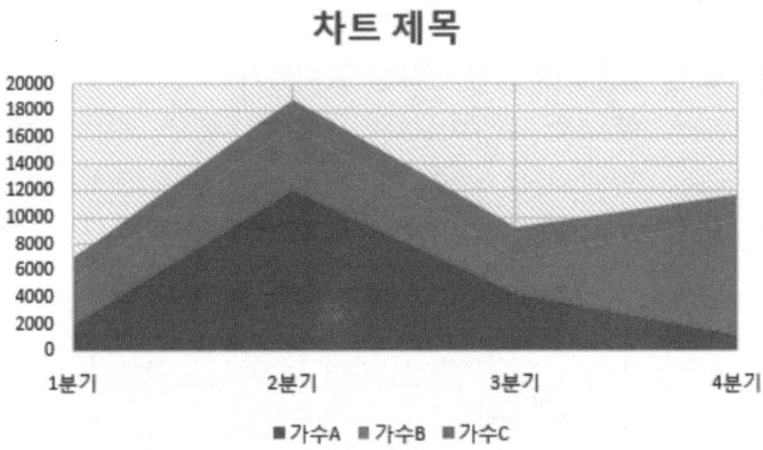

여기에 데이터 레이블을 삽입한 후, 위치를 알맞게 수정하고 데이터 계열 테두리를 1포인트 굵기로 적용해 준다. 마지막으로 차트 제목을 입력해서 차트 설정을 완료한다.

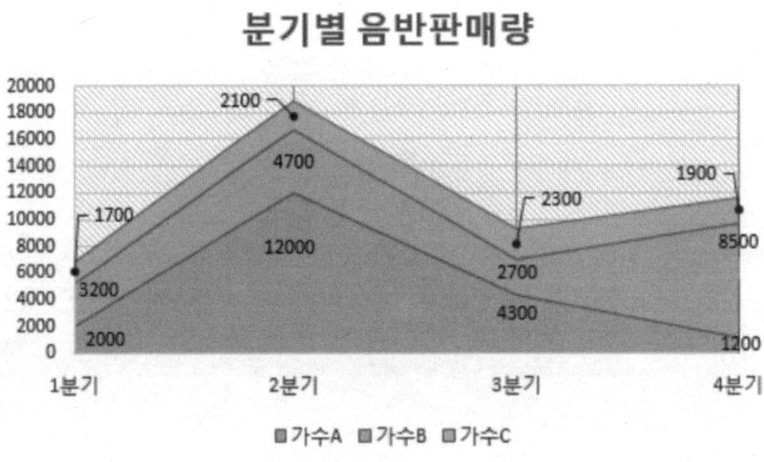

거품형 차트를 활용하여 요일별 광고 노출과 수익 분석하기

거품형 차트는 x, y축 외에 거품의 크기로 데이터 값을 표현할 수 있기 때문에 3가지 속성을 표현할 때 효과적으로 사용할 수 있다. 이번 예제는 요일별 광고 노출수 대비 광고 수익 분석을 위한 거품형 차트를 생성하도록 한다. 사용할 데이터는 다음과 같다.

	A	B	C	D
1	요일	요일	노출수	광고수익
2	화	2	123,012	492,048
3	수	3	90,443	452,215
4	목	4	87,436	437,180
5	금	5	149,033	596,132
6	토	6	210,939	632,817
7	일	7	180,958	723,832
8	화	2	98,040	490,200
9	수	3	99,001	495,005
10	목	4	68,342	410,052
11	금	5	140,534	562,136
12	토	6	154,605	618,420
13	일	7	174,348	697,392

데이터 영역을 범위로 지정한 후, [삽입] – [분산형(X, Y) 또는 거품형 차트 삽입] – [거품형]을 선택해서 차트를 삽입한다.

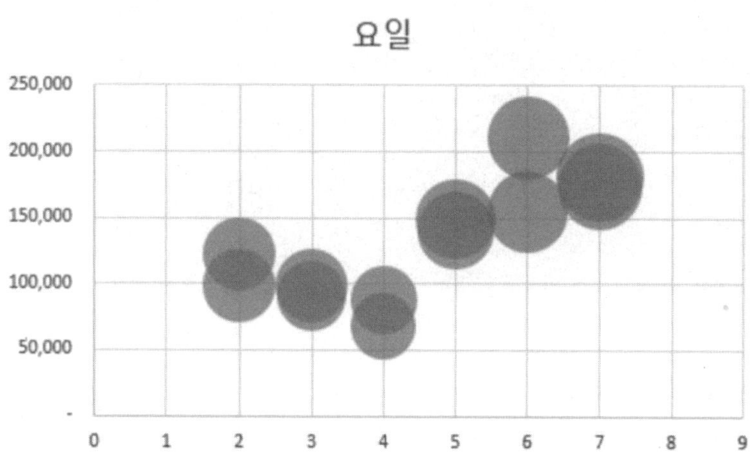

빠른 스타일 설정을 위해 [차트 도구] - [디자인] - [차트 스타일]에서 [스타일 3]을 선택해서 적용한다.

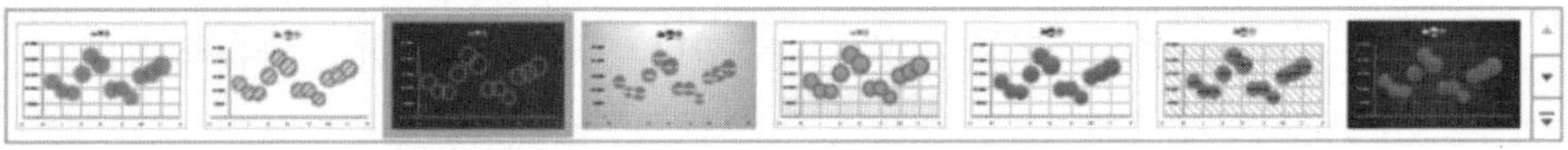

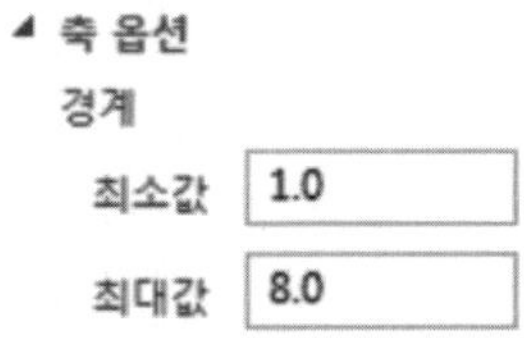

출력된 차트의 x좌표를 살펴보면 0부터 9까지 범위로 출력되고 있는데 적용할 데이터는 2(화요일)부터 7(일요일)까지 사용하기 때문에 x축의 경계를 수정할 필요가 있다. 차트에서 x좌표가 출력된 축을 클릭해서 선택한 후, 우측 [축 옵션] - [경계]의 최소값을 '1.0'으로, 최대값을 '8.0'으로 수정한다. 만약 최소값을 '2.0'으로, 최대값을 '7.0'으로 설정하면 화요일과 일요일의 거품이 잘려서 출력되기 때문에 1씩 여백을 남겨둔다.

다음 단계로 차트에 데이터 레이블을 삽입한다. 차트 우측의 빠른 메뉴를 이용해서 [차트 요소] - [데이터 레이블]을 선택해서 데이터 레이블 삽입을 완료한다.

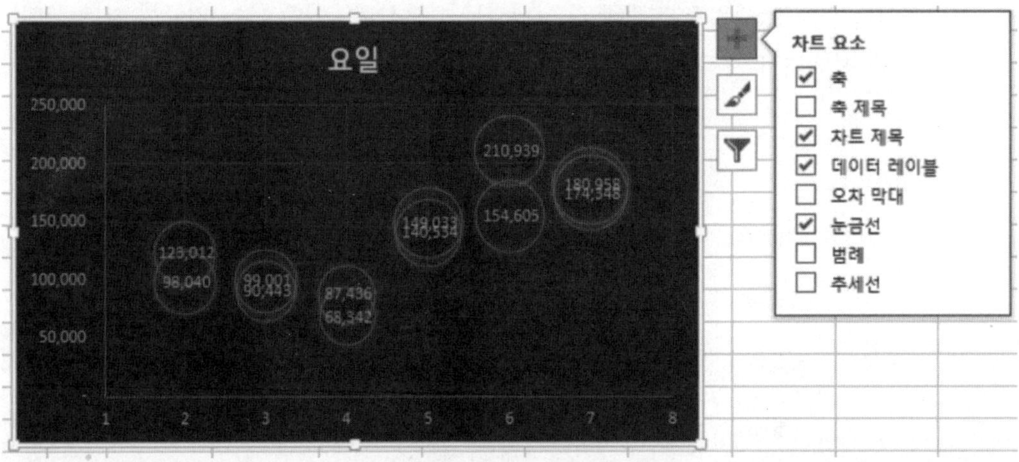

데이터 레이블을 삽입했지만 거품이 겹쳐있는 경우가 더 많기 때문에 데이터 레이블 역시 겹쳐 있어 제대로 읽기가 어렵다. 따라서 데이터 레이블의 위치를 변경해줘야 한다. 각 데이터 레이블의 위치를 상단 거품의 경우 거품의 위쪽으로 이동시키고, 하단 거품의 경우 거품의 아래쪽으로 이동시킨다.

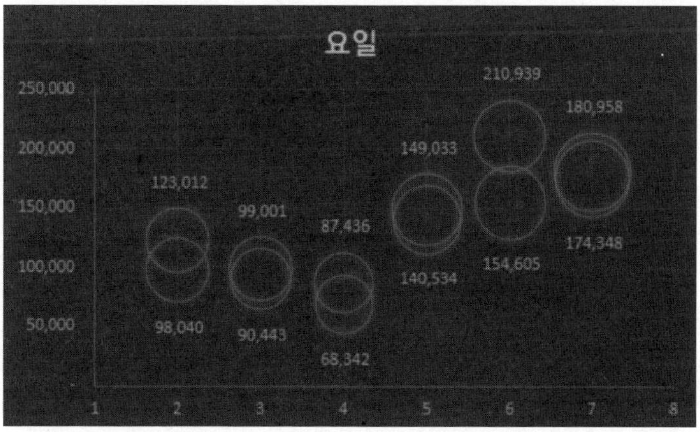

다음 단계로 추세선을 추가해 본다. 추세선은 데이터의 값 변화 흐름을 선 형태로 표시하는 것이다. 차트 우측의 빠른 메뉴에서 [차트 요소] - [추세선] - [선형]을 선택해서 추세선을 삽입한다.

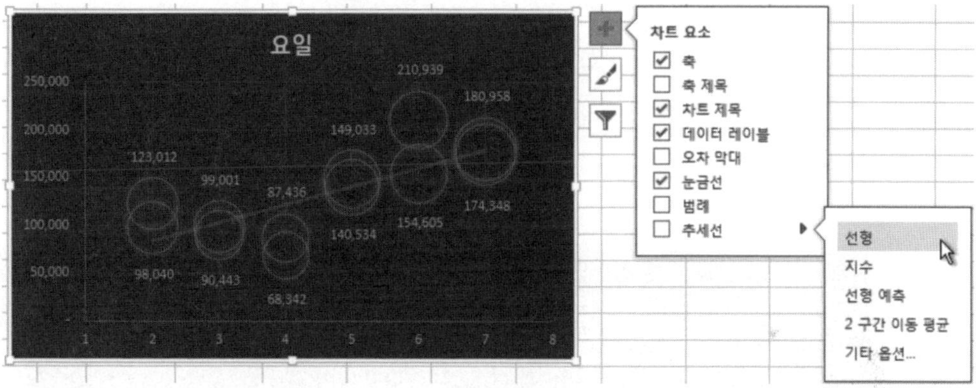

삽입한 추세선이 거품과 색상이 유사하고 선이 얇기 때문에 눈에 잘 띄지 않는다. 추세선의 속성을 변경하기 위해서 차트에 삽입된 추세선을 선택한 후, 우측의 속성 옵션에서 투명도를 30%로 내리고 두께를 2포인트로 수정한다. 화살표 머리 유형과 꼬리 유형을 원형과 삼각 화살표형으로 변경한다.

추세선 설정이 끝났지만 좀 더 정확한 추세선 적용을 위해서 추세선 선택 후, 우측 [추세선 옵션]에서 [선형]으로 되어 있는 설정을 [다항]으로 변경하고 [차수]를 3차로 수정한다.

현재 실습 중인 차트 값의 변화가 크게 2번 발생하기 때문에 3차 형식으로 표현하면 다음과 같이 선형보다 상세한 정보를 보여줄 수 있다. 차트 제목을 입력하고 차트 생성 및 설정을 마무리한다.

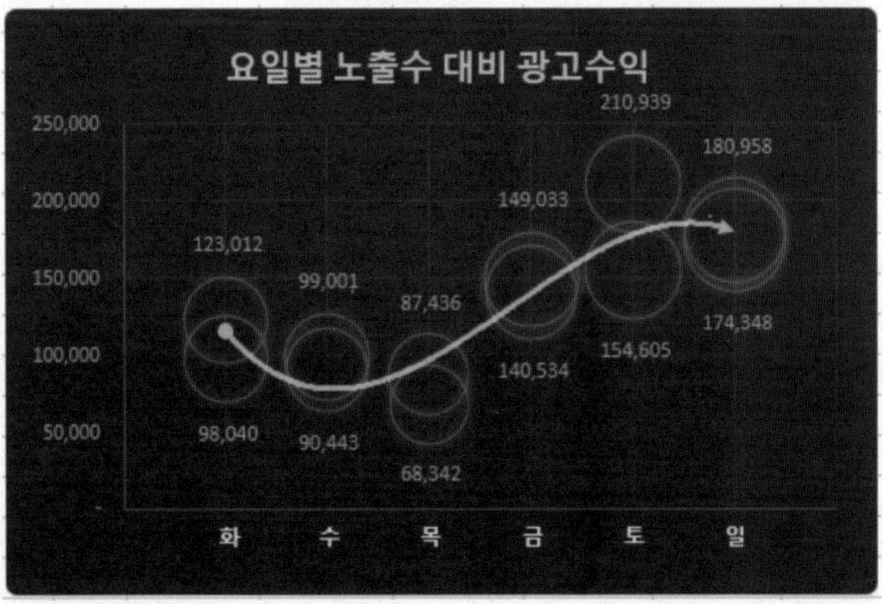

제 3 장

엑셀 실습하기

1.1 직원 명단 서식 만들기

조직 내에서 활용 가능한 직원 명단 서식을 만들어 본다. 첫 번째 실습으로 기본 단계를 하나씩 익혀 보도록 한다.

● 데이터 입력하기

데이터 입력은 서식 제작의 제일 처음 단계로 작업해야 하며, 가장 많은 시간이 필요하다. 특히나 데이터를 입력할 경우, 잘못된 부분이 있다면 차후 단계에서 잘못된 결과가 생성될 수 있기 때문에 데이터의 양이 많을수록 여러 번의 검토 작업이 필요하다. 데이터 입력이 첫 번째 작업이 되는 이유는 데이터의 형식에 따라 서식의 틀이 변화되기 때문이며, 채우기/테두리를 이용해서 시트 설정을 먼저 작업하게 되면 데이터의 수정에 따라 채우기/테두리 작업을 다시 수행해야 하기 때문이다.

	A	B	C	D	E	F	G	H	I	J
1	비즈니스 하우스 직원명부									
2										
3	오늘날짜:									
4										
5	이름	주민등록번호	주소	연락처	생년월일	연령	부서	직급	입사일	근무기간
6	이재훈	820412-1345724	서울시 노원구 중계2동 184-27	010-1313-4120			기획	부장	2007-10-04	
7	조정홈	861101-1524938	경기도 일산시 일산동구 백석1동 56-91	010-4958-0119			개발	대리	2010-04-14	
8	박지훈	870612-1389007	경기도 일산시 일산동구 백석 2동 17-11	010-5509-1234			회계	대리	2010-03-29	
9	송영준	850910-1115298	서울시 구로구 개봉2동 현대1차 1003-607	010-9898-0105			회계	과장	2008-05-01	
10	김수연	840505-1233013	경기도 의정부시 송산2동 227-10	010-7654-0007			기획	과장	2011-09-10	
11	신민영	890622-2103114	서울시 도봉구 도봉2동 유원A 102-1203	010-1289-1801			개발	사원	2012-03-20	
12	김민지	900828-2013544	서울시 성북구 장위2동 삼익A 112-1002	010-1810-9123			마케팅	대리	2010-03-02	
13	김정은	901008-2246190	남양주시 평내동 신명스카이뷰 106-1511	010-7101-1562			개발	사원	2012-03-20	
14	나수진	860429-2111089	경기도 의정부시 장암동 895-66	010-5025-1065			마케팅	대리	2009-08-29	
15	김태현	901209-1987015	서울시 마포구 상암동 휴먼시아1단지 1908	010-4548-1204			마케팅	사원	2012-04-15	
16										
17					총 인원수:					
18					구분별 인원수					
19					기획:		부장:			
20					회계:		과장:			
21					마케팅:		대리:			
22					개발:		사원:			

STEP 1 직원 명부 데이터 입력

다음 데이터는 첫 번째 실습을 위해서 작성한 간단한 직원 명부의 예시이다. 데이터만 입력한 상태이며 오늘 날짜, 연령, 근무기간 등 비어있는 부분은 함수를 이용하여 자동으로 채워지게 된다. 1행에는 서식의 이름이 위치하고 있으며, 3행에 오늘 날짜를 표시하게 된다. 5행부터 실제 직원 명단이 작성되어 있으며, 카테고리는 이름, 주민등록번호 등 10가지로 작성된다. 명단 아래쪽에는 현재 총 인원수, 부서별, 직급별 인원수를 표시하게 된다.

● 셀 서식 꾸미기

STEP 1 테두리 적용

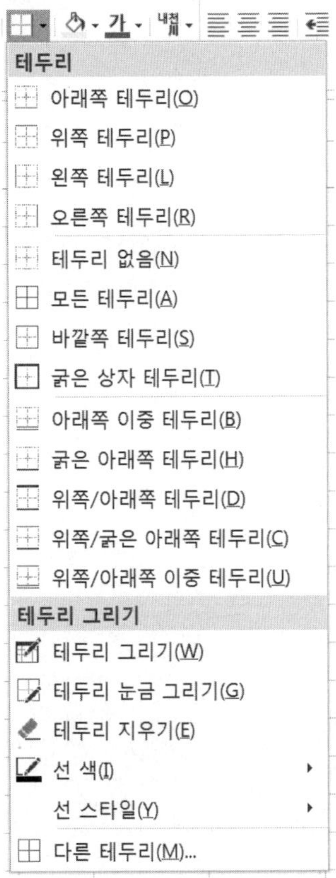

현재 데이터는 엑셀 입장에서는 입력이 완료된 상태이지만 사용자 입장에서는 데이터의 구분이나 내용을 알아보기 힘든 상태이다. 시각적 인식률을 높이기 위해 [채우기/테두리]를 사용해서 서식을 꾸민다. 엑셀에서 [채우기]는 중요한 셀에 대해 하이라이트 효과를 줄 수 있으며, [테두리]는 영역을 표시하여 데이터를 쉽게 구분해서 볼 수 있게 해준다. 작업 순서는 [테두리]를 적용하여 데이터를 구분해준 다음에 [채우기]를 통해서 중요 데이터 부분에 포인트를 준다.

[테두리]는 [홈] – [글꼴] 그룹 – [테두리]를 통해 적용할 수 있다. [체크] 아이콘을 클릭하여 사용 가능한 테두리 목록을 볼 수 있는데, 현재 지정한 셀을 기준으로 원하는 테두리를 목록에서 클릭하면 된다.

예를 들어 하나의 셀을 지정한 상태에서 [오른쪽 테두리]를 클릭하면 다음과 같이 테두리가 생성된다.

※ 하나의 셀 선택 후, [오른쪽 테두리] 적용

만약 2x3의 셀을 마우스 드래그로 범위를 지정한 상태에서 [오른쪽 테두리]를 클릭하면 다음과 같이 테두리가 생성된다.

※ 다수의 셀 선택 후, [오른쪽 테두리] 적용

특별히 구역을 나눠야 할 경우가 아닐 때는 [모든 테두리]를 클릭하여 표와 같이 표현하는 것이 간단하고 알아보기도 쉽다.

STEP 2 채우기 적용

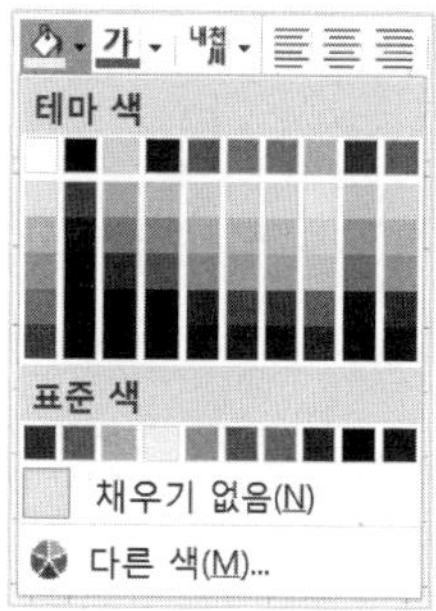

[채우기]는 [홈] – [글꼴] 그룹 – [채우기]를 통해 적용할 수 있다. [체크] 아이콘을 클릭하여 사용 가능한 채우기 색상 목록을 확인할 수 있으며, 원하는 색상을 클릭하여 셀 안에 색을 채울 수 있다. 지정한 범위의 셀에 동시에 채우기가 가능하며 [Ctrl] 키를 이용해서 떨어져 있는 여러 셀에 채우기도 가능하다.

STEP 3 정렬

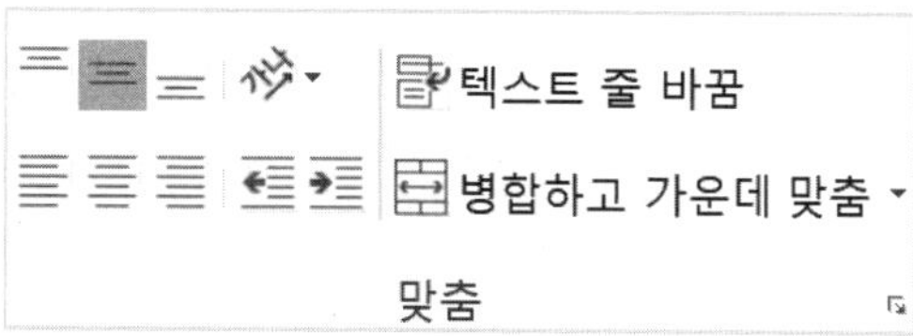

정렬은 셀 내부에 입력된 데이터의 상하/좌우 기준 맞춤을 지정하는 것으로 셀의 높이/너비가 늘어나거나 줄어들면 상대적 비율로 위치가 지정된다. [홈] – [맞춤] 그룹에 원하는 정렬 방법을 클릭하면 지정한 셀 내부의 데이터가 정렬된다. 여러 개의 셀을 병합하려 할 때는 병합할 셀을 마우스 드래그하여 범위를 지정한 후, [홈] – [맞춤] 그룹 – [병합하고 가운데 맞춤]을 클릭하면 셀이 병합되면서 데이터가 자동으로 가운데 정렬된다. 이후 좌/우 정렬을 통해 변경할 수도 있다.

채우기/테두리가 적용된 서식은 다음과 같으며, 그림을 참조해서 적용하면 어렵지 않게 완성할 수 있다.

	A	B	C	D	E	F	G	H	I
1	비즈니스 하우스 직원명부								
2									
3	오늘날짜:								
4									
5	이름	주민등록번호	주소	연락처	생년월일	부서	직급	입사일	근무기간
6	이재훈	820412-1345724	서울시 노원구 중계2동 184-27	010-1313-4120		기획	부장	2007-10-04	
7	조정흠	861101-1524938	경기도 일산시 일산동구 백석1동 56-91	010-4958-0119		개발	대리	2010-04-14	
8	박지훈	870612-1389007	경기도 일산시 일산동구 백석 2동 17-11	010-5509-1234		회계	대리	2010-03-29	
9	송영준	850910-1115298	서울시 구로구 개봉2동 현대1차 1003-607	010-9898-0105		회계	과장	2008-05-01	
10	김수연	840505-1233013	경기도 의정부시 송산2동 227-10	010-7654-0007		기획	과장	2011-09-10	
11	신민영	890622-2103114	서울시 도봉구 도봉2동 유원A 102-1203	010-1289-1801		개발	사원	2012-03-20	
12	김민지	900828-2013544	서울시 성북구 장위2동 삼익A 112-1002	010-1810-9123		마케팅	대리	2010-03-02	
13	김정은	901008-2246190	남양주시 평내동 신명스카이뷰 106-1511	010-7101-1562		개발	사원	2012-03-20	
14	나수진	860429-2111089	경기도 의정부시 장암동 895-66	010-5025-1065		마케팅	대리	2009-08-29	
15	김태현	901209-1987015	서울시 마포구 상암동 휴먼시아1단지 1908	010-4548-1204		마케팅	사원	2012-04-15	
16									
17					총 인원수				
18					구분별 인원수				
19					기획		부장		
20					회계		과장		
21					마케팅		대리		
22					개발		사원		

함수 삽입

STEP 1 적용할 함수

본 실습에서 사용할 함수는 문자, 날짜, 카운트 함수가 있으며 그 내용은 다음과 같다.

분류	함수명	함수원형
문자	LEFT	=LEFT(참조, 글자수)
		텍스트 문자열의 왼쪽 시작 지점부터 지정한 수만큼의 문자를 반환한다.
	RIGHT	=RIGHT(참조, 글자수)
		텍스트 문자열의 오른쪽 시작 지점부터 지정한 수만큼의 문자를 반환한다.
	MID	=MID(참조, 시작 문자위치, 글자수)
		문자열의 지정 위치에서 문자를 지정한 개수만큼 반환한다.
날짜	TODAY	=TODAY()
		현재 날짜를 날짜 서식으로 표시한다.
	DATEDIF	=DATEDIF(시작날짜, 마지막날짜, 표시형식)
		두 날짜간의 차이를 구한 후, 지정된 표시형식으로 반환한다.
카운트	COUNT	=COUNT(참조범위)
		범위에서 숫자가 포함된 셀의 개수를 반환한다.

	COUNTA	=COUNTA(참조범위)
		범위에서 비어 있지 않은 셀의 개수를 반환한다.
	COUNTIF	=COUNTIF(참조범위, 조건)
		지정한 범위 내에서 조건에 맞는 셀의 개수를 반환한다.

STEP 2 TODAY 함수

TODAY 함수는 현재 날짜를 반환하며, 특별한 입력값은 없다. 수식 입력줄 또는 셀에 직접 *=TODAY()* 라고 입력하면 윈도우 상의 현재 날짜가 반환된다. 따라서 윈도우 시계가 정상적으로 설정되어 있다면 정확한 날짜가 반환된다. 굳이 직접 날짜를 입력하지 않고 함수를 사용하는 이유는 자동서식으로 지정하여 다음날 문서를 열었을 때 자동으로 그날의 날짜가 출력되기 때문이다.

오늘날짜:	=TODAY()	※ 입력값

오늘날짜:	2015-02-07	※ 반환값

STEP 3 LEFT, RIGHT, MID 함수

문자 함수는 기본적으로 참조한 셀의 문자를 원하는 만큼 잘라내어 출력해 주는 역할을 한다. 예를 들어 LEFT 함수는 참조한 셀의 내용에서 왼쪽에서부터 지정한 글자 수 만큼 그대로 출력한다. 앞서 작성한 예시에서 *=LEFT(B6,6)* 을 E6에 입력하게 되면 B6의 [820412-1345724] 중 왼쪽에서 6문자 '820412'를 반환한다.

이름	주민등록번호	주소	연락처	생년월일
이재훈	820412-1345724	서울시 노원구 중계2동 184-27	010-1313	=LEFT(B6,6)

이름	주민등록번호	주소	연락처	생년월일
이재훈	820412-1345724	서울시 노원구 중계2동 184-27	010-1313-4120	820412

주민등록번호의 앞 6자리가 생년월일을 나타내기 때문에 '82년04월12일'로 구분하여 출력할 수 있다. 그러나 82와 04, 12 사이에 년, 월, 일 이라는 문자가 들어가야 하기 때

문에 세 가지 함수의 결과를 연결해 사용해야 한다. 이를 위해 '&' 기호를 이용하는데 이 기호는 앞의 결과값과 뒤의 결과값을 연결해서 출력해 준다. 예를 들어, *=LEFT(B6,2)&'년'*이라고 수식을 작성하게 되면, *=LEFT(B6,2)* 의 결과 '82'와 큰따옴표 안의 '년'이 연결되어 출력된다.

이름	주민등록번호	주소	연락처	생년월일	부서
이재훈	820412-1345724	서울시 노원구 중계2동 184-27	010-1313 =LEFT(B6,2)&"년"		

이름	주민등록번호	주소	연락처	생년월일
이재훈	820412-1345724	서울시 노원구 중계2동 184-27	010-1313-4120	82년

그러나 본 실습에서는 '82년' 부분이 딱히 필요하지 않기 때문에 '04월12일'로 출력되도록 함수를 사용한다. LEFT 함수로는 문자의 중간 '04'를 출력할 수 없기 때문에 MID 함수를 사용한다. MID 함수는 LEFT, RIGHT와 입력값이 유사하지만 중간부터 문자를 가져오기 때문에 시작점을 입력값으로 하나 더 입력해야 한다. 따라서 E6에 *=MID(B6,3,2)* 라고 입력하게 되면, "B6의 내용에서 3번째부터 2문자를 출력하라"라는 의미가 되고 결과적으로 '04'가 출력된다. 여기에 '&' 기호를 이용하여 '월'이라는 문자를 붙여 최종적으로 '04월'이라는 결과값을 반환받게 된다.

이름	주민등록번호	주소	연락처	생년월일	부서
이재훈	820412-1345724	서울시 노원구 중계2동 184-27	010-1313 =MID(B6,3,2)&"월"		

이름	주민등록번호	주소	연락처	생년월일	부서
이재훈	820412-1345724	서울시 노원구 중계2동 184-27	010-1313-4120	04월	기획

최종적으로 *=MID(B6,3,2)&"월"&MID(B6,5,2)&"일"* 을 입력해서 최종 결과값을 얻을 수 있다.

이름	주민등록번호	주소	연락처	생년월일	부서	직급
이재훈	820412-1345724	서울시 노원구 중계2동 184-27	01 =MID(B6,3,2)&"월"&MID(B6,5,2)&"일"			

이름	주민등록번호	주소	연락처	생년월일	부서
이재훈	820412-1345724	서울시 노원구 중계2동 184-27	010-1313-4120	04월12일	기획

STEP 4 DATEDIF 함수

DATEDIF 함수는 서로 다른 두 날짜간의 차이를 지정한 표시 형식으로 반환하는 역할을 하며 총 3가지 입력값이 필요하다. 첫 번째 입력값은 '끝나는 날짜'이며, 두 번째 입력값은 '시작 날짜'이다. 이 두 날짜간의 차이를 구한 다음 마지막 입력 값, '계산 단위' 지정에 따라 출력물이 결정된다.

오늘날짜:	2015-02-07							
이름	주민등록번호	주소	연락처	생년월일	부서	직급	입사일	근무기간
이재훈	820412-1345724	서울시 노원구 중계2동 184-27	010-1313-4120	04월12일	기획	부장	2C	=DATEDIF(H6,B3,"Y")&"년"

이름	주민등록번호	주소	연락처	생년월일	부서	직급	입사일	근무기간
이재훈	820412-1345724	서울시 노원구 중계2동 184-27	010-1313-4120	04월12일	기획	부장	2007-10-04	7년

계산단위	의미
"Y"	기간 사이 연도
"M"	기간 사이 개월
"D"	기간 사이 일
"YM"	연도를 제외한 개월
"MD"	연도, 개월을 제외한 총일
"YD"	연도를 제외한 총일

계산 단위는 다음과 같으며, 예를 들어 *=DATEDIF(H6, B3, "Y")* 라고 함수를 작성하면 2007-10-04와 2015-02-07의 날짜 차이를 계산한 후, 날짜 차이 중 '년'에 해당하는 숫자 7을 반환한다. 최종 함수와 결과는 다음과 같다.

이름	주민등록번호	주소	연락처	생년월일	부서	직급	입사일	근무기간
이재훈	820412-1345724	서울시 노원구 중계2동 184-27	010-1313-4120	04월12일	=DATEDIF(H6,B3,"Y")&"년"&DATEDIF(H6,B3,"YM")&"개월"			

이름	주민등록번호	주소	연락처	생년월일	부서	직급	입사일	근무기간
이재훈	820412-1345724	서울시 노원구 중계2동 184-27	010-1313-4120	04월12일	기획	부장	2007-10-04	7년4개월

STEP 5 COUNTA, COUNTIF 함수

COUNT로 시작하는 함수는 무언가의 개수를 세는 역할을 한다. =COUNT(참조 범위) 함수는 참조 범위에서 숫자가 채워진 셀의 개수를 반환한다. 다음의 경우 1, 3, 4, 5만 숫자이기 때문에 4를 반환한다.

1	3	a	4	5	=COUNT(A1:E1)
1	3	a	4	5	4

따라서 본 실습에서는 문자까지 개수를 셀 수 있는 함수가 필요하다. =COUNTA(참조 범위) 는 숫자/문자에 상관없이 셀에 데이터가 들어 있으면 개수를 센다. 총 인원수를 구하기 위해서 총 인원수를 표시하는 셀에 *=COUNTA(A6:A15)* 를 입력한다. 참조 범위는 A6부터 A15까지 지정하여 이름이 입력된 셀의 개수를 통해 총 인원수를 구한다.

총 인원수	=COUNTA(A6:A15)
구분별 인원수	
기획	부장
회계	과장
마케팅	대리
개발	사원

총 인원수	10
구분별 인원수	
기획	부장
회계	과장
마케팅	대리
개발	사원

마지막으로 구분별 인원수는 부서별 또는 직급별 인원이 각각 몇 명인지를 나타낸다. 총 인원수 10명 중 기획부서의 사람은 몇 명인지 알아내기 위해 직원명부에서 '기획'이란 글자가 몇 번 나오는지를 체크하면 된다. 요약하자면 지정된 범위에서 '기획'이라는 글자가 몇 번 나오는지 체크하는 것이고, 이를 위해 COUNTIF(참조 범위, 기준값) 함수를 사용한다. COUNTIF는 참조 범위 안에 기준값과 동일한 셀의 개수를 세어 숫자로 반환한다.

생년월일	부서	직급	입사일
04월12일	기획	부장	2007-10-04
11월01일	개발	대리	2010-04-14
06월12일	회계	대리	2010-03-29
09월10일	회계	과장	2008-05-01
05월05일	기획	과장	2011-09-10
06월22일	개발	사원	2012-03-20
08월28일	마케팅	대리	2010-03-02
10월08일	개발	사원	2012-03-20
04월29일	마케팅	대리	2009-08-29
12월09일	마케팅	사원	2012-04-15

총 인원수	10	
구분별 인원수		
기획	=COUNTIF(F6:F15,E19)	
회계		과장
마케팅		대리
개발		사원

생년월일	부서	직급	입사일
04월12일	기획	부장	2007-10-04
11월01일	개발	대리	2010-04-14
06월12일	회계	대리	2010-03-29
09월10일	회계	과장	2008-05-01
05월05일	기획	과장	2011-09-10
06월22일	개발	사원	2012-03-20
08월28일	마케팅	대리	2010-03-02
10월08일	개발	사원	2012-03-20
04월29일	마케팅	대리	2009-08-29
12월09일	마케팅	사원	2012-04-15

총 인원수	10	
구분별 인원수		
기획	2	부장
회계		과장
마케팅		대리
개발		사원

F6부터 F15까지 부서 데이터 부분을 참조 범위로 지정한 후, E19에 있는 '기획'이라는 단어의 개수를 체크해 그 결과 2를 반환한다. 동일한 형식으로 직급별 인원에 함수 *=COUNTIF (G6:G15, G19)* 를 작성해서 완성한다.

생년월일	부서	직급	입사일	근무기간
04월12일	기획	부장	2007-10-04	7년4개월
11월01일	개발	대리	2010-04-14	4년9개월
06월12일	회계	대리	2010-03-29	4년10개월
09월10일	회계	과장	2008-05-01	6년9개월
05월05일	기획	과장	2011-09-10	3년4개월
06월22일	개발	사원	2012-03-20	2년10개월
08월28일	마케팅	대리	2010-03-02	4년11개월
10월08일	개발	사원	2012-03-20	2년10개월
04월29일	마케팅	대리	2009-08-29	5년5개월
12월09일	마케팅	사원	2012-04-15	2년9개월

총 인원수	10		
구분별 인원수			
기획	2	부장	=COUNTIF(G6:G15,G19)
회계	2	과장	COUNTIF(**range**, criteria)
마케팅	3	대리	
개발	3	사원	

생년월일	부서	직급	입사일
04월12일	기획	부장	2007-10-04
11월01일	개발	대리	2010-04-14
06월12일	회계	대리	2010-03-29
09월10일	회계	과장	2008-05-01
05월05일	기획	과장	2011-09-10
06월22일	개발	사원	2012-03-20
08월28일	마케팅	대리	2010-03-02
10월08일	개발	사원	2012-03-20
04월29일	마케팅	대리	2009-08-29
12월09일	마케팅	사원	2012-04-15

총 인원수	10		
구분별 인원수			
기획	2	부장	1
회계	2	과장	2
마케팅	3	대리	4
개발	3	사원	3

● 마무리

데이터 입력, 셀 서식 꾸미기, 함수 삽입까지 정상적으로 마친 결과는 다음과 같다. 옅은 초록색으로 표시한 부분이 함수를 사용해서 자동 서식을 완성한 부분이다.

비즈니스 하우스 직원명부

오늘날짜: 2015-02-08

이름	주민등록번호	주소	연락처	생년월일	부서	직급	입사일	근무기간
이재훈	820412-1345724	서울시 노원구 중계2동 184-27	010-1313-4120	04월12일	기획	부장	2007-10-04	7년4개월
조정흠	861101-1524938	경기도 일산시 일산동구 백석1동 56-91	010-4958-0119	11월01일	개발	대리	2010-04-14	4년9개월
박지훈	870612-1389007	경기도 일산시 일산동구 백석 2동 17-11	010-5509-1234	06월12일	회계	대리	2010-03-29	4년10개월
송영준	850910-1115298	서울시 구로구 개봉2동 현대1차 1003-607	010-9898-0105	09월10일	회계	과장	2008-05-01	6년9개월
김수연	840505-1233013	경기도 의정부시 송산2동 227-10	010-7654-0007	05월05일	기획	과장	2011-09-10	3년4개월
신민영	890622-2103114	서울시 도봉구 도봉2동 유원A 102-1203	010-1289-1801	06월22일	개발	사원	2012-03-20	2년10개월
김민지	900828-2013544	서울시 성북구 장위2동 삼익A 112-1002	010-1810-9123	08월28일	마케팅	대리	2010-03-02	4년11개월
김성은	901008-2246190	남양주시 평내동 신명스카이뷰 106-1511	010-7101-1562	10월08일	개발	사원	2012-03-20	2년10개월
나수진	860429-2111089	경기도 의정부시 장암동 895-66	010-5025-1065	04월29일	마케팅	대리	2009-08-29	5년5개월
김태현	901209-1987015	서울시 마포구 상암동 휴먼시아1단지 1908	010-4548-1204	12월09일	마케팅	사원	2012-04-15	2년9개월

총 인원수	10		
구분별 인원수			
기획	2	부장	1
회계	2	과장	2
마케팅	3	대리	4
개발	3	사원	3

이번 실습에서는 간단한 함수를 활용할 수 있는 직원명부를 작성해 보았다. 이번 실습을 통해 조직원의 명단을 만드는데 크게 어려움이 없을 것이며, 학생 명단, 행사 참가자 명단 등으로 활용할 수 있다. 사용한 함수는 문자, 날짜, 카운트 함수 중 비교적 입력값이 적은 함수를 사용했으며, 익히는데 그다지 어렵지 않은 편이다. 그러나 지속적으로 넓은 방면에서 활용 가능한 함수이기 때문에 기억해 두면 많은 도움이 될 것이다.

1.2 성적처리 서식 만들기

성적처리 서식은 명단과 속성 값을 생성하고 함수를 사용해서 자동 계산 서식을 작성한다. 함수를 사용하는 기본 형식에 대해서 실습한다.

데이터 입력하기

이번 실습은 학생 성적을 처리하는 서식을 만드는 것으로 10명의 학생으로 구성된 성적 데이터를 생성한다. 속성은 이름, 학년, 학과 등 13개로 구성되어 있다. 지난번 실습과의 차이점은 과제 부분에 과제1과 과제2, 과제총점으로 세부 속성이 있기 때문에 3, 4행을 모두 사용한다는 가정 아래 데이터 위치를 그림과 같이 배치한 점이다. 4번 행에 세부 속성을 배치한 후, 셀 서식을 꾸밀 때 행/열 병합을 통해 정리할 것이다. 또한 5행에 입력되어 있는 비율은 '10%'와 같이 '10'을 입력한 후, 표시 형식을 백분율로 변경하여 차후 백분율로 계산할 수 있게 한다. 아직 비어 있는 과제총점, 평점, 순위, 학점 부분은 함수로 채워질 부분이다.

	A	B	C	D	E	F	G	H	I	J	K	L	M
1	2015년도 1학기 오피스실무 성적처리표												
2													
3	이름	학년	학과	학번	출석	과제			중간고사	기말고사	평점	순위	학점
4						과제1(50)	과제2(50)	과제총점					
5	비율				10%	20%			35%	35%			
6	이재훈	4	법학과	20093450	80	40	20		80	50			
7	조정흠	4	컴퓨터공학과	20084471	100	40	25		60	45			
8	박지훈	3	사회복지학과	20111925	90	45	20		55	55			
9	송영준	1	영어영문학과	20157704	100	40	35		35	65			
10	김수연	2	법학과	20141189	60	15	30		30	40			
11	신민영	3	컴퓨터공학과	20112644	30	30	35		65	90			
12	김민지	2	영어영문학과	20144098	100	40	50		90	85			
13	김정은	1	사회복지학과	20153213	80	20	20		35	50			
14	나수진	1	법학과	20151737	95	50	35		85	80			
15	김태현	3	사학과	20091119	90	50	25		90	60			

셀 서식 꾸미기

STEP 1 정렬 및 표시 형식

이번 실습은 간단히 셀 서식을 꾸밀 수 있도록 하는 것이다. 우선 셀 병합을 통해 3행에 있는 이름, 학년, 학과, 학번, 출석, 중간고사, 기말고사를 4행과 병합한다. 과제의 경우 F, G, H 열을 병합하여 과제 내부에 과제1, 과제2, 과제총점이 속해있는 형태를 구성하고, 5행의 20%도 F, G, H 열을 병합하여 과제와 맞춰준다. 5행의 비율은 A, B, C, D 열을 병합하며, 나머지 평점, 순위, 학점은 3, 4, 5행을 병합한다. 이외에 제목 부분은 가로 영역 전체에 걸쳐 병합/가운데 맞춤을 해서 문서의 제목으로 보이도록 한다. 마지막으로 모든 데이터에 대해서 가운데 정렬을 적용해서 데이터가 정돈되어 보이도록 한다.

STEP 2 테두리 적용

앞선 단계에서 정렬 및 병합을 잘 마무리했다면 테두리는 손쉽게 적용할 수 있는데, 데이터 부분을 전체 선택한 후 [모든 테두리]를 적용한다. 하나의 목록 형식이기 때문에 굵은 테두리나 별다른 구분을 하지 않아도 데이터를 구분하는데 어려움이 없다.

STEP 3 셀 채우기

마지막으로 속성 부분을 서로 다른 색으로 채우기를 실행해서 나누어 볼 수 있도록 표시한다. 이름, 학년, 학과, 학번 부분은 고정 데이터 부분이기 때문에 하나의 색으로 채워주며, 출석, 과제, 중간/기말고사 부분은 성적 데이터가 입력되는 부분이므로 역시 하나의 색으로 채워준다. 그 외의 평점, 순위, 학점 부분은 최종 결과값이 도출되는 부분이므로 한 묶음으로 고려했으며, 비율 역시 같은 색으로 표시해 줌으로써 구분해서 볼 수 있게 한다.

	A	B	C	D	E	F	G	H	I	J	K	L	M
1	2015년도 1학기 오피스실무 성적처리표												
2													
3	이름	학년	학과	학번	출석	과제			중간고사	기말고사	평점	순위	학점
4						과제1(50)	과제2(50)	과제총점					
5	비율				10%	20%			35%	35%			
6	이재훈	4	법학과	20093450	80	40	20		80	50			
7	조정흠	4	컴퓨터공학과	20084471	100	40	25		60	45			
8	박지훈	3	사회복지학과	20111925	90	45	20		55	55			
9	송영준	1	영어영문학과	20157704	100	40	35		35	65			
10	김수연	2	법학과	20141189	60	15	30		30	40			
11	신민영	3	컴퓨터공학과	20112644	30	30	35		65	90			
12	김민지	2	영어영문학과	20144098	100	40	50		90	85			
13	김정은	1	사회복지학과	20153213	80	20	20		35	50			
14	나수진	1	법학과	20151737	95	50	35		85	80			
15	김태현	3	사학과	20091119	90	50	25		90	60			

● 함수 삽입

이번 실습에서 사용할 함수는 다음과 같다.

분류	함수명	함수원형
수학	SUM	=SUM(참조범위)
		참조범위 숫자들의 합계를 구한다.
통계	RANK	=RANK(기준값, 참조범위)
		참조범위 내에서 기준값의 순위를 구합니다.
논리	IF	=IF(조건, 참값, 거짓값)
		조건을 논리 검사하여 참/거짓 해당하는 값을 반환합니다.
	AND	=AND(조건1, … , 조건n)
		조건이 모두 참이면 참을 하나 이상이 거짓이면 거짓을 반환한다.
	OR	=OR(조건1, … , 조건n)
		조건이 하나 이상 참이면 참을 모두 거짓이면 거짓을 반환한다.

STEP 1 SUM 함수

여기에서는 과제1, 2의 합을 구해 과제총점에 나타내기 위해서 SUM 함수를 사용한다. SUM 함수는 참조 범위를 지정하면 지정된 셀들의 합계를 구하는 함수로 매우 단순하다. *=SUM(F6:G6)* 를 입력하면 F6의 40과 G6의 20을 더해서 60을 반환한다.

과제			중간고사
과제1(50)	과제2(50)	과제총점	
20%			35%
40	=SUM(F6:G6)		

과제		
과제1(50)	과제2(50)	과제총점
20%		
40	20	60

STEP 2 평점 계산

평점의 경우 별다른 함수의 사용 없이 수식만으로 해결 가능하다. 평점은 출석, 과제, 중간/기말고사 점수에 각 비율을 곱해서 모두 더한 것이다. 최종 수식은 *=(E6*E5)+(H6*F5)+(I6*I5)+(J6*J5)* 로 작성할 수 있으며, 결과값은 66을 반환한다.

출석	과제			중간고사	기말고사	평점	순위	학점
	과제1(50)	과제2(50)	과제총점					
10%	20%			35%	35%			
80	40	20	60	=(E6*E5)+(H6*F5)+(I6*I5)+(J6*J5)				
100	40	25	65	60	45			
90	45	20	65	55	55			
100	40	35	75	35	65			
60	15	30	45	30	40			
30	30	35	65	65	90			
100	40	50	90	90	85			
80	20	20	40	35	50			
95	50	35	85	85	80			
90	50	25	75	90	60			

STEP 3 RANK 함수

RANK 함수는 이름 그대로 순위를 구하는 함수로써 참조 범위 내에 기준값의 순위를 반환한다. 입력값은 평점을 기준으로 하는데 =RANK(기준값,참조범위,정렬방법) 형식으로 입력한다. L6에 *=RANK(K6,K6:K15,0)* 함수를 작성하면 5를 반환하는데 K6의 66이란 값이 평점 전체에서 5번째로 높다는 의미이다. 나머지를 복사해서 완성하면 10명의 순위가 최종 출력된다.

기말고사	평점	순위	학점
35%			
=RANK(K6,K6:K15,0)			

기말고사	평점	순위	학점
35%			
50	66	5	

STEP 4 IF, AND, OR 함수

논리 함수는 논리 연산에 관한 함수들의 모음인데 그 중 IF 함수는 가장 기본이자 핵심이 되는 함수이다. IF의 의미대로 "만약에 ~하면"으로 이해하면 쉬운데 =IF(조건,"참","거짓")으로 구성되어 "만약 조건에 부합하면 '참'을 출력하고, 부합하지 않으면 "거짓"을 출력한다."라고 해석하면 된다. 예를 들어, *=IF(A1>10,"10보다 큼","10보다 작음")* 이라고 함수를 작성했을 때, A1이 10이면 '10보다 작음'을 반환하고, 11이면 '10보다 큼'을 반환한다.

상대평가를 학점에 적용한다고 가정했을 때 1등부터 A학점을 부여해서 내림차순으로 나머지 학점을 부여하게 된다. 그렇다면 조건을 우선 정리한 후 IF 함수를 작성한다. 학점을 부여하는 조건을 고려해 보면 1, 2등은 A학점, 3, 4, 5등은 B학점, 6, 7, 8은 C학점, 9, 10등은 D학점으로 설정할 수 있다. 그렇다면 조건은 '참조값〈3' 이면 A학점, '2〈참조값〈6' 이면 B학점, '5〈참조값〈9'이면 C학점, '참조값〉8'이면 D학점이다. 이것을 실제 수식으로 바꾸면 'L6〈3'일 때 A학점, 'L6〉2, L6〈6'일 때 B학점, 'L6〉5, L6〈9'일 때 C학점, 'L6〉8'일 때 D학점으로 정리할 수 있다. 여기서 문제가 되는 부분은 조건이 2개 필요할 때가 발생하는데 IF 함수는 조건을 하나밖에 처리하지 못하기 때문에 IF 함수만으로는 해결할 수가 없다. 따라서 2가지 조건을 동시에 처리할 수 있는 AND, OR 함수를 추가로 사용해야 한다. AND의 경우 모든 조건이 참(조건이 맞음)일 경우에만 최종적으로 참을 반환한다. 조건 중 하나라도 거짓(조건이 맞지 않음)일 경우 거짓을 반환한다. OR의 경우 AND와는 반대로 하나의 조건이라도 참이면 최종적으로 참을 반환하며, 모든 조건이 거짓일 경우에만 최종적으로 거짓을 반환한다. 다음 표를 참조하면 AND와 OR의 반환 조건을 이해할 수 있다.

	AND				OR			
조건A	O	O	X	X	O	O	X	X
조건B	O	X	O	X	O	X	O	X
반환값	O	X	X	X	O	O	O	X

실제 함수를 작성해 보면 IF 함수 내부에 AND나 OR 함수를 넣어야 하는데 본 실습에서는 복수 조건을 모두 만족하는 경우만을 고려하기 때문에 AND 함수를 사용한다. 따라서 *=IF(AND(조건A, 조건B), "참", "거짓")* 의 형태로 작성하게 된다. A학점만을 처리하는 함수를 우선 작성해 보면 *=IF(L6〈3, "A", " ")* 의 형태로 작성된다. L6의 값이 3보다 작다면 A를 출력하고 3보다 작지 않다면 아무것도 출력하지 않는다. 여기에 B학점까지 처리하는 함수를 작성해보면 *=IF(L6〈3, "A", IF(AND(L6〉2, L6〈6), "B", " "))* 로 완성되며, A학점을 처리하는 IF 함수의 거짓 부분에 B학점을 처리하는 *IF(AND(L6〉2, L6〈6), "B", " ")* 를 삽입한 형태다. 이 수식을 풀이하면 "만약에 L6의 값이 3보다 작으면 A를 출력하고, 3보다 작지 않으면, 다시 L6가 2보다 크고 6보다 작다면 B를 출력, 그렇지 않다면 빈 칸을 출력해라"로 해석할 수 있다. 나머지 C, D학점 부분을 추가하면 최종적으로 다음과 같은 수식이 된다.

=IF(L6〈3, "A", IF(AND(L6〉2, L6〈6), "B", IF(AND(L6〉5, L6〈9), "C", IF(L6〉8, "D", "F"))))

과제총점	중간고사	기말고사	평점	순위	학점
	35%	35%			

```
=IF(L6<3,"A",IF(AND(L6>2,L6<6),"B",IF(AND(L6>5,L6<9),"C",IF(L6>8,"D","F"))))
```

함수를 완성해서 10명 모두에게 적용하면 최종적으로 부여된 학점결과는 다음과 같다.

	A	B	C	D	E	F	G	H	I	J	K	L	M
1	2015년도 1학기 오피스실무 성적처리표												
2													
3	이름	학년	학과	학번	출석	과제			중간고사	기말고사	평점	순위	학점
4						과제1(50)	과제2(50)	과제총점					
5	비율				10%	20%			35%	35%			
6	이제훈	4	법학과	20093450	80	40	20	60	80	50	66	5	B
7	조정흠	4	컴퓨터공학과	20084471	100	40	25	65	60	45	60	8	C
8	박지훈	3	사회복지학과	20111925	90	45	20	65	55	55	61	6	C
9	송영준	1	영어영문학과	20157704	100	40	35	75	35	65	60	7	C
10	김수연	2	법학과	20141189	60	15	30	45	30	40	40	10	D
11	신민영	3	컴퓨터공학과	20112644	30	30	35	65	65	90	70	4	B
12	김민지	2	영어영문학과	20144098	100	40	50	90	90	85	89	1	A
13	김정은	1	사회복지학과	20153213	80	20	20	40	35	50	46	9	D
14	나수진	1	법학과	20151737	95	50	35	85	85	80	84	2	A
15	김태현	3	사학과	20091119	90	50	25	75	90	60	77	3	B

정상적으로 함수가 적용되었는지 확인해 보면, 1, 2등이 A학점을 받았으며, 이후 B, C, D학점이 정상적으로 출력된 것을 확인해 볼 수 있다.

● 마무리

이번 실습은 내용이 많지 않았지만 SUM, RANK, IF라는 주요 함수에 대해서 배웠기 때문에 여러 번의 복습과 추가 실습이 필요하다. 특히 IF 함수는 조건부 수식을 만드는 기본 함수이기 때문에 활용 범위가 매우 넓으며, 조건을 어떻게 만드느냐에 따라 처리하기 힘든 자동화 서식을 작성할 수 있다. 엑셀은 수많은 데이터를 관리, 연산하기 때문에 어떠한 결과물을 도출하는데 있어 많은 작업이 요구된다. 그러나 강력한 함수 기능을 통해서 이러한 작업량을 대폭 줄일 수 있다. 따라서 엑셀 함수를 작성하기 전에 가장 효율적인 방법에 대해서 오랜 시간 고민해 보는 것이 최종 결과물을 도출하는데 효과적이다.

1.3 재고관리 서식 만들기

재고관리는 복잡한 상품 데이터를 관리하는 서식이 필요하다. 또한 엑셀에서 활용도가 높은 함수를 사용하기 때문에 다방면에 활용 가능한 서식 제작 실습이다.

● 데이터 입력하기

이번 실습에서는 상품 재고관리 서식을 만들어 본다. 재고관리는 다양한 상품 정보와 입/출고, 금액 계산 등의 관리가 필요한 다소 복잡한 작업이 필요한 일이다. 엑셀은 이것을 효과적으로 처리할 수 있는데 앞선 실습보다 고난이도의 함수를 사용하게 된다. 그전에 데이터를 입력하고 다음 단계를 준비하도록 한다. 이전 실습과 비교해서 형태는 유사하지만 L열부터 상품 코드표라는 데이터가 추가되어 있는 것이 조금 차이가 있다. 함수 사용에서 D열의 상품 코드, L열부터 시작하는 상품 코드표가 중요 데이터로 사용되기 때문에 다음 예제와 동일하도록 주의 깊게 데이터를 입력하도록 한다.

	A	B	C	D	E	F	G	H	I	J	K	L	M	N	O	P
1	만물 전당포 재고관리표															
2																
3	입고일	출고일	상태	상품코드	품목	품명	적재위치	단가	수량	금액		상품코드표				
4	2014-02-11			ARS-070082					1500			코드	품목	품명	적재	단가
5	2014-02-26	2014-03-22		BPS-170323					1000			ARS	합판	3중압축합판	제1창고	₩ 120,000
6	2014-05-01			DDT-560394					580			BPS	버팀목	버티컬원목기둥	냉장고	₩ 150,000
7	2014-07-15	2014-09-21		BPS-190337					900			CRN	커버	PVC반투명커버	제2창고	₩ 100,000
8	2014-07-23	2015-01-08		CRN-988974					1200			DDT	파이프	10m연결파이프	외부1창고	₩ 210,000
9	2014-10-11			DDT-557809					900							
10	2014-11-29	2014-12-29		CRN-984756					650							
11	2014-12-10	2014-12-13		ARS-080034					1300							
12	2014-12-20			ARS-080420					1200							
13	2015-01-17			CRN-907813					980							
14																
15	출고상품 총 금액															

● 셀 서식 꾸미기

제목 부분은 이전 실습과 동일하게 병합해서 가운데 정렬을 적용하고 폰트 크기는 20으로 설정한다. 그 외 부분은 예제와 동일하게 설정하면 되고, 상품 코드표 부분은 제목만 병합해서 가운데 정렬을 적용하고 단가를 뺀 나머지 부분은 가운데 정렬만 적용한다. 단가, 수량, 금액 부분은 숫자로 표시되기 때문에 1의 자리를 기준으로 우측정렬 설정을 사용하는 것이 좋다. 병합 및 정렬이 마무리되면 상품목록 부분과 상품 코드표 부분을 분리하여 모든 테두리를 적용한다. 셀 채우기는 속성 부분을 중점적으로 적용한다.

만물 전당포 재고관리표

	A	B	C	D	E	F	G	H	I	J
3	입고일	출고일	상태	상품코드	품목	품명	적재위치	단가	수량	금액
4	2014-02-11			ARS-070082					1500	
5	2014-02-26	2014-03-22		BPS-170323					1000	
6	2014-05-01			DDT-560394					580	
7	2014-07-15	2014-09-21		BPS-190337					900	
8	2014-07-23	2015-01-08		CRN-988974					1200	
9	2014-10-11			DDT-557809					900	
10	2014-11-29	2014-12-29		CRN-984756					650	
11	2014-12-10	2014-12-13		ARS-080034					1300	
12	2014-12-20			ARS-080420					1200	
13	2015-01-17			CRN-907813					980	
15	출고상품 총 금액									

상품코드표

코드	품목	품명	적재	단가
ARS	합판	3중압축합판	제1창고	₩ 120,000
BPS	버팀목	버티컬원목기둥	냉장고	₩ 150,000
CRN	커버	PVC반투명커버	제2창고	₩ 100,000
DDT	파이프	10m연결파이프	외부1창고	₩ 210,000

함수 삽입

이번 실습에서 사용할 함수는 다음과 같다.

분류	함수명	함수원형
참조	VLOOKUP	=VLOOKUP(기준값, 참조범위, 열번호, 옵션)
		참조 범위에서 기준값과 동일한 값이 있는 행의 지정한 열에 있는 값을 반환한다.
	HLOOKUP	=HLOOKUP(기준값, 참조범위, 행번호, 옵션)
		참조 범위에서 기준값과 동일한 값이 있는 열의 지정한 행에 있는 값을 반환한다.
수학	PRODUCT	=PRODUCT(참조범위)
		참조 범위 내 값들의 곱을 구한다.
	SUMIF	=SUMIF(참조범위, 기준값, 합계범위)
		참조 범위에서 기준값과 동일한 값이 있는 합계 범위의 행의 값을 반환한다.

STEP 1 VLOOKUP 함수

VLOOKUP과 HLOOKUP 함수는 참조 범위에서 기준값에 따라 지정된 데이터를 반환하는 기능을 제공한다. 예제를 통해 사용법을 살펴보면, 품목을 자동으로 채우기 위해서 상품코드를 이용한다. 4행에 있는 상품 코드 'ARS-070082'에서 ARS 부분이 상품을 분류한다고 가정할 때, 상품 코드표에서 ARS 코드의 품목, 품명, 적재, 단가 중 품목에 해당하는 데이터를 반환하게 함수를 작성해야 한다. 만약에 D4에 'ARS'라는 데이터가 입력되어 있다고 가정했을 때, E4에 *=VLOOKUP(D4, L5:P8, 2)* 라고 함수를 작성한다. 이 함수는 "L5에서 P8까지 범위에서 D4에 있는 ARS와 동일한 값을 찾은 후, 그 행의 2번째 열에 있는 값을 반환해라"라고 해석할 수 있다. 따라서 첫 번째 입력값은 두 번째 입력 범위에서 찾을 기준값이 되는 것이고, 세 번째 입력값은 찾아낸 값의 행에서 몇 번째 열에 있는 데이터를 가져

올지 숫자로 입력한다. 이를 확장해서 실제 예제에 적용하면 D4에 'ARS-070082'라는 전체 코드가 입력되어 있기 때문에 왼쪽부터 3개 문자만 필요하다. 그러므로 VLOOKUP 함수에 LEFT 함수를 삽입해서 하나의 수식으로 완성할 수 있다. *=VLOOKUP(LEFT(D4,3), L5:P8,2)* 라고 수식을 작성하면 VLOOKUP의 첫 번째 입력값인 기준값에 LEFT(D4,3)의 결과값이 입력값으로 들어가게 된다. LEFT(D4,3)의 결과값은 'ARS'이기 때문에 *=VLOOKUP (ARS,L5:P8,2)* 와 같이 값이 입력되게 되며, 최종적으로 '합판'이라는 결과를 얻게 된다.

만물 전당포 재고관리표

상품코드	품목	품명	적재위치	단가	수량	금액
=VLOOKUP(LEFT(D4,3),L5:P8,2)					1500	
BPS-170323					1000	
DDT-560394					580	
BPS-190337					900	
CRN-988974					1200	

상품코드표				
코드	품목	품명	적재	단가
ARS	합판	3중압축합판	제1창고	₩ 120,000
BPS	버팀목	버티컬원목기둥	냉장고	₩ 150,000
CRN	커버	PVC반투명커버	제2창고	₩ 100,000
DDT	파이프	10m연결파이프	외부1창고	₩ 210,000

상품코드	품목	품명	적재위치	단가	수량	금액
ARS-070082	합판				1500	
BPS-170323					1000	
DDT-560394					580	
BPS-190337					900	
CRN-988974					1200	

상품코드표				
코드	품목	품명	적재	단가
ARS	합판	3중압축합판	제1창고	₩ 120,000
BPS	버팀목	버티컬원목기둥	냉장고	₩ 150,000
CRN	커버	PVC반투명커버	제2창고	₩ 100,000
DDT	파이프	10m연결파이프	외부1창고	₩ 210,000

이와 동일한 방법으로 품명을 자동으로 출력하는 함수를 작성해 보면, *=VLOOKUP (LEFT(D4,3),L5:P8,3)* 으로 작성되며 품목을 출력하는 함수와의 차이점은 세 번째 입력값이 2에서 3으로 바뀐 것뿐이다. 따라서 세 번째 입력값에 4를 입력하면 상품 코드표의 4번째 열인 적재위치가 반환되며, 5를 입력하면 단가를 반환한다.

상품코드	품목	품명	적재위치	단가	수량	금액
ARS-070082	=VLOOKUP(LEFT(D4,3),L5:P8,3)			120000	1500	
BPS-170323					1000	
DDT-560394					580	
BPS-190337					900	
CRN-988974					1200	

상품코드표				
코드	품목	품명	적재	단가
ARS	합판	3중압축합판	제1창고	₩ 120,000
BPS	버팀목	버티컬원목기둥	냉장고	₩ 150,000
CRN	커버	PVC반투명커버	제2창고	₩ 100,000
DDT	파이프	10m연결파이프	외부1창고	₩ 210,000

상품코드	품목	품명	적재위치	단가	수량	금액
ARS-070082	합판	3중압축합판	제1창고	120000	1500	
BPS-170323					1000	
DDT-560394					580	
BPS-190337					900	
CRN-988974					1200	

상품코드표				
코드	품목	품명	적재	단가
ARS	합판	3중압축합판	제1창고	₩ 120,000
BPS	버팀목	버티컬원목기둥	냉장고	₩ 150,000
CRN	커버	PVC반투명커버	제2창고	₩ 100,000
DDT	파이프	10m연결파이프	외부1창고	₩ 210,000

나머지 행을 모두 채우게 되면 다음과 같은 결과를 얻을 수 있다.

상품코드	품목	품명	적재위치	단가	수량
ARS-070082	합판	3중압축합판	제1창고	120000	1500
BPS-170323	버팀목	버티컬원목기둥	냉장고	150000	1000
DDT-560394	파이프	10m연결파이프	외부1창고	210000	580
BPS-190337	버팀목	버티컬원목기둥	냉장고	150000	900
CRN-988974	커버	PVC반투명커버	제2창고	100000	1200
DDT-557809	파이프	10m연결파이프	외부1창고	210000	900
CRN-984756	커버	PVC반투명커버	제2창고	100000	650
ARS-080034	합판	3중압축합판	제1창고	120000	1300
ARS-080420	합판	3중압축합판	제1창고	120000	1200
CRN-907813	커버	PVC반투명커버	제2창고	100000	980

STEP 2 PRODUCT 함수

PRODUCT 함수는 단순히 참조 범위 값들의 곱을 결과로 반환한다. 본 실습에서 금액의 경우 '단가 × 수량'으로 계산할 수 있으므로 *=H4*I4* 라는 수식으로 해결이 가능하지만 PRODUCT 함수를 사용해서 작성해 보자. 간단히 *=PRODUCT(H4:I4)* 로 작성하면 단가와 수량의 곱을 반환한다.

단가	수량	금액		
120000	1500	=PRODUCT(H4:I4)		
150000	1000			ARS

단가	수량	금액		
120000	1500	180000000		코드
150000	1000			ARS

STEP 3 IF 함수

지난번 실습에서 배웠던 IF 함수를 상품의 상태를 자동으로 출력하기 위해서 활용해 본다. 상품 목록을 살펴보면 입고일 정보는 모든 상품이 기록되어 있지만 출고일 정보는 그렇지 않다. 출고일이 기록되어 있는 상품은 출고가 되었다고 볼 수 있고, 출고일이 기록되어 있지 않은 상품은 아직 창고에서 대기 중인 것으로 볼 수 있다. 따라서 출고일이 있으면 '출고', 출고일이 없으면 '대기'라고 표시할 것이며 이를 위해 조건에 따라 결과값이 달라지는 IF 함수를 사용한다. 조건은 출고일이 있냐/없냐가 되며 참일 때 값은 '출고', 거짓일 때 값은 '대기'로 한다. 여기서 조건을 수식으로 만들기 위해서 셀이 채워져 있는지, 비어 있는지를 확인하기 위해 COUNTA 함수를 사용한다. *=COUNTA(B4)* 라는 함수를 작성한다면 0을 반환하게 될 것이고, *=COUNTA(B5)* 라는 함수를 작성한다면 1을 반환하게 될 것이다. 따라서 COUNTA(B4)>0라는 조건 수식을 IF 함수의 첫 번째 입력값으로 삽입하면 된다. 결과적으로 *=IF(COUNTA(B4)>0, "출고", "대기")* 로 함수를 완성할 수 있다.

입고일	출고일	상태	상품코드
2014-02-11	=IF(COUNTA(B4)>0,"출고","대기")		2

입고일	출고일	상태	상품코드
2014-02-11		대기	ARS-070082

STEP 4 SUMIF 함수

SUMIF 함수는 참조 범위에서 기준값과 동일한 값이 있는 합계 범위 행의 합계값을 결과로 반환한다. 실습 예제를 기준으로 설명하면 상태가 '출고'인 행을 찾아낸 후, 그 행의 금액 열에 있는 값들의 합계를 반환한다. 이것을 함수로 작성하면 *=SUMIF(C4:C13, "출고", J4:J13)* 가 되며, 두 번째 입력값이 '출고'라는 문자를 직접 입력했기 때문에 큰따옴표로 묶어줘야 한다. 함수를 해석해 보면 "C4에서 C13중에서 '출고'라는 단어를 비교해 보고 동일하면, J4:J13 범위 중 같은 행의 값을 반환해라"라고 볼 수 있다. 최종적으로 반환되는 결과값은 출고 기록이 있는 5개 상품에 대한 금액의 합 626000000을 출력한다.

입고일	출고일	상태	상품코드	품목	품명	적재위치	단가	수량	금액
2014-02-11		대기	ARS-070082	합판	3중압축합판	제1창고	120000	1500	180000000
2014-02-26	2014-03-22	출고	BPS-170323	버팀목	버티컬원목기둥	냉장고	150000	1000	150000000
2014-05-01		대기	DDT-560394	파이프	10m연결파이프	외부1창고	210000	580	121800000
2014-07-15	2014-09-21	출고	BPS-190337	버팀목	버티컬원목기둥	냉장고	150000	900	135000000
2014-07-23	2015-01-08	출고	CRN-988974	커버	PVC반투명커버	제2창고	100000	1200	120000000
2014-10-11		대기	DDT-557809	파이프	10m연결파이프	외부1창고	210000	900	189000000
2014-11-29	2014-12-29	출고	CRN-984756	커버	PVC반투명커버	제2창고	100000	650	65000000
2014-12-10	2014-12-13	출고	ARS-080034	합판	3중압축합판	제1창고	120000	1300	156000000
2014-12-20		대기	ARS-080420	합판	3중압축합판	제1창고	120000	1200	144000000
2015-01-17		대기	CRN-907813	커버	PVC반투명커버	제2창고	100000	980	98000000
출고상품 총	=SUMIF(C4:C13,"출고",J4:J13)								

2014-12-20		대기	ARS-080420	합판	3중압축합판	제1창고	120000	1200	144000000
2015-01-17		대기	CRN-907813	커버	PVC반투명커버	제2창고	100000	980	98000000
출고상품 총 금액		626000000							

마무리

이번에 실시한 세 번째 실습은 기존 실습에 비해 다소 복잡한 VLOOKUP, SUMIF 함수를 사용해 보았다. 두 함수 모두 데이터 참조를 기본으로 하고 있으며, VLOOKUP은 원하는 값을 반환하고 SUMIF는 원하는 값들의 합계를 출력한다. 특히 VLOOKUP은 이번 실습과 같은 상품, 물품 등을 관리하는 서식을 제작할 때 필수적으로 사용하게 되며, 목록의 방향에 따라 별개의 함수가 사용된다. SUMIF 함수는 조건부 합계를 계산할 수 있으며, 기준값의 설정에 따라 결과값이 다양하게 반환될 수 있다. PRODUCT 함수는 SUM과 유사하기 때문에 사용하는데 별다른 어려움이 없을 것으로 보인다.

1.4 판매량 통계 서식 만들기

통계 서식은 누적된 다수의 수치 데이터를 함수 계산을 통해 최종적으로 차트로 표현한다. 수치 데이터를 가공해서 차트로 생성하는 방법에 대해서 실습해 본다.

● 데이터 입력하기

이번 실습은 4가지 시트를 이용하기 때문에 데이터 입력에 긴 시간이 걸릴 것이다. 1, 2, 3번 시트는 각각 1월, 2월, 3월 매장별 악기 판매량을 입력하고, 4번 시트에는 1분기 결산을 출력할 것이다. 매장별 악기 판매량은 다음 그림과 같이 간단한 형태이고 동일하게 1, 2, 3번 시트에 데이터를 입력하되 판매량 데이터만 다르게 입력한다.

	A	B	C	D	E	F	G	H	I	J	K	L
1	매장 / 상품	남부터미널1호점	남부터미널2호점	낙원상가점	신사점	서초3동점	용산한강로점	종로1호점	종로2호점	잠실석촌점	성신여대출장점	합계
2	바이올린	12	8	4	2	8	3	3	4	2	3	
3	첼로	2	7	0	0	3	2	2	1	0	2	
4	비올라	9	5	3	0	1	4	4	2	0	4	
5	더블베이스	1	2	1	0	1	5	0	1	0	2	
6	통기타	3	0	19	10	8	7	7	5	5	3	
7	어쿠스틱기타	4	1	11	3	8	0	6	1	4	1	
8	우쿨렐레	1	0	3	0	5	0	0	1	0	3	
9	클레식기타	0	2	11	2	4	0	2	2	0	1	
10	일렉기타	0	0	26	3	3	2	10	3	1	1	
11	베이스기타	1	0	15	0	2	0	3	0	1	1	
12	피아노	5	6	0	0	3	0	2	1	2	0	
13	하프	0	1	0	0	0	0	0	0	1	0	
14	합계											

시트는 다음 그림과 같이 이름을 1월, 2월, 3월, 1분기로 수정한다.

STEP 1 다른 시트 참조

4번째 시트인 1분기에 데이터를 입력할 때는 직접 입력하지 않고 다른 시트를 참조해서 데이터를 나타낸다. 셀에 *='1월'!B14* 라고 입력하면 시트들 중에서 작은따옴표 안에 있는 '1월' 시트를 탐색하여 B14에 있는 데이터를 참조해서 출력한다. 똑같은 값이지만 셀 위치를 연결해서 그대로 출력해 주며, 원본 데이터가 수정되면 참조한 위치값도 자동으로 수정된다. 같은 방식으로 매장별 2, 3월 데이터와 악기별 1, 2, 3월 데이터를 채워 보도록 한다. 다음 그림은 매장별, 악기별 판매 총량을 모아 놓은 것이며, 각 월별 데이터가 입력, 수정, 삭제되면 1분기 시트에 있는 데이터 내용이 실시간으로 변경된다.

	A	B	C	D	E	F	G	H	I	J	K	L	M	N
1		남부터미널1호점	남부터미널2호점	낙원상가점	신사점	서초3동점	용산한강로점	종로1호점	종로2호점	잠실석촌점	성신여대출장점	월별 합계		
2	1월	='1월'!B14	32	93	20	46	23	39	21	16	21	349		
3	2월	50	28	62	15	42	35	26	21	5	19	303		
4	3월	35	44	108	24	44	30	40	25	12	18	380		
5	합계	123	104	263	59	132	88	105	67	33	58			
6														
7		바이올린	첼로	비올라	더블베이스	통기타	어쿠스틱기타	우쿨렐레	클레식기타	일렉기타	베이스기타	피아노	하프	악기별 합계
8	1월	49	19	32	13	67	39	13	24	49	23	19	2	349
9	2월	48	28	27	11	47	16	15	34	35	33	9	0	303
10	3월	70	37	20	8	77	43	3	16	57	33	16	0	380
11	합계	167	84	79	32	191	98	31	74	141	89	44	2	

● 셀 서식 꾸미기

데이터를 입력한 후, 전체 영역에 모든 테두리를 적용하고 매장, 상품, 합계 부분에 각각 다른 색상으로 채운다. 1, 2, 3월 시트에 대한 완성된 예시는 다음과 같다.

	A	B	C	D	E	F	G	H	I	J	K	L
1	매장 / 상품	남부터미널1호점	남부터미널2호점	낙원상가점	신사점	서초3동점	용산한강로점	종로1호점	종로2호점	잠실석촌점	성신여대출장점	합계
2	바이올린	12	8	4	2	8	3	3	4	2	3	49
3	첼로	2	7	0	0	3	2	2	1	0	2	19
4	비올라	9	5	3	0	1	4	4	2	0	4	32
5	더블베이스	1	2	1	0	1	5	0	1	0	2	13
6	통기타	3	0	19	10	8	7	7	5	5	3	67
7	어쿠스틱기타	4	1	11	3	8	0	6	1	4	1	39
8	우쿨렐레	1	0	3	0	5	0	0	1	0	3	13
9	클레식기타	0	2	11	2	4	0	2	2	0	1	24
10	일렉기타	0	0	26	3	3	2	10	3	1	1	49
11	베이스기타	1	0	15	0	2	0	3	0	1	1	23
12	피아노	5	6	0	0	3	0	2	1	2	0	19
13	하프	0	1	0	0	0	0	0	0	1	0	2
14	합계	38	32	93	20	46	23	39	21	16	21	349

1분기 시트 역시 동일한 방식으로 테두리/채우기를 적용하며, 완성된 예시는 다음과 같다.

	A	B	C	D	E	F	G	H	I	J	K	L	M	N
1		남부터미널1호점	남부터미널2호점	낙원상가점	신사점	서초3동점	용산한강로점	종로1호점	종로2호점	잠실석촌점	성신여대출장점	월별 합계		
2	1월	38	32	93	20	46	23	39	21	16	21	349		
3	2월	50	28	62	15	42	35	26	21	5	19	303		
4	3월	35	44	108	24	44	30	40	25	12	18	380		
5	합계	123	104	263	59	132	88	105	67	33	58			
6														
7		바이올린	첼로	비올라	더블베이스	통기타	어쿠스틱기타	우쿨렐레	클레식기타	일렉기타	베이스기타	피아노	하프	악기별 합계
8	1월	49	19	32	13	67	39	13	24	49	23	19	2	349
9	2월	48	28	27	11	47	16	15	34	35	33	9	0	303
10	3월	70	37	20	8	77	43	3	16	57	33	16	0	380
11	합계	167	84	79	32	191	98	31	74	141	89	44	2	

함수 삽입

이번 실습의 중점 사항은 함수가 아니라 차트이며, 사용하는 함수는 SUM 함수밖에 없다. 매장별, 악기별 판매량의 합계 부분에 SUM 함수를 사용해서 결과값을 도출한다. SUM 함수에 대해서는 앞에서 다뤘기 때문에 자세한 설명은 생략한다.

	A	B	C	D	E	F	G	H	I	J	K	L	M
1	매장 / 상품	남부터미널1호점	남부터미널2호점	낙원상가점	신사점	서초3동점	용산한강로점	종로1호점	종로2호점	잠실석촌점	성신여대출장점	합계	
2	바이올린	12	8	4	2	8	3	3	4	2		=SUM(B2:K2)	

차트 삽입

STEP 1 세로 막대형 차트

차트는 정규화된 엑셀 수치 데이터를 그래프 형식의 데이터로 표현 방법을 전환하는 역할을 한다. 수많은 숫자보다는 간단한 그림이 이해하기 쉽기 때문에 엑셀의 최종 작업은 차트라고 할 수 있다. 오피스 버전이 올라가면서 차트 생성이 점점 쉬워지고 있고 오피스 2013 버전에서는 몇 번의 마우스 클릭만으로 깔끔한 차트를 생성할 수 있다. 우선 1월 시트 데이터를 기반으로 차트를 생성해 보자. 월별 데이터는 매장별 악기 판매량 또는 악기별 매장 판매량을 의미하고 있기 때문에 판매량이 중점적으로 표시되어야 한다. 합계 부분은 월별 판매량에서 표현하기보다 1분기 판매량에서 보여주는 것이 효과적이기 때문에 차트 생성 영역을 합계를 제외한 부분으로 한정한다. 다음 그림과 같이 A1부터 K13까지 영역을 지정한 후, [삽입] - [차트] 그룹 - [막대 차트] - [누적 세로 막대형]을 선택하여 차트를 생성한다.

	A	B	C	D	E	F	G	H	I	J	K	L
1	매장 / 상품	남부터미널1호점	남부터미널2호점	낙원상가점	신사점	서초3동점	용산한강로점	종로1호점	종로2호점	잠실석촌점	성신여대출장점	합계
2	바이올린	12	8	4	2	8	3	3	4	2	3	49
3	첼로	2	7	0	0	3	2	2	1	0	2	19
4	비올라	9	5	3	0	1	4	4	2	0	4	32
5	더블베이스	1	2	1	0	1	5	0	1	0	2	13
6	통기타	3	0	19	10	8	7	7	5	5	3	67
7	어쿠스틱기타	4	1	11	3	8	0	6	1	4	1	39
8	우쿨렐레	1	0	3	0	5	0	0	1	0	3	13
9	클래식기타	0	2	11	2	4	0	2	2	0	1	24
10	일렉기타	0	0	26	3	3	2	10	3	1	1	49
11	베이스기타	1	0	15	0	2	0	3	0	1	1	23
12	피아노	5	6	0	0	3	0	2	1	2	0	19
13	하프	0	1	0	0	0	0	0	0	1	0	2
14	합계	38	32	93	20	46	23	39	21	16	21	

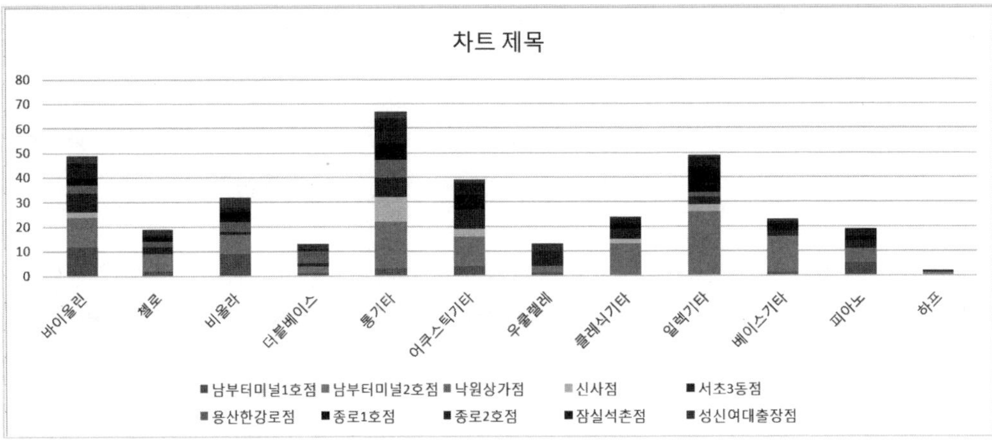

생성된 차트는 악기별 매장 판매량 형식으로 표현되어 있으며, 매장별로 색상을 달리해서 표시되어 있다. 시트가 1월 판매량만을 나타내고 있기 때문에 차트 제목은 삭제한다. 악기명의 글꼴이 다소 크기 때문에 대각선으로 표시되고 있다. 따라서 글꼴 크기를 조절해서 가로 정렬이 되도록 하고, 매장명 역시 크기를 조절하여 한 줄로 표시하도록 한다.

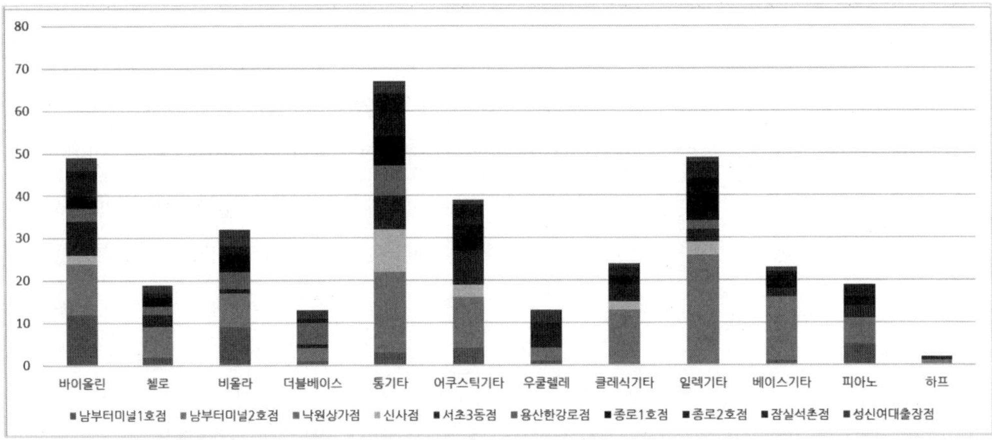

데이터 레이블을 추가해서 매장별 판매량 수치를 표시해도 되지만 막대의 높이가 낮기 때문에 숫자가 겹쳐보이게 된다. 데이터 부분과 차트를 한 화면에 보고 싶다면 데이터 레이블을 추가하지 않은 상태로 둘 것을 권장하며, 데이터 레이블을 추가하고 싶다면 가시성 확보를 위해서 차트의 전체 높이를 2배 정도 늘리는 것이 좋다. 같은 방법으로 2, 3월 차트도 생성해 본다.

STEP 2 원형 차트

원형 차트의 경우엔 입력된 데이터를 기반으로 전체에 대한 상대적 비율을 표현해 주는 데 중점을 두고 있다. 따라서 절대 크기를 비교할 때는 막대형 차트로 표현하는 것이 좋으며, 상대 크기를 비교할 때는 원형 차트가 좋다. 1분기 시트의 데이터를 기반으로 원형 차트를 생성하는데 월별 데이터와 같이 합계를 제외한 부분을 영역으로 설정한 후, [삽입] - [차트] 그룹 - [원형] - [원형 차트]를 선택해서 생성한다. 차트를 생성하면 다음 그림과 같은데 약간의 보정을 통해 좀 더 보기 좋게 만들어 본다.

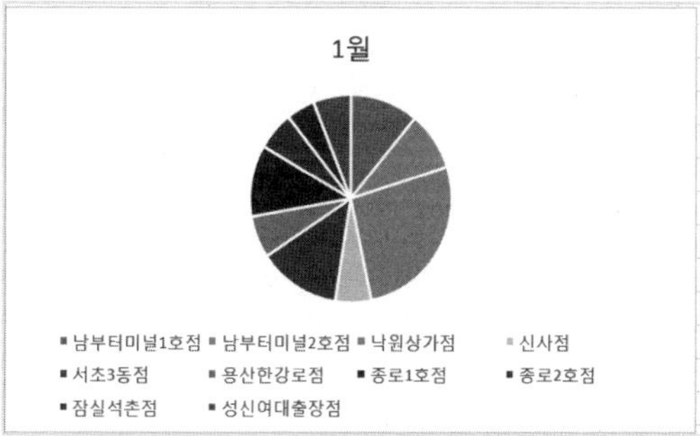

우선 차트 제목이 두 개 모두 '1월'이라고 되어 있어 구별하기가 힘들다. 따라서 첫 번째 차트에는 "1분기 지점별 판매량", 두 번째 차트에는 "1분기 악기별 판매량"으로 제목을 변경한다. 현재 상태는 원형 차트 자체가 너무 작기 때문에 원형의 크기를 늘리기 위해 차트 영역 전체를 넓혀줘야 하는데, 한 화면에 넣기 위해 [차트 요소] - [범례] - [오른쪽]으로 설정하여 아래쪽에 있는 범례를 오른쪽으로 이동한다. 그러면 차트의 영역이 조금 더 확보되기 때문에 크기가 커지는 것을 볼 수 있다. 또한 원형 차트에서는 데이터 레이블이 있어야 추상적인 이미지에서 정량적인 값을 통해 정확한 비교가 가능하다. 따라서 [차트 요소] - [데이터 레이블] - [안쪽 끝에]를 선택하여 데이터 레이블을 추가하고 글꼴 색상을 조절해서 눈에 띄게 해준다. 최종적인 형태는 다음과 같다.

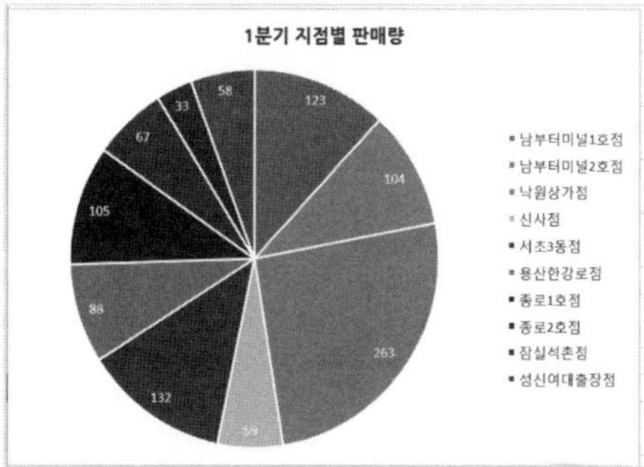

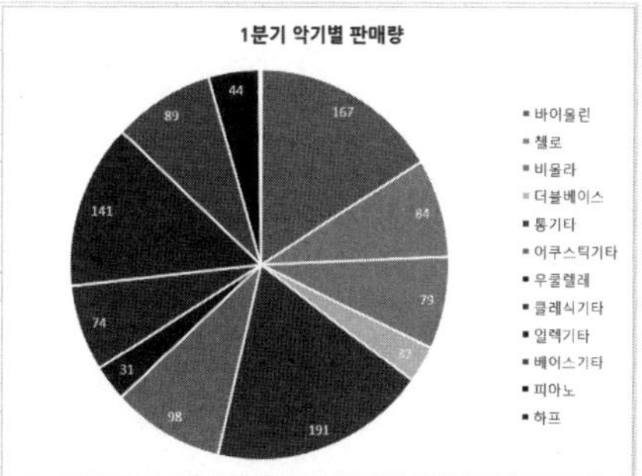

● 마무리

이번 실습에서는 이전 실습과 달리 데이터가 입력된 다수의 시트를 이용해서 3개월간의 통계를 하나의 시트에 정리한 후 차트로 표현해 보았다. 엑셀은 데이터의 입력에서 시작하여 셀 서식 꾸미기를 통해 좀 더 보기 편하게 만든 후, 최종적으로 차트로 추출해 낸다. 앞서 말했지만 사용자의 이해도를 최대한으로 끌어내기 위한 최종 표현 방법이 차트이기 때문이다. 함수의 사용도 매우 중요하지만 엑셀의 최종 목적은 사용자에게 무수한 데이터를 보기 좋은 형태로 표현해 주는 것이기 때문에 차트의 사용에 대해서 필수적으로 학습해야 한다. 또한 데이터의 정량화된 형태에 따라 차트 종류를 잘 선택해야 완성도를 높일 수 있다.

	남부터미널1호점	남부터미널2호점	낙원상가점	신사점	서초3동점	용산한강로점	종로1호점	종로2호점	잠실석촌점	성신여대출장점	월별 합계
1월	38	32	93	20	46	23	39	21	16	21	349
2월	50	28	62	15	42	35	26	21	5	19	303
3월	35	44	108	24	44	30	40	25	12	18	380
합계	123	104	263	59	132	88	105	67	33	58	

	바이올린	첼로	비올라	더블베이스	통기타	어쿠스틱기타	우쿨렐레	클래식기타	일렉기타	베이스기타	피아노	하프	악기별 합계
1월	49	19	32	13	67	39	13	24	49	23	19	2	349
2월	48	28	27	11	47	16	15	34	35	33	9	0	303
3월	70	37	20	8	77	43	3	16	57	33	16	0	380
합계	167	84	79	32	191	98	31	74	141	89	44	2	

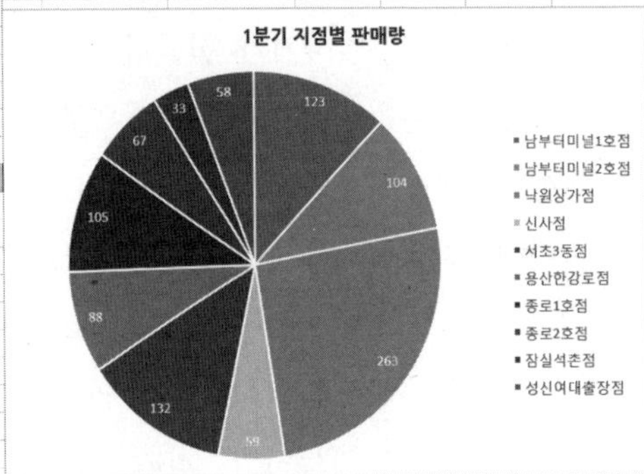

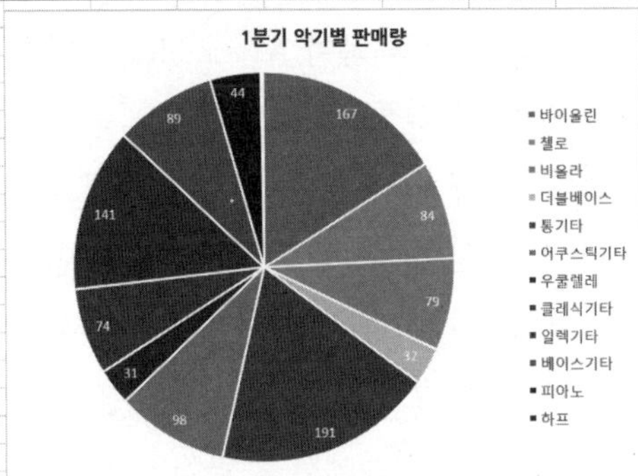

제 4 부

클라우드 드라이브 활용하기

제1장

네이버 NDrive

1.1 네이버 NDrive 개요

N드라이브(NDrive)는 NHN 네이버에서 운영하고 있는 클라우드 스토리지 서비스이다.

네이버 N드라이브는 사용자 당 30GB의 용량을 무료로 제공하고 있으며, 2012년 7월 6일부터 유료 상품을 제공하여 월 5,000원에 100GB 추가, 연 단위로 결제하면 100GB를 50,000원에 추가할 수 있고 최대 300GB까지 추가가 가능하다. N드라이브 탐색기는 윈도우 XP부터 윈도우 8, OS X을 지원하고 32, 64비트 운영체제에서 설치 및 이용이 가능하다. 웹 브라우저 클라이언트와 자동 동기화 기능을 제공하며, 안드로이드, iOS 등 스마트폰 운영체제에서도 접근이 가능하다. 네이버에서 사용하는 계정을 통해 바로 연결되기 때문에 기존에 네이버 계정을 가지고 있는 사용자라면 모두 사용 가능하다.

1.2 PC에서 N드라이브 접속하기

N드라이브는 일반적으로 사용하는 네이버 아이디를 통해 접속할 수 있다. 네이버 아이디를 통해서 N드라이브를 접속해 본다.

● 웹 브라우저를 통한 접속

네이버(www.naver.com)에 접속해서 로그인한 후, 검색창 아래쪽에 [더보기] 메뉴를 클릭 후, [N드라이브] 탭을 클릭한다. 또는 웹 브라우저 주소창에 직접 주소(http://ndrive.naver.com/)를 입력해서 바로 접근할 수도 있다.

다음 그림은 N드라이브 페이지에 접속한 상태이며 좌측에 파일 올리기, 새문서, 콘텐츠 필터 아이콘, 폴더 트리와 공유 탭이 위치하고 있다. 콘텐츠 필터는 N드라이브에 저장되어 있는 파일 속성을 자동으로 분류하여 사진, 음악, 동영상, 문서 파일을 구분하여 볼 수 있게 한다. 화면 우측은 N드라이브 전용 탐색기라고 생각하면 된다. 사용법이 윈도우 탐색기와 거의 유사하기 때문에 사용에 별다른 어려움은 없을 것이다.

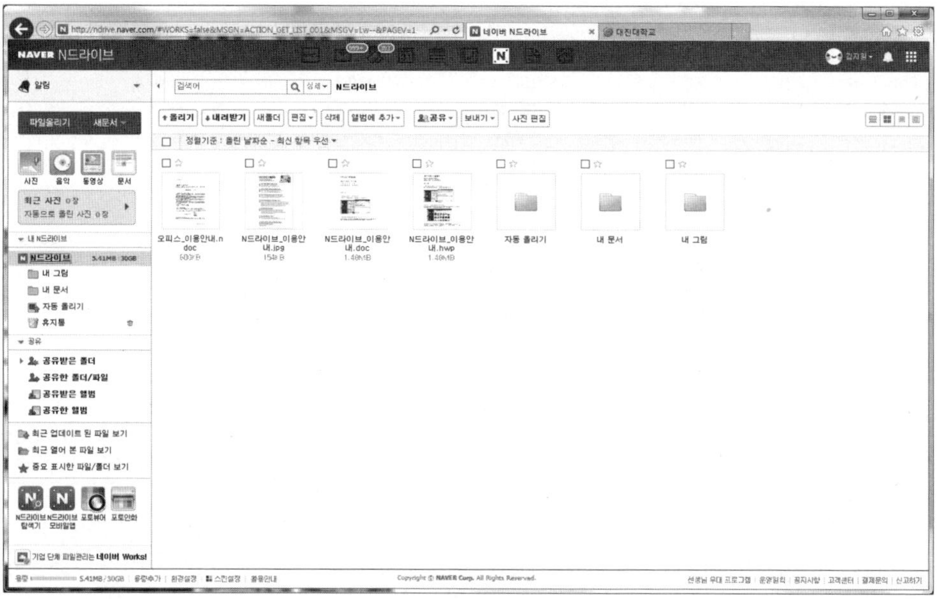

● 기본 기능 살펴보기

STEP 1 새 폴더 만들기

[새폴더] 버튼을 누르게 되면 새 폴더가 생성 되고, 사용자가 자유롭게 폴더 이름을 편집 할 수 있다.

STEP 2 파일 업로드

[⇧올리기] 버튼을 클릭하면 드롭다운 메뉴로 [파일 올리기]와 [폴더 올리기]가 출력된다. [파일 올리기]를 선택해서 자신의 컴퓨터에 있는 파일을 업로드 해본다. 만약 [폴더 올리기]를 선택했다면 폴더 단위 업로드가 가능해서 폴더를 백업하거나 업로드할 때 유용하다.

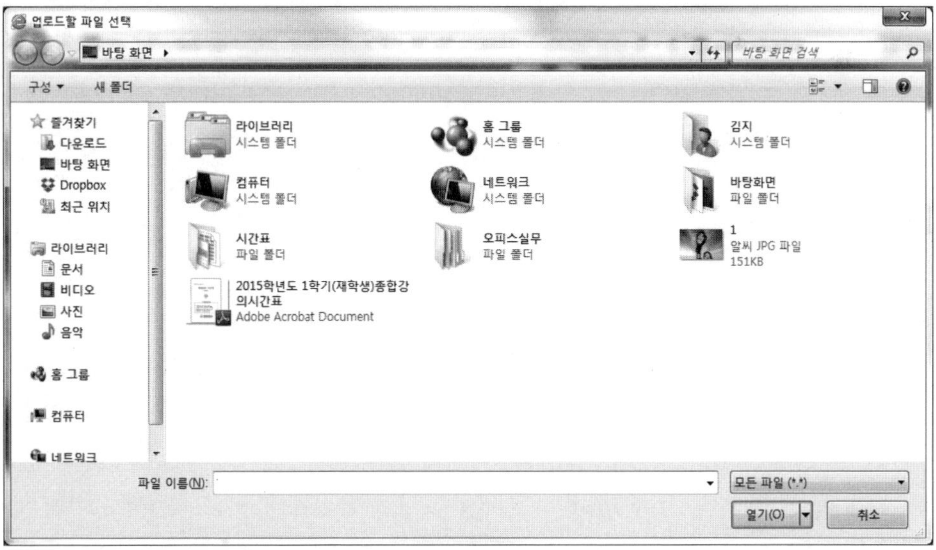

STEP 3 파일 다운로드

다운로드 할 파일을 체크한 후(복수선택 가능), [⇩내려받기] 버튼을 클릭하면 체크된 파일을 본인의 컴퓨터에 저장할 수 있다.

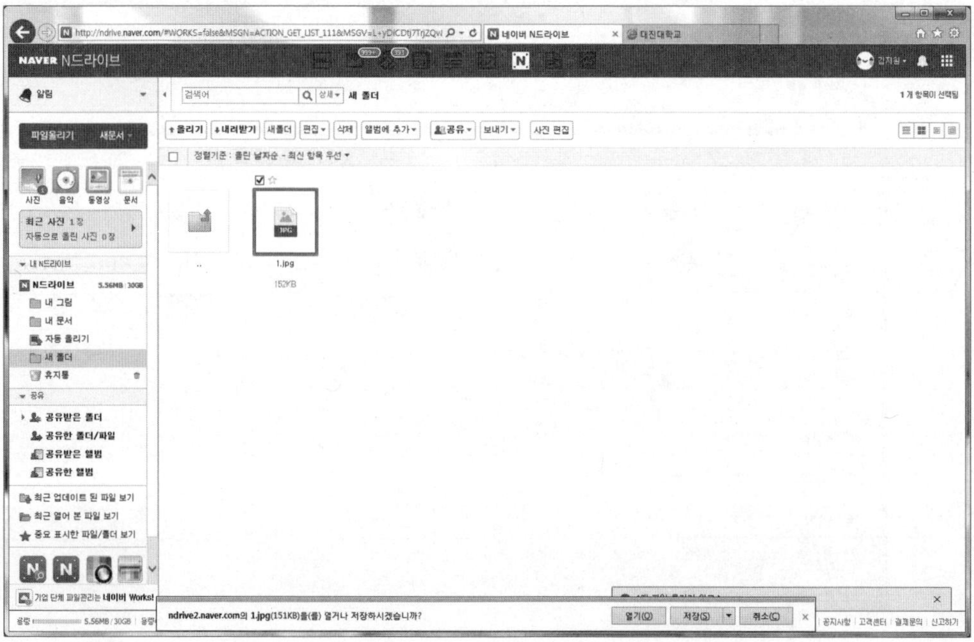

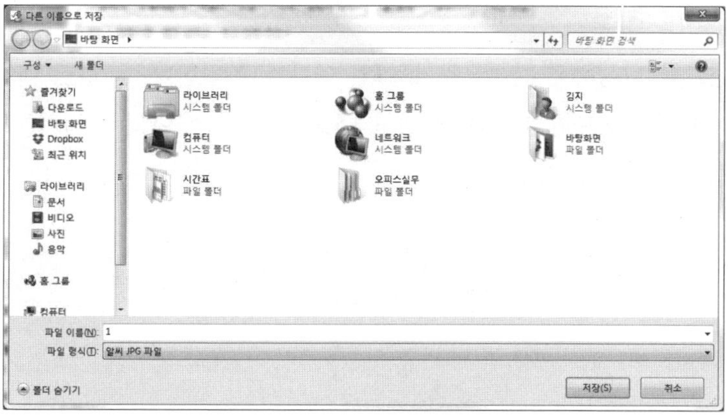

1.3 스마트폰에서 N드라이브 접속하기

N드라이브는 스마트폰 앱을 통해서도 접속이 가능한데 애플 아이폰과 안드로이드 계열 스마트폰에서 각각 접속하는 방법에 대해서 실습해 본다.

● 아이폰을 이용한 N드라이브 접속

STEP 1 N드라이브 앱 다운로드

애플 앱스토어에서 N드라이브를 검색해서 N드라이브를 설치한 후, 설치된 N드라이브 앱을 실행한다.

STEP 2 N드라이브 접속

N드라이브를 실행하고 자동으로 로그인 여부를 확인한다. 본인의 네이버 계정으로 입력해서 접속이 되면 N드라이브 홈 화면이 나오고, 좌측 하단의 탐색기를 누르면 N드라이브 내의 폴더와 파일을 탐색할 수 있다.

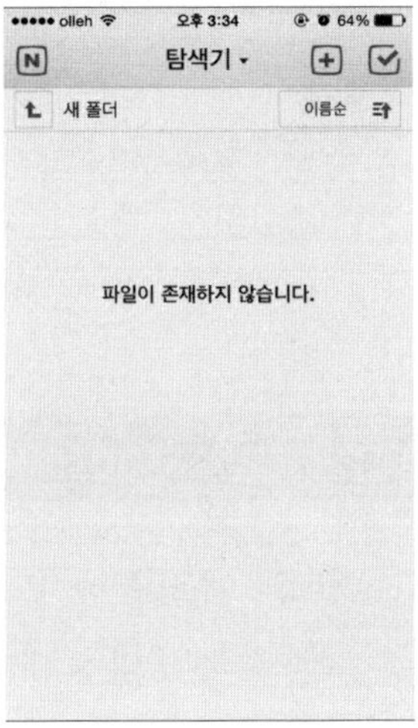

STEP 3 파일 업로드

파일을 업로드 하는 방법은 홈 화면 또는 탐색기 화면의 우측 상단의 [+] 메뉴를 클릭하여 앨범, 보관함, 사진 촬영, 새 문서 중 하나를 선택해 업로드할 수 있다. 예를 들어, 앨범에 있는 사진을 업로드 한다면 앨범을 선택하고, 업로드 할 사진이 있는 위치로 이동해서 사진을 선택한 후 [올리기] 버튼을 누르면 사진을 업로드할 수 있다.

STEP 4 파일 다운로드

파일을 다운로드 하고자 할 경우, 탐색기에서 다운로드 하고 싶은 파일을 먼저 선택한 후 아래쪽 세 번째의 다운로드 버튼을 누르면 파일을 다운로드할 수 있다. 또 파일을 삭제하고 싶을 경우에는 오른쪽 아래쪽의 휴지통 모양의 버튼을 클릭하면 간단하게 삭제할 수 있다.

안드로이드 폰을 이용한 N드라이브 접속

STEP 1 N드라이브 앱 다운로드

구글 플레이 스토어에서 N드라이브를 검색한 후, N드라이브 앱을 설치한 후에 직접 N드라이브를 실행한다.

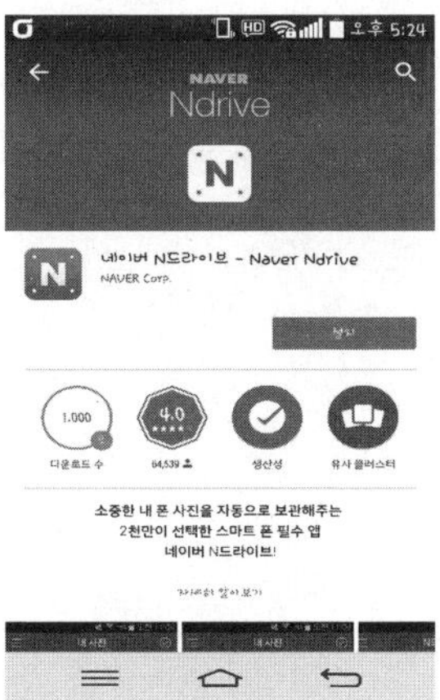

우선 네이버 N드라이브를 실행하고 로그인을 하면 홈 화면으로 이동되며, 탐색기를 이용해서 업로드된 파일을 확인할 수 있다. 홈 화면 하단에 '탐색기'를 터치하면 기본 폴더가 나오고 '내그림' 폴더로 이동하며, '내그림' 폴더에서는 업로드된 사진 파일을 확인할 수 있다.

STEP 2 파일 업로드

파일을 업로드하는 방법은 홈 화면 또는 탐색기 화면의 우측 상단의 [+] 메뉴를 클릭하여 앨범, 보관함, 사진 촬영, 새 문서 중 하나를 선택해 업로드할 수 있다. 예를 들어, 앨범에 있는 사진을 업로드하고 싶으면 먼저 앨범을 선택하고, 업로드할 사진이 있는 위치로 이동해서 사진을 선택한 후 [올리기] 버튼을 누르면 사진을 업로드할 수 있다.

STEP 3 파일 다운로드

업로드된 사진 파일을 길게 터치하면 하단에 '내려받기', '보내기', '복사', '이동', '삭제' 메뉴가 나오는데 '내려받기'를 터치하게 되면 스마트폰에 사진이 저장된다. 또는 업로드된 파일을 터치한 후, 하단의 4번째 폴더 모양 아이콘을 터치하게 되면 스마트폰에 사진이 저장된다.

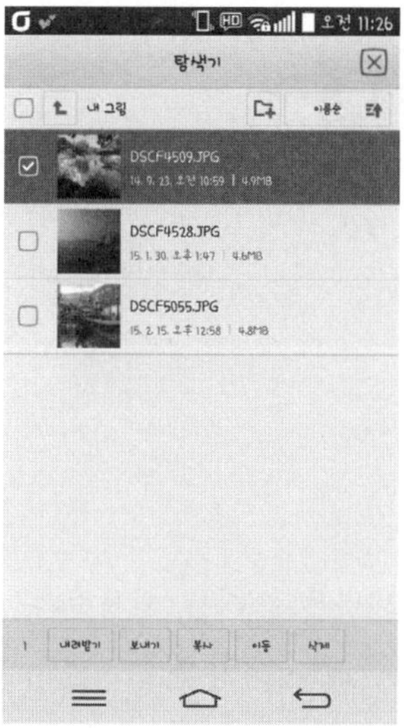

제 2 장

N드라이브 활용 따라하기

1.1 중고자동차 목록 만들기

이번 실습에서는 네이버 N드라이브를 통해 중고자동차 목록을 엑셀을 통해 제작하는 것을 실습해본다. 스마트폰으로 촬영한 사진을 N드라이브로 전송하여 N드라이브 오피스를 통해 제작한다.

● 사진 촬영

실습을 위해서 먼저 '중고차 목록'이라는 새로운 폴더를 생성한다. 탐색기를 이용해서 새롭게 생성한 폴더로 이동한다. 사진 촬영을 위해 네비바에 있는 [+] 버튼을 누른 후, [사진 촬영]을 선택하여 차량을 촬영한다. 촬영한 이미지는 JPG 형식으로 중고차 목록 폴더에 저장된다.

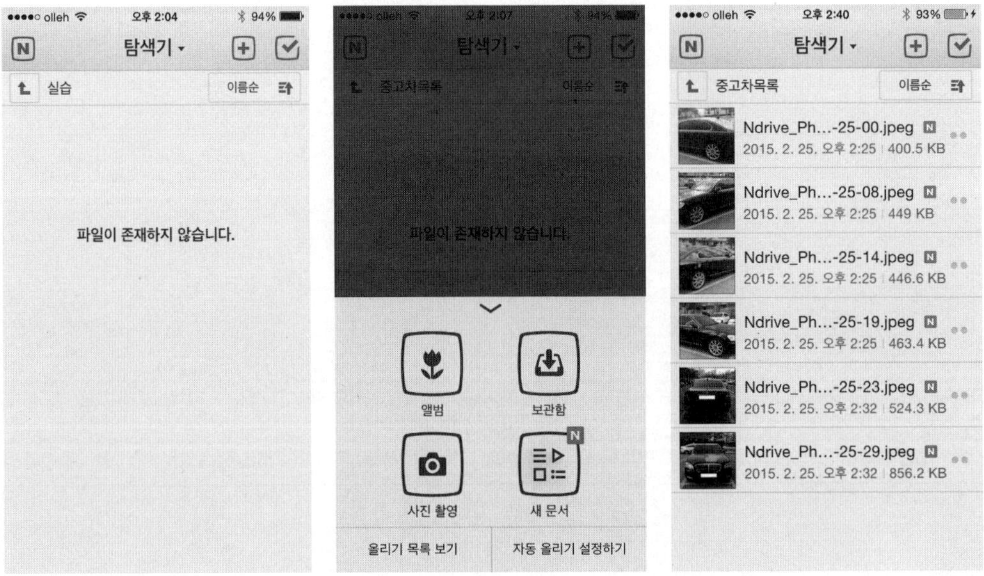

N드라이브 오피스 셀

STEP 1 웹 브라우저를 통해 N드라이브 접속

웹 브라우저를 통해 N드라이브로 접속하여 앞서 생성한 중고차 목록 폴더로 이동한다. 폴더를 확인하면 앞서 촬영한 이미지가 폴더에 들어있는 것을 확인할 수 있다. N드라이브는 자동으로 동기화가 이루어지기 때문에 스마트폰에서 촬영해 업로드한 이미지가 동일하게 나타난다.

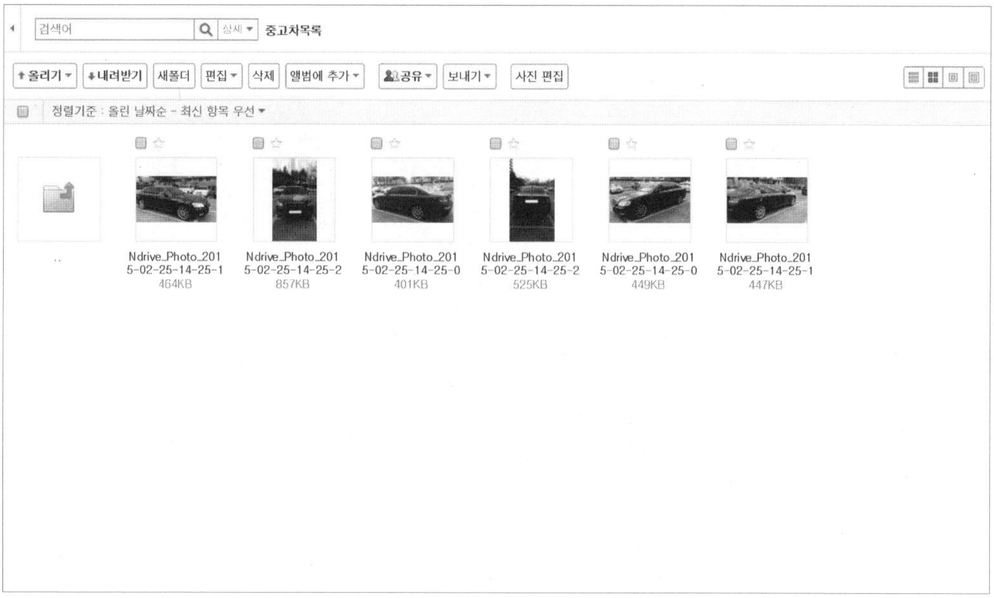

STEP 2 네이버 오피스

그 다음 상단 아이콘 중 N드라이브 바로 우측(전체 오른쪽에서 2번째) 아이콘, 오피스를 클릭하여 오피스 작업 환경으로 이동한다.

네이버 오피스는 웹 브라우저 상에서 작업이 가능하도록 되어 있다. [새문서] - [네이버 셀]을 클릭하여 셀 작업 환경으로 이동한다.

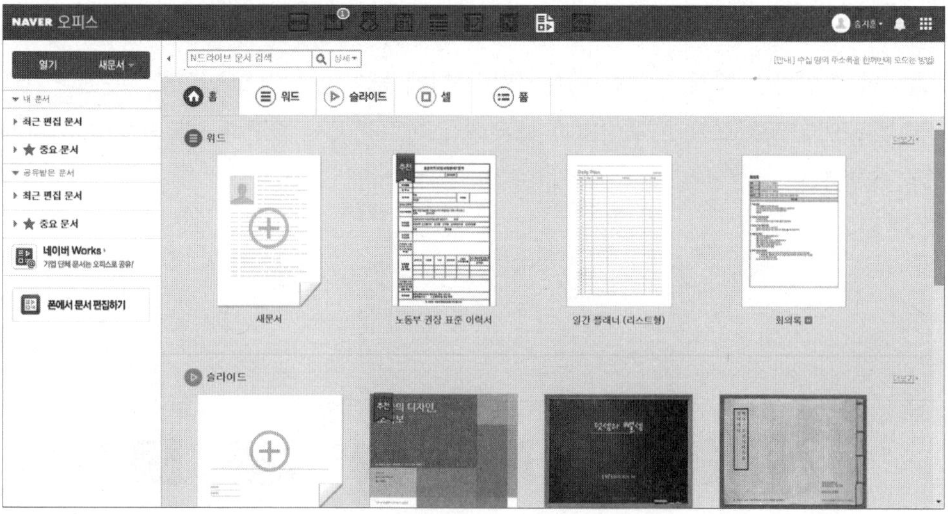

네이버 셀은 엑셀과 동일한 도구이며 사용 방법 또한 매우 유사하다.

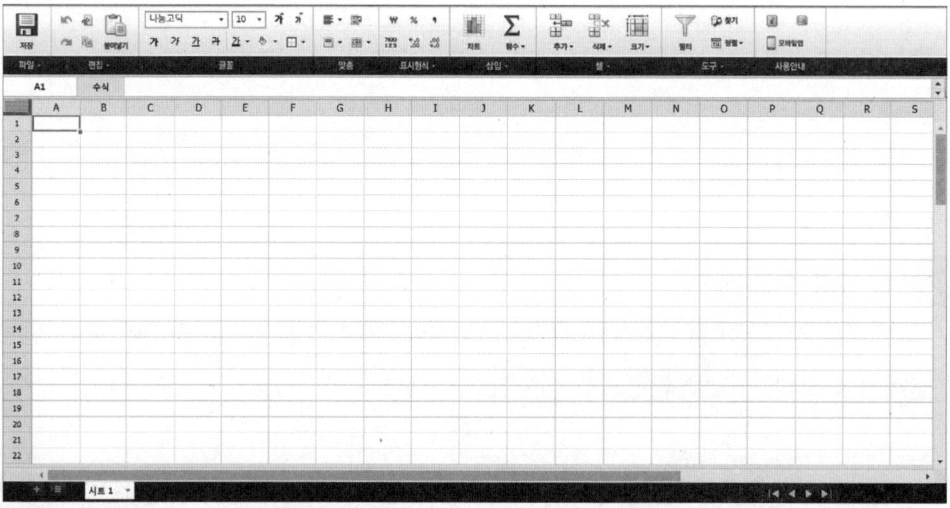

엑셀과 동일하게 작업하여 다음과 같이 차량 정보 서식을 생성한다.

차량정보		옵션정보			
		내관	외관	편의	안전
제조사	쌍용	스티어링 휠 리모컨	전동접이 사이드미러	스마트키	ABS
차명	체어맨	가죽시트	선루프	네비게이션	에어백
차량번호	11도1111	열선시트	알루미늄 휠	뒷자석 TV	후방 감지센서
등록년월	2008-04-01	ECM	사이드리피터	AUX 단자	
주행거리	32,000km	메모리시트	크롬휠	USB 단자	
색상	검정색			iPod 단자	
배기량	4966CC			핸즈프리	
변속기	자동				
연료	휘발유				

3 이미지 삽입

이미지 삽입을 위해서 [삽입] – [이미지] – [N드라이브 이미지 삽입]을 선택한 후에 N드라이브에 있는 사진을 선택해서 셀에 삽입한다.

차량정보		옵션정보			
		내관	외관	편의	안전
제조사	쌍용	스티어링 휠 리모컨	전동접이 사이드미러	스마트키	ABS
차명	체어맨	가죽시트	선루프	네비게이션	에어백
차량번호	11도1111	열선시트	알루미늄 휠	뒷자석 TV	후방 감지센서
등록년월	2008-04-01	ECM	사이드리피터	AUX 단자	
주행거리	32,000km	메모리시트	크롬휠	USB 단자	
색상	검정색			iPod 단자	
배기량	4966CC			핸즈프리	
변속기	자동				
연료	휘발유				

4 시트 복사

작업 환경 하단에 있는 시트명을 우클릭하여 [시트 복사]를 선택한다. 동일한 이름(1) 형식으로 새로운 시트가 생성되는데 서식을 유지한 채로 새로운 차량 정보를 입력한다. 같은 방식으로 3번째 시트까지 작성해 본다.

STEP 5 셀 저장

셀을 완성한 다음 [저장]을 클릭해서 동일한 폴더에 저장한다. 파일 형식은 네이버 셀 형식(*.nxls)과 Microsoft Excel 2007 형식(*.xlsx) 중에서 하나를 선택할 수 있다. 네이버 셀 형식으로 저장할 경우, 네이버 오피스에서 안전하게 열리지만 엑셀에서는 열어볼 수 없다. Microsoft Excel 2007 형식으로 저장할 경우, 네이버 오피스에서는 안전하게 열리지 않을 수도 있으나, 엑셀에서는 열어볼 수 있다. 본인만 사용할 때는 네이버 셀 형식으로 저장하고, 다른 사람과 공유하거나 엑셀에서 추가 작업을 할 예정이라면 Microsoft Excel 2007 형식으로 저장하는 것이 좋다.

스마트폰에서 열람 및 수정

다시 스마트폰으로 돌아가서 N드라이브를 실행한 후에 탐색기를 이용해서 중고차 목록 폴더로 이동하고 나서, 새로 저장한 엑셀 파일을 선택하여 열람한다. 화면이 작아 한 번에 볼 수 있는 영역이 다른 것을 제외하고는 동일하게 조회할 수 있다.

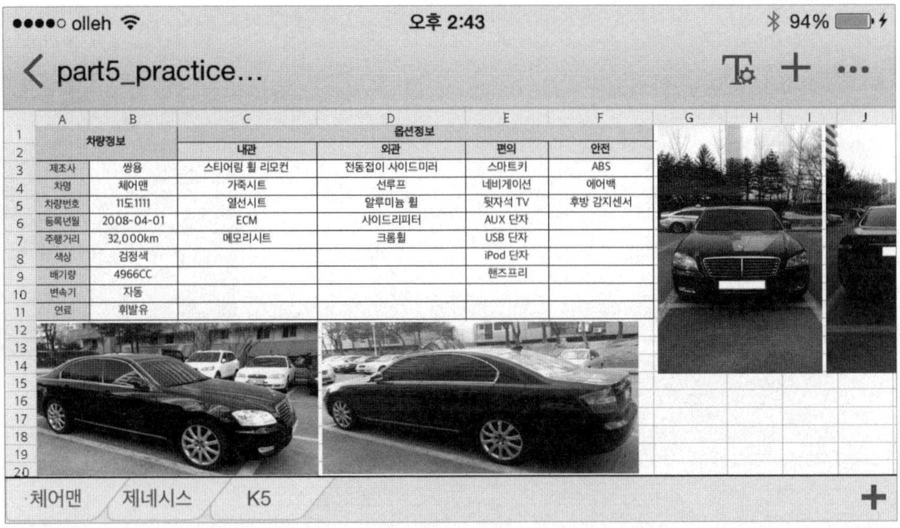

STEP 1 데이터 수정

스마트폰 N드라이브에서도 간단한 수정이 가능한데 셀을 탭하여 선택하면 하단에 작업 표시줄이 출력되어 셀 내용을 수정할 수 있다.

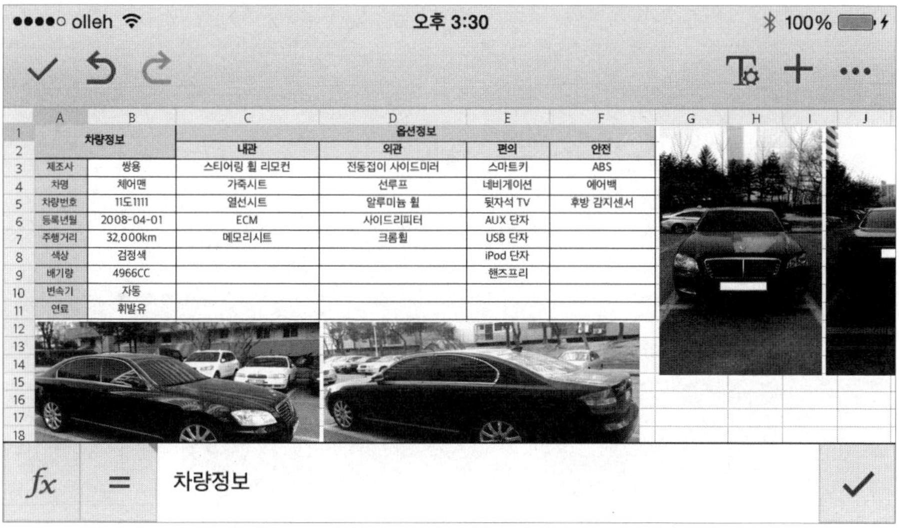

STEP 2 글꼴 수정

셀을 선택한 상태에서 상단에 글꼴 아이콘을 선택하면 글꼴, 크기, 색상, 단락 정렬 방식을 수정할 수 있는 창이 출력된다. 설정이 완료되면 셀 화면을 탭해서 설정창을 닫는다.

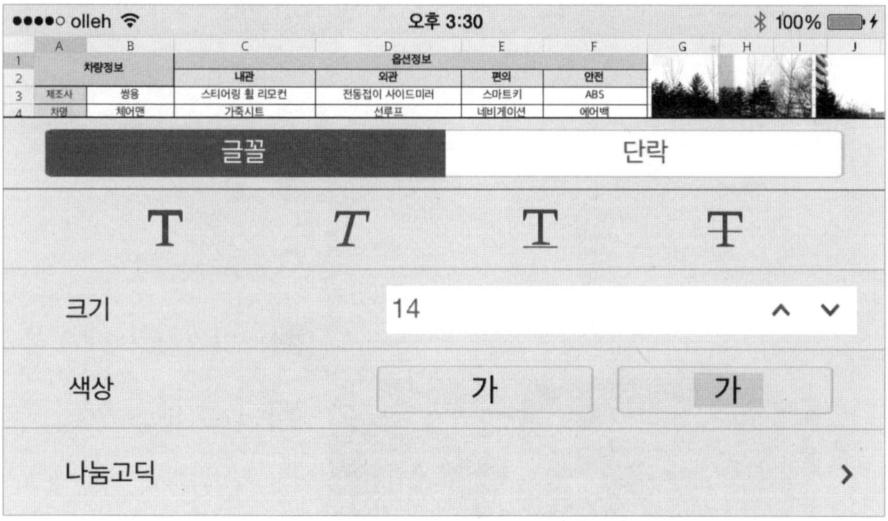

STEP 3 콘텐츠 삽입

상단의 [+] 버튼을 선택하면 이미지 삽입, 카메라 촬영, 도형 삽입, 메모할 수 있는 드롭 다운 메뉴가 출력되며 사용자는 원하는 기능을 선택해서 셀을 수정할 수 있다.

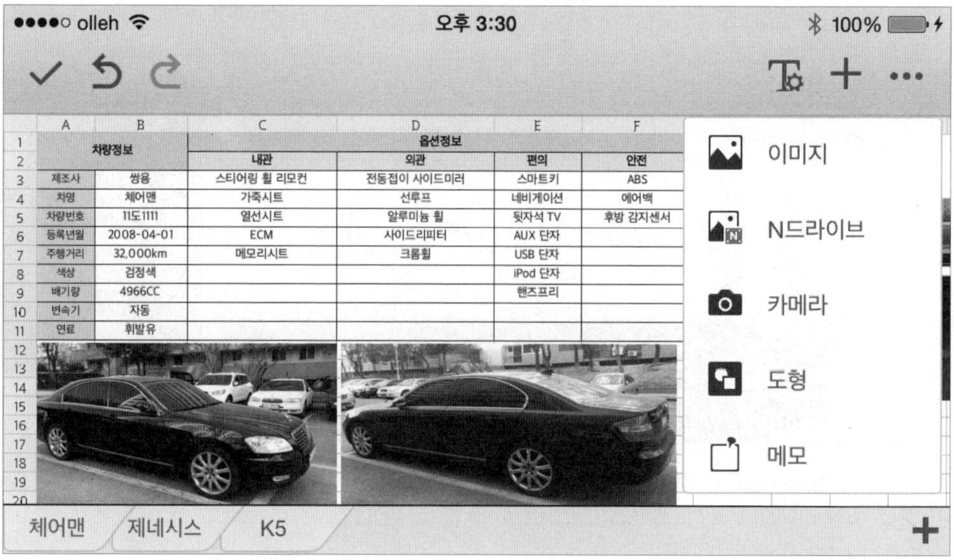

STEP 4 도구 및 저장

가장 우측에 있는 [...] 버튼을 선택하면 필터, 찾기/바꾸기, 저장, 내보내기, 문서 정보 열람 기능이 드롭다운 메뉴로 출력된다. 역시 사용자가 원하는 기능을 선택해서 적용하면 된다.

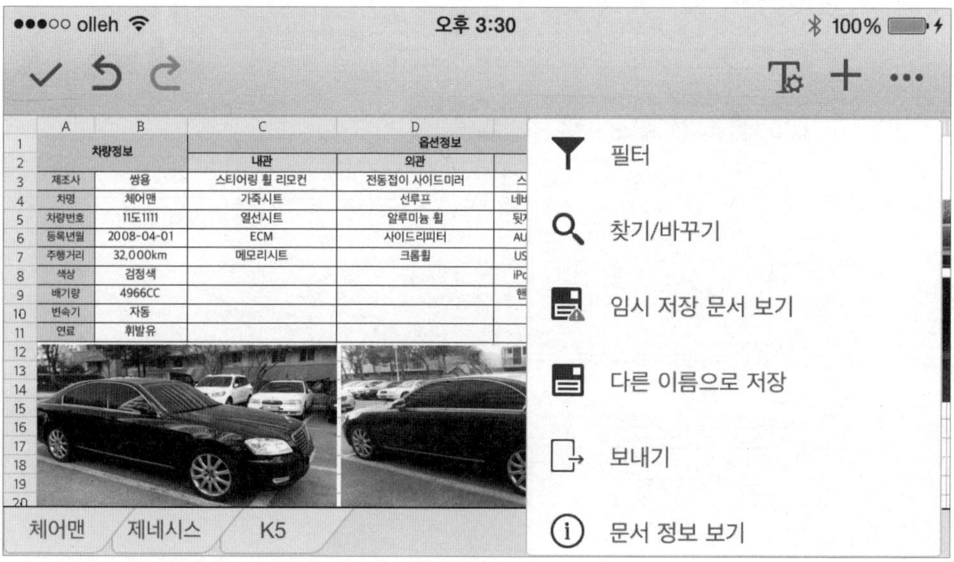

저 / 자 / 소 / 개

이시진

대진대학교 컴퓨터공학과 교수

도서출판 **그린**

실무능력 향상
엑셀&파워포인트 2013

발행일 ▶	2015년 8월 20일
저 자 ▶	이시진
발행처 ▶	도서출판 **그린**
발행인 ▶	윤 덕 우
출판등록 ▶	제8-161호(1995. 5. 3.)
주 소 ▶	서울특별시 서대문구 연희로5길 50(연희동) (우) 03716
전 화 ▶	02) 333-2574
F a x ▶	02) 333-2561
E-mail ▶	greenpress@greenpress.co.kr
Homepage ▶	http://www.greenpress.co.kr

정가 : 15,000원

ISBN : 978-89-5727-235-0 (93560)

※ 이 저서는 2015학년도 대진대학교 학술연구비 지원에 의한 것임